365일 로드맵 바이블 성경통독

주님과 함께 성령과 함께(Ⅰ)

(창세기 - 느헤미야)

이희만 저

有하

추천사
A recommendation

존경하는 이희만 목사님

주님의 이름으로 문안드립니다.

지금까지 교회 개척으로부터 현재 사역까지 목사님의 훌륭한 사역과 신학 학문에 관한 내용을 들으면서 목사님의 비전과 열정, 그리고 교회를 사랑하고, 영혼을 사랑하는 목사님의 목회철학을 잘 이해할 수 있었습니다.

무엇보다도 1991년 어린 딸 둘과 함께 교회를 개척하면서 전도하시며 교회를 정착, 부흥시킨 간증의 메시지는 매우 감동적이었습니다. 미국에서 제 아내와 함께 교회를 개척하여 크게 부흥시킨 경험이 떠올랐기 때문입니다.

저도 목사님의 성경 66권 성경강해 동영상 설교를 통해 많은 은혜와 도전을 받았습니다. 지금까지도 하나님께서 귀하게 사용하셨지만 앞으로 전 세계를 향하여 더 큰 역사를 이루리라 확신합니다. 이제 우리 학교에서 박사학위를 받으시면 우리 학교와 긴밀히 협조하여 앞으로 같이 동역할 기회가 있으리라 생각합니다.

칼빈국제대학교에서는 최규환 학장님의 추천을 받아들여 목사님께서 명예박사 학위(Doctor of Divinity)를 수여하기로 지난주에 결정하였습니다.

목사님께서 아시는 대로 우리 학교는 지난 2016년 11월 11일, 제가 초대 총장 그리고 이사장으로 초빙되어 전 세계 한인 목회자, 선교사들을 위한 박사과정으로 설립하고 지금까지 한국, 유럽, 미국에서 많은 목회자와 선교사들을 학문적으로 그리고 실천적으로 훈련하고 있는 교수의 멘토링 사역으로, 유럽과 미국의 학문방식을 따르고 있는 미국과 한국의 다른 신학교들과 많이 다르게 운영하고 있습니다. 제가 미국 풀러와 칼빈대학교에서 학위를 받고, 영국과 네덜란드에서 학위를 취득했기 때문입니다. 영국과 미국 네델란드에서 석사학위를 7개, 그리고 철학박사를 우리 개혁주의 본산지인 암스테르담의 아브라함 카이퍼가 세운 자유대학교에서 세계선교학으로 철학박사 학위를 받았습니다.

학문적인 학위도 이렇게 귀하지만, 명예박사 학위는 더 귀한 것입니다. 학문적인 학위는 개인적인 학문적 노력을 통해 학교 교수들의 능력인정을 받아 소정의 과목을 마치고 논문을 쓰면 누구나 받을 수 있습니다. 그러나 명예박사 학위는 본인이 원해서 받는 것이 아니라 다른 사람들과 교회, 신학교의 적극적인 추천으로 학교에서 그의 인성, 덕성, 지성 그리고 영성을 먼저 확인해 보고, 본인이 사역하고 있는 교회나 기관에서 인정과 존경을 받을 뿐만 아니라 십수 년의 사역을 통해서 적지 않은 열매를 맺어 목회자인 경우 교회의 변화와 부흥은 물론 사회와 교계에 큰 영향을 미치고 있는가를 확인하고 명예박사학위를 수여하고 있는 것입니다. 저는 1975년도 한국을 떠나 왔을 때와 지금은 학위에 대한 한국교회의 이해가 많이 달라졌다는 말을 듣습니다. 학문적 학위도 쉬운 학교에서 쉽게 받을 수 있다고 생각하고, 신학생들과 목회자들이 많이 있다고 생각하고 있고, 특히 명예박사의 경우는 약간의 후원금을 내면 누구에게나 모두 줄 수 있는 학위로 오해하고 있다는 말을 많이 듣습니다.

미국의 명예학위 수여식에서 일반 학문적으로 받는 박사들의 호명될 때에는 그저 앉아서 박수를 치지만 명예 박사 학위 수여자의 이름을 부를 때는 전 교수, 학생, 내빈들이 모두 일어나서 박수를 보내는 이유가 여기에 있습니다.

이희만 목사님은 모든 조건을 다 갖추신 훌륭한 존경받는 목회자로서 우리 학교에서 목사님께 학위 드리게 되는 것을 매우 기쁘게 생각하고 있습니다. 최규환 학장님의 적극적인 추천에 감사드립니다.

칼빈 국제 대학교

김 연 택 총장

추천사

A recommendation

에녹은 하나님과 함께 동행하던 사람이었습니다(창 5:24).

또 이사야 선지자의 '임마누엘'의 예언은 '하나님께서 함께 계심'에 관한 약속의 말씀이었습니다(사 7:14). 이 예언은 마태복음 1장 23절에 기록된 말씀처럼 예수 그리스도를 통하여 성취되었습니다. 또한 예수 그리스도께서 약속해 주신 보혜사 성령에 대한 말씀도 이 "함께 하심"의 주제를 담고 있었습니다 (요 14:16).

이처럼 하나님께서 우리 성도들에게 주신 많은 복과 은혜들 가운데, '하나님께서 우리와 함께 하시는 은혜'는 정말 크고도 놀라운 은혜라고 할 수 있습니다. 그렇다면 그리스도인들은 어떻게 주님과 동행하는 삶을 살아갈 수 있을까요? 매일 성경말씀을 읽고 묵상하며 살아가는 성도의 삶은 그 구체적인 하나의 길이 될 수 있을 것입니다.

하나님의 말씀 곧 구약과 신약에 기록된 성경말씀은 하나님께서 이 세상에 주신 진리입니다 (요 17:17). 그리고 이 말씀이 육신이 되어 우리 가운데 오셨는데, 그분이 바로 예수 그리스도라고 성경은 우리에게 가르쳐 주고 있습니다 (요 1:14-17). 그러므로 우리 그리스도인들은 하나님의 말씀과 동행하는 삶을 살아감으로써, 우리 주님과 함께하는 삶을 살아갈 수 있다고 하겠습니다.

이희만 목사님의 『주님과 함께 성령과 함께』는 '365일 매일 성경 일독'이라는 이 책의 소제목처럼, 책의 안내와 설명을 매일 한 장씩 읽고 따라가면서 읽어 가면 1년에 한 번 창세기부터 요한계시록까지 성경을 다 읽을 수 있도록 만들어진 책입니다. 한국 교회와 성도들 모두가 성경말씀과 동행함으로 하나님의 함께 하심을 체험하는 은혜와 복을 누리며 살아갈 수 있기를 바랍니다. 또한 이 책을 통하여 성도들과 목회자들과 신학생들까지 모든 그리스도인이 큰 도움을 받을 수 있기를 소원하는 마음으로 이 책을 추천하는 바입니다.

'임마누엘'의 은혜가 이 책을 읽으며, 1년에 구약과 신약의 성경말씀을 1독하고자 다짐하는 모든 이들과 함께 하시기를 바랍니다.

2018년 2월 20일

장로회신학대학교 총장 임 성 빈

추천사

A recommendation

이번에 이희만목사님께서 365일 로드맵 바이블 성경통독 『주님과 함께 성령과 함께』(전3권)라는 책을 내시게 되었다.

이 책은 창세기부터 요한 계시록까지 365일 동안 공부하도록 만들어졌다. 성경을 연구하는 모든 분들에게 크게 유익이 될 것이다. 특히 이 책은 목사님의 칼빈 국제 대학교에서 수여하는 명예박사 학위를 받는 기념으로 발간되므로 그 의미가 크다 하겠다.

주님을 믿는 성도들은 하나님의 말씀인 성경을 가까이 해야 하고 영적으로든 지식적으로든 성경을 잘 알아야 주님의 뜻을 알고 주의 제자로 성장해 나간다 하겠다.

그런 의미에서 이 책은 한국교회에 크게 공헌하는 책이 될 것으로 믿는다.

2018년 3월

실로암세계 선교회 대표 한 양 훈 목사

머리말
PREFACE

교회 가면 밥이 나오냐, 국이 나오냐

교회 개척 초기에 전도하러 가서 아파트 문을 두드렸는데, 방에서 아저씨가 나오면서 물 한 바가지를 퍼부으며 외친 말이다. 그 물이 전도하는 여 집사님의 얼굴에 튀었다. 그 집사님은 교회 등록한 지 얼마 되지 않았으나 목사가 전도하러 간다고 하니 그날따라 시간이 생겼다고 하면서 따라 나왔다. "집사님, 고통을 당해서 어떻게요?" 나는 안타까워하며 위로를 했다. 전도하다가 창피를 당했으니 교회를 나오지 않으면 어떻게 하나 싶기도 했다. 그런데 집사님은 "괜찮아요, 전도하다가 이렇게 된 것도 영광이지요 뭐"라고 말하는 것이다. '후우', 마음이 안심되었다. 그러나 그때 그 말이 내 귓가에 맴돌았다.

그 후 약 십 년이 지나면서 교회가 부흥하여 성전을 건축하게 되었다. 그런데 성전 건축이 시작되자마자 웅성웅성하더니 많은 성도가 교회를 옮기는 것이다. 교회건축이 부담된다는 뜻이다. 그때 예전에 전도할 때 들었던 음성이 귀에 쟁쟁하게 들려왔다.

"교회 가면 밥이 나오냐, 국이 나오냐?"

그래서 하나님께 기도했다. 세상 사람들도 먹고사는 것이 힘들지만, 성도들도 세상 사는 것이 힘들다. 교회는 피난처와 같은 곳이라 생각하면서 신앙 생활하는데 교회를 짓는다고 하니 부담이 되어 교회를 떠나는 것이다.

"하나님, 세상 사람들이 하는 저 질문에 답을 주십시오. 하나님은 성전을 지으시면서 답을 주세요. 저는 성경을 읽으면서 해답을 찾겠습니다."

이렇게 기도하면서 1년 성경 1독 표를 만들어 성경을 계속 성도들과 함께 읽었다. 감사한 것은 귀신들려서 망가져 가는 한 가정이 성경을 암송하며 성경 공부하는 중에 귀신에게서 자유로워졌다. 그 가정은 감사의 뜻으로 아파트를 헌납하였다. 성경을 70번 읽은 성도는 계속 성경을 읽는 중에 하나님의 은혜가 감사하다며 상가를 헌납했다. 어떤 성도는 성전 건축을 위하여 일본에 파출부로 가서 일하여 1년 치의 월급을 보내왔다. 남아 있는 성도들은 정성을 다하여 성전 건축에 참여했다. 주일이면 오전 예배를 드리고 교회 건축 현장에서 먼지를 뒤집어쓰면서 일을 했다. 분에 넘치는 헌금을 하는 성도들을 보면 눈시울이 뜨거워졌다. 성경 속에 길(roadmap)이 확실히 있음을 알았다(렘31:21). 그래서 이런 경험을 같이 나누며 인생의 문제를 해결하기 위하여 성경통독연구원(http://roadmapbible.com)을 개설하여 교육하고 있다.

이번에 박사학위를 받으면서 그때 묻어 두었던 내용을 꺼내어 책을 만들고 해답이 필요한 사람들과 공유하고 싶었다. 오늘도 처절한 생존 경쟁의 삶에서 해답이 필요한 사람들에게 도움이 되었으면 좋겠다.

이 책이 나오기까지 물심양면으로 고생하며 후원한 나의 아내 최현명 님과 세 딸 은진, 은성, 은송에게 감사드리며, 출판의 모든 과정을 잘 감당해주신 한양훈 목사님에게 깊은 감사를 표현하고 싶다.

2018. 3. 1.

이 희 만 목사

이 책의 사용 방법

Application method

이 책은 역사의 의미를 통하여 시대순으로(특히 예언서, 신약) 작성하여 하나님의 시대적인 음성을 듣도록 만든 책이다.

또한, 매일 성경 읽기표를 함께 참여자가 1년에 1번 읽으므로 천지 창조에서 새 하늘 새 땅에 이르기까지 신앙 여정을 체험하도록 만든 책이다. 1권, 『주님과 함께 성령과 함께』로 시작하여 2권에서 『그 말씀이 주님과 함께 예언자와 함께』하는 음성으로, 3권에서는 좀 더 구체화하여 『주님과 함께 현장과 함께』 현지화된 주님의 음성이 생생하게 들리도록 기록했고, 3년간 교회에서 성도들의 체험을 통하여 검증된 책이다.

그러므로 다음에 유의하여 읽으면 좋겠다.

1. 해당 날짜에 맞추어 매월 성경 읽기표에 V표시를 하고 이 책을 편다.
2. 해당 날짜에 기록한 성경 내용을 성경을 펴서 읽는다.
3. 해당 날짜에 맞추어 이 책의 내용을 읽는다.
4. 글자에 매이지 말고 전체 속에서 하나님이 오늘 나에게 주시는 생생한 말씀에 관심을 기울인다.
5. 내 마음에 부딪히는 말씀은 신속하게 밑줄을 긋고, 0 표시도 하면서 말씀을 따라간다.
6. 하나님과 대화하듯 질문도 적어보고 내 느낌도 적어본다.
7. '오늘의 묵상'을 읽고 그 질문에 대한 답을 성경을 읽는 중에, 이 책의 내용을 읽는 중에 마음속에 자리 잡은 말씀을 솔직하게 적어 본다. 그리고 오늘 나에게 주시는 말씀을 정리한다.
8. 교회나 공동체에서 지도자(담임 목사나 담임 교역자면 더욱 좋다)에게 일주일 분량의 오늘 묵상한 내용을 보여 주어 하단부의 매일 성경 읽기표에 V 표시를 하여 교회가 지도자의 신앙지도에 도움이 되게 한다.

9. 교회는 성경 통독의 모임에 참여하는 성도들이 주일이나 구역회 모임이나 만남의 시간을 통하여 그동안의 묵상한 말씀을 함께 나누며 친밀감을 더하게 한다.
10. 지도자는 1년의 프로그램 속에서 매일 성경 읽기를 장려하고 복음의 진보를 보이는 성도에게 상을 주어 격려하면서 교회가 성경 중심으로 성령 체험과 증인된 삶을 살도록 방향을 제시한다.
11. 성경 읽기에 참여하는 자 중에서 사명자를 발굴하여 로드맵 성경 통독연구원(http://roadmapbible.com)에서 훈련받아 전문가가 되어 성경 읽기에 진보를 더하게 한다.

차례

CONTENTS

- 1권 차례 -

365일 로드맵 바이블 성경통독

주님과 함께 성령과 함께(Ⅰ)

창세기-느헤미야

하나님의 명작품 설계도

창세기 1-3장은 인생의 첫 단추를 열어가는 가장 중요한 장면이라고 볼 수 있다.

그 시작은 하나님의 자기 정체성 계시이다. 하나님이 누구인가? 거기에 대한 해답은 하나님은 천지를 창조하신 분이라는 것이다. 여기에서 출발한다. 여기에서 해답이 얻어지면 인생의 문제가 해결된다. 그러면 인생의 문제가 무엇인가? 인생의 문제는 2절에 보면 '땅이 혼돈하고 공허하고 흑암이 깊음 위에 있을 때라'고 기록하고 있다. 인생이 언제 하나님의 보호하심 없이 진정한 안정이 있을까? 이 질문에 대하여 어떤 대답도 없다. 그래서 우리 하나님은 여기에 진정한 해답을 주기 위하여 작업하신다. 그렇다면 진정한 해답을 주기 위하여 어떤 작업을 하실까? 1-3장을 자세히 살펴볼 필요가 있다.

1장에서는 1주일이라는 시간을 굉장히 중요하게 사용하신다.

이것은 우리도 하나님의 사역자로서 1주일의 시간이 제일 중요하다는 것을 말해 주고 있다. 첫날은 빛을 만드셨다. 이것은 생명의 시작이며, 어둠을 밝히는 에너지의 시작이다. 그러기에 우리도 첫날이 중요한 것은 첫날은 삶의 분별력을 갖도록 생명의 등불을 소유하게 하겠다는 것을 말해 준다. 둘째 날은 궁창을 만드셨다. 이는 삶의 영역을 넓힐 수 있고, 공간을 확보하는 것을 말한다. 가능하면 꿈을 크게 하여 나의 지평을 넓혀서 하늘이라는 공간, 심지어는 바다 저편까지의 공간을 확보하는 꿈을 갖게 하신다. 셋째 날은 땅을 만드셨다. 그리고 식물을 준비하셨다. 땅은 현장이다. 사람의 축복은 내가 발을 붙이고 있는 땅에서부터 시작한다. 이것을 이름하여 '삶의 현장'이라 한다. 그리고 주어진 삶의 현장에서 작은 것에 충실할 때 성실하게 열매를 더하면서 삶의 축복이 확산된다. 넷째 날은 해와 달을 만드셨다. 넷째 날의 중요성은 시간 관리이다. 낮의 시간을 관리하는 해, 밤의 시간을 관리하는 달을 통하여 인간은 시간이라는 공간 속에서 축복을 누리며 살기에 시간 관리를 통해서 인생의 축복을 누리는 것을 말해준다. 다섯 번째 날은 주어진 공간을 채운다. 하늘에는 새를, 바다에는 물고기를, 그래서 생육과 번성을 통하여 하나님의 축복을 누리게 한다. 여섯째 날은 이 땅의 모든 것을 관리하는 축복을, 사람을 하나님의 형상대로 만드셔서 관리권을 주고 누리게 한다. 그리고 땅에 모든 생물을 주고 또 먹을거리를 주고 가정을 만드셔서 사람이 행복한 삶을 누리도록 축복하셨다.

2장에서는 창조 사역의 완성으로 안식일을 주셨다. 일곱째 날로서 하나님은 창조의 사역을 완성하면서 안식일을 정해 주셨고, 이를 통하여 창조의 완성을 보여 주셨다. 이는 하나님과 인간의 관계는 안식일을 통하여 영적인 교제를 누리며 교회의 시작을 보여 주신다.

그리고 삶의 현장인 에덴동산의 창조하신 모습을 자세히 알려 주신다. 강에 하나님의 물을 적시며 에덴의 축복을 누리는데, 비손, 기혼, 힛데겔, 유브라데 강이 온 땅에 흘러넘쳐서 생명의 역사를 펼치신다. 그리고 그 강을 통하여 땅을 적실 때, 거기에서 각종 실과를 통하여 마음껏 누리게 하신다. 그리고 에덴을 지키는 규칙(계약)을 세워서 하나님과 인간관계의 성실성을 세우도록 이정표를 세우신다. 그리고 아름다운 가정을 이루게 하신다.

3장에서는 하나님의 규칙을 어기면서 하나님과의 관계가 깨어지기 시작하고 이를 통하여 인간에게 부끄러움이 찾아왔다. 하나님을 떠나서 숨게 된다. 이때 하나님이 가죽옷을 지어 입히셨다. 여기서 우리는 하나님의 무조건적인 사랑을 깨달을 수 있다.

오늘 묵상의 말씀

나의 삶이 혼돈되고 공허하고 흑암이 깊음 위에 있을 때 하나님은 나에게 어떻게 역사했나?

타락 이후의 후유증

인간이 죄를 지은 후 하나님과의 관계가 깨어짐으로 가정과 민족 공동체에 큰 타격이 왔다.

4장에서는 선악과를 따먹은 이후 에덴동산에서 쫓겨난 아담과 하와가 두 아들을 낳았다. 큰아들 가인은 농사를 지었고, 작은아들 아벨은 양을 치면서 생업을 이어갔다. 그런 그들에게 문제가 된 것이 제사였다. 가인의 제사는 하나님이 받지 않고 아벨의 제사만 하나님이 받으셨다. 그로 인하여 가인은 자기감정을 조절하지 못하고 시기와 분노로 인해 안색이 변하고 흥분한다. 이때 하나님이 그를 찾아가서 만남의 기회를 주신다. "네가 분하여 함은 어찜이냐. 안색이 변함은 어찜이냐. 죄가 너를 원하나 너는 죄를 다스릴 지니라(4:6, 7)"라고 말씀하시면서 자기를 돌아볼 기회를 주셨다. 그러나 이를 무시한 가인은 동생을 들로 불러내서 쳐 죽였다. 이후에 하나님은 또 가인을 찾아가셨다. "네 아우 아벨이 어디 있느냐(4:9)." 그러나 가인은 "내가 아우를 지키는 자니이까(4:9)"라고 대답하고 하나님의 질문에 반항을 하면서 하나님과의 관계회복의 기회를 놓치게 되었다. 그 결과 '밭을 갈아도 땅이 다시는 그 효력을 네게 내지 아니하며 너는 땅에서 유리하는 자가 되리라'는 저주의 말씀을 듣게 된다. 이로 인하여 하나님과의 인격적 관계가 단절되면서 가정이 파괴되고, 방랑자의 길을 걸으며, 하나님과의 인격적 관계를 아직 미해결 과제로 남겨 놓은 채 자녀를 낳으며 가계를 이어간다. 이를 안타까워하신 우리 주님은 그를 대신하여 셋을 낳게 하시고 비로소 여호와의 이름을 부르도록 은혜의 길을 허락하셨다.

5장에서는 아담부터 노아까지 10대의 족보를 기록하면서 하나님께서 자기 형상대로 남자와 여자를 창조하시고 그들에게 복을 주어 어떻게 해서라도 축복의 통로로 만들어가려고 애쓰시는 하나님의 손길을 느끼게 한다. 특히 7대에 와서 에녹은 하나님과 동행하여 완전수를 누리고 승천의 축복을 누렸다. 그런가 하면 10대손 노아를 통하여 하나님께서 새로운 안위를 받으신다.

6장에서는 그러나 땅 위에 사람들이 번성하기 시작하면서 하나님을 떠나 육신을 쫓아 살다 보니 이 땅에 죄악이 가득하여 생각이 항상 악할 뿐임을 확인하신 하나님은 이 땅의 모든 생물을 지면에서 쓸어버리기로 결정하신다. 그러나 노아는 하나님과 동행하며 담대한 완전한 자로 살려고 애를 쓰고 있었기에 하나님은 그를 의인으로 인정하셔서 은혜를 내린다. 그래서 노아와 그의 가족을 위하여 방주를 예비하도록 설계도를 주시고 식견과 통찰력을 허락하사 하나님이 주신 명령의 말씀대로 다 준행하여 하나님의 계획대로 시행되도록 하였다. 재료는 잣나무로 하고 칸 안에는 역청으로 그 안팎을 칠하여 세상의 물들이 들어오지 않도록 대비하고 창을 내되 위에서 아래로 내어 하늘만 쳐다보면서 하나님께 방향 맞추도록 시행하신다. 그리고 거기에 노아와 아내와 세 아들과 세 자부가 들어가서 모든 가족의 생명을 보존하는 축복을 누리게 한다. 그리고 가축의 생명을 보존하도록 암수 쌍을 그 종류대로 방주에 들어가도록 준비하게 하신다. 이렇게 하여 하나님은 완전히 죄악된 세상을 쓸어버리셨다.

오늘 묵상의 말씀

아담이 하나님과의 인격적 관계가 무너지자, 그 아들 대에 와서는 가족이 무너지고 나중에는 가문이 홍수로 인하여 멸절하는 관계로 진전된다. 혹시 우리 조상에게나, 나에게 미해결 과제가 있어서 다음 세대에 악영향을 줄 만한 요소는 없을까?

노아방주와 무지개

7장에서 하나님은 홍수가 있기 전에 특별히 노아의 온 집안 식구를 챙기셨다. 그 이유는 "내가 그 앞에 의로움을 보았기 때문"이라고 하신다(7:1). 그리고 정결한 짐승은 암수 일곱씩, 부정한 것은 암수 둘씩 방주에 들어가게 한다. 그리고 40주 40야로 땅에 비를 내리신다. 땅에서는 큰 샘이 터지고 하늘에서는 창문이 열려서 비가 쏟아졌다. 이런 일이 벌어질 것이라고 노아가 방주를 지으면서 외쳤을 때 농담처럼 여겼던 사람들이 뒤늦게 비를 피했지만 피할 수 없는 정황에서 많은 후회를 했을 것이다. 그러나 소용이 없다. 이미 방주의 문은 닫혔고, 비는 40일 동안 쉬지 않고 쏟아졌다. 대책이 없는 것이다. 물이 점점 많아져 땅에 넘치매 방주가 물 위에 둥둥 떠서 다녔고, 물이 차서 모든 산이 다 물에 잠겼다. 이로 인하여 땅 위에 숨을 쉬는 모든 생물이 방주에 있는 것을 제외하고는 모두 죽었고, 물은 150일 동안 땅에 넘쳤다.

8장에서, 그 후에 하나님께서 방주에 있는 생물을 기억하사 하늘의 창문을 닫으셨다. 깊은 샘을 닫으셨다. 바람이 불어 물이 점점 물러가게 하심으로 일곱째 달에는 방주가 아라랏산에 머물게 되었다. 열 달 뒤에는 산들의 봉우리가 보이기 시작했다. 노아가 까마귀와 비둘기를 밖으로 내보내었다. 그랬더니 비둘기가 되돌아왔다. 다시 칠일 후에 비둘기를 내보내었더니 저녁에 감람나무 새 잎사귀를 물고 왔다. 그리고 다시 7일 후에 비둘기를 보내었더니 비둘기가 돌아오지 아니했다. 물이 걷힌 것을 확인하고 뚜껑을 열고 밖으로 나왔다. 그리고 먼저 하나님께 제사를 드렸다. 하나님이 향기를 받으시고, 다시는 내가 전에 행한 것처럼 모든 생물을 멸하지 않겠다고 하나님의 결심을 알려 주신다. 그리고 심고 거두는 법칙을 쉬지 않고 진행하게 하면서 자연회복의 길을 열어 주신다.

9장에서는 하나님께서 무지개의 새로운 징표를 보여 주면서 약속을 체결하신다. 그게 무지개 언약이다. 무지개가 다시 나타나면 “내가 다시는 홍수로 모든 생물을 멸하지 아니하리라”는 하나님의 증거다. 그리고 “생육하고 충만하라. 육식은 먹되 피채 먹지 말라. 하나님의 형상인 사람을 살인하지 말라” 이런 약속을 통하여 새로운 세상의 축복을 누릴 수 있는 삶의 원칙을 정하여 주신다. 그러니까 아무리 홍수 같은 것이 인생을 위협해도 그 속에 무지개가 있어서 하나님의 자녀를 절대 홍수로 위협하지 않을 것이라는 약속을 기억하라는 것이다.

얼마나 감사한지 모른다. 하나님의 절대적인 약속을 보장받았으니 말이다. 이후 노아의 식구들은 농사를 지으며, 포도나무를 심고 포도를 통하여, 생명의 산업을 통하여 하나님의 축복을 누린다. 그런데 한 가지 안타까운 일이 생겼다. 노아가 농사를 마치고 포도주에 취하여 장막 안에서 자다가 둘째 아들 함에게 벌거벗은 모습이 발견되었다. 함은 아버지의 벌거벗은 모습을 대수롭지 않게 생각하고 두 형제에게 가서 농담하듯이 이야기했다. 다행히도 셈과 야벳은 옷을 가져다가 자기들의 어깨에 메고 뒷걸음질하여 방에 들어가 하체를 덮었다. 아버지가 술이 깨고 나서 이 사실을 알았을 때 함에게 저주하고 셈과 야벳에겐 축복했다. 아무것도 아닌 일처럼 보이지만 아버지는 축복의 통로이다. 그런 아버지의 약점을 들추어냄은 리더십에 심한 손상을 가져오는 것이다.

오늘 묵상의 말씀

내 인생에 있어서 무지개가 보인 적이 있는가?

인간의 멸망과 새로운 구원의 출발

10장은 족보 이야기인데, 단순한 족보가 아니다. 창세기 9장에서 노아에게 약속하신 대로 하나님이 그의 자손을 축복하여 번성케 하는 이야기다. 그래서 노아의 자손에 대한 이야기로 10장의 첫 절과 마지막 절에 기록하고 있다.

11장에서는 그 자손이 이제 번성하여 흩어지기 시작한다.

이것은 하나님의 창세기 1장 27-28절의 축복이요, 노아를 통하여 약속한 창세기 9장 1-2절 약속의 말씀 성취과정이다. 그러나 이런 약속을 모르면 하나님의 약속과 상관없이 자기 정욕대로 살기 쉽다. 이리되면 큰 축복을 놓치고 파멸의 길로 가게 된다는 것을 알 수 있다. 그 결과로 생긴 사건이 바로 바벨탑 사건이다. 그들의 생각은 흩어지기가 싫은 것이다. 그리고 하늘에 닿고 싶은 야망이 있었다. 이것은 하나님의 섭리에 정면으로 도전하는 것이요, 하나님의 약속을 무시하는 일이다. 이를 알게 된 하나님은 그들의 언어를 혼잡하게 하셔서 서로 알아듣지 못하게 하여 지면에 흩으셨다. 하나님은 당신의 계획을 변경하는 법이 없다. 인간이 흩어지기를 싫어하면 하나님은 당신의 약속을 이루기 위해 하나님의 방법을 사용하는 것이다. 그래서 인생은 파멸의 길로 가게 되었고, 스스로는 길을 잃어버려서 살아날 수가 없었다. 여기에 대한 구원은 사도행전에서 보여주고 있다. 사도행전 2장을 보면 각 지방에서 모여서 각기 다른 방언으로 이야기를 하다가 성령을 받은 후에 저희가 말을 알아듣게 되면서 회개하게 되고 하나님 중심의 공동체가 된다. 성령의 역사는 그들의 모든 언어를 통일한 것이다. 그런가 하면 그들이 교회에 박해가 나서 흩어지게 되는 데 사도행전 8장 4절에 가서 이루어진다. “그 흩어진 사람들이 성에 내려가 그리스도를 백성에게 전파하니.” 그래서 성경은 신구약 전체 속에서 읽어봐야 한다. 이어서 우리 하나님은 이렇게 망하게 된 노아 자손을 흩으시고 포기한 것이 아니라 끝까지 추적하여 축복의 통로로 만들려고 애를 쓰신다.

그때 주님의 눈에 띈 한 가정이 있었다. 그 가정은 바로 셈의 후손 중에서 데라의 가정이다. 그가 하나님의 약속을 눈치채고 갈대아 우르를 떠나서 가나안 땅으로 가려는 생각으로 길을 가다가 하란에 도착했는데, 거기에서 운명한다. 그러나 여기서 끝나는 것이 아니었다. 아브람에게 바통을 넘겨줄 준비를 차곡차곡 하시는 하나님의 손길을 볼 수 있다.

12장에서는 그 유명한 하나님이 아브람을 부르시는 장면이 시작된다. 이제부터 우리 하나님은 모든 초점을 아브람에게 맞추신 것처럼 보인다. "너는 너의 본토 친척 아비 집을 떠나 내가 네게 지시할 땅으로 가라. 네가 너로 큰 민족을 이루고 네게 복을 주어 네 이름을 창대케 하리니 너는 복이 될지라(12:1-2)." 사실 아브람에게는 충격적인 이야기였을 것이다. 본토, 친척, 아비 집을 떠나… 모든 기득권을 포기하고 낯선 곳으로 간다. 쉽지 않다. 머뭇거릴 수도 있었다. 그러다 보니 이제 나이 75세이다. 이번 기회를 놓치면 이제 영영 기회는 오지 않는다. 하나님의 음성을 듣고 아브람은 모든 생각을 물리치고 급하게 순종하기로 작정한다. 식구들과 의논할 시간도 없다. 하나님의 명령이다. 무조건 갈 바를 알지 못하면서 출발했다(히11:8). 그게 바로 이스라엘 민족이 태동하는 시간이요, 그리스도의 오시는 길을 준비하는 첫 믿음의 사람의 길이요. 천국 주민등록 번호 1번이 된 것이다. 얼마나 감사한 일인가?

오늘 묵상의 말씀

당신이 하나님께 받은 평생의 약속 말씀은 무엇인가?

위대한 선택과 믿음의 성장 과정

13장에서는 하나님께서는 그의 약속을 따라 살아가는 사람들에게 은금이 풍부하게 살게 하신다는 것을 보여 주었다. 그리고 그로 인하여 과정 속에서 하나님의 이름을 부르며 예배의 지평을 넓혀 나간다(13:2-4). 다만 아쉬운 것은 소유가 많아지고 가축이 많아지면서 목초지에 대한 다툼이 아브람의 목자와 조카 롯의 목자들 사이에 자주 일어났다. 이제 아브람이 선택을 해야 할 때가 되었다. 물이 넉넉하고 초지가 풍성한 곳인 소돔과 고모라를 선택할 것인가? 아니면 그 땅을 조카에게 양보하고 척박한 가나안 땅을 택할 것인가? 양단간에 선택한다는 것은 어려운 일이나 선택해야 한다. 아브람은 기도하고 과감하게 좋은 곳을 조카 롯에게 양보하고 가나안 땅을 선택했다. 그런데 참 놀랍다. 하나님은 그 광경을 다 지켜보고 계셨다. 롯이 좋은 곳을 선택하여 아브람을 떠나자마자 그에게 음성을 들려주셨다. "너는 눈을 들어 너 있는 곳에서 북쪽과 남쪽, 그리고 동쪽과 서쪽을 바라보라. 보이는 땅을 내가 너와 네 자손에게 주리니 영원히 이르리라. 내가 네 자손을 땅의 티끌 같게 하리니 사람이 땅의 티끌을 능히 셀 수 있을진대 네 자손도 세리라. 너는 일어나 그 땅을 종과 횡으로 두루 다녀 보라. 내가 그것을 네게 주리라(14-17)." 엄청난 축복의 약속을 주셨다. 결과적으로 아브람은 영적인 축복을 선택했다.

14장에서는 조카 롯이 살고 있는 땅에 전쟁이 일어나서 롯이 포로로 잡혀 있었다. 다름 아닌 조카 롯이 살고 있는 곳의 소돔과 고모라를 비롯한 다섯 개 부족의 왕이 12년 동안 부족의 그돌라오멜을 비롯한 4명의 부족 왕을 섬기다가 13년째에는 섬기지도 않고 조공도 바치지 아니했다. 그래서 전쟁이 벌어졌는데 그만 소돔, 고모라 쪽의 연합군이 전쟁에서 패함으로 조카 롯의 가족도 포로로 잡혀가게 되었다. 이 소식을 들은 아브람은 집에서 길리고 훈련된 군사 318명을 동원하여 나가 그의 가족을 구출해 낸다. 그리고 그는 돌아오는 길에 하나님의 제사장 살렘왕 멜기세덱을 만나 축복기도를 받고 전리품의 십분의 1을 바친다. 여기에서 우리는 아브람의 성실성을 본다. 하나님의 약속(12:1-3)을 붙잡고 가는 중에 물질의 축복을 포기하고 오히려 가난을 선택한다 해도 집에서 충성된 믿음의 일꾼을 훈련하면서 미래의 약속 성취를 기다렸다. 위험한 일을 당할 때 하나님의 도구로 사용되어 승리하고 또한 이에 대한 십일조를 하나님께 드리는 자였다. 하나님은 성실하게 미래를 준비하는 그를 반드시 축복하고 싶으셨을 것이다.

15장에서는 하나님은 아브람에게 '나는 너의 방패요, 너의 지극히 큰 상급이라(1)'라고 약속한다. 이때 아브람은 자기 마음을 하나님 앞에 고백한다. 나이는 점점 들어가고 몸은 불편해지는데 나의 미래는 누가 책임질 것인가? 그래서 "주 여호와여 무엇을 내게 주시려나이까? 나는 자식이 없사오니 나의 상속자는 이 다메섹 사람 엘리에셀이니이다(15:2)"라고 말한다. 하나님은 이런 마음을 가진 아브람에게 확신을 주고 싶으셨다. 캄캄한 밤에 그를 밖으로 불러내셨다. "하늘을 바라보라. 뭇별을 셀 수 있나 보라. 네 자손이 이와 같으리라." 밤하늘이 캄캄하면 캄캄할수록 별은 더 반짝반짝 빛나는 법이다. 앞이 캄캄하면 캄캄할수록 하나님의 약속은 더 선명해지고 하나님은 반드시 축복하실 것이다. 이것이 아브람이 선택한 믿음의 경로였다.

오늘 묵상의 말씀

당신은 선택의 기로에서 무엇을 선택했는가? 그리고 응답의 과정을 기억해보자.

이름을 바꿔라, 할례를 행하라

16장에서는 하나님께서 확실하게 미래 약속의 언약을 주셨지만(15장), 아브람은 깨닫지 못하고 인간의 약함을 보인다. 75세에 본토 친척 아비 집을 떠났다. 그 후로 10년이 지난 85세가 되어도 미래에 대한 보장이 눈에 보이지 않았기에 인간적으로는 차선의 선택을 할 수밖에 없다고 생각할 수 있었을 것이다. 그것도 부인이 권유하니 순응할 수밖에 없었으리라. 마치 하와의 선악과 권유를 아담이 뿌리칠 수 없듯이 말이다. 그래서 애굽 여종 하갈을 통하여 이스마엘을 낳는다. 그러나 이때부터 그의 가정에는 평생 불화가 생겼다.

17장에서는 하나님께서 아브람에게 완전한 믿음을 갖도록 격려하신다. "나는 전능한 하나님이라. 너는 내 앞에서 행하여 완전하라(17:2)"라고 말씀하셨다. 하나님은 적당히 믿는 것이 아니라, 오직 주님만 바라보며 철저하게 믿는 것을 좋아하신다. 그래서 두 가지 확증을 갖게 하셨다. 1) 이름이다. 아브람이 아니라 아브라함으로 불러라. 아브람은 고상한 사람이요, 아브라함은 열국의 아버지라는 뜻이다. 이것은 부인도 마찬가지이다. 부인의 이름을 앞으로는 사래라고 부르지 말고 사라라고 부르라는 것이다. " 열국의 어미가 되게 하여 민족의 왕이 네게서 나오리라(17:15-16)"라고 약속하셨다. 이름을 부를 때마다 하나님의 약속을 늘 기억하게 하는 것이 하나님의 방법이다. 물론 사라는 이 약속의 말씀을 듣고 웃었다. 그때 하나님이 딱 한 마디 하셨다. "정녕 네가 아들을 낳으리니 너는 그 이름을 이삭이라 하라. 내가 그와 내 언약을 세우리니 그의 후손에게 영원한 언약이 되리라(17:19)." 2) 할례이다. 이것은 남자의 생식기 주변의 표피를 끊어 내는 의식이다. 생식기를 통하여 자녀를 낳기에 이 생식기를 만질 때마다 하나님의 약속을 기억하라는 뜻에서 확실한 증표를 주신 것이다.

18장에서는 하나님은 아브라함에게 다시 후손에 대한 약속을 재확인하기 위하여 천사 둘을 동원하고 아브라함을 만나신다. 유목 사회에서 사람들을 만나기 어려운 정황이었는데, 갑자기 세 사람이 찾아오니 아브라함은 이해타산을 떠나 나그네를 잘 대접하는 마음으로 대접을 한다. 이때 한 사람이 사라를 부르라며 이렇게 말한다. "내년 이맘때 아들을 낳을 것이다." 이때 사라는 또 웃었다. "내가 노쇠했고, 내 주인도 늙었는데 어떻게 아들을 낳으리요"라고 말한다. 하나님은 그때 당신의 정체성을 알려 주신다. "여호와께 능하지 못할 일이 있겠느냐. 기한이 이를 때에 내가 네게로 돌아오리니 사라에게 아들이 있으리라(18:14)." 인간이 하나님의 말씀을 듣고 어찌 반응하든 하나님은 당신의 계획대로 실행하신다. 인간이 즐겁게 받아들이면 축복을 누릴 것이고, 거부하면 축복을 놓치는 것이다.

그리고 하나님은 아브라함에게 중대한 이야기를 하신다. "나의 하려는 일을 아브라함에게 숨기겠느냐(18:17)." 하나님은 당신이 하려는 일을 종들에게 알려 주고 나서 진행하시는 것이다. 이번 일도 마찬가지이다. 소돔과 고모라를 멸망시킬 계획을 세우고 계셨다. 아브라함은 이 계획을 듣고 호소한다. 의인 50명 있을지라도 멸하시겠습니까? 아니. 용서할 것이다. 45명? 좋다. 40명? 좋다. 30명? 좋다. 20명? 좋다. 10명? 좋다. 안타까운 기도를 드릴 때마다 우리 하나님은 한결같이 그의 중보의 기도에 응답하셨다. 만약 "의인 한 명만 있어도 그 성을 용서해 주세요"라고 기도했으면 어떻게 되었을까 궁금하다.

오늘 묵상의 말씀

나의 믿음의 별명과 믿음의 상징은 무엇인가?

절체절명의 위기와 체험신앙

19장에서는 아브라함의 간절한 중보의 기도에도 불구하고 소돔과 고모라는 의인 열 명이 없어서 멸망한다. 소돔과 고모라는 겉으로는 너무 풍요롭고 세련되어 보였지만 그 속은 말할 수 없이 타락되어 있었다. 그것은 천사가 롯의 집에 들어가자 동리의 사람들이 노소막론하고 그 하나님의 사람들을 내어놓으라는 것에서 알 수 있다. 동성 간의 성교를 하겠다는 것이다. 이에 롯은 차라리 자기 딸을 내어 주겠다고 협상한다. 우리의 정서로는 이해하기 어려운 말이다. 이런 곳에 살다 보니 롯이 얼마나 영적으로 고통을 느꼈겠는가?

하나님은 영적으로 신음하는 롯을 건지려고 무한한 자비를 베푸신다. 롯의 가족 모두, 그리고 롯이 건질 수 있는 사람은 모두 건져내라는 것이다. 그러나 롯의 사위될 사람들은 이 말을 농담으로 여겼기에 이 구원의 역사에 동참하지 못한다. 그리고 롯의 부인은 이 긴급한 정황에서도 뒤를 돌아보다가 그만 소금기둥이 된다.

그리고 롯의 두 딸은 더 이상 대를 잇지 못할 것을 생각하여 아버지에게 술을 먹여서 큰딸은 모압을, 둘째 딸은 암몬을 낳는다. 참 안타깝다. 아무리 믿음의 사람도 불신의 환경에 들어가면 타락할 수밖에 없다는 것을 보여 준다.

20장에서는 아브라함은 그 충격을 잊어버리기 위해 네게브 땅으로 갔는데, 그랄 왕 아비멜렉이 사라에게 누구냐고 묻기에 아내라고 말하지 않고 누이라고 말한다. 불신앙은 계속 불신앙으로 이어졌고 급기야는 생명의 위협 앞에서 큰 실수를 저지른다. 이때 하나님이 개입하신다. 오히려 아비멜렉을 크게 꾸짖고, 보상하게 하셔서 사라를 돌려보낸다. 역시 우리 하나님은 멋있으신 분이다. 비록 그가 잘못했을지라도 하나님은 그를 통해 하실 일이 있었기에 전화위복의 길을 열어 준 것이다.

21장에서는 하나님께서 사라와 한 약속을 지켜서 그 집의 태를 열어 주어 아기를 낳게 하셨다. 이로 말미암아 믿음생활한 지 25년 만에 그 가정에 웃음이 찾아왔다. 이름하여 이삭이라 불렀다. 그리고 난 지 8일 만에 할례를 행하므로 하나님과의 약속을 잘 지켰음을 확실하게 보여 준다. 중요한 것은 이제 약속의 백성으로서의 경계선을 확실하게 긋게 하신다. 이스마엘은 육체를 따라 낳았고, 이삭은 자유 있는 여자에게서 약속을 따라 낳았다. 그러므로 마음은 아프지만, 육신의 생각으로 낳은 자녀와 약속으로 낳은 자녀의 관계를 과감하게 정리하는 것이다. 이스마엘이 자라나는 어린 이삭을 박해하듯, 육체를 따라 난 자가 성령을 따라 사는 자를 박해할 것이기 때문이다. 믿음의 경계선을 긋는 것이 그 당시는 인생에 있어서 고달플지라도 영적으로는 확실하게 그어야 신앙생활이 자유하며 영적 능력이 커진다는 것을 보여주는 대목이다(갈 4:22-30).

그럼에도 불구하고 하나님은 쫓겨나가는 이스마엘에게도 긍휼을 베푸셨다. 그에게 생수를 발견하여 그의 가죽부대에 물을 채우게 하고 이렇게 말씀하신다. "그로 큰 민족을 이루게 하리라(21:18-19)." 무한한 자비를 베풀어주신다.

이런 광경을 계속하여 지켜보던 그랄 왕 아비멜렉은 그의 군대 장관 비골을 보내어 아브라함을 만나 "네가 무슨 일을 하든지 하나님이 너와 함께 계시도다. 그런즉 우리가 서로 후대하기로 약속하자" 하고 그곳에 나무를 심고 영원하신 하나님의 이름을 부르며 찬양했다. 이 모든 것을 보면 하나님은 갈 바를 알지 못하는 우리들을 항상 살피고 보호하신다.

오늘 묵상의 말씀

실수의 연속으로 도저히 빠져나오기 어려운 정황에서 하나님의 은혜를 맛본 적이 있는가?

최고의 시험, 최고의 영적 체험

22장은 아브라함은 번번이 그의 실패 속에서도 항상 하나님 긍휼의 손길을 체험하고 있음을 느낀다. 그래서 언젠가 자신에게 시험이 오더라도 당당하게 합격하리라는 각오를 하고 있었다. 그때 마침 하나님이 그를 시험하셨다.

첫 번째 시험이 왔다. "사랑하는 아들, 네 독자 이삭을 데리고 모리아산으로 가서 번제로 드리라(22:2)." 아브라함은 조금의 망설임도 없이, 흔들림도 없이 아침 일찍이 일어나 두 종에게 안장을 지우고, 그의 아들에게 번제에 쓸 나무를 쪼개어 지게하고, 자기 손에는 불을 들고 모리아산을 향했다. 아들이 그에게 "불과 나무는 여기 있지만 번제할 어린 양은 어디 있나이까(22:7)?"라고 묻는다. 아브라함은 아찔했다. 그러나 정신을 차렸다. 그때 하나님이 말씀을 주셨다. "여호와께서 친히 준비하시리라(여호와이레)!" 멋있는 응답이다. 두 번째 시험은 칼을 들고 아들을 줄로 꽁꽁 묶고 제단 나무 위에 놓고 그 아들을 잡으려고 했다. 차마 아버지로서 못할 일이다. 그런데 하늘에서 말씀이 들렸다. "아브라함아! 아브라함아! 그 아이에게 손을 대지 말라. 네가 네 아들 네 독자라도 내게 아끼지 아니하였으니 이제야 네가 하나님을 경외하는 줄을 내가 아노라(22:12)." 명쾌하게 시험을 통과한 것이다. 이때 하나님은 엄청난 축복을 허락하신다. "네가 네 아들 네 독자라도 내게 아끼지 아니하였은즉 내가 네게 큰 복을 주어 네 씨가 크게 번성하여 하늘의 별과 같고 바닷가의 모래와 같게 하리니 네 씨가 그 대적의 성문을 차지하리라. 네 씨로 말미암아 천하 만민이 복을 받으리니 이는 네가 나의 말을 준행하였음이라(22:16-18)." 이것은 메시아 혈통의 약속이요, 믿음의 아버지로서의 시험의 통과이다.

23장에서 아브라함의 시험 합격을 보고 나서 사라는 사역을 마치고 기럇여아림(헤브론)에서 죽게 된다. 여기서 기억해야 할 것은 죽음은 인생의 끝이 아니라는 것이다. 아브라함은 그곳 헤브론의 땅을 400세겔의 값을 주고 산다. 그리고 그곳 헤브론에 믿음의 어머니 사라가 묻혔는데 훗날 다윗이 그곳에서 왕이 되어 메시아의 기반을 마련한다.

24장에서 어머니를 잃은 아들 이삭은 몹시 아픔이 컸다. 사실 이삭은 부모가 늙어서 낳은 자식이기에 어머니의 사랑은 남달랐다. 그는 언약의 백성이다. 따라서 어머니의 죽음을 마냥 슬퍼하고 있을 수만은 없다. 결혼도 하고 대를 이어서 생육과 번성의 축복을 누려야 한다. 여기에 안타까운 마음을 가진 아브라함은 그의 종 엘리에셀에게 그의 친척 중에서 배필을 찾아오게 한다.

이때 엘리에셀은 아멘으로 그 명령을 잘 수용한다. "하나님 원컨대 오늘날 나로 순적히 만나게 하사 나의 주인 아브라함에게 은혜를 베풀게 하소서(24:12)"라고 기도했더니 우물에 물 길으러 나온 한 여인을 만나게 되었다. 리브가였다. 집에 들어가서 그 동안의 과정을 다 이야기했다. 아버지 라반의 허락을 받아 그를 데리고 가나안으로 돌아오게 되었다. 때에 이삭이 들에 나가 묵상하던 중 리브가를 만났다. 그리고 이삭이 그녀를 그의 장막으로 들여서 그 과정의 이야기를 나누고 아내를 삼아 서로 사랑하게 되었다. 이로써 그동안의 어머니를 통한 상심한 마음이 치유되었다.

오늘 묵상의 말씀

내가 지금까지 살면서 최고의 시험은 무엇인가? 또 이를 통한 최고의 영적 체험은 무엇인가?

믿음의 징검다리와 하나님의 선택

25장은 아브라함의 사명이 끝나고 '누가 대를 이어서 사명을 감당할 것인가?'에 대한 이야기다. 이것은 언제든지 시대의 과제이다. 아브라함에게는 두 아들 이스마엘과 이삭이 있었다. 이스마엘은 12 아들을 낳았고 잘 번성했다. 그러나 이삭은 자녀를 낳지 못했다. 그러기에 너무나 안타까워 이삭은 여호와께 간절히 구했다(25:21). 정당성 있는 기도, 언약 백성으로 꼭 응답받아야 할 내용이기에 기도 응답의 확신이 있었고, 응답의 확신이 있었기에 간절히 기도했다.

그 결과 아들을 주셨는데, 쌍둥이를 주셨다. 큰아들 에서는 익숙한 사냥꾼이 된다. 그리고 작은아들 야곱은 내성적인 사람이어서 집안일을 도왔다. 누가 아브라함의 계승자가 될 것인가? 궁금하다. 하나님은 야곱을 예정하셨다. 그 이유는 에서는 팥죽 한 그릇에 장자의 명분을 파는 것을 보면서 하나님의 언약을 경홀히 여김을 보셨기 때문이다. 그래서 하나님은 이스마엘이 아닌 이삭을, 에서가 아닌 야곱을 믿음의 통로로 선택하신 것이다.

26장에서 그 땅에 흉년이 들었다. 그래서 흉년을 피해 애굽으로 가고 있었다. 그 도중에 그랄까지 왔는데, 하나님이 말씀하신다. "애굽으로 내려가지 말라. 내가 네게 지시하는 땅으로 가라. 이 땅에 거류하면 네게 복을 주어 이 모든 땅을 너와 네 자손에게 주리라. 네 자손으로 말미암아 천하 만민이 복을 얻으리라(26:2-5)." 흉년으로 인하여 자칫 말씀을 잊어버릴 뻔 했다. 그런데 하나님께서 언약을 기억나게 해주셨다. 그리고 순종하게 해주셨다.

이삭은 거기 그랄에 머무르는 과정에서 아내 리브가를 누이라고 속인다. 이것은 객지 생활 속에서 생명의 위협을 피하기 위한 수단이다. 하나님께서 아비멜렉에게 아내를 빼앗길 뻔 한 것을 건져 주셨다. 아버지가 했던 실수를 아들이 했음에도 이를 통해 하나님은 우리를 위경에서 지켜 준다는 것을 보여 주셨다.

이삭이 거기에서 거주하게 됨에 따라 농사를 지었고 100배로 창대하여 거부가 되었다(26:12-13). 이것은 순종의 결과로 하나님께서 복을 내리신 것이다.

그런데 이 사실을 지켜보던 그 동리 사람들은 배가 아팠다. 이삭이 에섹에 우물을 팠으나 빼앗겼다. 그래서 그곳을 떠나 싯나에서 다시 우물을 팠다. 그 역시 빼앗겼다. 또 다른 곳으로 옮겨서 우물을 팠다. 르호봇이라고 했다. 그때는 빼앗기지 않았다. 우물을 두 차례나 빼앗겼음에도 그것을 문제 삼지 않고 옮겼더니 샘의 근원을 주시고 넓게 축복한 것이다.

그리고 나중에서야 "우리가 분명히 하나님이 너희와 함께하심을 보았으므로 서로 해하지 말자"고 아비멜렉이 찾아와 계약을 맺자고 청한다. 그 우물이 브엘세바, 맹세의 우물이다. 하나님은 이렇게 문제 있을 때마다 순종하여 나갈 때 크게 복을 내리셨다.

27장은 이삭이 나이 많아 자신의 대를 이을 아들을 축복하는 장면이다. 에서는 외향적이어서 아버지의 사랑을 받았고, 야곱은 내성적이어서 집안일을 도움으로 어머니의 사랑을 받았다. 한마디로 편애였다. 그 결과 눈먼 아버지를 속이고 아들 야곱이 아버지의 축복을 받게 되는데, 그 결과 집안에 큰 불화가 생겨 야곱은 에서를 피해 외삼촌 라반의 집으로 떠나는 처지가 된다.

오늘 묵상의 말씀

믿음의 징검다리 역할은 어떻게 사는 것이 좋을까? (이삭과 나의 일생을 비교해보자)

가정불화를 이용한 하나님의 공동체 준비

28장에서는 아버지 이삭은 분한 마음을 정리하고 가정불화를 피하고자 외가로 피신해야 하는 아들 야곱에게 축복기도를 해줬다. 이에 야곱은 하란을 향해 가던 도중 들판에서 돌을 베개 삼아 누워 잠을 청했다. 그때 꿈에 사닥다리가 하늘 꼭대기에 닿았는데 하나님의 사자가 오르락내리락하는 것을 보는 중에 음성이 들렸다. "나는 여호와, 너의 조부, 너의 부친의 하나님 여호와라. 네가 누워있는 땅을 내가 너와 네 자손에게 주리니 네 자손이 땅의 티끌 같게 되어 땅의 모든 족속이 네 자손으로 말미암아 복을 받으리라. 네가 어디로 가든지 너를 지키며 너를 이 땅으로 돌아오게 하고 네게 허락한 것을 다 이루기까지 너를 떠나지 아니하리라(28:13-15)." 야곱은 깨어나서 그곳에서 하나님을 예배하며 서원한다. "제가 나의 가는 길에 함께 해주시면 하나님께서 내게 주신 모든 것에서 십 분의 일을 드겠나이다"라는 고백으로 하나님의 기대에 신앙으로 응답한다.

29장에서는 이렇게 하나님으로부터 확증을 얻은 야곱은 하란 지경에 도착하게 되는데 우물 긷는 곳 우물 어귀에서 양떼들이 물을 잘 먹도록 도와주다가 외삼촌 라반의 딸을 만나게 된다. 자연스럽게 그녀의 아버지 집에 가서 그 집안의 양을 치게 된다. 그러는 중에 예쁜 딸 라헬이 마음에 들어서 7년의 봉사 기간을 거친 후 결혼 승낙을 얻었다. 그러나 외삼촌은 언니를 먼저 결혼시켜야 한다는 그 동네 풍속을 이유로 언니와 결혼하게 한다. 결국, 7년을 더 봉사함으로 동생 라헬을 얻게 된다. 이로 인하여 아들들을 주신다. 첫째의 이름은 르우벤이라 했는데 '보라 아들이다', 둘째의 이름은 시므온이라 했는데, '하나님이 내 기도를 들으셨다', 셋째 이름은 레위라 했는데 '하나님과 연합하리라', 넷째의 이름은 유다라 했는데 '여호와를 찬송하리로다'라는 뜻이다.

30장에서 야곱은 연속 아들을 낳고 하나님은 민족의 근간을 이루는 12지파를 준비하신다. 다섯째의 이름은 단이라 했는데 '하나님이 내 억울함을 푸셨다', 여섯째의 이름은 납달리라 했는데 '경쟁하여 이기었다', 일곱째의 이름은 갓이라 했는데 '복되도다', 여덟째의 이름은 아셀이라 했는데 '나를 기쁘게 하는 자', 아홉째의 이름은 잇사갈이라 했는데 '대가를 지불했다', 열째의 이름은 스불론이라 했는데 '후한 선물을 주셨다'라는 뜻이다. 열한째의 이름은 요셉이라 했는데 '하나만 더', 물론 하나는 나중에 더 하셔서 베냐민이라 이름했는데 '오른쪽의 아들'이라는 뜻이다. 이렇게 축복하셔서 12지파의 기초를 만드셨다.

물론 레아와 라헬의 시기 질투가 심했다. 그로 인하여 몸종 빌하와 실바까지 동원하여 아들을 낳게 되면서 가정 내 암투가 전개되기도 했다. 그럼에도 불구하고 우리 하나님은 이 모든 것을 합력하여 선을 이루심으로 장래 이스라엘 공동체의 기초인 12지파를 만들어 나가신다. 이것을 보면 우리 인간사는 죄악으로 말미암아 모순투성일지라도 하나님은 구원사의 계획을 세우고 인간의 장점을 통해 모든 것을 선하게 운영해가시니 모든 것이 감사할 뿐이다. 하나님은 그들의 생계를 위하여 품삯을 정하게 하신다. 외삼촌 라반은 그동안의 충성심을 인정했다. 또 그의 부인들은 자기의 딸들이었기에 그들의 생계를 도와줄 필요가 있었다. 그래서 품삯을 정했다. 그러자 야곱은 더욱더 열심히 일했다. 낮에는 더위를 무릅쓰고 밤에는 추위를 무릅쓰고 일을 하였다(31:40)

야곱이 잘한 것만은 아니다. 태어날 때는 그의 성격대로 형 에서의 발뒤꿈치를 잡고 태어났다. 어릴 때는 팥죽 한 그릇으로 형의 장자 명분을 샀다. 그리고 재산을 증식하는데는 자연의 법칙보다 인간의 방법을 최대한 동원함을 보여주고 있다. 이를 그의 도덕적인 흠이라기보다는 그의 생에 대한 애착이 강한 면을 보여주는 것이라 이해할 수 있을 것이다.

오늘 묵상의 말씀

하나님은 가정불화를 어떻게 이끌어나가시는가? (우리 가정과 비교하여 보자)

금의환향하는 야곱

31장에서는 야곱이 귀향을 결심한다. 그 이유는 1) 라반의 간교한 탐욕으로 인한 노동력 착취(31:41), 2) 재산증식으로 인한 라반과의 갈등(31:1-2), 3) 아버지에 대한 라헬과 레아의 불만(31:14-16) 등이었다. 보다 더 중요한 이유는 하나님의 "네 조상의 땅, 출생지로 돌아가라(31:3, 31:13)" 하시는 말씀이 있었기 때문이다.

그리하여 외삼촌 몰래 하란을 빠져나왔다. 이를 알게 된 라반이 추격해왔다. 물론 이유는 가신 드라빔을 찾겠다는 명분이었으나 야곱은 그것을 몰랐다. 라헬의 결정이었다. 결국 라반은 드라빔을 찾아내지 못했다. 사전에 하나님이 꿈에 나타나셔서 선악 간에 말하지 말라는 주의를 들었기에 더 이상 어찌하지를 못했다. 미스바에서 서로를 축복하는 언약의 돌무더기를 세움으로 미스바의 언약을 체결하고 자신의 집으로 돌아갔다.

32장에서는 야곱이 고향으로 돌아오는 중에 하나님이 함께 계신다는 증거로 하나님의 군대가 그를 만나주신다. 그럼에도 불구하고 야곱은 좀처럼 두려움이 수그러들지 않는다. 이유는 지난날의 미해결 과제에 있다. 그것은 다름 아닌 형님의 장자의 축복기도를 가로챔으로 인하여 형님의 원한을 산 것이다. 이것이 해결되지 않으면 큰 어려움에 빠질 수 있다는 두려움 때문이다. 그래서 먼저 인간적인 자구책으로 물질 공세를 펴는 것이다. 그리고 부인들과 자식들을 보내어 마음을 누그러뜨리려는 전략을 짜서 진행하고 자기 자신은 마지막에 따라간다. 그런데도 마음은 여전히 불안하다. 그제야 하나님 앞에 무릎 꿇기로 결심한다. 그게 바로 얍복강 사건이다.

야곱은 홀로 남아서 밤이 새도록 천사와 씨름한다. 환도 뼈가 부러지는 고통을 느낌에도 불구하고 손을 놓을 수 없었다. 응답을 받아야 했다. '내게 축복하지 아니하면 가게 하지 아니하겠나이다(32:26)'라고 고백했다. 환도 뼈가 부러졌다는 것은 곧 인간적으로는 생산능력을 잃어버림으로 모두 잃어버렸다는 뜻이다. 이제 나의 모든 것을 포기하고 하나님만 바라본다는 뜻이 담겨 있다. 결국은 이스라엘이라는 영광스러운 이름과 함께 응답을 받아낸다. 이스라엘, 하나님과 겨루어 이겼다. 그러는 가운데 가정에 대한 회개, 형님에 대한 회개, 자신에 대한 회개를 통하여 지난날의 미해결과제를 다 해결한 것이다.

33장에 와서는 드디어 야곱이 에서와 만나게 되었다. 이는 지난 20년간의 해묵은 증오와 두려움의 벽을 한순간에 무너뜨리는 사건이요, 하나님의 백성의 놀라운 형제애를 나타내는 사건이다. 야곱은 에서를 만났을 때 그에게 더는 무서운 형님으로 보이지 않았다. "내가 형님의 얼굴을 보오니 하나님의 얼굴을 본 것 같사오며 형님도 나를 기뻐하심이니이다"라는 진심어린 고백이 나오는 것이다. 이것은 마음속에 모든 검은 그림자가 사라지고 맑고 깨끗한 사랑이 가득 찼음을 보여준다. 그러면서 준비한 예물을 강권하자 에서는 그 예물을 받았다. 이는 용서의 표현이다. 이는 하나님은 인간의 어떤 장벽도 기도하면 다 해결해주신다는 것을 보여주는 사건이다. 이어서 야곱은 숙곳에 도착하였다. 숙곳을 지나 가나안의 세겜 성에 이르러 그들의 장막칠 곳을 세겜의 아들들에게서 은 일백 개를 주고 샀다. 그러나 그곳은 야곱이 정착해야 할 곳이 아니었다. 하나님께서 돌아가라 말씀하셨던 그 목적지가 아니었기 때문이다. 그리함으로 예상하지 못했던 불행한 일이 그들을 향하여 다가오고 있었다. 하나님의 말씀에 순종하는 것이 평안의 길임을 보여준다 할 것이다.

오늘 묵상의 말씀

가정불화로 집안을 떠난 야곱 같은 삶을 당신도 산 적이 있는가?

환란 가운데서의 결단과 응답

34장에서 안타까운 것은, 야곱이 출생지로 돌아가라(31:13)는 하나님의 명령에 순종하여야 하나, 야곱은 아직도 고향으로 돌아가는 것이 썩 내키지 않았는지 그리하지 않았다. 중간 지역인 세겜에 있는 땅을 은 100세겔에 사서 그곳에 정착하게 된다.

하나님의 약속을 잊어버리면 반드시 마귀의 유혹에 넘어가기 쉽다. 야곱의 외동딸 디나가 그만 그곳 하몰의 아들이자 추장이었던 세겜에게 강간을 당하게 된다. 불신자인 세겜은 이것을 죄로 여기지 않고 그냥 결혼을 허락해 달라고 한다. 이 사건을 알게 된 야곱의 아들들은 복수할 것을 계획하고 결혼 조건으로 부족 전체의 할례를 요구한다. 그래서 그들이 모두 할례를 받아 육체적으로 힘을 쓸 수 없을 때를 이용해 그들을 모두 죽인다. 이로 인하여 온 집안이 화를 당할 위기에 봉착하게 된다.

35장에서는 이 일로 인하여 야곱은 정신을 차린다. 야곱 자신이 하나님과 맹세한 사건을 잊어버렸기 때문에 생긴 일임을 안 것이다. 그래서 "벧엘로 올라가자!"라고 식구들을 독려한다. 처음 형 에서를 피하여 도망하던 때, 굉장한 불안과 무서움이 몰려올 때 야곱은 벧엘에서 하나님을 만났다. 거기에서 하나님이 보증 서시는 든든한 약속을 받았다. "거기 나의 환난 날에 응답하신 나의 하나님께 재단을 쌓으려 하노라(35:1-3)." 야곱의 가족들은 모두 그 말에 순종하여 자기 손에 있는 모든 이방인의 신상과 귀고리를 세겜 근처 상수리 나무 아래 묻고 벧엘로 올라갔다. 모든 우상을 다 버리고 하나님이 그들 조상 아브라함, 이삭에게 주신 약속의 말씀을 회복하기 위하여 벧엘로 올라갔는데, 아무도 시비 걸거나 금지하는 사람이 없었다. 감사한 것은 거기에서 하나님이 나타나서 기도 응답을 주셨다. 그리고 약속의 계약을 다시 맺으셨다. "이름을 이스라엘이라 하고 다시는 야곱이라

하지 말라. 네 허리에서 왕들이 나오리라." 민족공동체의 이름을 확실히 알려 주셨다. 그래서 그곳의 이름을 벧엘이라고 다시 부르게 되었다. 우리 하나님은 참으로 좋으신 분이다. 내가 잘못한 것이 무엇인지 알고 회개하고 결단하고 돌아서면 곧바로 새 힘을 주신다.

이런 확실한 증거를 하나님에게 취득한 후 벧엘에서 출발하여 에브랏에 오니 도저히 움직일 수가 없었다. 거기에서 라헬은 난산으로 아기를 낳았다. 그 난산의 결과로 라헬은 고통을 이기지 못하고 죽었다. 참으로 안타까운 일이다. 만약 세겜에 머물지 않고 곧바로 브엘세바로 향했으면 이런 불행한 일은 당하지 않았을 것이다. 그런데 세겜에 머물면서 어려운 일을 당했다. 또 그 어려운 일로 말미암아 격랑의 길을 계속 걷는 중에 피곤에 지친 상태로 아이를 낳게 되었는데, 그만 아기를 낳자마자 사랑하는 아내 라헬을 잃게 된 것이다. 그래서 그 아들 이름을 베노니라 지었는데 그 뜻은 나의 괴로움의 아들이었다. 그때의 아픔은 나중에 예수님으로 인하여 애굽의 아이들이 죽을 때 애곡하는 것을 표현하는데 전승이 되었다(마2:18). 물론 나중에 아들의 이름을 베냐민으로 바꿔서 행운의 아들, 복스러운 아들로 고쳐 부르게 했다. 이것은 야곱이 시련의 순간에서 하나님의 섭리를 인정하고 믿음이 강해졌음을 말한다(약1:3-4). 그리고 거기에 라헬을 묻게 되었다. 그때 아쉬운 것은 야곱의 장남이 서모 빌하와 통간하여 아버지에게 큰 수치를 안겨 주었고, 본인도 장자의 축복을 빼앗기는 마음 아픈 일이 벌어진다.

36장에서는 분가한 에서의 족보를 말해 준다. 그러나 성경은 그들에게 이렇다 할 의미를 부여하지 않는다. 그도 그럴 것이 언약을 붙든 족속이 아니기 때문이다.

오늘 묵상의 말씀

어려움에 둘러싸여 있을 때 벧엘로 올라가서 더 큰 축복을 누린 경험이 있는가?

하나님의 인재 선택의 방법은?

이제는 믿음의 조상 아브라함, 이삭, 야곱의 3대가 역사의 일선에서 물러나고 다음세대를 준비한다.

37장과 39장은 요셉을 등장시키나 그 중간에 유다를 샌드위치로 등장시킨다.

이유는 큰아들 르우벤은 아버지 부인과 통간하여 장자의 자격을 상실했고 시므온과 레위 역시 디나 사건으로 아버지를 괴롭혀서 아버지 눈에 벗어났다. 그렇다면 장자의 특권은 4번째 아들 유다에게 돌아갈 수밖에 없다. 그러나 그는 레아의 아들이었다. 야곱은 둘째 아내 라헬을 특히 더 사랑했다. 그래서 그의 아들 요셉에게 더 마음이 간다.

이런 관계가 나중에 북이스라엘과 남 유다를 이루는 역사의 중요한 뿌리이다. 그 역사의 줄기를 만들어가는 근간의 시작이 어떻게 전개되는지 주의 깊게 살펴볼 필요가 있다.

37장에서 보면 요셉은 아버지로부터 특별한 사랑을 받았다. 그 결과로 그는 형제들에게 미움을 받았는데도 당사자인 그는 자신이 미움받는 것도 몰랐다. 형들의 곡식 단이 자신의 곡식 단에게 절한다는 이야기를 함으로써 미움은 극에 달한다. 그런 줄도 모르고 아버지는 형들이 세겜에서 양을 칠 때 그들에게 심방을 보낸다. 그러나 형들은 동생이 온 것을 기뻐하지 아니하고 되레 구덩이에 넣어 버린다. 그리고 유다의 설득으로 미디안 사람에게 은 20개에 팔렸고, 급기야 애굽 바로의 신하 보디발의 집에 종으로 팔리는 처지가 되었다.

38장은 유다의 등장이다. 유다에게는 세 아들 엘, 오난, 셀라가 있었다. 그런데 첫째아들 엘을 위하여 다말이라는 여자를 데려 왔는데, 엘이 악한 사람이라 빨리 죽었다. 그 당시는 계대 결혼제였다. 둘째인 오난도 하나님 앞에 악심을 품었기에 죽었다. 셋째 아들이 있었다. 하지만 유다는 이 모든 것이 그의 아들들의 잘못임에도 며느리의 잘못이라 여기고 소박맞게 한다.

그 후 유다의 부인이 죽고 나서 양털을 깎는 시기에 며느리 다말이 시아버지 유다를 유인하여 그의 씨를 받는다. 인간적으로 볼 때는 도저히 용납할 수 없는 불륜이지만 하나님의 언약 통로를 이어가려는 간절한 동기에서였기에 하나님은 그가 쌍둥이를 낳게 해주신다. 그리고 그의 아들 베레스를 통하여 다윗을 낳게 하시고 후에 그리스도를 낳게 하신다.

하나님은 우리가 약점을 가지고 있음에도 하나님 나라의 확장에 사용하신다는 것을 볼 수 있다.

39장에 와서는 본격적으로 요셉의 이야기가 전개된다.

요셉은 본의와 달리 꿈 이야기로 인하여 형들의 미움을 받아 애굽에 팔려왔다. 그러나 꿈이 있는 사람은 실망할 시간이 없다. 요셉은 불우한 청소년이라는 생각을 하는 대신 오히려 그 집에서 하는 일에 충성하였다. 그래서 집안의 모든 일을 맡은 총무로서 일하게 되었고, 하는 일마다 잘 되었다. 그 집안의 모든 사람의 소유에 하나님의 축복이 미쳤다.

그래서였을까. 요셉에게 매력을 느낀 보디발의 아내가 집요하게 성적 유혹을 한다. 하나님 앞에서 죄를 범할 수 없다고 늘 자리를 피했다. 한번은 집에 용무가 있어 들어갔는데 마침 주인의 아내만 있을 때였다. 그 날 역시 동침하기를 청하면서 옷을 잡고 늘어지기에 요셉이 옷을 벗어버리고 급히 빠져나왔다. 그러자 주인의 아내는 그 옷을 빌미로 오히려 요셉이 자신을 겁탈하고자 했었다고 보디발에게 고발했다. 억울하게도 요셉은 감옥에 갇히게 되었다.

그럼에도 요셉은 감옥 안에서도 맡겨진 일에 충실했다. 하나님이 함께하심을 보여 주어 감옥의 제반 사무를 다 처리하는 업무를 맡았다.

오늘 묵상의 말씀

하나님은 어떻게 유다와 요셉을 선택하셨는가? 이해되는 만큼 기록해 보자.

꿈의 중간단계 실현

40장에서는 요셉이 감옥의 제반 업무를 잘 보았기에 그에게 상담하는 사람들이 생겼다. 그중에는 왕의 술 맡은 자와 떡 굽는 자도 업무의 실수로 감옥에 들어와 있었다. 어느 날 그들이 밤에 꿈을 꾸었는데, 그 꿈의 내용을 요셉에게 들려주었다. 요셉이 그 꿈을 해석해 주었고 그 해석대로 되어 술 맡은 관원장이 복직이 되었다. 그러나 술 맡은 관원장은 복직된 후 요셉을 잊었다.

41장에서는 그 후로부터 만 2년이 되던 어느 날 바로가 꿈을 두 번을 겹쳐 꾸게 되었는데, 보통 꿈이 아니라는 것은 직감했다. 그 꿈으로 인하여 몹시 번민했다. 그래서 술객들과 박사들로 해석하게 했지만 결론은 해석 불가였다. 그때 술 맡은 관원장이 2년 전에 요셉이 감옥에서 꿈 해석을 잘해주어 복직된 일이 기억나서 요셉을 왕에게 소개했다.

요셉은 "왕의 꿈에 대한 해석은 내가 아니라 하나님께 있습니다(41:16)" 라고 말하면서 왕의 꿈 이야기를 듣게 된다. 그리고는 두 꿈은 동일한 꿈이다, 앞으로 이 나라에 닥칠 일을 예고한 것이라고 이해하기 쉽게 자세히 설명해 주었다. 7년의 풍년이 있은 후에 이어서 7년의 흉년이 있을 것이라는 해석이었다. 그러니 이에 왕께서 명철하고 지혜 있는 사람을 택하시어 이를 대비하셔야 한다(41:32-36)며 그 방안까지 함께 제시해 주었다. 그러자 왕이 "이와 같이 하나님의 신에 감동된 사람을 어디서 찾으리요(41:38)"라고 말하면서 그 자리에서 애굽의 총리로 그를 임명했다(41:43).

그리고 온의 제사장 보디베라의 딸 아스낫과 결혼하게 되었다. 큰아들을 낳으매 이름을 므낫세라 했다. 하나님께서 내 모든 고난과 내 아버지집의 일을 다 잊게 하셨다는 뜻이다.. 그리고 둘째 아들을 낳았는데 이름을 에브라임이라 했다. '내가 수고한 땅에서 번성하게 하셨다'는 뜻이다. 이렇게 하나님은 요셉의 인생을 활짝 열어 놓으셨다. 이 자리에 오기까지 물론 하나님의 은혜이다.

요셉은 보디발의 집에서 경제를 배웠고, 감옥에서 정치범들을 도와주면서 정치를 배웠다. 그러면서 꿈을 이루기 위해 부단히 인내하며 경주했다. 그 결과 요셉은 총리가 되었는데, 이것은 요셉의 꿈을 이루기 위한 중간 목표일 뿐이다. 더 궁극적인 것은 요셉의 형제의 곡식 단이 그에게 절하는 꿈의 성취 그것이다.

42장에서는 총리가 된 지 9년째 되었다. 그동안 애굽은 풍년 때 곡식을 잘 저장하여 빈틈없이 7년의 흉년에 대비하고 있었다. 그런데 흉년은 애굽뿐만 아니라 가나안땅도 예외가 아니었다. 곡식을 구할 수가 없게 되자 결국은 야곱이 애굽에 곡식을 사러 그의 아들들을 보내기에 이르렀다. 마침내 형들(베냐민 제외)이 곡식을 사러 애굽에 와서 총리였던 요셉에게 엎드려 절했다. 그 순간 형들은 요셉을 몰랐으나 요셉은 그들이 형들인 줄 단번에 알았다. 순간 옛날에 형들에게 꿈 이야기를 했다가 미움받았던 일이 생각났다. 형님들의 곡식 단이 나의 곡식 단에게 절한다는 것을 말했는데, 어쩌면 꼭 그대로 성취될까? 요셉은 짐짓 더 엄한 자세로 그들을 대한다. 그리고 그들을 곡식을 사러온 것을 빙자한 정탐꾼이라는 누명을 씌운다. 그러자 요셉의 형들은 자신들의 가족사를 이야기하면서 절대 그렇지 않다고 변명을 한다. 그렇다면 시므온을 볼모로 잡히고 고향에 가서 다시 올 때는 베냐민을 데려오라고 한다. 그런 명령을 주지만 요셉의 마음은 미어질 것만 같았다. 그래서 요셉은 밖에 나가서 실컷 울고 들어와서 또 엄하게 말한다. 어찌할 도리가 없이 형들은 그 명령과 쌀을 가지고 고향으로 돌아갔다.

오늘 묵상의 말씀

나의 꿈을 이루기 위하여 나는 어떤 훈련을 받은 적이 있는가?

미해결과제 해결하기와 그 후의 축복

43장에서는 가나안 땅에 여전히 기근이 심하여지자 곡식이 없으면 살 수 없기에 결국은 아버지가 그들에게 곡식을 사오라고 말한다. 이때 아버지를 설득하기 위하여 유다가 형제들의 대변인으로 나선다. 그도 그럴 것이 르우벤은 이미 설득력을 잃었다(42:36-37). 시므온과 레위 역시 세겜의 살육사건의 전과가 있었기에 그다음의 유다 차례가 된 것이다. 유다는 사태의 심각성을 아버지에게 차근차근 설명한다. 그 말은 매우 현실적이고 설득력이 있었다. 베냐민을 붙잡아 두는 것은 그를 위험에서 보호하려는 처사가 아니라 오히려 그를 포함하여 모든 가족을 굶어 죽게 하는 결과를 초래할 뿐이라는 것이다. 유다는 자신의 제안에 대한 책임을 지겠다는 다짐을 아버지에게 한다. 아버지는 결국 허락해 준다. 형들이 베냐민을 데리고 요셉에게 오자 그는 아버지의 안부를 물었다. 그리웠던 동생을 보자 마음이 울컥하여 급히 울 곳을 찾아 안방으로 가서 울었다. 정을 억제하고 들어와서 격식을 갖추어 음식을 나누게 한다.

44장에서는 여전히 요셉은 형들을 시험한다. 요셉은 자신의 은잔을 베냐민의 곡식 자루에 넣게 하고 그들을 고향으로 보낸다. 한참 가나안으로 가는 중에 요셉의 청지기들이 따라와서 주인의 은잔을 훔쳤다며 자루들을 조사했다. 결국 베냐민의 자루에서 은잔이 나왔다. 이에 모든 형제가 동생과 함께 종이 되기를 자원한다. 그때도 유다가 나서서 자기의 약속대로 베냐민을 대신하여 종이 되겠다고 자원한다. 그는 진실로 아비의 슬픔을 덜어 주기 원했고(44:34), 그 일을 위해서라면 어떤 희생도 감수하겠다고 굳은 결심을 한 것이다.

45장에서는 이런 사실을 듣고 있던 요셉은 감정을 억제하지 못하고 폭발할 것만 같아서 소리 질러 모든 사람을 자기에게서 물러가라고 말한다. 그리고 자신의 신분을 형들에게 밝힌다.

요셉은 이렇게 해서 지난 20년 동안의 미해결 과제를 다 해결했다. 미운 마음이 풀어지고 용서가 되었다. 그러자 그는 형제들에게 자신이 요셉이라고 자기의 정체를 알리고 형들 앞에서 방성대곡한다. 그리고 "당신들이 나를 이곳에 팔았으므로 근심하지 마소서. 한탄하지 마소서. 하나님이 생명을 구원하려고 나를 당신들 앞서 이곳에 보내셨나이다(45:5-7)"라고 말한다. "그리고 속히 아버지께로 올라가서 아버지의 아들 요셉의 말에 하나님이 나를 애굽 전국의 주로 세우셨으니 내게로 지체 말고 내려오사 나와 가깝게 하소서. 흉년이 아직 다섯 해가 있으니 내가 거기서 아버지를 봉양하리다(45:9-10)"라고 말했다. 그리고 형들과 입 맞추며 울었다. 그동안 형들에게 행한 것은 지난날의 아픔을 풀기 위한 요식 행위이며, 요셉은 진정으로 형들을 용서했고 받아들였다. 정말로 요셉은 예수 그리스도의 모델이라고 말할 수 있는 인품을 가진 것 같다. 그리고 24절에서는 아버지를 모시러 집으로 돌아가면서 노중에서 다투지 말라고 부탁한다. 이는 그들이 집으로 가는 중에 혹시라도 20년 전의 그 일을 가지고 서로에게 책임 전가하거나 공치사하여 형제간의 사이가 벌어질 것을 미리 막는 지도자다운 리더십의 한 단면을 보여주고 있다. 이 사실을 집에 돌아와서 아버지 야곱에게 보고했다. 처음에는 아버지가 믿지 아니했다. 어안이 벙벙했다.

그러나 아들들의 확신에 찬 말을 들음과 함께 또 요셉이 보낸 예물과 수레를 본 후에 의심이 사라졌다. 기운이 소생하게 되었다. 그리고 "내 아들 요셉이 지금까지 살았으니 내가 죽기 전에 가서 그를 보리라"라고 결심한다.

오늘 묵상의 말씀

지난날의 가족 식구들과의 미해결과제를 어떻게 해결했나?

약속 성취의 기쁨

마침내 하나님의 구속 경륜 중 1막에 해당하는 가나안에서의 생활은 막을 내리고 2막에 해당하는 애굽에서의 생활이 전개되는 순간을 맞이한다. 이때부터 선민 이스라엘은 하나님께서 아브라함에게 약속하셨던 대로 400년 동안 애굽에서 거주하게 된다(15:13).

46장에서는 애굽으로 출발하기에 앞서 하나님께 예배를 드렸다. 그 예배를 받으신 하나님은 "애굽으로 내려가기를 두려워하지 말라. 내가 거기서 너로 큰 민족을 이루게 하리라(46:3)"라고 말씀하셨다. 하나님은 아브라함에게나 이삭에게는 흉년이라 해도 애굽에 내려가지 말라고 말씀하셨다. 그러나 야곱에게는 "애굽으로 내려가기를 두려워 말라"고 격려하신다. 그리고 반드시 내가 너와 함께 내려가겠고, 반드시 내가 너를 인도하여 다시 올라올 것이라고 말씀하셨다. 이에 확신을 하고 야곱은 애굽에 내려갈 준비를 한다. 이때 함께 내려가는 야곱 족속의 명단을 한 사람도 빠짐없이 다 기록하고 있다. 이는 장차 후대들에게 그들의 뿌리를 제시하고 영원한 본향인 가나안을 기억하게 하기 위함이다. 이때 이주한 숫자는 야곱과 요셉, 요셉의 두 아들을 포함해 모두 70명이다. 이 칠십 명이 하나님의 축복으로 번성하여 400년 후에는 이백만이 넘는 대규모의 민족으로 성장하게 된다. 하나님은 이런 일을 이미 실행하기 위해 놀라운 계획을 세우고 계시다. 물론 이렇게 되기까지는 많은 노력이 있었다. 몇십 년 동안 붙잡고 있던 집착에 가까운 사람을 내려놓으며 고통스러워했던 야곱, 한 가정의 가장이 되어 가정이 무너지는 경험(38장)을 한 후 아버지 야곱을 이해할 수 있었던 유다의 눈물겨운 중재, 무엇보다도 형들에게 버림받은 것을 사랑으로 승화해 낸 요셉의 노력이 연합하여 선을 이룬 것이다. 이런 감격적인 사건은 요셉이 연단과 인내 속에 하나님의 약속을 붙잡은 때로부터(창37장) 그 약속의 성취를 이루는 20년간은, 아브라함이 25

년만의 약속의 열매를 맺는 것(창12:4, 21:5)과 야곱이 벧엘에서의 약속을 받고 20년 후에야 성취되는 것에 연결하여 볼 때 믿음은 인고의 세월을 통하여 이루어진다는 것을 보여주는 대목이다.

이제 요셉과 그의 아버지 야곱의 극적인 상봉 장면은 야곱의 파란만장한 생애 끝에 오는 기쁨의 절정을 보여 준다. 요셉이 고센에 가족들을 머무르게 한 이유는 그곳이 넓은 들판과 초지로 이루어져 유목민인 이스라엘 가족에게는 가장 적합한 정착지였음과 함께 이방인인 애굽 사람들과는 거리를 둠으로 민족성을 유지하고 여호와의 신앙을 보존하기에도 안성맞춤이기 때문이었다. 아울러 이곳은 가나안과 가까운 곳으로 그들이 궁극적으로 머물 곳은 가나안임을 알기 위해서였다.

47장에서는 이제 야곱은 애굽에 정착하기 위해 바로 왕을 만난다. 세상에서 가장 권력이 강한 바로 왕을 만나서 정착의 신고를 하는 자리이자 또한 축복의 통로인 하나님의 백성으로서 애굽 왕을 축복하는 자리이기도 했다. 이에 바로왕은 애굽의 좋은 곳 라암셋을 기업으로 삼게 했다. 요셉은 그 형제들의 식구를 따라 식물을 주어 공궤하였다. 훗날 라암셋은 출애굽의 첫 출발지가 되었다. 그 후 요셉은 계속되는 흉년기간 동안 양곡관리를 현명하게 함으로써 애굽인의 생존을 가능하게 했고, 동시에 왕권을 견고히 해 나갔다. 이처럼 요셉의 애굽의 왕조에 큰 은혜를 입혔던 것이 이스라엘 백성에게는 애굽 체류기간에 큰 민족을 이룰 수 있는 중요한 요인이 되었다.

오늘 묵상의 말씀

눈물겨운 기도 응답(요셉의 꿈)을 이루었을 때는 어떤 분위기였을까요?

축복의 통로의 유종의 미

48장에서 야곱은 자신의 대(代)를 이을 아들들을 통하여 지파 확정이 필요했다. 이를 위해 야곱은 요셉의 아들이자 자신의 손자인 에브라임과 므낫세를 양자로 삼았다. 이러한 조치는 야곱의 장자권이 요셉에게 계승되었음을 의미한다(신 21:17, 대상 5:2). 이미 장자권이 요셉에게 주어졌으므로 야곱이 자기 아들들보다 먼저 축복을 한다. 그런데 야곱이 이 두 아들 중에 장남 므낫세보다 차남 에브라임을 더 축복한 것은 그의 영적 안목이 얼마나 뛰어난가를 증명한다. 또한 이와 별개로 영적인 장자권은 유다에게 주어져서 두 지파의 긴장관계를 갖게 하는 것도 깊이 유념하게 하는 대목이다(49:8-12).

49장에서는 인생을 마감하기에 앞서 12 아들에게 축복을 한다. 이는 단순한 축복이 아니라 신적 권위가 주어진 예언적 축복이다(창9:25-27). 즉 이스라엘은 역사의 주관자가 하나님임을 인정하면서 역사 속에서 12지파를 통해 성취될 하나님의 뜻을 밝히고 선민으로서의 사명 준수를 요청하는 것이다. 한편 유다에게 내린 축복은 구속사적인 측면에서 장차 그리스도의 탄생이 유다 가문을 통해 주어질 것을 약속하면서 유다 지파가 다른 지파 보다 더 큰 영적 축복을 누리게 됨을 보여 주고 있다. 즉 요셉이 가장 큰 세상의 축복을 약속받았다고 한다면 유다 지파는 가장 큰 영적 축복을 받았다는 것이다. 이것은 나중에 북쪽 이스라엘과 남쪽 유다 나라를 생각할 때 참으로 아이러니한 대목이다.

모든 축복을 다 한 후에 야곱은 이미 요셉에게 부탁했던 대로 자신을 조상의 선영에 장사해 달라는 유언을 함으로 하나님 나라의 백성이 가야 할 곳은 하나님이 지시하신 땅이라는 것을 명확하게 정하고 있다.

50장에서는 마침내 야곱이 죽어 열조에게로 돌아가고 성대한 장례식으로 이스라엘 백성은 노예 민족이 아닌 애굽의 귀빈으로 상당히 귀한 백성임을 인식하여 하나님께서 약속하신 가나안 땅을 지향하는 삶을 살도록 암시하고 있다. 또한 아버지 야곱이 죽은 후에 형들은 과거 자신들이 요셉에게 행한 악행에 보복당하지 않을까 내심 불안해했다. 그러나 요셉은 그 사건은 하나님의 섭리였다고 고백함으로써 형들을 위로하였다. 이는 예수 그리스도의 예표로서 무조건 용서하시는 하나님의 은혜를 표현한 내용으로 신앙인은 모두 가져야 할 성품으로 귀감을 보여 주었다. 한편 야곱과 요셉에 관한 이야기가 창세기의 절반을 차지하고 있는 것은 하나님의 역사가 선별적으로 기록되었기 때문이다. 즉 성경은 인간의 역사를 기술하는데 목적이 있는 것이 아니라, 하나님의 필요에 의한 구속사를 이어가는 커다란 봉우리들만 집중적으로 언급하고 있다. 이렇게 보면 창세기 전체에서 하나님은 75세의 자식도 없고 보잘것없는 한 노인인 아브람을 불러서 그에게 '축복의 통로'라는 꿈을 주고 그 꿈이 이삭을 통하여 이루어지고, 야곱을 통하여 이루어지고, 요셉을 통하여 이루어지는 과정에서 유다가 중요한 중개 역할을 잘 하면서 족장의 시대가 마감된다. 이제 이들을 통하여 한 민족을 만들어가는 시대가 올 것이다. 거기는 바로 가나안 땅이며 메시아가 오실 땅이다. 그렇게 하여 미래의 꿈을 바라보면서 족장의 시대는 끝난다. 그 가족이 민족공동체로 승화될 것이다.

오늘 묵상의 말씀

하나님은 창세기를 통하여 어떻게 창조적인 신앙을 보여주고 있는가?

하나님의 소원과 모세의 사명

출애굽기는 애굽에서 죄와 저주 속에서 고통당하는 이스라엘 백성을 건져내어 하나님의 백성으로 언약을 체결하고, 그 약속을 이루어 가신 과정을 설명한 책이다.

1장에서는 하나님께서 그 약속에 따라 그 가족의 후손들은 번성하게 된다(창12:1-5). 그러는 중 바로가 나타나서 요셉의 공적을 없애려 했다(신32:7, 삿5:8). 뿐만 아니라 급격하게 번성하는 이스라엘 민족에 대한 두려움을 느껴, 가혹한 중노동과 남자아이를 살해하는 방법으로 민족 말살 정책을 편다(1:11-22).

2장에서는 하나님께서 그들의 고통 소리를 듣고 노고를 알고 출애굽을 준비하신다. 레위 족속 중 한 사람이 레위여자에게 장가들게 하시더니, 그에게서 한 아들을 낳게 한다. 태어나면서부터 죽을 운명 속에서 태어났고, 히브리인이면서도 애굽 궁정에서 학문과 교양을 배우게 하시고, 그러면서도 친어머니의 손에서 성장케 하심으로 민족성과 여호와 신앙심을 물려받는다. 그리고 젊었을 때는 학대받는 동족에 대한 분노로 인해 애굽인을 살해하고 수배당하여 미디안으로 도주하게 된다. 40년간 애굽 학문과 부모의 신앙교육을 받은 그는 미디안 광야에서 민족지도자로서의 야성을 키우게 된다. 그리고 모세를 죽이려던 애굽 왕이 죽고 이스라엘 자손에 대한 애굽의 횡포가 극에 달했을 때, 이스라엘 백성들의 부르짖는 소리를 우리 하나님이 들으시고 하나님의 때가 왔음을 느끼게 한다.

3장에서는 그날을 바라보면서 광야에서 신앙훈련을 받고 있던 때가 40년이 되었다(행7:30). 만약 모세가 40년의 겸손 훈련 기간이 없었더라면 거룩하신 하나님 앞에서 그 당시 패역한 이스라엘 백성들은 살아남지 못했을 것이다(출32:11-14). 그리고 노예근성을 벗어버리지 못하고 계속 불평불만 하는 이스라엘 백성들이 모세를 살려 주지도 않았을 것이다.

그러므로 젊은 날의 광야 훈련 기간은 단순히 썩히는 기간이 아니라 미래의 리더십을 키우는 중요한 겸손 훈련 기간이었음을 알게 된다. 그러던 어느 날 모세는, 하나님의 산에서 양 무리를 치던 중 사라지지 않은 불을 발견한다. 가까이 가다가 하나님의 임재를 깨닫는다. “모세야! 모세야! 너의 선 곳은 거룩한 땅이니 네 발에서 신을 벗으라(3:5).” “내가 애굽에 있는 내 백성의 고통을 분명히 보고 그들이 그들의 감독자로 말미암아 부르짖음을 듣고 그 근심을 알고 내가 내려가서 그들을 애굽인의 손에서 건져내고 광대한 땅, 젖과 꿀이 흐르는 땅으로 데려가려 하노라(3:7-8).” 하나님께서 모세에게 소명을 주시는 순간이다.

모세는 거기에서 하나님께 확신할 사명을 깨닫기 위해 몇 가지 질문을 한다.

1) 내가 누구이기에 바로에게 가며 이스라엘 자손을 애굽에서 인도하여 내리이까(3:11)?

   80세의 나이, 너무 오랫동안 산에 묻혀 살아온 그 자신에게 너무나 큰 사명이라는 것이다.

2) 그들이 내게 묻기를 그의 이름이 무엇이냐? 물으면 내가 무엇이라 대답합니까(3:13)?

   이때 하나님은 다음과 같이 말씀하시면서 사명을 부여 하신다(3:14-18).

   첫째, 하나님은 스스로 있는 자로서 나는 여호와다.

   둘째, 나는 너의 조상 아브라함의 하나님, 이삭의 하나님, 야곱의 하나님이다.

   셋째, 나는 너희를 돌보아 너희가 애굽에서 당한 일을 보았노라.

   넷째, 내가 그들을 애굽의 고난 중에 인도하여 젖과 꿀이 흐르는 땅으로 올라가게 하리라.

   다섯째, 그렇게 말하면 그들이 내 말을 들으리라. 사흘 길쯤 가서 예배하도록 하소서 하라.

   여섯째, 내가 애굽 사람에게 은혜를 베풀었으니 빈손으로 가지 않게 하리라.

오늘 묵상의 말씀

내가 하나님을 대신하여 사명을 받은 것이 있는가? 그 경로는?

모세의 사명에 대한 자신의 검증

4장에서는 하나님의 사명을 받았음에도 불구하고 오랜 세월을 산에서 지냈기에 현실감각에 대한 두려움과 사명에 대한 자신감이 없어서 자신에 대한 검증을 몇 가지 더한다.

첫째, 모세는 "내가 말해도 그들이 믿지 않을 것입니다"라고 말했다. 이때 하나님께서 "네 손에 있는 것이 무엇이냐, 그것을 가지고 던져라"하는 말씀대로 던졌더니 지팡이가 뱀이 되었다. 꼬리를 잡으니 다시 지팡이가 되었다. "네 손을 품에 넣어라"는 말씀에 품에 넣었더니 그 손이 문둥이가 되었다. 손을 다시 품에 넣었더니 그 손이 본래 모습으로 회복되었다.

둘째, "내가 입이 뻣뻣하고 혀가 둔한 자니이다"라고 변명한다.

하나님의 대답 : 누가 입을 지었느냐. 내가 네 입과 함께 있어 할 말을 가르치리라.

셋째, "할 만한 사람을 보내소서" 소명에 대한 확신이 없다.

하나님의 대답 : 형을 보내어 그가 너를 대신하여 백성에게 가르치리라. 그리고 '이 지팡이를 가지고 가라 이것으로 기적을 행할지니라(4:17)', 불안한 모세에게 확실한 사명감을 고취해 주셨다.

이에 모세는 하나님이 자기에게 부탁한 것을 아론에게 말했고 백성 앞에서 이적을 행했더니 백성이 믿으며 하나님께 경배하게 되어 이제 사명자로서 나서게 되었다.

5장에서는 모세는 하나님이 부탁한 사명을 바로에게 가서 선포하는데, 바로가 거부한다. 오히려 모세의 선동에 동요하지 않도록 더 노역을 무겁게 했다. 짚을 주지도 않고 그전의 공기대로 똑같은 날짜에 일을 마치라는 것이다. 상상할 수 없는 고역이 시작되었다.

이로 인하여 이스라엘 기록원들이 모세와 아론을 원망했다. "우리를 바로의 눈에 미운 것이 되어 그들의 손에 칼을 주어 우리를 죽이려 하는가(5:21)" 그러자 모세가 하나님께 이렇게 기도한다. "주여, 어찌하여 이 백성이 학대를 당하게 하셨나이까? 어찌하여 나를 보내셨나이까?"

6장에서 하나님은 낙심한 모세에게 다시 사명의식을 고취해 주신다(6:1). 그리고 자기 자신을 다시 알려 주신다. 그때 하나님은 내가 지금까지는 전능하신 하나님으로 조상들에게 나타났으나 이름을 알리지 아니했다. 그러나 지금은 "나의 이름을 여호와로 알리노라. 그리고 내가 너희를 속량하여 내 백성으로 삼고, 나는 너희의 하나님, 여호와임을 너희가 알지니라(6:8)"고 말씀하신다. 명백한 계약관계이다. 이스라엘 주변 모든 신은 자연신이다. 그러나 이스라엘의 하나님은 계약의 신이다. 하나님은 이스라엘 백성을 구원하시고, 계약하셨다. 그러기에 이 약속을 지키기 위해 이스라엘 백성은 믿음으로 응답해야한다는 것이다. 이런 계약관계 속에서 하나님의 정체성을 알리고 싶으신 것이다. 그러나 이스라엘 백성들은 그동안 마음에 너무 큰 상처를 받았고, 일이 혹독하여 무척이나 힘이 들었기 때문(6:9)에 모든 것이 귀찮았다. 백성들은 도무지 믿지 아니하려고 했다. 그래서 모세가 하나님께 "이스라엘 자손도 내 말을 듣지 않거든 하물며 바로가 어떻게 내 말을 들으리이까? 나는 입이 둔한 자니이다(6:13)"라고 말한다. 또 하나님이 바로에게 가라고 명령할 때 똑같이 반복적으로 "나는 입이 둔한 자인데 바로가 어찌 내 말을 들으리까(6:30)"라고 말한다.

오늘 묵상의 말씀

하나님의 주신 소명을 거듭 거듭하여 거절하는 모세의 심정은 어떠할까?

애굽지역 귀신과 싸움의 증거

7장에서는 하나님께서 바로에게 나서기를 거절하는 모세에게는 신과 같게 하고(like a God), 아론에게는 예언자가 되게 할 것이라는 확증을 주신다(7:1). 그러나 이에 반하여 바로는 마음이 더욱 강퍅하여 그 싸움이 벌어질 수밖에 없게 되었다. 서로 양보할 수 없는 결전의 상태가 필요한 것이다. 이때 하나님은 "능력의 손을 펼쳐 보일 것이며 그와 함께 하늘의 군대를 보내시어, 표징과 이적을 보여 하나님이 여호와인 줄 알게 할 것"이라고 선포하신다. 이제 모세와 아론은 거역할 수 없는 하나님의 명령임을 깨닫고 여호와께서 자기들에게 명령하신 대로 행하기 시작했다(7:6). 이때 모세 나이 80세, 아론의 나이 83세였다. 하나님의 능력은 나이에 있는 것이 아니다. 그가 얼마나 말씀 그대로 순종할 수 있는지가 중요하다. 나이 80에 그것을 깨달았다면 그 자체가 하나님의 축복인 것이다. 이제 싸움이 단순하게 모세와 바로의 싸움이 아니라, 이스라엘의 하나님 여호와와 애굽의 신 사이의 대리전이 된 것이다. 먼저 모세가 바로에게 가서 지팡이를 던졌더니, 뱀이 되었다. 바로의 신하 술객들도 지팡이를 던졌더니 뱀이 되었다. 그런데 모세가 던진 뱀이 술객이 던진 지팡이를 삼켜버렸다. 이것은 하나님의 신의 우월성을 증명하는 사건이다. 그럼에도 불구하고 바로의 마음은 강퍅하여 내 백성을 보내라는 하나님의 명령을 거역한다. 그래서 10라운드의 싸움을 통하여 하나님은 신의 우월성을 보이신다. 1) 나일강의 수호신(khnum) 과의 싸움이다. 아침 일찍 나일강에 가서 지팡이로 나일강물을 쳤더니 물이 피가 되어 거기 사는 모든 고기가 다 죽고 악취가 나므로 물을 마시지 못했다. 그런데 애굽의 마술로도 그같이 행하니 바로의 마음이 더 강퍅해졌다. 바로는 나일강이 썩어서 악취가 나고 모든 물고기가 죽는 것을 관념치 아니했다. 하나님은 나일강의 신을 쳐 파멸시킨 것이다.

8장에서는 2) 개구리 재앙이다. 개구리 신(풍요와 음료수 heqt)과의 싸움이다.

모세가 지팡이를 들고 팔을 펼 때 개구리들이 온 땅에 올라왔다. 이를 보고 박수와 술객들도 그런 기적을 보였다. 그러나 그 재앙을 보고 "네 백성을 보내게 하리니 재앙을 그치라" 말은 했지만 나중에 숨을 쉴 수 있게 되자 마음이 완강하여 거절했다. 3) 이(땅의 신 Geb)와의 싸움 4) 파리(공중의 신 khopri) 싸움에서 온 지역에 파리 떼가 득실거리게 하셨다. 그러나 이스라엘 백성이 거하는 고센 땅에는 깨끗했다. 이것이 하나님이 함께하시는 증거다. 이로 인하여 "너희가 이 땅에서 하나님께 예배드려라" 바로 왕은 그렇게 양보했다. 그러나 모세는 반대한다. 예배는 자유 해야 드릴 수 있다.

그래서 3일 길을 걸어 현 지역을 떠나 자유로운 곳에서 예배드리기를 원했다. 그때 바로는 보내줄 테니 멀리는 가지 말라고 말했다가 취소했다.

9장에서는 5) 악질(돌림병:Apis 가축의 신) 6) 종기(독종: 질병의 신 imhotep) 7) 우박(하늘의 신 Nut)과의 싸움에서 전역에 악질, 종기, 우박을 통하여 애굽 전 지역에만 피해를 받게 하시고 이스라엘 백성에게는 하나도 피해가 없었다. 이게 하나님이 함께하시는 증거다. 우박의 재앙 때에 비로소 바로가 "이번은 내가 범죄하였노라. 여호와는 의로우시고 나는 악하도다(9:27)"라고 고백했다. 그러다가 마음이 완악하여 또 거부한다.

이런 일이 반복되면서 모세와 이스라엘 리더에게는 여호와만이 우리 하나님이라는 것을 명확하게 새기는 기간이 되었다.

오늘 묵상의 말씀

사회생활을 하면서 이 세상의 신과 영적 싸움에서 이기고 있는가? 그 증거는?

결국 애굽에서 빠져나오다

10장에서는 8) 메뚜기 재앙(곡식의 신 Seth)으로 곡식의 신과의 싸움이다. 온 땅에 메뚜기가 올라와 우박재앙에서 살아남은 밭의 채소를 메뚜기가 다 먹어 버리는 것이다. 그래서 밭의 채소나 나무 열매를 다 먹어버렸다. 바로 왕의 마음이 급하여 "청컨대 나의 죄를 이번만 용서하고 죽음만 내게서 떠나게 하라(10:17)"라고 간절히 요청했다. 그래서 강렬한 서풍으로 메뚜기를 하나도 남기지 않고 홍해로 몰아넣으셨다. 그래도 바로의 마음이 강퍅하여 내보내지 아니했다. 9) 흑암 재앙(태양의 신 Rah)으로 태양신과의 싸움이다. 태양은 그들의 모든 날을 주장하는 강력한 신이다. 모세가 손을 들면 사면이 캄캄하게 되었다. 그러나 이스라엘 자손이 거하는 곳에는 광명이 항상 있었다. 이를 통하여 하나님의 살아계심을 보여주었다. 그러자 바로 왕은 "짐승만 여기 머물게 하고 너희는 함께 갈지니라"고 협상을 했다. 그러나 짐승은 여호와께 번제를 드리는데 중요한 제물이기에 그럴 수 없다고 말했다. 그러자 협상이 결렬되었다.

11장에서는 하나님께서 남겨둔 마지막 카드를 드셨다. 그것은 장자의 죽음(생명의 신 Osiris)과의 싸움이다. 밤중에 이스라엘 모세가 애굽의 귀신들과 싸움에서 계속 승승장구하기에 모세는 위대하게 보였다. 믿음의 사람들은 영적 싸움에서 승리할 때마다 하나님의 자녀라는 증거가 더 나타나기 때문이다.

12장에서는 이스라엘 백성이 영적으로 애굽의 생명의 신(장자의 재앙)과의 싸움에서 승리했다. 그날을 기념하기 위하여 첫해 첫 달에 고기를 구워 먹는데 허리에 띠를 띠고 발에 신을 신고 손에 지팡이를 잡고 급히 먹는다. 이날을 기념하는 절기가 바로 유월절이다. 이유는 이스라엘에게는 죽음이 넘어가고, 오직 애굽 사람들의 모든 장자가 죽는 것이다.

그리고 동시에 무교절을 1주일 동안 지낸다. 무교절은 급하게 빠져 나와야 하기에 발효시킬 시간이 없다. 그래서 누룩 없는 떡을 만들어 먹는 것이다. 그리고 첫 유월절을 지낸다. 이 사건은 평생 기념할 사건으로 유대인의 문설주에 피를 바르고 집 밖에 나가지 않는 것이다. 그러면 밤중에 여호와께서 애굽의 모든 처음 난 것, 곧 바로의 장자로부터 시작하여 옥에 갇힌 사람의 장자까지 다 죽자 애굽 전 지역에서 큰 부르짖음이 일어났다. 이에 바로 왕은 밤에 급하게 모세와 아론을 불러서 곧바로 떠나도록 재촉했다. 그렇게 이스라엘 백성들은 금패물을 챙겨서 가축을 몰고 나오도록 허락을 받은 것이다. 드디어 라암셋에서 보행하는 장정만 60만이 430년 동안 거하던 애굽의 생활을 청산하고 그날 밤에 급하게 애굽을 빠져나오게 되었다. 이것은 창세기 15장의 약속이 성취되는 순간이요, 평생에 하나님의 백성이 구원받는 징표를 보이는 사건이다. 이를 위하여 철저하게 유월절을 지키는데, 이방인은 할례를 행한 후에 이스라엘처럼 유월절의 음식을 먹을 것이며 똑같이 택한 백성처럼 규례에 순종하여 하나님 백성의 정체성을 만들어 나가는 것이다.

오늘 묵상의 말씀

1. 마귀와의 10라운드 영적 싸움에서 이길 때 그 감격은 어떠할까?

2. 430년간의 마귀의 소굴에서 완전히 빠져 나오는 날을 기념하는 유월절의 감격은 어떠할까?

사면초가와 하나님의 능력 발휘

13장에서는 그날을 기념하는 것으로써 초태생은 모두 하나님의 것으로 성별했다. 그 이유는 애굽의 모든 생물의 초태생이 죽었기 때문에 이스라엘의 백성도 초태생이 죽은 것이나 마찬가지지만 하나님이 살리신 것이다. 그러므로 논리상으로 보면 하나님의 소유가 된 것이다. 그러므로 초태생은 하나님께 돌리는 것이다.

둘째는 그날을 기념하여 유교병을 먹지 않는 것이다. 이것은 세상의 부정적인 균이 들어오지 않은 거룩한 무교병의 떡을 먹는 것이요, 그 땅에 가서 이방인과 섞이지 않은 거룩한 백성임을 상징하는 것이다. 또한, 애굽에서 빠져나올 때 이 의식을 미간과 손의 기호로 삼고 입에 항상 말씀을 암송하면서 그 날을 기억하는 것이다. 이는 하나님이 이스라엘 백성을 특별히 선택한 것에 대한 응답이다.

14장에 와서는 이스라엘 백성이 숙곳에서 발행하여 에담에 왔다가 다시 돌아와서 비하히롯 앞 바알스본 맞은편 바닷가에 장막을 쳤다. 이때 바로 왕이 마지막 재앙의 충격으로 이스라엘 백성을 놓아주긴 했지만, 여전히 교만하여 자신의 죄를 뉘우치지 않았다. 그래서 이스라엘 백성을 추적해 왔다. 그도 그럴 것이 만약 이스라엘 백성들이 탈출하는 날에는 그 많은 가축과 재산의 엄청난 손실과 인명 손실 그리고 장정 60만의 엄청난 노동력을 잃어버리는 것이다. 이런 생각을 할 때는 마음이 강퍅해지는 것이다. 그래서 선발된 정예부대 600승의 전차부대를 거느리고 이스라엘 백성을 공격하기 위하여 달려오는 것이다. 이때 이스라엘 백성은 이런 돌발 상황을 대비하지 못했다. 그래서 그들은 앞에는 홍해 바다, 좌우에는 모래 언덕이 있고, 뒤에는 애굽 군대가 먼지를 펄펄 날리면서 자신들을 죽이려고 달려오고 있는 정황에서 사면초가의 상태가 되었다. 물론 하나님은 알고 계셨다. 바로 이때가 하나님의 영광을 얻어 하나님이 여호와인 줄 모든 사람이 알도록 알릴 기회인 것을 말이다. 그런 하나님의 계획을 모르는 이스라엘 백성들은 "애굽에 매장지가 없어서 당신이 우리를 이끌어서 이 광야에서 죽게 하느냐(14:11)" 부르짖으며 원망했다. 모세는 10가지 기적을 체험하면서 믿음이 강해졌다.

"너희는 두려워 말라. 하나님이 오늘 너희를 위하여 행하시는 구원을 보라"고 확신 있게 말하면서 지팡이를 내밀어 앞으로 가게 했다. 그랬더니 물이 갈라지면서 바다 가운데 길이 생겼다. 그리고 앞에 인도하던 구름기둥이 뒤로 가면서 애굽 군대가 구름에 갇히게 됐다. 그사이 이스라엘 백성은 모두 바닷길을 빠져나왔고, 구름에 갇힌 애굽 군대와 말은 서로 엉켜 바퀴가 빠지면서 아수라장이 되었다. 그리고 이스라엘 백성이 바닷길을 빠져나가자마자 구름기둥이 다시 앞으로 나오게 된다. 이때 애굽 군대가 앞을 보니 이스라엘 백성이 빠져나가는 것이 아닌가? 그래서 쏜살같이 추격했는데, 이스라엘 백성은 모두 바닷길을 빠져나가고 대신 애굽 군대가 모두 그 안으로 들어가자마자 바닷물 벽이 허물어지면서 물속에 있던 모든 애굽 군대는 죽었다. 이를 지켜본 이스라엘 백성들이 그제야 비로소 하나님과 모세를 믿었다.

15장에서는 이를 보고 감격한 이스라엘 자손들이 감격의 노래를 부른다. 그리고 마라에서 치료하시는 하나님을 알게 되었다.

오늘 묵상의 말씀

사면초가에서 기적이 일어나는 하나님의 능력을 체험한 사실이 있는가?

그리스도의 예표인 만나와 생수

16장에서는 이스라엘 백성이 엘림을 지나 신 광야 생활로 들어가는데 도저히 배가 고파서 걸을 수가 없었다. 그래서 "너희가 우리를 광야로 인도해 내어 이 온 회중이 주려 죽게 하는도다"라고 불평을 한다. 이때 하나님은 그들에게 양식을 비같이 내려 줄 텐데 얼마나 하나님의 율법을 준행하는지 아니하는지, 율법준수의 능력을 알아보기로 작정하셨다(16:4). 그리고는 저녁에는 메추라기가 진 주위에 가득했고, 아침이슬이 마른 후에는 작고 둥근 서리 같은 것이 가득하게 하셨다. 백성들은 그것을 보고 매우 놀랐다. "이것이 무엇이냐!"라고 감탄했다. 그 말이 바로 만나이다. 그 양식을 매일 수효대로 일용할 만큼 먹었다. 그리고 광야 40년 동안 끊이지 않고 공급되었다. 그 만나는 바로 생명의 떡으로 예수 그리스도를 예표한 것이다. 그리고 만나의 절정은 안식일이다. 그래서 안식일에는 육신의 만나가 아닌 영적인 만나를 먹게 하시는데. 이것은 평생 지킬 규례로서 첫 광야 생활에서 배우게 한 것이다.

17장에서는 신 광야를 떠나 르비딤에 장막을 쳤는데, 마실 물이 없었다. 그래서 또 모세와 다투면서 하나님을 시험했다. "우리와 자녀와 가축이 목말라 죽게 하느냐?" 이때 모세가 하나님께 부르짖었더니 하나님께서 "이 지팡이로 반석을 치라. 그곳에서 물이 나오리니 백성이 마시리라"고 말씀하셨고 모세가 그대로 행하였더니, 물이 나와서 풍성하게 마셨다.

이 일이 있은 후 즉시 아말렉이 공격해 왔다. 이것은 민족공동체의 출발에 있어서 첫 싸움이었다. 전혀 싸움을 모르던 이스라엘 백성은 당황했다. 오직 하나님의 능력을 의지할 수밖에 없었다. 그래서 모세가 산 위에 올라가 하나님을 향하여 손을 들었다. 손을 들어 올리면 전쟁에서 이겼고, 손이 내려오면 전쟁에서 졌다. 그래서 동역자인 아론과 훌이 한 사람은 오른쪽에서, 한 사람은 왼쪽에서 각각 팔을 올려서 결국은 전쟁에서 이겼다. 그때를 기념하여 제단을 쌓고 이 사실을 기록하여 기념하고 여호수아의 귀에 외워 들리라고 명령을 내리셨다. 에덴동산에서 아담과 하와가 하나님의 축복 명령을 받자마자 마귀가 시험했는데, 아담이 방심했다가 마귀의 유혹에 빠져서 영원토록 낙원을 떠나게 되었다. 마찬가지로 이제 첫 광야 생활에서 생명의 떡과 생수를 허락하신 하나님의 능력을 믿고 살겠다고 결심하자마자 마귀가 공격하여 하나님의 비밀을 잃어버리도록 작전을 쓰는 것이다. 이때 마귀의 전략에 넘어가지 않고, 중요한 사건을 외워서 절대 하나님의 비밀을 잊어버리지 않으면 승리할 수 있다는 것을 전례로 보여주는 사건이다. 이 사건을 몰라서 사울은 영적 싸움에서 졌고, 모르드개는 알았기에 이겼던 것을 나중 역사에서 알게 된다.

18장에서는 모세의 장인 이드로가 방문하여 그동안 사명 때문에 흩어진 가족을 만나게 된다.

큰아들의 이름은 게르솜으로 '내가 이방에서 객이 되었다'는 뜻이고, 둘째의 이름은 엘리에셀이다. 이는 '내 아버지의 하나님이 나를 도우사 바로의 칼에서 구원하셨다'는 뜻으로 하나님의 은혜에 보답하는 모세의 신앙고백을 볼 수 있다. 모세는 그동안 하나님이 역사하신 일을 하나님께 찬양하고 장인 이드로에게 보고한다. 그리고 이드로는 모세가 홀로 아침부터 저녁까지 재판과 공적 업무에 분주한 것을 보고, 능력 있는 일꾼을 발굴하여 10, 50, 100, 1,000부장을 삼아 백성을 재판하고 그들에게 작은 일은 담당하게 하라고 조언하고 자기 땅으로 돌아간다.

오늘 묵상의 말씀

광야 같은 이 세상에서 나는 생명의 떡과 생수로 건강한 신앙생활을 유지하고 있는가?

하나님과 계약을 체결한 백성

19장에서 이스라엘 자손이 홍해에서 빠져나와 시내 산에 도착했다. 지금까지 하나님은 창세기 12:1-5의 말씀대로 아브라함과 축복의 약속은 개인과 족장과의 관계 속에서 약속의 언약을 맺어갔다. 이제는 개인이 아니라 제사장 나라로서의 계약을 체결하는 것이다. 특히 5절에 "세계가 다 내게 속하였나니 너희가 내 말을 잘 듣고 내 언약을 지키면 너희는 열국 중에서 내 소유가 되겠고 너희가 내게 대하여 제사장 나라가 되고 거룩한 백성이 되리라"는 언약이 체결되면 이제는 개인이 아닌 하나님 나라의 백성이 되는 것이다.

그 당시 다른 나라는 모두 자연 종교를 믿었다. 모두가 범신론이다. 그러나 이스라엘 국가만이 계약의 종교로서 언약을 중시했다. 여기에 필수적인 것이 순종이다. 순종하면 축복이 되고, 불순종하면 그에 따라 저주가 임하는 것이다

이에 백성들은 옷을 빨고 여인을 가까이하지 아니하고 3일 동안 기다리다가 나팔 소리가 나면, 하나님의 음성을 "아멘"하고 계약한 것이다. 이후부터는 이스라엘 백성과 하나님과의 관계는 계약 관계에서 출발한다. 계약을 서로가 충실하게 지켜야 한다는 것은 의무이기도 하고 특권이기도 하다.

20장에서는 그 계약의 내용으로 십계명을 받은 것이다. 먼저 1-2절에는 십계명의 서론으로서 하나님이 자신을 먼저 계시하신다. 하나님은 애굽의 속박에서 이스라엘을 구원하여 주시는 분으로서 현재와 미래의 모든 구원 사역을 책임진다는 것이다. 히브리 언어는 과거, 현재, 미래의 구분이 없기에 비록 과거 같은 날 모든 시제를 초월하여 구원하시는 하나님이 여호와이심을 계시하신 것이다. 두 번째, 3-11절까지는 십계명 첫 네 계명을 계약 체결하는데, 이스라엘 백성과 하나님과의 관계 속에서 지켜야 할 내용이며, 12-17절까지는 이스라엘 공동체 안에서 서로에 대한 인격 관계 속에서 체결해야 할 여섯 가지 계명이다. 이를 통하여 하나

님과의 관계와 공동체 안에서 서로의 관계를 중요시 하는 계약을 체결한다. 이것은 평생 지켜야 할 계약이다. 이것을 우리 주님은 두 가지 즉 하나님 사랑과 이웃 사랑으로 요약해 주셨다.

21장에서는 종에 대한 근거를 설명하고 있다. 이스라엘 백성을 종 되었던 애굽 땅에서 건져내어 자유인이 되도록 하신 것이 주님의 가나안 땅으로 이끌어 가는 목적이다. 그럼에도 불구하고 종이 되는 경우에는 율례를 정하여 법도를 지켜야 한다. 그래서 유대인 동족인 경우 모든 히브리인은 비록 돈 주고 샀더라도 노예처럼 학대하지 말 것이며 제7년에는 몸값을 치름이 없이 나가 자유롭게 살도록 하라는 것이다. 그리고 종을 내보낼 때 값없이 나가서 인간 대우받으며 살도록 배려하여 십계명 5-10계명 잘 지키게 하는 것이다.

그리고 이어서 사형에 관한 법을 말씀하고 있는데, 이는 5계명과 6계명에 관한 세부사항으로 사람을 죽인 자, 부모를 친 자, 생명을 도적질한 자, 부모를 저주한 자가 바로 여기에 해당한다. 그리고 피해 보상에 대한 규정을 두어 공동체 속에서 서로 억울하지 않게 하려고 인간 관계법의 율례를 만든 것이다. 특히 남에게 다른 해가 있으면 생명은 생명으로, 눈은 눈으로, 이는 이로, 손은 손으로, 발은 발로, 데운 것은 데움으로, 때린 것은 때림으로 갚으라는 것으로 '동해 복수법'이라는 것이다. 이는 꼭 손해 본 만큼 갚으라는 뜻이 아니라. 그 손해를 당한 범위 안에서나 혹은 그보다 적게 해를 갚으라는 자비의 법이다.

오늘 묵상의 말씀

내가 하나님과의 관계에서 신의를 지켜야 하는 가장 중요한 관계의 법은 무엇인가?

교회 공동체와 언약 체결

22장에서는 생명의 피해 보상에 이어 재산상의 피해 보상 규정을 말해준다. 1-4절까지는 도적질에 대한 피해 보상, 5-6절은 실수로 인한 손해 배상, 7-13절은 보관물의 손실에 대한 보상, 14-15절은 빌려온 물질에 대한 배상에 대한 관계를 규례로 인간의 수고의 대가로 얻은 재산을 보호하고 손실이 있을 경우 인간관계가 악화되는 것을 방지하는 목적이었다. 그리고 16-31절은 사람들 사이에서 일어날 수 있는 부당한 사례에 대하여 약자를 보호하는 규정을 설명하고 있다. 즉 남녀 사이의 결혼에 있어서 발생할 수 있는 약자를 보호(22:16-17), 사회적 약자에 대한 보호(22:21-27)규정이다. 그러나 무당이나 짐승과 행음하는 자나 다른 신에게 희생을 드리는 자는 하나님의 보호를 받을 수 없음은 물론, 사회공동체에서 격리 혹은 근절시켜야 한다고 강력하게 규정하고 있다. 이는 모두가 하나님의 거룩한 백성이기에 구성원 모두가 거룩의 정체성으로 하는 지도에 순종해야 한다.

23장에서는 이스라엘 백성들의 사회공동체에 대한 규정을 말하고 있다. 그들이 거룩한 백성으로 공동체가 영유하려면 사회정의와 사회복지를 추구해 나가야 한다(23:1-9). 이는 사회적 약자로서 경제적 고통과 신체적 압박을 당하는 자들에게 필요한 물질과 따뜻한 배려를 해줌으로, 결국은 이 모든 일은 하나님 한 분을 정점으로 공동체 사회가 이루어지는 것을 깨닫도록 한다.

그리고 공동체를 하나로 묶는 것은 축제인데, 3가지 축제를 특별히 지키도록 강조하고 있다. 1) 무교절이다. 이는 이스라엘 백성이 종 되었던 애굽 땅에서 빠져나와 자유를 얻은 날로써 모든 세상의 잘못된 균들이 들어오지 않도록 무교병을 먹으면서 그날을 기억하며 즐거워한다. 2) 맥추절이다. 이날은 애굽에서 빠져 나와서 농사를 짓고 첫 열매를 얻은 기쁨을 하나님께 드림이다. 종이었을 때는 농사가 아무리 잘 되어도 남의 것이다. 그러나 자유인은 농사를 지으면 모두가 하나님의 은혜 가운데 모든 곡식을 자유롭게 사용할 수 있다. 나중에 맥추절은 이스라엘 백성이 십계명을 하나님께 받은 날로 언약 백성의 열매를 기억하면서 감사의 절기를 보낸다. 3) 수장절이다. 이는 심고 거둠의 법칙으로서 1년 동안 하나님 말씀대로 살았더니 이렇게 창고에 가득하게 열매를 주셨다고 고백하면서 감사하는 절기이다. 이를 통하여 신앙인들이 하나님 안에서 축제의 시간을 가지면서 즐거워하고 서로를 귀하게 여기는 공동체 의식을 키우는 것이다. 그리고 가나안 땅에서 이방인의 잘못된 습관을 본받지 않도록 신신당부하고 있다(23:20-33).

24장에서는 이제까지 선포된 언약(20:1-23:33)을 공식적으로 체결하는 장면을 기록하고 있다. 지금까지는 창세기의 역사대로 개인이나 가족을 상대로 언약을 세우셨다. 그러나 지금은 한 국가(제사장 나라)를 상대로 언약을 체결하는 것이다. 그러기에 언약 비준에 따른 의식 절차가 필요하다. 그래서 모세는 시내 산 아래에서 하나님의 율례와 계약 내용을 낭독했고, 백성들은 이를 지킬 것을 한목소리로 수락했다(24:3). 다음날 열두 지파를 상징하는 열두 기둥을 세우고 번제와 화목제를 드림으로 하나님과 열두 지파들 사이와 또한 각 지파 사이에 법적 관계가 정식으로 수립되었다(24:4-5). 언약서가 낭독된 후 모세가 피를 취하여 하나님의 임재를 상징하는 단에 피를 뿌림으로 언약이 체결되었다(24:6-8). 한편 언약이 체결되고 나서, 이스라엘 지도자들은 하나님께 특별한 교제를 누리는 특권을 얻었다(24:9-11). 또 모세는 기록된 돌판을 받기 위하여 주님의 산에 더욱 가까이 올라갔다(24:12-18).

오늘 묵상의 말씀

나는 하나님과 교회 공동체 속에서 어떤 언약을 체결했는가?

하나님과 만남의 장소 정착

25장에서 하나님과 체결된 언약에 따라 선민이 된 이스라엘은(19:4-6) 이제 공적으로 하나님을 섬길 만한 장소가 필요했다. 이에 따라 하나님께서 그에게 자원하는 예물을 가져오게 하여서 성막을 짓게 했다(25:1-9). 그리고 그 안에 있어야 할 기구들을 계속 준비하게 하는데 특히 법궤와 속죄소가 중요하다. 이는 하나님의 임재와 보이는 형상으로 하나님과 사람과의 친밀감을 나타내는 교제를 상징한다(25:10-22). 그리고 진설병을 항상 진설하게 하여 따뜻한 생명의 떡을 주시는 하나님의 은혜를 깨닫게 한다(25:23-30). 그리고 더 중요한 것은 등대이다(25:31-40). 등대는 어두운 세상을 밝히는 그리스도의 속성을 나타내는 것으로서 영적인 등불을 말한다. 요한계시록에 와서 그 등대는 교회를 말하며(계1:20), 그 등대가 빛을 비추지 못하여서 바벨론 포로 생활을 하게 되었고, 포로 후에 바벨론에 돌아와서는 성전을 세우면서 순금 등대에 대한 이상을 보여주는 것은 이런 관점에서 중요한 것이다.

26장에서는 하나님을 섬길 장소인 성막을 준비하는 내용을 자세히 설명하고 있다. 특히 하나님의 임재를 상징하는 법궤와 속죄소는 천막으로 덮고 그 내부는 아름다운 천으로 드리고 성막 외부의 덮게는 이중으로 하되, 안쪽은 붉게 물들인 수양 가죽으로, 바깥쪽은 해달의 가죽으로 만드는 것이다(26:1-14). 그리고 성막 문은 하나님 앞에 나아오고자 하는 자는 죄악된 인간이 하나님 앞에 들어오는 유일한 문인 그리스도의 역할을 상징하며 누구나 쉽게 들어 올 수 있도록 접고 펴기 쉽게 만드는 것이다. 그래서 예수님은 "내가 문이니 누구든지 나로 말미암아 들어오면 구원을 얻고 또는 들어가며 나오며 꼴을 먹으리라(요10:9)"라고 말씀하면서 구원의 길을 활짝 열어 놓으신 하나님의 소원을 잘 표현해 주고 있다.

그리고 법궤나 속죄소는 하나님이 어디 가든지 임재한다는 뜻에서 운반하기 쉽게 만들어야 한다. 그리고 천막을 지탱해주는 골격은 28개의 널빤지로 만들고 이 널빤지는 56개의 받침대로 세우고 고리를 끼워 15개의 띠로 단단히 연결한다(26:15-29). 그리고 휘장은 갈고리 아래 드리우게 하여 쉽게 부착하게 한다(26:31-37). 여기에서 중요한 것은 하나님의 임재는 고정될 수 없으며 항상 당신의 백성과 함께하면서 능동적으로 역사하심을 나타내도록 성막을 설계한 것이다.

27장에서 번제단을 만드는데(27:1-8), 번제단은 조각목으로 만들고 놋으로 둘러싸는데, 그리스도의 십자가를 의미한다. 이 번제단에 희생당한 짐승은 바로 십자가에 달리신 예수 그리스도를 상징한다. 그러기에 번제단 역시 이동하기에 편리하게 만들어 하나님의 임재가 항상 있음을 느끼게 만든다. 그리고 성막 뜰은(27:9-19) 여호와께서 거주하시는 유일무이한 장소이다. 이 장소는 하나님이 회중들을 초청하시는 곳이다. 곧 백성들의 회집장소이다. 이는 성소와 지성소가 제사장과 대제사장만이 들어갈 수 있는 것에 반해서 모든 백성이 들어갈 수 있는 성막들을 만들어 하나님 백성의 정체성을 확고히 하는 것이다. 그래서 성막 뜰은 구원의 장소요, 생명의 장소이기도 하다. 그리고 성소에서는 항상 불을 피우는 데, 끊이지 않고 등불을 켜야 한다. 이를 위한 책임은 아론과 그의 아들들에게 있다. 이들은 이 등불을 점검하여 항상 불이 활활 타오르게 할 것이다. 물론 다른 불이 아닌 성령의 불이 되어야 할 것이다. 그런데 나답과 아비후가 다른 불을 드리다가 불상사를 당한 것은 우리에게 큰 경종을 울려준 것이다.

오늘 묵상의 말씀

나는 하나님과 교제 하는 장소를 어떻게 정립하고 있는가? (성전의 뜰, 지성소, 문, 번제단)

제사장과 금 향단 그리고 위임식

28장은 성막에서 하나님을 섬기는 제사장들에 대한 규정이다. 왜냐하면 이제 성막 짓기가 끝났기에 섬기기만 하면 된다. 여기에 필요한 사람이 바로 제사장이다. 먼저 제사장은 아론의 네 아들에게 섬기게 하고 그들에게 의복에 대한 규정을 말해주고 있다. 제사장의 의복은 첫째는 하나님께서 부여하신 신적 권위와 영광을 나타내는 것이요, 둘째는 하나님과 백성 사이에 중보자로서 합당한 예의를 갖추면서 끊임없이 하나님의 말씀에 순종하는 것이다. 이를 옷 속에 다 표현하고 있다. 먼저 제사장의 옷은 청색, 자색, 홍색실과 가늘게 꼰 베실로 만들어졌으며 에봇, 띠, 겉옷, 반포 속옷, 관, 금관, 흉패 등의 7가지로 구성되어 있다. 에봇은 가슴과 등을 덮는 두 개의 견대와 허리띠에 의해 연결되어있다(28:6-8). 특히 그 위에 12지파의 이름을 새긴 호마노 보석 두 개를 양어깨에 붙인다(28:9-14). 이것은 제사장이 이스라엘 백성을 양어깨에 짊어지고 있음을 나타내는 것으로서 어깨 위에 정사를 메고 모든 백성의 짐을 친히 짊어지신 그리스도의(사55:22) 사역을 상징한다. 흉패는 12보석으로 화려하게 장식된 것으로 그 안에 우림과 둠밈을 넣어 어려움이 생기기만 하면 판결흉패로서의 역할을 감당했다. 특히 흉패는 정금으로 '여호와께 성결'이라고 씌어 있으며 이는 예수 그리스도의 심장을 가리킨다.

29장에서는 제사장의 위임식을 기록하고 있다. 위임식은 하나님을 경배하는 장소에서 절차에 따라 거룩하게 진행된다. 먼저 아론과 그의 아들들은 몸을 깨끗이 한 다음 예복을 입고, 희생 제물을 갖추어 위임식을 준비한다(29:1-9절). 또 제사장은 먼저 성결하게 하고, 제사장들의 죄를 수송아지에 전가하는 속죄 제사를 거행한다(29:10-14절). 그리고 숫양 하나를 취하여 그들을 대신하여 번제단 위에 사름으로써 여호와께 완전한 헌신을 상징하는 화제 제사를 드린다(29:15-18). 또 다른 숫양 하나를 취하여 그 피를 그들에게 바르는데, 이는 제사장 직분에 대한 완전한 복종을 상징한다(29:19-21). 이를 통하여 제사장은 그다음 무교병 한 덩어리와 기름 바른 과자와 전병으로 요제를 삼고, 이것을 번제 위에 모두 불사른다. 이것은 제사장이 처신을 올바르게 해야 함을 의미한다. 이렇게 함으로 하나님을 수행하고 있음을 보여준다. 제사장의 직분 위임식은 7일 동안 시행되는데, 하나님의 임재를 나타내는 것이다. 또 회막문은 하나님이 백성들을 만나 주시는 곳으로 부정한 것이 거룩하게 되는 곳이기에 깨끗하게 해야 한다. 이렇게 하여 위임식은 이스라엘 백성이 지은 모든 죄를 용서해주는 집례를 맡은 것이다. 물론 오늘날은 예수그리스도께서 단번에 제사를 드림으로 완전한 제사를 드린 것이고 우리는 예수 그리스도의 이름으로 모든 죄를 용서받은 특권을 갖고 있다.

30장은 아론이 하나님께 드려야 할 향에 대한 말씀이다. 먼저 분향단은 하나님께 드리는 향단을 말하며 정금으로 싸여 있기 때문에 금 향단이라고 한다. 예수그리스도 자신을 의미한다. 아론은 아침마다 향단에서 향기로운 향불을 살릴 것이며 대대로 끊이지 않게 할 것이다(30:7). 그 위치는 증거궤 앞에 있는 휘장 앞에 놓으면 일 년에 한 번씩 속죄제의 피로서 속죄를 받는 것이다. 여기에서 향은 현대적 의미로는 기도를 말한다(시141:2, 계5:8, 8:3). 향불을 끄지 않는 것은 성도들의 기도가 끊이지 않는 것이다. 그리고 물두멍을 두어서 하나님 앞에 나가기 전에 자신을 성결케 해야 한다(30:17-21). 그리고 속전은 모든 성도가 자기 죗값을 치르기 위한 반 세겔을 내는 데 그러면 질병이 없어진다는 것이다(30:12).

오늘 묵상의 말씀

성막과 에봇과 분향단의 그 의미를 모두 나는 잘 파악하고 있는가?

십계명 돌판의 깨뜨림과 중보의 기도

31장에서는 먼저 일꾼을 선정한다. 이 모든 성전의 기물을 만드는 것은 반드시 지혜와 총명과 지식과 여러 가지 재주로 사람들에게 칭찬을 받으며 가장 좋은 기술을 가진 자를 선택하는데, 그들이 바로 브살렐과 오홀리압이다. 그들이 여호와의 신에 충만하여 이 사역을 잘 감당했다. 초대교회에서 중요한 것은 일꾼이다. 초대교회가 이루어진 것도 성령이 충만한 7집사를 선택한 이후에 교회가 흥왕한 것을 볼 수 있다. 그리고 이 모든 사역을 마친 후에 안식일을 지켰다. 이 모든 사역은 바로 하나님을 예배하기 위함이다. 그러므로 안식일은 모든 생업을 중지하고 회막에 모여 하나님께 경배하며 그분과 친밀한 교제를 나누며 즐거워하는 것이다. 이때 모세에게 하나님이 친히 손으로 쓴 계약의 원본인 십계명의 두 돌판을 주셨다.

32장에서는 모세가 하나님과 계약을 체결하는 동안 이스라엘 백성들은 모세가 더디 내려오는 것을 견디지 못하고 금송아지를 만들어 우상을 섬기고 있었다. 이것은 하나님과 지도자에 대한 신뢰의 결핍이다. 끝까지 기다릴 만큼 신뢰하는 마음이 없었다. 물론 기다린다는 것은 지루하기에 어려운 일이다. 그러나 그 기다림 속에 우리가 알지 못하는 크고 비밀한 하나님의 계획이 있는데, 이스라엘 백성들은 그것을 깨달을 만큼 마음의 여유가 없어서 금송아지를 만들어 우상을 숭배한 것이다. 이것을 깨달은 모세는 이때 사태 수습을 위해 5가지 행동을 취한다.

첫째는 백성들에게 내릴 화를 돌이켜 달라고 간구한 것이다(32:7-14). 둘째는 대노하여 돌판을 던져 깨뜨림으로 분노를 표시했다(32:15-20). 셋째는 사태를 분석하여 철저히 조사하고(32:21-24), 넷째는 범죄한 자들 3,000명을 죽임으로 금송아지 사건 응징, 다섯째는 하나님께 나아가 자비를 베풀어 달라고 탄원한다. “그렇지 않으면 나의 이름을 지워버리소서(32:30-33)”라고 간절하게 기도한다. 이것은 백성의 잘못을 자신의 잘못으로 여기고, 자기의 목숨을 걸고 백성을 살리려는 책임감 있는 태도로서 지도자가 반드시 갖추어야 할 덕목인데, 모세가 이런 자세를 취한 것은 훌륭한 점이다. 한편, 하나님께서는 처음에는 진노하셨지만 나중에는 긍휼을 베푸셨다. 그럼에도 불구하고 당신의 계획을 변경 없이 이루어 나가신다.

33장에서는 하나님께서 이스라엘 백성과 함께 가나안 땅에 올라가지 않겠다고 말씀하신다. 그냥 가라는 것이다. 금송아지를 섬긴 사건은 하나님으로 질투하게 한 사건이요, 하나님과 관계가 끊어지게 한 사건이다. 관계가 끊어지면 할 일은 사역보다 먼저 하나님과의 관계 회복이다. 하나님은 죄를 절대 묵인하지 않으신다. 이때 하나님은 이스라엘 죄악에도 불구하고 모세와는 계속 교제함으로 임재의 통로를 열어 놓으신다. 마치 그 모습이 친구와 이야기하는 것 같은 친밀감을 보인다. 이 관계를 후계자가 될 여호수아는 회막을 떠나지 않고 배운다(33:11).

모세는 계속 이스라엘과 함께 계셔 달라고 간구한다. 간곡한 기도 끝에 하나님께서 약속의 말씀을 허락하신다. "내가 친히 가리라(33:14-17)"고 약속하신다. 그리고 모세는 주의 영광을 보여주리라는 약속도 받아 낸다(33:18-23). 이와 같이 성도의 진실한 기도는 모든 어려움을 해결하는 첩경이 된다. 또한 지속적으로 가나안 목표를 위해 간절히 기도하는 모세의 집중력을 본다.

오늘 묵상의 말씀

모세가 십계명 체결하러 간 지루한 동안에 우상을 섬긴 결과는 엄청난 고통이었다. 나에게도 그런 적이 있었는가?

계약의 재체결과 성막 제작

34장에서는 돌판이 깨어짐으로 파기된 언약은(33:19), 하나님께서 모세에게 돌판을 다시 만들게 하시면서 재체결하신다. 그 내용은 앞서 체결된 동일한 것이다. 그러나 여기서는 가나안 정복 약속을 재확인하고(34:10), 그에 따른 종교적 의무를 강조함으로써 가나안 땅의 원주민 사이에서 성행하는 각종 죄악에 오염되지 않을 것을 거듭 가르친다. 이에 대한 확신을 더하는 것이 절기의 축제이다. 이를 다시 강조한다. 1)무교절이다. 이는 이스라엘 백성이 애굽에서 처음 나올 때 애굽의 모든 백성의 첫 새끼가 다 죽었으나, 이스라엘 백성의 첫 새끼는 하나도 죽지 않았다. 이를 인정하는 것이 하나님의 절대 주권을 기억하는 것이다. 이를 기념하기 위하여 첫 새끼는 다 하나님의 것으로 하나님께 드리라는 것이다. 2) 칠칠절로서 처음 곡식이 익은 절기, 나중에는 처음 하나님과 계약을 맺고 십계명의 말씀을 받은 날을 인정할 것 3) 수장절로 하나님의 말씀대로 살 때 가을에 열매가 가득하게 될 때 하나님의 은혜에 감사하며 예배를 드리며 하나님의 절대 주권을 인정하고 예배드린 것이기에 네 지경을 넓혀 주고 아무도 네 땅을 탐내어 엿보지 못하게 하겠다고 약속하신다. 모세는 하나님의 광채 속에 말씀을 받았기에 얼굴을 가리는 수건을 벗고 있다가 하나님의 말씀을 받아서 백성들에게 전해줄 때는 수건으로 얼굴을 가렸다(34:33-35). 이것은 주님의 임재 표시다.

35장에서는 성막을 세우기에 앞서 또다시 안식일의 중요성을 강조한다. 이는 곧 성막 건축보다 더 중요한 것이 하나님의 임재를 규칙적으로 경험하는 것이다(35:1-3). 이렇게 먼저 하나님과의 친교 관계를 정립할 수 있는 성막 건축에 대해 말씀하신다. 먼저 건축에 필요한 재료(35:5-9), 인원 동원 호소(35:10), 만들어야 할 것들의 종류를 지시한다(35:11-19). 그러나 이것은 맹목적 지시가 아니라 자발적인 봉사로 해야 한다. 모세의 말을 들은(35:4-19) 이스라엘 백성들은 다 마음이 감동되어 자원하여 예물과 재료들을 즐거운 마음으로 하나님께 드렸다(20-29).

36장에서는 백성들의 헌납에 따라 성막 건축에 필요한 물품들이 준비되자 모세는 성막 건축의 담당자로 미래 택하신(31:1-11) 브살렐과 오홀리압을 불러 하나님의 계획대로 일을 맡긴다(35:10-35). 25-31장까지 성막 및 성막 제작 방법을 언급하셨다면 직접적인 제작과정을 설명하고 있다. 여기에서의 주 관심은 백성들의 열의이다. 그들은 모든 일을 하기에 넉넉하여 남음이 있을 만큼 자원하여 예물을 드렸다(36:3-7). 그런데도 부정을 저지르지 아니했다. 제작 순서는 법궤-기물-성막의 순으로 제시한 것에 반해, 먼저 성막을 짓고, 그 후에 법궤와 기물을 제작했다. 이것은 모세가 외부의 성막을 보호해야 하기 때문이다(36:6-19). 그리고 성막이 외부의 충격에 흔들리지 않도록 견고하게 받쳐줄 널판과 떠받칠 은 받침, 그리고 널판을 연결하는 띠가 제작된다(36:20-34). 마지막으로 성막의 외형적인 구조물 제작으로 성막이 완료된다(36:35-38).

37장에서는 하나님의 임재를 상징하는 법궤와 속죄소, 진설병, 등대, 분향단까지 제작된다.

이것은 30장 1-38절 말씀대로 하나님을 섬길 제사장들을 거룩하게 할 관유와 분향단에 끊이지 않게 피울 향을 만드는 과정을 상세히 기록한 것이다.

오늘 묵상의 말씀

1. 하나님과 관계가 끊어졌다가 다시 체결한 적이 있는가? 그때 하나님의 긍휼은 무엇인가?

2. 성전 건축을 위한 자원하는 마음으로 예배를 드렸는가? 그때 어떤 마음이었나?

성막 봉헌과 하나님이 함께하심

38장에 와서는 성소가 하나님을 위한 곳이라면, 성막 뜰은 사람을 위한 곳이라 할 수 있다. 백성들은 대속의 희생제물을 통하여 하나님의 집에 거할 수 있는 특권을 가진다(시15, 25, 27). 먼저 27장 1-8절에 근거하여 성막 뜰에 안치될 번제단과 그 부속 기물, 30장 17-21절에 의거해서 제사장들을 성결케 하는 물두멍, 그리고 성막 뜰을 제작함으로 마침내 성막과 거기에 사용할 기구들 전체를 완성하게 된다. 성막완성을 눈앞에 두고 그동안 수고한 자들과 성막 건축을 위해 소요된 물품의 총체를 기록함으로써 성막 건축이 이스라엘 공동의 힘으로 이루어 졌다는 것과 성막건축 사실의 역사성을 밝혀 주고 있다.

39장에는 제사장의 복장을 상세하게 기록하고 있다. 제사장의 예복은 속옷과 겉옷, 흉패, 우림과 둠밈, 띠, 관으로 되어 있다. 속옷은 흰 세마포로서 하나님의 의로우심을 나타내고 푸른 겉옷은 생명을 상징하고, 우림과 둠밈이 들어 있는 흉패에는 12개의 보석이 박혀 있으며 이것은 이스라엘 12지파를 상징한다. 띠는 섬김을 의미하며 관은 성경과 의의 영광을 나타낸다. 이렇게 상징적인 의미를 풍부하게 가지고 있는 제사장의 예복은 전체적으로 아름다운 조화를 이루며, 영광스런 하나님의 사역을 보여주기도 한다. 신약에서는 구원받은 하나님의 백성은 제사장이라고 부른다. 바로 우리가 불신자들에 대하여는 축복의 통로로 이런 역할을 부여 받은 것이다(39:1-31). 그리고 마침내 성막과 그 모든 것이 완성되자 하나님의 지시하신 식양대로 만들어졌는가를 확인한다(39:32-43). 그리고 준공한다.

40장에서는 성막을 완성한 후에 봉헌하기 전, 먼저 성막을 세우고 거기에 기름을 발라 거룩하게 한다. 기름 바름은 거룩함의 원천이다. 기름 자체가 성막의 기구들을 거룩하게 만드는 것은 아니다. 이것은 어디까지나 상징적인 것이다. 그러나 성막의 어느 기구도 성령의 감화와 은혜 없이는 그 자체로서는 하나님을 기쁘시게 할 수 없으며 거룩하게 될 수도 없다는 것을 확실하게 나타내는 것이 기름 바름의 목적이다(40:1-12). 그리고 아론과 그 아들들이 기름 부음을 통하여 영원한 제사장의 직분을 부여 받는다. 그 순서를 보면 1) 아론과 그 아들들을 회막 문으로 데려가 물로 씻기라(40:12). 2) 아론에게 거룩한 옷을 입히고 기름을 부어 거룩하게 하여 대제사장직을 감당하게 하라(40:13). 3) 그 아들들에게는 겉옷을 입히라(40:14). 4) 그들에게 기름을 붓고 영원한 제사장이 되게 하라(40:15). 이렇게 복장을 갖추고 위임식을 거행하게 한다. 그리고 여호와께서 자기에게 명하신 대로 다 행하여서 마침내 성전 봉헌식에 참여하게 된다. 이제 그 성막을 세우고 그 안과 밖의 모든 기구를 공정 배치하는 과정을 보면 다음과 같다. 성막을 세움 - 증거궤를 들여놓음 - 휘장으로 성소와 지성소를 나눔 - 떡상을 놓음 - 등대를 놓음 - 금향단 - 성막문에 휘장을 닮 - 성막 문밖 뜰에 번제단을 둠 - 회막과 번제단 사이에 물두멍을 비치함 - 성막과 단 사면 뜰에 포장을 침 - 뜰 문의 입구에 휘장을 닮, 이렇게 하여 성전의 모든 기구들은 잘 조립한 후에 성막의 봉헌식으로 하나님께 드려진다(40:18-33). 마지막으로 성막을 하나님께 봉헌한 후에, 하나님의 영광이 성막에 가득하였다. 하나님은 광야 생활 내내 그분의 임재를 이스라엘 백성에게 알려주었다.

오늘 묵상의 말씀

출애굽을 통한 철저한 하나님의 계획과 백성을 향한 훈련 속에서 느끼는 것은 무엇인가?

번제, 소제, 화목제

이스라엘 백성들은 출애굽 한 지 2년째 되는 해 정월 초하룻날, 성막을 세워 하나님께 봉헌하였다. 외적으로 만남을 위한 모든 조건은 다 갖추어졌다. 이제는 더 깊은 만남을 위하여 하나님께 나가는 법(제사법)과 하나님과 교제하는 성결법을 알려 주신다.

제사의 종류는 5가지가 있다. 번제와 소제와 화목제와 속죄제와 속건제가 있다.

1장에서는 번제로서, 제물은 소, 양이나 염소, 비둘기다. 그리고 번제를 드리는 규칙은 예물을 가져온 봉헌자가 먼저 번제물에 안수를 한다. 그리고 북편 제단에서 제물을 죽인 다음, 피를 제사장에게 준다. 봉헌자는 계속하여 제물의 각을 뜨고, 내장과 다리를 물로 씻어서 제사장에게 준다. 제사장은 봉헌자로부터 받은 피를 제단에 뿌리고 고기들은 제단 위에서 불사른다. 번제의 특징은 제물 모두를 불사르는 것이다. 이것은 예수님이 우리 죄를 위하여 십자가에 달려 죽으신 예표이기도 하다. 또한 번제는 드리는 자의 정열을 불태우는 생명 헌신을 뜻한다.

2장에서는 소제로서 곡식의 고운 가루를 구운 것으로 인간이 물질 헌신을 의미한다.

현대식으로 말하면 사람이 자기가 소유한 것 가운데 최고의 달란트나 은사를 주님께 드리는 것이다. 하나님이 나에게 주어진 최고의 은사는 무엇인가? 젊음, 재능, 지성, 시간, 물질, 그리고 나에게만 있는 특별한 그 독특한 자기다움을 우리 주님께 드릴 때 그것은 최고의 소제로서 하나님께 영광이 되는 것이다. 더군다나 그 달란트를 계발하기 위하여 분골쇄신하여 얻은 은사라면 그것이야말로 진정한 소제가 되는 것이다. 그리고 제물 드리는 방법에 따라 구운 것과 삶은 것과 조리한 곡식 그리고 볶은 곡식을 제물로 사용한다. 소제물은 누룩과 꿀은 넣을 수 없다. 그러나 소금은 반드시 넣어야 한다. 물론 이 제사는 번제나 화목제와 함께 드려질 때 효력이 있다.

3장에서는 화목제로서 화목제물의 종류는 소, 양, 염소가 있으며 이는 경제적 형편상 제물의 선택을 자유롭게 할 수 있다는 것을 의미한다. 화목제의 제물로 드려진 콩팥과 기름만을 취하여 제단 위에서 불살랐다. 지금으로 보면 건강상, 참으로 중요한 규례라고 보여진다. 화목제의 의의는 하나님이 베푸신 구원의 은혜에 대한 감사와 그로 인한 기쁨의 제의적 고백이다. 그래서 이 제사는 제물은 위에서 규정한 내장 등은 불로 태우되 나머지는 남겨두어 성도들이 즐거워하며 나누어 먹을 수 있도록 규정되어 있다(신12:6-7).

또한 제물로 드릴 짐승은 암수 구분 없이 모두 사용한다는 것도 화목제의 특징이다. 결국 이러한 특징은 화목제의 목적이 하나님과 성도, 그리고 성도와 성도 사이의 화목 도모에 있음을 극명하게 보여주는 대목이다. 사실 믿음의 성도들이 세상에서 살다 보면 마귀와의 싸움에서 가장 좋은 우군임에도 불구하고 우리끼리 싸워서 마귀의 종이 될 때가 많다. 이런 우리 자신을 하나님께 예배드리면서 깨달아 예배 시간을 통하여 화목제물을 나누어 먹으면서 서로 용서하고 화해하여 하나님 공동체의 일원임을 확인하여 서로 축복하고 서로 지원군이 되는 것이다. 이것은 그리스도께서 먼저 시범을 보이셨다. "원수 된 것 곧 의문에 속한 계명의 율법을 자기 육체로 폐하셨으니 이는 이 둘로 자기 안에서 한 새사람을 지어 화평케 하시고 또 십자가로 이 둘을 한 몸으로써 하나님과 화목하게 하려 하심이라(엡2:15-16)."

오늘 묵상의 말씀

나는 예배를 통하여 하나님과 화목하고 있는가? 또 가족 식구 중 미운 사람은 없는가?

속죄제, 속건제, 제사장의 임무

4장은 속죄제에 대한 규례이다. 속죄제는 고범죄를 제외한 모든 죄로서 하나님께 대한 대속을 목적으로 드려졌다. 특히 화목제가 하나님과의 화평유지에 중점을 두었다면, 속죄제는 죄로 말미암아 하나님과의 화평이 깨어질 경우, 그 화평의 회복을 주된 목적으로 한다. 사실 죄는 하나님과 인간 사이를 필연적으로 갈라놓는다(사59:1-2). 그러므로 죄를 지은 인간은 하나님께 나아갈 수 없고 하나님의 의의 진노와 징계를 피할 수도 없다. 따라서 성도는 신속히 하나님과의 화목을 회복할 수 있어야 하며 이를 위한 목적으로 드리는 제사가 바로 속죄제이다. 1-12절까지는 대제사장이 지은 죄를 용서받기 위하여 드리는 속죄제이다. 대제사장이 범죄하면 그 재앙이 온 백성에게 돌아온다. 그래서 제사장이 범죄하면 의무적으로 수송아지를 제물로 드린다. 13-21절에서는 온 백성이 죄를 지으면 그 죄를 용서받기 위해 속죄제를 드린다. 이 경우 회중의 대표인 장로들은 제물 위에 안수했다(15). 이때도 수송아지를 바쳤다. 22-26절에서 백성이 지도자들이 죄를 지으면 용서받기 위해 제사를 드린다. 이 경우 제물은 숫염소이다. 27-35절에서는 백성 개개인이 지은 죄를 용서받기 위해 드리는 속죄제이다. 이 경우는 암염소와 암양을 드렸다.

5장에서는 속죄제에는 나쁜 방법으로 묵비권을 행사하는 경우(5:1), 부정한 것과 접촉했을 경우(5:2-3), 무심코 거짓 맹세를 했을 경우도 속죄제를 드렸다. 속죄제는 하나님께서는 있는 대로 받으셨다. 따라서 가난한 자는 비둘기나 곡식 가루로 속죄 제물을 삼으셨다. 그러나 곡식 가루의 경우에는 유향을 넣지 않고 반드시 피 흘림이 있는 화제물 위에 얹어서 드렸다. 14절에서는 속건죄에 대하여 규정을 말하고 있다. 속건제는 속죄함의 성격과 아울러 손해 배상의 성격이 특히 강했다. 하나님의 성물을 범한 죄나 하나님의 형상으로서의 사람(창1:27)에 대한 죄 모두는 결국 하나님께 대한 죄와 다름이 없다(5:19). 속건죄의 종류는 1) 성물에 관한 죄(십일조나 첫 소산을 어긴 죄, 제물의 분량을 속인 죄, 성막기구에 관한 죄, 2) 부지중에 여호와의 금령을 범한 죄 3) 남의 물건을 부당하게 취한 죄 4) 문둥병자가 완치된 후(14:8-12), 5) 나실인이 허물을 용서 받기 위한 경우(민6:1-12)다.

6장에서는 이러한 죄에 대해서도 하나님께 먼저 속죄 제사를 드려야 하는데 이에는 특히 속죄의 대가로서 손해를 배상할 뿐만 아니라 그 가치의 5분의 1을 벌금 조로 물어야 했다. 결국 이는 이웃과의 화해와 하나님과 화해의 방법을 보여주는 동시에 인간의 죗값에 대한 충분한 보상을 보여주며, 인간의 죗값에 대한 배상물이 되셨던 그리스도를 상기시키는 대목이다.

8절-13절은 번제 드릴 때 제사장이 행할 규례를 알려 주고 있다. 지금 까지 5가지 제사드릴 규례를 정하고 있다면 이제부터는 제사장이 제사를 규례대로 드려야 한다는 것이다.

먼저 제일 중요한 것은 번제단의 불이 꺼지지 않도록 관리하는 일이다. 맨 처음 제사를 드릴 때 하나님께서 번제단에 하늘의 불을 주셨다(9:24). 그 불은 계속 보존하여 '여호와의 불'로만 제사를 드렸다(10:1-2). 두 번째 제사장이 행하는 일은 번제물의 재를 처리하는 일이었다. 그리고 14-30절은 소제 가운데 기념물을 제외한 나머지는 모두 제사장이 행할 규례였다. 제사장을 자기 몫을 거룩한 장소, 곧 성막 뜰에서 먹었다. 먹는 행위도 제사의 일부분이다. 이것은 예수님의 살과 피를 믿음으로 먹음으로 영생하는 말씀의 예표이다(요6:53).

오늘 묵상의 말씀

나는 속건제를 무시한 적은 없는가?

제사장의 행할 규례와 위임식

레위기 7장에서는 6장과 연속해서 제사장이 행할 규례에 대하여 기록하고 있다. 1) 피를 뿌리는 방법(7:1-2), 2) 재물을 태우는 방법(7:3-5), 3) 제물을 먹는 방법(7:6-7) 등은 속죄제의 경우와 매우 흡사하다. 이유는 이 두 제사 모두 그 목적이 하나님과의 화해에 있기 때문이다. 한편 속건제를 설명하다가 번제와 소제의 규례를 말하는 것은 그만큼 속건죄의 경우, 번제와 소제와 함께 드리는 경우를 염두에 둔 것이다. 번제와 소제는 특별히 그 제사를 집행하는 제사장만이 먹을 수 있다는 내용 말이다. 이 만큼 제사에 대하여 매우 거룩하고 온전하게 드리도록 규정하고 있다(8-10). 11-36절은 화목제에 대한 규례이다. 화목제의 경우는 봉헌자도 같이 먹을 수 있다. 제물로는 희생제물과 함께 무교병, 무교전병, 유교병을 바쳤다. 화목제물의 종류로는 감사제, 서원제, 자원제 등이 있다. 이 가운데 서원제와 자원제의 제물은 이틀 동안 남겨둘 수 있다. 이는 이웃과 친지들을 불러서 함께 나눠 먹도록 하기 위한 조치였다.

8장에서는 아론과 그 아들들(나답, 아비후, 엘르아살, 이다말)이 제사를 주도할 것이기에 위임식 과정을 설명하고 있다. 이 규례는 출애굽기 29장에 이미 주어진 것인데, 이제 공식적인 시행을 앞두고 재차 그 준비를 철저히 하도록 명령하는 것이다. 1) 온 회중을 성막 앞에 모은다(8:1-5). 2) 제사장을 물로 씻긴다(8:6). 3) 예복을 입힌다. 이것은 출36:39장에 기록된 대로 하나님의 계시에 따라 만든 의복이다. 이러한 의복은 백성을 중보한 자를 외형적으로 특별한 신분을 보장하는 것이다. 4) 기름을 부은다(8:10-12). 이 의식은 하나님 앞에서 성별 되고 특별한 사역을 부여받은 사람에게 임재하신다는 가시적 표징이다. 5)속죄제를 드린다. 이 속죄제는 제사장의 임직을 위한 본격적인 제사가 드려질 때 하나님이 임재하실 곳을 성결케 하며 또한 위임제를 드릴 때 제사장 자신이 먼저 하나님 앞에서 성결케 하기 위한 목적이 있다(8:14-17). 6) 번제를 드린다. 이는 백성들의 중보자가 된 제사장들이 하나님께 먼저 헌신을 다짐하는 의미가 있다. 이를 통하여 자신의 모든 제물이 남김없이 태워지도록 충성하겠다는 것을 다짐하는 시간이다(8:18-21). 7) 위임제를 드린다. 먼저 제사장이 하나님과 화목을 이룬 자만이 다른 백성들과 하나님 사이를 화목하게 할 자격이 있기 때문에 드리는 것이다. 피일부를 제사장의 귀와 손가락, 발가락에 바르는 것은 제사장의 모든 행을 성별하는 것이다(8:22-29). 그리고 함께 교제의 음식을 먹는다(8:31-32). 8) 7일 동안 성막 안에 머무른다. 일주일 동안 성막 안에 머물러 매일 반복하면서 영속적으로 완전하기 위함이다. 하나님은 7일 만에 천지를 창조했고, 예수님은 십자가 지기 전에 7일 동안 사역에 올인하셨다(8:33-36).

9장에서는 첫 직무를 수행한다. 8장에서 위임식 할 때 이미 제사 집회 준비를 함으로 이미 실제 개시된 것이다. 그리고 이제 아론과 그의 아들들이 실제로 제사를 거행한다. 우선 대제사장을 위해 속죄제와 번제를 드린 후 회중을 위한 속죄제, 번제, 소제, 화목제를 드렸다. 여기에서 대제사장이 자신을 포함한 제사장들을 위한 제사를 드린 것은 인간 대제사장의 연약성을 보여주는 단적인 증거이다(히7:27-28). 결국 이러한 사실은 완전하신 대제사장이신 그리스도의 출의 필연성을 암시하고 있는 대목이다.

오늘 묵상의 말씀

오늘날 나는 어떻게 예배를 드리고 있는가? 레위기에 근거하여 생각해보자.

거룩한 불과 다른 불

10장에서는 잘못 드린 제사를 말하고 있다. 앞장에서는 최초로 드린 제사가 하나님께 기쁘게 드려진 사실이 언급되었다. 본 장에서는 잘못된 실례와 그 결과를 보여주고 있다. 즉 아론의 두 아들 나답과 아비후가 다른 불을 드린 실수이다. 다른 불을 사용한 것은 극히 작은 것처럼 생각할 수 있으나 하나님의 속성상 절대 용납할 수 없다. 이것은 하나님의 명령은 철저한 순종, 하나님 경외에 있어 요청되는 것은 진정성과 거룩성을 기본으로 하기 때문이다(10:1-7). 그리고 제사장들이 지킬 규례를 말하고 있다. 1) 술을 마시고 제사를 드리지 말 것이며 육신적으로는 성막관리와 제사의 모든 율법을 완전히 지킨다는 것이 육신적으로는 매우 힘들다. 그래서 음주를 할 경우가 있다. 그러나 이것은 마귀의 방법이다. 오직 성령으로만 삶의 힘든 부분을 이겨내야 한다. 2) 거룩한 것과 속된 것의 구별, 하나님의 것과 제사장의 것 구별이다. 제사장은 희생제물을 먹지 아니하면 문제가 되는 근본 원인은 희생제물의 고기를 먹음으로 그 대속의 죽음에 상징적으로 동참하여 저주의 죄를 속하는 사명을 지니고 있기 때문이다. 엘르아살과 이다말이 이 규례를 어겼기에 다시 설명해 주었다(10:8-20).

11장은 정결한 것과 부정한 것의 분별에 대한 규정이다. 정결한 것은 땅에서 떼어진 것이고 땅에 부착된 것은 부정한 것이다. 예를 들면 정결한 것은 육지에서는 굽이 갈라지고 새김질하는 짐승이고, 바다에서는 지느러미가 있고 동시에 비늘이 모두 있는 물고기는 정결할 것으로 정했다. 그러나 그렇지 못한 것은 땅에 부착되어 있기에 부정한 것으로 인정한다. 성경에서 정한 것과 부정한 음식을 구분하는 이유는 유대인과 이방인을 구별하는 수단이다. 성경 레위기에서 "내가 거룩하니 너희도 거룩하라(11:45)"고 말씀하는 것은 가나안 땅에 들어가서 다른 백성과 섞이지 않고 거룩하게 살게 하는 것이 목표이다. 그래서 영적으로 오염되지 않도록 경각심을 갖게 하는 것이다. 소돔과 고모라의 타락, 사사 시대의 레위 가정의 멸망은 영적 오염된 세상에서 주의해야 할 필요성을 절실하게 말해주는 내용이다. 그러나 신약에 와서 사도행전 15장에서는 4가지를 금지된 음식으로 정했다. 피와 우상 제물과 음행과 목매어 죽은 것은 금지하도록 규정했다. 그러나 이것은 유대인과 충돌을 피하기 위한 일시적인 조치일 뿐이다. 그러나 사실은 하나님이 지으신 모든 것이 감사함으로 받으면 버릴 것이 없나니 말씀과 기도로 거룩하여 짐이다(딤전 4:4-5). 실질적인 것은 음식이 아니라. 불신앙인과의 불경건한 사귐이다. 불신자는 오직 기도로 귀하게 여기고 복음으로 사랑해야 할 대상이다.

12장은 출산으로 인한 부정과 정결에 관한 규례이다. 사실 출산은 하나님의 축복이다(창24:60, 30:2). 인간의 타락으로 말미암아 저주와 징계의 성격을 갖고 있지만 본래의 뜻은 축복이다. 그러나 부정적인 취급을 받는 것은 출산 시 생기는 출혈을 잘못 관리하면 인간을 오염시키기 때문이다. 그래서 아들인 경우 출산 후 40일 동안 딸인 경우 80일 동안 각각 부정한 자로 취급하였다. 이것은 창세기 3장에서의 타락의 원인을 깨닫게 하면서 속죄제를 통하여 하나님과의 관계회복을 누리며 번제를 드려 하나님께 대한 헌신을 결심하게 하는 것이다. 특히 여기서 속죄제를 드림은 모든 부정은 대속의 피, 그리스도의 중보사역을 통해 사해짐을 상징하는 것이다.

오늘 묵상의 말씀

하나님이 허락하지 않은 불은 우리 생활에서 무엇인가?

문둥병의 전염과 유출병의 징조

13장은 문둥병에 대한 규례이다. 피부병의 증세로는 종기, 부스럼, 색점, 피부 함몰, 체모 탈색 등이 있는데, 이런 증상이 나타나면 일단 제사장에게 진단을 받아야 한다(13:2-8). 만성 문둥병에 대한 규례로서 피부가 문드러지고 생살이 부풀어 오른 상태인데, 오늘날로서는 건성 피부습진 증세와 비슷하다. 이런 증세는 초기에 얼굴, 손, 어깻죽지, 다리 등에 부분적으로 발생하다가 차츰 온몸으로 퍼진다(13:9-17). 또 종기의 뿌리가 깊숙이 박히는 피부병도 있다(13:18-23). 감염된 경우 상처 주위가 오목하게 낮아지며 흰털이 돋아나는 색점이 온몸에 퍼지는 경우도 있다(13:24-28). 머리카락이나 수염에 발병한 경우 환부의 털은 남겨두고 그 주위의 털을 모두 깎았다. 그 후 그 털이 노랗게 변하거나 환부가 퍼지게 되면 부정한 진단을 내렸다(13:29-37). 그런가 하면 대머리에 붉은 반점이 발생한 경우이다. 이런 경우 피부의 상태로 진단한다(13:38-44). 이렇게 문둥병을 부정하다고 보는 까닭은 그 병이 치명적인 전염성을 가지고 있기 때문에 환자를 타인과 격리해야 하는 죄의 특성 때문이다. 따라서 문둥병으로 판명되면 자신의 부정함을 공개적으로 고함으로써(13:45-46), 사람들로 하여금 그 병의 전염에 대한 경계심을 갖도록 하는 것이다. 그리고 의복에 발생한 악성 문둥병의 대한 규례가 있다(13:47-59). 즉 의복에 곰팡이가 슬어 비정상적인 상태가 된 것을 진단하되, 그것이 심각하면 문둥병으로 판정하여 부정하다고 여길 경우와 그러한 부정을 정결하게 하는 법을 가르친다. 이는 곰팡이가 의복에 기생하여 번지는 가시적 현상을 통하여 신속하면서도 광범위하게 전염된 심각한 결과를 초래하는 죄악의 위험성을 경계시키려는 의도이다. 곰팡이의 퇴치를 위해서는 철저함과 세심함, 단호함이 필요한데 이것은 죄를 발본색원하기 전에는 그 영향력에서 온전히 벗어날 수 없음을 깨닫게 하는 것이다.

14장에서는 문둥병자가 그 병에서 치유함을 받은 경우 거룩한 언약 공동체에 복귀하도록 하기 위한 정결 의식 절차가 있다. 1) 제사장이 진 밖에서 질병의 완치 사실을 확인한 후 새의 피를 환자에게 일곱 번 뿌려 정결함을 선포하고 환자는 머리털을 밀고 옷을 빨며(14:1-8), 2) 그 후 진 안에 들어오되 장막 밖에서 7일간 머문 후(14:8-9), 3) 화목제를 제외한 모든 제사를 하나님께 드리는(14:10-20) 것이었다. 속건제는 문둥병 환자로 인하여 부정하게 되었던 이웃이나 혹은 성물에 대한 죄를 속하기 위해, 속죄제는 문둥병이라는 부정의 상태를 깨끗이 씻고 정결한 상태로 회복하기 위하여 드려졌다. 이는 죄의 문제를 해결하고 하나님의 자녀 되는 권세를 회복하는 길을 오직 대속의 피 즉 예수 그리스도의 피를 통한 속죄뿐임을 보여준다(4장).

가옥에 문둥병이 생긴 경우 1) 가옥의 가구들을 내어놓게 한 후 색점을 조사하고 2) 색점이 있으면 가옥을 7일간 폐쇄한 후 확산방지 여부를 조사하고 정결의식을 거행하다. 이것은 가정의 죄를 단절하는 방법이라고 볼 수 있다.

15장은 남녀 공히 생식 기관에서 유출하는 각종 분비물로 인한 부정과 그것의 정결법을 다루고 있다. 그 이유는 부정한 사람이 자기의 부정을 깨닫지 못하고 거룩한 성막에 들어가다가 죽임을 당하지 않도록 하기 위함이다(15:31). 1) 남자의 유출병(15:1-15) 2) 정상 여부를 막론하고 남자가 정액을 설정할 경우(15:16-18) 3) 여자가 월례적인 생리를 할 경우(15:19-24) 4) 여자가 유출병에 걸릴 경우(15:25-30) 등에 행하여야 할 정결법을 가르치고 있다.

오늘 묵상의 말씀

문둥병처럼 전염되어 영적으로 무기력하게 하는 기운이 퍼지는 것은 무엇 때문일까?

대속죄일과 성결

16장은 대속죄제에 대한 규례이다. 속죄일은 일 년 중 가장 엄숙하고 중요한 절기이다. 그 날에는 온 백성이 안식하며 금식했다. 속죄일을 지키는 목적은 '이스라엘 자손의 부정과 그 범한 죄'를 속죄받기 위함이었다(16:16). 이를 위해 1) 평상시의 지성소 출입을 금지 명령하고(16:1-2), 2) 대속죄제를 준비하고(16:3-5), 3) 대속죄제의 개요를 설명하고(13:6-10), 4) 대속죄제의 구체적 과정을 요약한다(16:11-28). 이러한 대속죄가 평상시의 속죄제와 다른 점은 첫째, 아사셀 염소를 취하여 회중들의 수많은 죄를 전가시켜 대신 저주를 받게 하며 둘째, 속죄 제물의 피를 언약궤가 놓여 있는 지성소까지 갖고 들어간다는 사실들이다. 이는 그리스도의 완전한 속죄사역의 모형이다. 즉 그리스도께서 온 인류의 죄를 짊어지고 그 저주를 대신 받으셨으며(벧전3:18), 친히 속죄제물이 되사 그 피로 지성소의 휘장을 거두심으로 누구든지 그 피를 의지하여 하나님 앞에 나아가게 하신 것을 예표한다(마27:51). 그리고 16장 29-34절까지는 이스라엘 전체 공동체를 향한 대속죄일 준수 명령이다. 그 명령의 내용은 대속죄제를 드리는 자의 자세(16:29-31), 날짜와 자격(16:29), 주관자들에 대한 지침(16:32-33) 등이 기록되어 있다. 이러한 대속죄제의 반복적 시행은 그 제사의 불완전성과 한계성을 시사하는데, 이는 예수 그리스도를 통한 완전하고도 영원한 속죄의 필요성을 말해 주기도 한다.

17장에서 마지막 장까지는 이스라엘 백성이 실제로 어떻게 살아야 할 것을 규정하고 있는데 17장은 희생제물은 반드시 성막 앞에서만 살육하도록 하는 규례다. 이것은 백성들이 식용을 빙자하여 함부로 가축을 살육하는 것과 이방 신에게 제사하는 일을 방지하기 위함이다(17:7). 오직 하나님이 정하신 그곳(신12:18)에서만 제사 드리게 하는 이유 역시 신앙 공동체로서의 이스라엘이 영적 통일성을 유지하기 위함이다.

또한 10-16절까지는 피 먹는 것에 대한 금지이다. 그 피를 먹는 것은 생명의 주인 되신 하나님을 모욕하는 행위일뿐더러 생명을 대속하는 것으로 피가 가진 신성함을 해치는 것이 되기 때문이다. 하나님께서는 노아에게 맨 처음 이 규례를 명령하셨다. 피는 생명 그 자체이다. 모든 제사 때마다 피를 뿌리거나 발랐는데 이는 생명을 바친다는 뜻이다. 한 생명을 바침으로 다른 생명이 대신 살 수 있다(히9:22). 이것은 그리스도의 속제를 예시해 주는 규례이다. 예수께서 자기의 피를 마시라고 가르쳤다. '내 피를 마시는 자는 영생을 가졌고 (요6:54)' 라고 기록하고 있다.

18장은 성도덕에 관한 규례이다. 이 명령은 이스라엘 백성들이 가나안 땅에 들어가서 그 땅의 종족들과 접촉하여 이방 제의 등을 통해 성적으로 타락하는 것을 방지하기 위해 주어졌다. 실제로 가나안 땅에 들어가서 가나안 족속의 제의를 답습하여 망하게 되는 것을 안타까워 외쳤던 예언서의 내용이 바로 예레미야, 에스겔이다. 그래서 규범을 말하는데, 1) 근친상간에 대한 언급(18:6-18), 2) 성적인 부도덕과 관련된 다른 가나안의 풍속들(18:19-23), 3) 이 규례를 어긴 자들의 받을 징벌을 기록하고 있다(18:24-30). 이런 기록들은 가나안에 들어가서 그들의 풍습의 올가미에 걸려들지 않고 거룩한 하나님 백성의 축복을 누리도록 간절히 원하는 우리 주님의 소원이 담겨 있기에 이렇게 규례를 만들고 있다.

오늘 묵상의 말씀

죄 용서받은 기쁨이 최고로 좋았을 때가 언제였습니까?

이방인과 함께 살 때 지켜야 할 규례

이스라엘 백성들이 가나안 땅에 들어갔을 때 가장 염려되는 부분은 첫째, 그들이 애굽의 문화를 끊어내지 못하는 것과 둘째, 앞으로 들어갈 가나안 땅에 문화에 물들게 되는 것이다. 이 두 가지 문제를 해결하기 위해 강력하게 교육하는데 그중에 제일 시급한 것을 교육한다.

19장은 하나님의 백성들이 지켜야 할 제반적 생활 규례이다. 비록 사회적이고 윤리적이라 할지라도 그 규례를 범하면 신앙적인 범죄가 된다. 왜냐하면, 이스라엘 국가는 일반 국가와 달리 신앙공동체이기 때문이다. 이와 같은 이유는 "너희는 거룩하라. 하나님이 거룩함이니라(19:2)"라고 기록하고 있기 때문이다. 레위기 19장을 크게 3가지로 기록하고 있다. 1) 종교적 의무 2) 이웃에 대한 의무(19:9-18) 3) 순결에 대한 의무(19:19-37)이다. 자세하게 들여다보면, 먼저 5-8절에는 화목제 제사를 언급한다. 본문에서 5대 제사 중 특별히 화목제에 관해서만 언급한 이유는 화목제물을 백성들이 서로 나누어 먹을 수 있기 때문이다. 중요한 것은 이를 통한 공동체의 화목을 제일 강조하는 것이다. 공동체가 움직이면서 외부의 공격으로부터 방어하려면 무엇보다도 서로를 보호하는 공동체 의식이 있어야 하며, 화목제를 통하여 서로를 용서하고 화목하게 지냄으로 공동체 의식을 강화해야 하는 것이다.

9-10절은 가난한 사람과 타국인에게 자비를 베풀라는 규례이다. 가난한 사람과 타국인의 공통점은 자기 소유의 땅이 없다는 사실이다. 이것은 애굽에서 430년 동안 절실하게 느꼈던 나그네의 설움을 치료하는 규례이다. 현재 가난한 사람, 외국인을 돌볼 때, 과거 내가 종으로 살던 때의 미해결과제가 치료되는 것이다. 19절-25절에 이스라엘 백성들은 가나안 원주민들과 구분하기 위하여 옷감이나 동식물을 혼합시키지 말라고 한다. 철저하게 선택된 백성으로서의 독립을 강조

하고 있다. 26절-28절은 백성들이 경계해야 할 풍속을 구체적으로 언급하고 있으며 34절-36절까지는 이웃사랑의 범위가 외국인까지 확대되고 있다. 이는 예수님의 그 범위가 원수에게까지 넓힌 것의 기초가 되고 있다(마5:43-44).

20장에서는 18장 19장에서 이미 다룬 내용을 다루고 있다. 그중에서도 가장 가증하게 여기시는 것들을 다룬다. 특히 죄악에 대한 분명한 형벌까지 제시하고 있다. 1) 우상숭배자와 그에 따른 형벌(20:1-8) 2) 성적 범죄와 그에 따른 형벌 3) 성별에 대한 명령(20:22-26)이다. 이처럼 하나님의 죄악에 따른 두려운 형벌을 언급하시며 거룩함을 강조하시는 까닭은 거룩히 하나님과 사귐을 위하여서는 거룩함이 필수 불가결하기 때문이다. 더욱이 이스라엘 백성들이 가나안 족속들처럼 죄악을 버리지 못하고 거룩을 이루지 못한다면 그들 또한 축복의 땅 가나안에서 쫓겨나야 한다. 그러므로 '이스라엘 백성은 거룩해지라는 명령을 온전히 이행하여, 자신들은 선민으로 부르신 하나님께 합당한 백성이 되어야 할 것이다'라는 생각을 확고하게 하도록 분명한 형벌을 제시하며 교육하고 있다.

21장에서는 제사장들의 거룩한 생활에 대한 규례이다. 제사장은 아론의 후손 가운데 육체적 결함이 없는 자들이 주관한다. 이는 예배의 순결한 예표이기 때문이다. 또한 대제사장은 일반 제사장들보다 더욱 엄격하였다. 대제사장이 성막에서 집례를 하고 있을 때 부모의 초상을 당했을지라도 장례에 참석하지 말고 계속 제사를 드려야 한다. 또 시체나 부정적인 것은 만지지 말아야 한다. 부정한 것으로는 제사를 드릴 수 없다. 또 대제사장의 부인은 육체적 결함이 없는 처녀 중에서 선택하여야 한다.

오늘 묵상의 말씀

이방인과 함께 지낼 때 동화되지 않고 거룩하게 살아야 하는 이유는 무엇인가?

7대 절기와 등대와 진설병 관리

22장에서는 제물의 성결에 대한 규례를 정하고 있다. 제물은 21장과 연결하여 재물에 대한 행동지침으로서 1) 제사장이라 할지라도 11-15장에 기록된 대로 부정함을 범하여 부정한 상태에 있는 사람은 성물을 먹을 수 없다. 그런 사람은 제3계명을 범한 것이다(22:1-14). 일반백성이 잘 모르고 성물을 먹었으면 거기에 5분의 1을 더 드려야 형벌을 면할 수 있다(22:15-17). 신체적 결함이 있는 제사장이 성막에서 봉사할 수 없듯이 결함이 있는 동물 역시 제물로 사용될 수 없다. 그러나 자원하여 드리는 낙헌 제물로는 약간 흠이 있는 것도 허락되었다(22:24). 낙헌 제물은 이웃과 같이 나누어 먹을 수 있다. 짐승에게라도 지나친 잔혹 행위를 금할 것과 상하게 하지 말 것을 경고하고 있다(22:25-33).

23장에서는 이스라엘 백성이 영원히 지켜야 할 7가지 절기를 기록하고 있다. 1) 안식일로서 먼저, 창조주 하나님을 기념하며 그분의 영원한 안식에 함께 할 것을 소망하는 안식일(23:1-3), 신약에 와서는 주일로 지키고 있다. 2) 출애굽을 기념하는 유월절(23:5), 이날은 애굽의 노예에서 해방된 것을 기념하는 날이다. 3) 무교절로서(23:6-14) 7일 동안 무교병을 먹으며 기념했다. 4) 오순절이다(23:15-22). 오순절, 맥추절이라고 한다. 곡식의 첫 수확을 하나님께 드리는 날이다. 5) 나팔절이다(23:24-25). 하나님께 기쁨이 도래한 것을 알리는 가을의 첫 절기이다. 6) 속죄일로서 민족 전체의 죄를 속하기 위한 속죄일(23:26-32)이다. 7) 초막절이다. 이는 광야생활을 추억하기 위함과 동시에 가을 추수에 감사해서 드리는 초막절(23:23-43)이다.

특히 초막절에는 1주일 동안 집밖에 임시로 초막을 짓고 그 속에서 살았다. 이것은 출애굽 당시의 광야 생활을 되살리면서 구원의 은혜를 기억하도록 하기 위한 것이다(신6:10-12).

24장은 성소 관리에 관한 규례이다. 성막은 크게 셋으로 나눈다. 곧 성막 뜰과 성소와 지성소이다. 성소 안에는 향단(향을 피우는 곳), 순금 등잔, 떡 상(진설병을 차려 놓는 진설대)이 있으며 지성소에는 법궤가 놓여 있다. 여기에서는 성소 안의 순금 등잔불과(24:2-4) 떡 상을 관리하는 규례(24:5-9)가 기록되어 있다. 먼저 아론은 감람유 순결한 기름으로 등잔불이 끊이지 않도록 아침부터 저녁까지 잘 정리하여 돌볼 것이며 이는 영원히 지킬 규례이다. 또한 이는 성소 안에 들어가면 우측에 떡 상이 있는데, 그 떡 상 위에는 열두 개의 떡이 항상 예비 되어있다. 여기서 열둘이라는 숫자는 열두 지파의 하나님 백성을 말한다. 즉 다시 말하면 떡 상에 진열된 열두 개의 떡은 모든 그리스도인을 위해 여호와께서 예비하신 영광스런 양식을 말한다. 나중에 예수님을 이를 비유하면서 "나는 생명의 떡이다"라고 말씀하셨다. 그리고 "나는 하늘로서 내려온 산 떡이니 사람이 이 떡을 먹으면 영생하리라"고 말씀하셨다. 10-16절에는 여호와를 모독하는 자는 외국인이건 이스라엘 백성이건 간에 돌로 쳐 죽였다. 또한 곁에서 그 말을 들었던 사람도 똑같이 형벌을 받았다. 그러나 그 말을 들은 사람들이 여호와를 모독한 당사자의 머리에 안수하고 그들의 죄를 전가하면 형벌을 면할 수 있었다. 또 일명 탈리오 법(talio's law)이 있다. 이는 동해보복법으로 죄의 심각한 결과를 강조하고 악행의 악순환을 방지하기 위한 최소한의 보복법으로 상해를 당하면 그 당한 것만큼 보복하라는 방침이다. 그러나 신약에 와서 그리스도는 사랑의 법으로 이 법을 발전하여 완성하였다(마5:38-44).

오늘 묵상의 말씀

당신은 당신의 마음의 제단에 항상 진설병과 세상을 밝히는 등불을 끄지 않고 있는가?

축복과 저주 그리고 서원기도

25장은 안식년에 관한 규례이다. 안식년은 7년마다 쉬는 제도로서, 매 7년째는 토지의 휴경을 명령한다. 따라서 이스라엘은 안식년을 엄중히 지킴으로서, 그 땅의 주인이 개인이 아니라 하나님의 소유임을 반드시 기억하도록 행위적으로 알리고 있다. 그리고 안식년은 휴경을 통하여 기력을 보전하는데도 그 목적이 있지만, 안식년 동안에는 저절로 자라난 곡식으로 가난한 자와 심지어는 들짐승까지도 배려하는 하나님의 자비하신 배려가 있다(25:1-7). 그리고 희년제도가 있다(25:8-55). 이는 요벨이라고 하는데, 뜻은 양각 나팔이다. 양의 각으로 된 나팔을 불어서 자유를 선포하고 새로운 시작을 알린다는 의미가 있다. 희년이 되면 토지와 가옥과 가족까지도 모두 되돌려 주어서 새로운 삶을 다시 시작하게 했다. 하나님은 희년 제도를 통하여 신앙공동체 안에서 1) 토지를 본 주인에게 돌려줌으로써 빈부의 격차를 없애고 2) 종들에게 토지와 가족과 자유를 줌으로써 세습적인 노예제도를 방지하려 했다. 이것은 이스라엘이 사랑의 공동체를 만들어가는 기본윤리이다. 그래서 토지를 살 때는 희년이 몇 년이 남았는가 하는 것이 토지 가격의 기준이다. 희년을 통해 4가지 의미를 발견할 수 있다. 1) 사회정의 : 빈부의 격차가 없는 사회. 2) 참된 예배 : 하나님께서 자비를 베푸시는 생활과 함께 드리는 제사를 원하신다. 3) 선행 : “이웃을 네 몸같이 사랑하라” 는 말씀이 희년법의 기본윤리이다. 4)메시야의 예표 : 은혜의 희년을 전파하셨다(눅4:19).

26장은 율법 순종하는 자들에게 주어지는 축복이다. 첫째는(26:4-5) 비를 적절하게 내리사 풍년을 주신다, 둘째는(26:6-10) 전쟁 없이 평화를 누리게 하시겠다, 셋째는(26:11-13) 이스라엘 안에 성막을 세워 하나님께서 항상 함께하시겠다는 약속이다. 이 세 번째 축복은 축복의 절정이다. 이 축복은 성령 강림으로 완전히 성취되었다.

그런가 하면 불순종하는 사람에게는 저주를 내린다. 첫째는 질병이다(26:14-17). 둘째는 가뭄과 흉년이다(26:18-20). 세 번째는 들짐승의 습격이다(26:21-22) 네 번째는 전쟁과 굶주림이다(26:23-26). 다섯째는 가나안 땅의 황폐와 추방이다(26:27-39). 그러나 하나님은 결코 이스라엘 백성을 포기하지 않으시고 자신의 죄를 회개하고 순종하면 옛 족장들과의 언약을 지키겠다는 것이다. 징계는 하나님의 사랑의 채찍이다. 이렇게 축복에 대한 확실한 약속은 모세오경의 기록 후에 항상 있다. 그리고 축복의 전제 조건 3가지는(26:1-2) 1) 우상 숭배 금지 2) 안식일 준수 명령 3) 성소 공경 명령으로 이는 선택된 민족으로서 가장 소중히 해야 할 여호와 유일 신앙의 보존을 위해 반드시 필요한 사항이다(꼭 명심하길!).

27장은 이미 26장에서 언약의 이행 여부에 따라 축복과 저주가 결론을 맺는다. 27장은 이에 부가적인 것으로 서원에 관한 내용이다. 서원은 일반적으로 곤경에 처했을 때 하게 되므로 율법을 범함으로써 징벌을 받는 경우와 서원은 밀접한 상관성을 갖는 것이다. 그러므로 이에 대한 지침을 주신다. 1) 사람과 동물을 하나님께 드리는 서원(27:2-13) 2) 가옥과 토지를 하나님께 드리는 서원(27:14-24) 3) 서원에 관한 그 밖의 여러 가지 규례들(27:25-44)에 대하여 기록하고 있다. 서원은 어려운 상황에서 자신이나 자신에게 속한 것들을 하나님께 헌신함으로써, 하나님의 긍휼을 입기 위하여 드리게 된다(창28:16-22). 그러므로 서원은 철저히 자발적이며 강제성이 없으므로 서원을 하지 않아도 죄가 되지 않는다. 그러나 서원했으면 반드시 이행할 필요가 있으며(민30:2) 이행하지 않으면 죄가 될 수 있다.

오늘 묵상의 말씀

내가 서원 기도했을 때 얻은 축복이 있는가? 있다면 말해 보자.

가나안을 향한 출발 준비

출애굽기는 이스라엘 족속이 BC 1446년에 애굽을 탈출하여 시내 산에 도착한 후 율법을 받고 성막을 완성하기까지 대략 1년 과정을 기록하였다. 그리고 레위기는 성막 완성 후 모세가 시내 산에서 1달간 더 머물면서 여호와께로부터 받은 각종 규례를 기록한 책이다.

1장에서는 본격적인 행군을 시작하기 전에 20세 이상의 장정들은 계수한다. 이는 지금까지 하나님이 이스라엘 모든 자녀를 보호하심을 감사하며 또 앞으로도 보호하시기를 원하기 때문이다. 둘째는 행군 중에 적과 싸울 경우가 있으면 만반의 준비를 하기 위함이다. 그리고 적과 대치하기 위해 인력을 배치해야 한다. 이를 위하여 각 지파에 맞도록 맞는 사역을 분배하는 것이다. 이렇게 편성된 조직은 나중에 가나안 땅에 들어가서도 그대로 활용되었다. 그 내용을 살펴보면 1-4절은 하나님의 계수명령, 5-19절은 계수 책임자 선정과 계수 실시, 20-46절까지는 각 지파별 계수 결과 기록내용이다.

2장에서는 각 지파의 진 배치와 행군순서를 기록하고 있는데 다음과 같다.

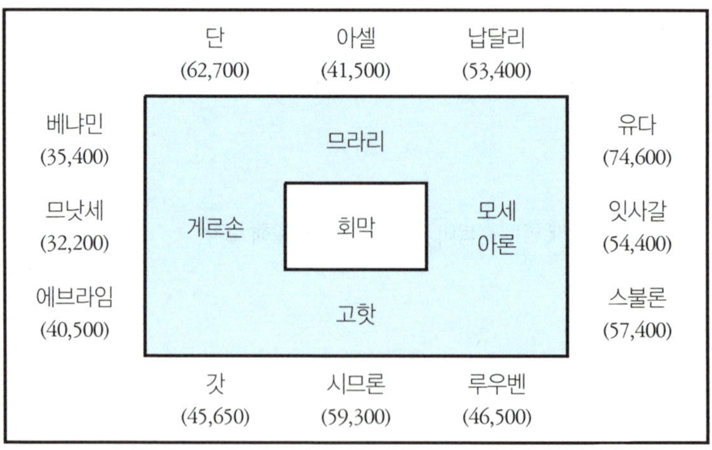

3장에서는 레위 자손의 임무와 계수가 상세히 기록되어 있다. 본문에서 레위 지파는 성소의 제사장 직분을 맡은 자들과 기타의 직무를 행하는 자들로 구분되었다. 곧 아론과 그 아들은 제사장직을 수행하고 나머지 레위인들은 제사장들을 도와 성막에서 일하였다.

여기서 중요한 것은 하나님을 두려워하는 마음이 없으면 이런 직분을 감당하기 어렵다. 그러기에 아론의 두 아들 나답과 아비후는 다른 불로 하나님께 드리다가 죽임을 당했다. 그리고 그의 두 아들 엘르아살과 이다말이 아버지의 임무를 대신 하였다. 이만큼 레위인이 중요하다. 이는 하나님께서는 레위인을 택하셔서 '레위인은 내 것'이라고 인정했다(3:12). 그 이유는 애굽 땅에서 그 처음 난자를 다 죽이던 날에 이스라엘의 처음 난 자는 거룩히 구별하여 살려두었다. 그러므로 처음 것은 하나님의 것인데, 그를 상징하는 레위인은 하나님의 것이라고 규정한 것이다. 그래서 장자의 수를 세어보니 22,273명(민3:43)이었다. 그리고 레위인의 수를 세어 보니 22,000(민3:39)명이다. "이스라엘에서 처음 태어난 자는 하나님의 것이다. 이스라엘 자손의 장자의 수가 레위인의 수보다 273명이 많았기에 그 수에 해당하는 금액을 1인당 5세겔씩 속전으로 내게 하셨다." 그리고 레위인은 22,000명이고 장자는 22,273명인지라 그 차이 273명만큼은 속전으로 한사람이 5세겔씩 하나님께 드렸다.

오늘 묵상의 말씀

우리는 가나안의 목표를 향하여 얼마나 출발준비를 하고 있는가?

주의 종의 사역

4장에서는 레위 지파의 기본 업무를 분담한다. 4장 전체에서는 각 분파별로 성막봉사 및 제반 종교 업무에 참가할 수 있는 30-50세 까지의 장정만을 계수하고 그들에게 보다 구체적으로 성막 봉사 업무를 분담 지시하는 내용을 다루고 있다. 그중 본 단락은 먼저 각 분파별로 성막 봉사자 계수명령(4:1-3), 성막 세부의 성소와 지성소의 기구를 운반할 수 있는 고핫자손의 업무(4:4-20), 그리고 성막 본체의 양장 및 외부의 포장을 운반할 게르손 자손의 업무(4:21-28), 성막 본체의 널판 및 외부 포장의 말뚝을 운반할 므라리 자손들의 업무(4:29-33)에 관한 내용을 다루고 있다. 그리고 30세에서 50세의 남자의 숫자를 세었다.

앞에서 이스라엘 자손의 숫자를 계수할 때는 남자 20세 이상으로 계수했다. 이유는 전투에 참여할 수 있는 병력을 파악하기 위함이었다. 그러나 영적 전투에 전담으로 참여하는 레위인은 그보다도 더 성숙한 나이 30세이다. 그리고 또한 50세 이하로 제한하여 노년에 있을 비활동성과 태만함을 배제시켰다. 그만큼 이스라엘 공동체를 위한 치밀함이 있었다. 이렇게 20년 섬긴 후에는 후계자 양성에 총력을 기울인다.

5장은 공동체 정결이다. 중요한 것은 여호와께서 진영 안에 임재하신다는 사실이다. 곧 법궤가 안치되어 있는 성막은 하나님의 임재를 상징한다. 그러므로 이곳은 거룩한 곳이기에 정결을 항상 유지해야 한다. 정결을 유지하기 위하여 각종 부정한 자를 격리시킬 것을 규정한다(5:1-4). 또한 선민 공동체의 정결함이 하나님과 수직적 관계라면 수평적 관계로서 공동체 구성원들 간에 평화를 유지할 것에 대한 규례이다. 즉 한 사람이 범죄하여 상대방에게 해를 끼쳤으면 그것을 즉시로 배상하여 원한 관계를 제거함으로써 단결을 영속화하는 것이다(5:5-10). 나가서 가정의 신뢰를 유지하는 것이 공동체의 생명력을 건강하게 하는 기본이다. 그래서 한 가정 안에서 여성의 순결을 의심하는 문제가 발생하였을 경우, 의심은 되지만 뚜렷한 물증이 없으면 이를 해결하기 위한 근본적으로 가정의 신뢰를 유지하기 위한 법을 소위 '의심의 법(THE LAW OF JEALOUSY)'이라고 한다. 이런 규정은 결국 서로의 신뢰가 순전하고 깊은 교제 속에서 이루어짐을 말하고 있다.

6장에서는 나실인의 서원 법을 규정하고 있다. 당시 하나님을 섬기는 직분은 오로지 레위인에게 주어졌다. 그러나 레위인이 모자랄 수 있다. 그리고 타 지파에서도 하나님의 절대적 섭리가 있을 수 있다. 그래서 타 지파 중에서 자원하여 여호와께 헌신하려고 서원하면 정결 유지와 일정한 기간 서원 기간을 정하여 훈련을 받은 후 제사를 드리고 나서 레위인처럼 주님을 섬기도록 하는 것이다. 물론 이렇게 나실인이 되기 위해서는 엄격하다. 거룩함을 해칠 수 있는 모든 육신의 향락을 절제해야 한다. 머리카락은 힘과 생명력의 상징으로 머리카락을 자르지 말아야 한다. 포도주와 독주를 마시지 말아야 한다. 또한, 부정을 막기 위하여 시체에 가까지 하지 말아야 한다. 더군다나 더러운 것은 먹지 말아야 한다. 이런 과정을 통하여 세속에 물들지 않고 하나님께 바친 인생에 대한 긍지를 갖는 것이다(6:1-21)

그리고 마지막으로 제사장의 축복하는 방법을 알려 준다. 이제 여호와 편에서 인간을 향하여 당신의 백성들에게 주고자 하는 축복을 하나님이 인간 사이에 구약 시대 중보자로서 세우신 제사장이 대신하게 함을 보여주는 대목이다. 이것은 죄인 된 인간과 하나님 사이의 유일하며 완전한 중보자로서 예수 그리스도 예수를 예표 하는 것이다(딤전2:5).

오늘 묵상의 말씀

나는 신앙생활의 성결을 위한 대책을 어떻게 사용하고 있나?

두 번째 유월절과 구름 기둥의 안내와 순종

7장에서는 이스라엘 백성들이 광야 행군을 개시(출애굽 2년 2월 20일)하기 앞서 성막 봉헌 시에 드린 예물의 내용을 소개하고 있다. 물론 성막이 완성된 것은 출애굽 제2년 1월 1일이다(출40:2). 그러나 봉헌식은 그 성막에서 일할 제사장 임명과 제사법의 규정 등이 다시 주어지고 난 후, 이스라엘 행군을 개시하기 직전에 드렸다. 일단은 그 모든 기구들에 기름을 발라서 모든 기구가 하나님의 거룩한 제사 도구로 인정되었음을 표시한 후에 족장들에 의해 도구들의 운반에 필요한 물품들을 하나님께 드렸고, 이어서 드려진 예물들은 성막 운반에 필요한 대로 분배되었다(7:1-6). 그러고는 이스라엘 족장들이 드린 수레 여섯은 게르손 자손에게 두 대가 할당되어 성막의 양장과 회막 따위를 운반하게 되었고, 나머지 네 대는 므라리 자손에게 할당되어 장막널판과 기둥 따위를 운반하게 되었다(7:7-8).

그다음에는(7:10-88) 단의 봉헌을 위하여 각 지파의 족장들이 예물을 드린 사건이 기록되어 있다. 단은 날마다 드리는 예배의 중심지이다. 여기에 12지파가 유다 지파를 필두로 하여 12일 동안 동일한 예물과 제물을 드린 것을 반복하여 기록하고 있다. 이는 모든 지파가 균등하게 하나님을 예배하는 일에 참여하고 있음을 보여 주기 위함이다. 또한, 각 지파가 서로 협동하여 성막과 제사장직을 받들었다는 것을 보여 주기 위함이다(7:10-88). 단이 봉헌된 후, 하나님께서 이 제사를 열납하시면서 실제로 회막 가운데 거하시게 되어 회막은 이스라엘 공동체의 예배 중심이 되었다(7:89).

8장에서는 성소의 등대가 진설병을 향하여 켜지는데, 이는 이스라엘 백성들을 향하여 항상 빛을 비추면 축복한다는 것을 의미한다. 백성들은 항상 그 제사장의 축복의 빛을 먹으며 산다. 이어서 성막 업무를 비롯한 제반 업무를 맡기 전에 그들의 영육을 정결하게 하기 위한 의식이 진행된다. 즉 물뿌림(9:10)과 삭발(14:8)

과 의복, 세탁, 들을 통하여 정결케 하며 제사 의식을 통하여 여호와께 대한 충성과 헌신을 표현할 것에 대한 명령(8:5-19) 그리고 그 명령의 즉각적 시행에 대해 기록하고 있다(8:20-22).

9장에서는 출발준비를 마치고(9:1-8) 가나안 정복 행군하기 전에 첫 유월절을 준수한다. 출애굽 하기 전에 10가지 기적을 일으키며 하나님의 섭리로 출애굽을 기념하는 유월절 행사를 시행한 지 벌써 1년이 되었다(9:1). 그리고 이제 하나님과 시내 산의 계약 백성으로 거듭나서 모든 준비를 마치고 가나안, 약속의 땅을 향하여 출발하기 전에 그때 그 약속을 기억하면서 전 이스라엘 공동체가 두 번째 유월절을 지키는 것이다. 출애굽의 상황을 다시 재현하면서 어린양을 잡고, 쓴 나물을 먹고, 무교병을 나누어 먹으면서 그 당시 사건을 회상하면서 급히 먹고 급히 새 출발하던 그 날 밤을 기억한다. 그 당시 상황이 눈에 선하다. 유월절 행사를 마치고 가난안 땅을 향하여 출발하자마자, 성막 위에 있던 구름이 기둥 모양을 하면서 이스라엘 백성들 진영 위에서 진행하였고, 구름이 머무는 동안 이스라엘 백성은 머물고 구름이 떠오르면 이스라엘 백성은 진행하였다. 그게 평생 순종의 표시인 것이다.

광야 생활 40년 동안 구름 기둥 아래 머물면서 순종만 배웠다.

오늘 묵상의 말씀

1. 나에게 비추며 축복하시는 말씀의 등대와 우리의 영적 양식인 진설병의 상태는?
2. 구름 기둥 속에서 순종의 미덕을 어떻게 체험하고 있는가?

백성들의 불평과 하나님의 대처방법

10장에서는 이제 본격적으로 가나안을 향해 출발하기 전에 행군 도중에 지킬 신호 규정을 언급하고 있다. 즉 행군을 통솔하는 통신수단으로 일정한 간격에 따라 규정된 나팔을 불어서 소집 명령(10:1-4), 행군(10:5-6) 및 전쟁(10:9), 제사명령을 시행하도록 한다. 그리고 11-28절에는 시내 산을 출발하여 가네스 바네아까지 11일간의 행군여정을 기록하고 있다(신1:2). 이때 광야 행군 길에 경험이 많은 처남 호밥에게 가나안 행군에 동참할 것을 요청했다. 이는 주의 사역을 감당할 때 도움의 사람의 협조를 받는 것이 좋다. 이때 호밥은 승낙하게 된다(삿1:16, 4:11). 그리고 이어서 하나님의 임재를 상징하는 언약궤를 앞세워 모세의 기도와 함께 출발한다. 이렇게 법궤를 앞세우는 것은 인생 삶의 방향과 속도를 하나님 중심에 맞춘다는 것이다.

11장에서는 가데스 바네아까지 오는 여정에서 생긴 일을 기록하고 있다. 이스라엘 백성들이 시내 산에서 약속의 땅 가나안을 향해 출발한 직후 처음 일어난 사건이 다베라 원망사건이다. 가나안으로 갈 때 이스라엘 백성이 아닌 섞여 사는 무리(출12:38)들이 있었다. 이들은 하나님의 약속을 모르는 자들이었기에 가나안에 들어가는 목적의식이 없는 자들이었다. 이들은 현실에 대한 불만을 늘어놓았다. 애굽에서 먹던 고기 이야기를 하면서 불평을 한다. 이러한 불평이 점점 확산되면서 백성들이 하나님의 은총인 만나를 경시하는 데까지 이르렀다(11:4-9). 모세는 자기 힘으로 이 사태를 막을 수 없었다. 그래서 하나님께 사태 해결을 탄원했다(11:10-15). 이때 하나님은 일단 백성들에게 기적을 보여 주시면서 메추라기를 보내셔서 배불리 먹게 하셨다. 그렇게 고기를 많이 주었음에도 불구하고 서로 먹으려고 애를 쓰고 너무 먹으려고 탐욕을 부리다가 그만 탐욕으로 인하여 많은 사람이 죽었다. 그래서 그곳 이름을 '탐욕의 무덤'이라고 정했다. 오늘날의 성도들도 이런 면이 있다. 천국의 가치를 이해하지 못한 채 오늘, 세상에 연연하면서 탐욕으로 인하여 고통받고 죽어가는 이들이 많다.

12장에서는 위의 사건이 정리되고 진행 중에 이번에는 지도자들 사이에서 반역이 일어났다. 이후 불만을 가진 자들이 미리암을 부추기고 아론을 부추겨서 모세를 비방한다. 그러나 겉으로 표방하는 불만의 원인은 모세가 이방 여인을 아내로 맞이했다는 것이다. 하나님이 모세를 아론과 미리암보다 높게 충성했다는 메시지를 주신다. 그리고 미리암에게 문둥병이 들게 한다. 그래서 7일 동안 진영 밖에 쫓겨나서 지냈다. 이렇게 하여 모세의 권위를 지켜 주신다(12:6-8). 이는 교회 지도자의 권위는 하나님께로부터 나왔다는 것을 보여 주기 위함이다. 이때 지도자가 제일 중요한 것은 하나님과 사람에게 인정받을 때 리더십이 손상되지 않고 그 사역을 감당할 수 있을 것이다. 그러려면 평상시 열매들이 있어야 한다. 그것은 삶 속에서 열매가 있을 때 그 열매를 함께 나누어 먹으며 그 사람의 리더십이 영향을 미치고 권위를 나타낼 수 있다. 그는 백성들이 그에게 계속 불평했을 때 사람들을 나무라지 않고 하나님께 기도하며 응답을 위해 기도했다. 그랬더니 하나님께서 "이 사람 모세는 온유함이 지면의 모든 사람보다 더하더라"(12:3)라고 하셨다.

오늘 묵상의 말씀

나는 리더십 손상의 위기 대처에서 승리한 체험이 있는가?

약속의 땅 정탐과 하나님의 계획변경

13장에서는 시내 산을 출발하여 가데스 바네아 오아시스에 도착했다. 이제 가나안 땅을 정탐하기 위하여 각 지파에 대표 한 사람씩 선발하여 그들의 상황을 판단하여 가나안 땅의 정복에 관한 정보를 가지고 와서 정탐계획을 세워야 할 즈음에 이른 것이다. 그래서 12사람을 보내어서 신 광야에서 하맛 어귀까지 40일 동안 정탐하였다(13:1-20). 이것은 그곳을 정복하기 위하여 정탐꾼들에게 주요 정탐로와 각 성읍, 그곳 주민들의 전투력, 토양, 산물 등을 알고 그에 따른 전략을 짜기 위함이다. 24-33절까지는 정탐대원들이 40일 동안 정탐 사실을 보고하는 내용이다. 그런데 10사람은 정복이 이미 불가능하다고 마음의 판단을 내리고 부정적인 관점에서 견고한 성읍과 발전된 무기, 장대한 거민들과 싸우는 것은 우리의 능력으로는 불가능하다고 보고하면서 만약 싸우게 되면 우리는 메뚜기 같다고 보고했다.

14장에서는 그런 보고를 받은 백성들은 두려움에 사로잡혀서 밤새도록 소리를 높여 부르짖으며 데모를 하고 요동하기 시작했다. “우리가 애굽 땅에서 죽었거나 이 광야에서 죽었더라면 좋았을 것을.” 그런데 2명 여호수아와 갈렙은 긍정적인 보고를 한다. “두려워하지 마십시오. 하나님이 함께하시면 그들은 우리의 밥입니다!” 오히려 안심시킨다. 백성들은 이 보고를 듣고 화가 나서 그들을 돌로 치려고 한다.

이 광경을 지켜보고 계시다가 하나님은 그들에게 나타나셨다(14:1-13). 그리고 당신의 결심을 모세에게 “이 백성이 어느 때까지 나를 믿지 않겠느냐? 내가 그들을 전염병으로 쳐서 멸하고 그들보다 강한 나라를 이루게 하리라(14:11-12)”라고 말씀하셨다. 사실 그렇다. 하나님은 세계 제일의 축복의 통로로 제사장 나라를 만들기 위해 애굽에서 불러 430년간 세계 제일의 문물을 보게 하고 세계정세를 알게 하면서 언약 백성의 기본자질을 훈련하셨다. 그리고 때가 되매, 거기서 10가지

기적을 통하여 불러내어, 시내 산에서 계약관계를 돈독하게 맺으셨다. 그리고 언약 백성으로 살 수 있도록 모든 준비를 다하고 이미 그 약속의 성취를 눈앞에 두고 현장 답사하고 보고하는 자리이다. 그런데 마치 하나님의 계획이 잘못된 것 인양 죽음을 이야기하고 잔뜩 겁을 먹고 믿음의 지도자의 보고를 듣고도 오히려 돌로 치려 하니, 하나님이 도저히 용납할 수 없으셨다. 그래서 그들과의 계약을 포기하고 이제 새로운 백성으로 만들겠다는 결심을 하고 모세에게 통보하는 것이다. 그래서 40일을 정탐한 한 날 수만큼 "40년을 훈련시켜 언약의 백성을 만들고 약속의 땅으로 들어가게 하겠다"는 것이다(14:11-38). 모세가 백성들에게 이러한 사실을 보고했으나, 여전히 불순종하여 무모하게 아말렉인과 싸우러 갔다가 패하여 호르마까지 물러서게 된다(14:39-45).

14장에서 38년의 광야 생활을 선고 받았음에도 불구하고 불순종하여 가나안으로 향해 가다가 실패했다. 그래서 15장에서는 번제, 소제, 화목제, 전제, 드리는 법을 다시 한번 새롭게 배우면서 하나님과의 관계를 회복하는 훈련을 한다. 그리고 무엇보다도 안식일을 잘 지켜 하나님의 하나님 됨을 늘 인정할 때 축복의 길이 열린다는 것을 교육받는다. 심지어는 안식일에 일하면 반드시 죽인다는 것이다. 실제로 어떤 사람이 안식일에 나무하다가 발견되어 회중이 보는 앞에서 진 밖으로 끄집어내어 돌로 쳐 죽이기는 시범을 보이기도 했다. 신앙은 결단이요, 선택이요, 행동이다.

오늘 묵상의 말씀

가나안에 들어가는 확실한 약속을 붙잡았는가? 이를 위해 하나님과 친밀감을 유지하는가?

지도자의 권위와 권위의 정당성

16장에서는 38년의 광야의 훈련 시간이 거의 끝나는 시점에 일어난 중요한 사건 중 두 가지를 들려주고 있다. 첫째 사건은 1-40절에 지도층, 소위 정치 종교적 지도권을 가진 사람들의 반란이다. 고라는 레위인으로 다단, 아비람 등과 결탁하여 250명의 족장을 선동하였다. 이유는 모세와 아론이 하는 일이 분수에 지나치게 한다는 것이다. 그러나 근본 동기는 자신의 직분에 만족하지 않고 아론의 대제사장직과 모세의 정치적 지도권이 탐난 것이다. 그래서 광야 생활에서 백성들이 고통 받는 것을 빙자하여 자신들의 정권탈취 기회로 악용하려는 것으로 영적으로 눈이 먼 악한 행위이다(16:1-30). 하나님께서는 반역자들과 거기 참여한 자들을 멸하기로 작정했으나 모세의 중보기도 응답으로 250명과 주동자들만 불로 삼키게 했다(16:31-35). 그리고 그 불로 반역자들을 삼킨 향로를 기념물로 보관하게 한다(16:36). 둘째 사건은 백성들의 원망이다. 백성들은 250명의 죽음이 지도자의 탓으로 돌린다. 그래서 백성들은 계속 원망한다. 하나님은 이들은 염병으로 심판하기를 원하신다(16:41-47). 그러나 모세의 중보기도로 염병을 그치게 하신다. 그러나 그 염병으로 14,700명이 죽었다. 훈련 중에 지도자는 욕을 들을 수밖에 없다. 그럼에도 불구하고 지도자는 하나님의 종이다.

17장에서는 지도자의 정당성이 입증되어야 한다. 16장의 사건이 있음에도 불구하고 백성들은 계속 불평한다. 그러다 보니 질서회복을 위해 지도자의 권위회복이 필요했다. 이를 위한 입증사건으로 각 지파 족장들의 지팡이 하나씩에 자기 이름을 기록하고 다 가지고 증거궤 앞으로 나아오게 한다(17:1-6). 이튿날 보니, 하나님이 택하신 아론의 지팡이에는 움이 돋고, 순이 나고, 꽃이 피어서 살구나무 열매가 맺었다(17:7-8). 이런 기적을 통하여 모세와 아론의 지도자적 권위를 확실히 입증하게 된 것이다(17:9-13).

18장에서는 제사장직이 하나님의 주권적 역사에 의해 아론에게 위임되었다는 사실을 밝히는 것과 그 맥을 같이하여 제사장 아론과 그의 가족, 그리고 다른 레위인들의 직무를 구체적으로 명시함으로써 제사장과 레위인의 직무를 재차 강조하고 다시는 하나님이 세우신 제사장의 권위에 도전하는 일이 없어야 하기 때문이다. 그리고 16-17장에서 일어난 레위 지파의 반역 사건으로 인하여 격하된 그들의 지위를 보장하기 위하여 레위인에게 재차 제사장의 특권과 사명을 일깨워주는 것이 필요했다(18:1-6). 이스라엘 신앙공동체는 제사장, 레위인들, 그리고 보통 사람들로 구성되어 있다. 그래서 본문에서는 그들의 특권과 정체성을 확실하게 깨닫게 하여 건강한 공동체가 되기를 바라는 것이다. 먼저, 제사장은 하나님을 위해 전적으로 헌신하여야 하므로 자신의 생계를 돌볼 겨를이 없다. 이에 하나님께서는 저들의 생계문제에 전혀 신경 쓰지 않고 전문사역에 전념하도록 분깃을 보장해 주었다. 그 내용은 다음과 같다. 1) 소제, 속죄제, 속건제(18:9) 및 화목제(레7:34)들의 제물 2) 거제물 및 요제물(18:11) 3) 곡식의 첫 열매와 짐승의 첫 새끼(12-18) 4) 레위인의 십일조(18:26-28) 그리고 제사장에 이어서 레위인의 분깃에 대하여 설명하고 있다(18:8-20). 그리고 레위인에게는 제사장을 도와 성막 업무를 담당하는 자들이다. 레위인들은 백성들이 여호와께 드린 십일조를 분깃으로 생활하였으며, 십일조들의 십일조를 다시 드렸다. 이와 같이 십일조 제도는 레위인뿐만 아니라 모든 백성에게서 자기 삶의 근원이 여호와께 있음을 항상 기억하고 감사하며 지낼 때 자기의 정체성을 확립하는 근거가 되었다.

오늘 묵상의 말씀

목사님과 교회 지도자의 권위, 부모의 권위에 순종하지 않으면 어떻게 될까?

놋뱀과 시혼 왕과 옥 왕과의 싸움에서 승리

19장에서는 38년 광야 생활의 마지막 훈련을 거의 마치고 출발하기 전에 정결의식을 거행했다. 이제 모든 부정한 것을 다 정리하고 하나님과 친밀한 관계를 정결법을 통해 확인하고 새 출발을 점검하는 자리였다. 먼저 정결한 물에 씻는 것이 중요하다. 레11-15장에 각종 정결규례에 입각하여 시행하는데, 특히 죽은 시체로 인한 부정을 씻는 것이 건강한 생명공동체의 활동에 제일 중요하다. 그래서 이 물을 만드는 데는 붉은 암송아지의 재가 필요한데, 이제는 한 번도 멍에를 메어보지 아니한 붉은 암송아지의 가죽과 고기, 피와 배설물까지 사르고 그 가운데 백향목과 우슬초, 홍색 실까지 함께 태워서 만든 것이다. 이 물로 부정한 것, 특히 사람이 죽은 것을 만지거나 스스로 정결케 하지 아니한 자를 비롯한 정결하지 아니한 것을 다 씻어 정결케 한다. 이 물은 죽음에서 벗어나는 씻음이요, 내적 외적으로 하나님처럼 거룩성을 유지하는 귀한 상징이다.

20장에서는 광야 생활을 하다가 가데스로 돌아온 이스라엘 백성들이 물이 없어 불평하는 사건이 벌어졌다. 이때 모세와 아론은 물이 없음을 불평하는 그들 앞에서 "우리가 너를 위하여 물을 내랴 라고 말하면서 반석을 두 번 쳤다(20:8-12). 물론 광야 생활을 오래 하다 보면 성격이 거칠어질 수 있다. 그래서 그런지 그만 혈기를 내어 반석을 쳤던 것인데, 하나님의 종은 철저하게 자기 훈련을 통하여 9가지 성령의 열매의 기질을 갖추어야 한다. 그런데 지면에서 모든 사람보다 온유가 더한(12:3) 그였지만, 잠깐 분노하게 되었고 그 순간 인간의 본성이 나타났다. 그로 인하여 모세와 아론은 가나안의 입성이 금지 되었다(20:10-13)

물론 그 후 아론은 에돔을 통과하려 했으나 에돔 백성들이 허락하지 않아서 호르산까지 이르게 되었다. 그런데 거기에서 아론이 죽게 되어 그의 아들 엘르아살에게 대제사장의 옷을 벗어 인계하면서 세대교체가 된다.

21장에서는 세대교체 후 첫 경험으로 아랏과 싸워 이긴다. 이는 38년 전 출애굽세대가 가나안 정탐 후 처음 출발해서 진로를 방해하는 아랏에게 완전 패배를 당한 후 38년 만에 그들을 이겨낸 사건이다. 물론 그간 출애굽세대는 모세를 제외하고는 다 죽고 이제는 광야에서 태어난 세대들이 지도자들이 되었다. 이제 그들은 전임세대가 하나님과 체결한 언약을 우리들의 언약으로 받아들이고 성실하게 하나님의 약속을 실행하는 것이다. 그런 믿음으로 나가면 하나님도 신실성을 우리에게 보여 주실 것이다. 그 첫 증거로 첫 번째 만난 아랏 왕과의 싸움에서 승리한 것이다(21:1-3). 그럼에도 불구하고 신세대는 아직 하나님의 신실성에 대한 체험이 없었기에 모세를 원망하게 되었다. 그 결과로 그들은 모세의 말에 순종하지 못하고 천방지축 자기 마음대로 행동하다가 불뱀에 물려 죽게 되었다. 이에 모세가 하나님께 기도하매 여호와께서 모세에게 응답하기를 "놋뱀을 장대 위에 달아매라. 그 뱀을 보는 자마다 살리라 (21:9)"라고 말씀하셨다. 그 결과 그 뱀을 쳐다보는 자는 다 살아났다. 이것은 먼 훗날 십자가의 예표가 된다. 누구든지 주님의 십자가를 바라보는 자는 다 살아난다(21:6-10). 이에 자신감을 얻은 이스라엘 백성은 강 동쪽에서 북진을 계속한다. 그러다가 승리의 대세를 몰아서 2차로 아모리왕 시혼과 싸움에서 이겼다. 더 북진하여 바산 왕 옥과의 싸움에서도 이겼다. 두 번 모두 칼과 전쟁의 무기로 싸워 이긴 것이 아니라 하나님께서 왕벌을 보내셔서 싸우지 않고 이긴 하나님의 위대한 승리이다.

오늘 묵상의 말씀

신앙생활 중, 시혼 왕 바산 왕을 싸우지 않고 이긴 것처럼 영적 승리의 체험이 있는가?

발락의 계획과 하나님의 계획의 차이는?

22장에서 아모리 왕 시혼과 바산 왕의 싸움에서 파죽지세로 몰고 나가는 이스라엘 백성들의 이야기를 들은 모압 왕 발락은 겁을 잔뜩 먹었다. 그래서 그 당시 그 유명한 메소포타미아 복술가 발람의 주술을 힘입어 이스라엘 백성을 저주하려고 그를 초청했다. 이때 발락은 모압 장로들과 미디안 장로들을 보내어 그를 데려오도록 했다(22:2-6). 명령을 받은 자들이 예물을 가지고 발람에게 갔으나, 발람은 그들과 함께 가지 말고 이스라엘을 저주하지도 말라는 여호와의 계시를 받는다(22:7-12). 그런데 발람은 그들에게 하나님으로부터 허락을 받지 못하여 가지 못하겠노라고 대답하였다(22:13). 그러자 제2차 초청에서 발락은 사람들을 통해 발람에게 더욱 많은 물질로 유혹한다(22:14-19). 발람은 본래 재물에 눈이 어두운 사람인지라(벧후2:15, 유1:11), 당장 거절하지는 않았다. 여러 가지로 더 좋은 조건을 제시하면서 초청하자 발람은 응하고 말았다. 물론 이때 발람이 하나님의 뜻을 물어보는 것처럼 행동했으나(22:18-19) 그것은 실상 위선적인 행동에 불과했다. 하나님은 더 이상 발람을 막지 않고 경고와 함께 그리로 보냈다(22:20). 발락의 두 번에 걸친 초청에 응한 발람이 나귀를 타고 가는 중에 하나님의 사자가 그 길을 막았다(22:21-22). 이때 나귀는 하나님의 사자를 보았지만 발람은 보지 못했다. 그래서 나귀를 채찍질하다가 오히려 나귀로부터 책망까지 받았다(22:21-30). 그 후 발락은 발람의 모압 땅에 도착한 소식을 듣고 모압 변경까지 나아와 극진히 환영한다(22:36-40). 그러나 발람은 하나님께 받은 경고는 마음에 계속 두고 있었다(22:38).

23장에서는 발람의 첫 예언을 전한다. 발락이 발람의 입을 빌려 이스라엘을 저주하려고 하였으나 번번이 실패한다. 그 첫 시도로서 발람은 바알의 산당에 올라가 점술가들이 쓰던 방식대로 제단을 쌓아놓고 하나님의 음성을 기다렸다(22:1-3).

이때 하나님은 발람을 통하여 이스라엘을 축복하셨다(23:7-10). 그러자 발락은 이스라엘 백성을 저주하지 않고 축복한 것은 장소 때문이라고 생각했다. 처음 올라간 산은 이스라엘 진영을 모두 볼 수 있는 곳이기 때문이라고 발람이 이스라엘 진영을 보고 겁이 났기 때문이라고 생각했다. 그래서 이번에는 제2차 저주의 시도로서 이스라엘 백성의 일부만 볼 수 있도록 그를 비스가 산으로 데리고 갔다(23:13). 그러나 이번에도 또다시 이스라엘에게 예언을 축복하였다(23:18-24). 이때 발락왕은 발람 선지자를 세 번째 장소로 데리고 가서 희생 제사를 드린다(23:29-30). 그러나 발람은 이스라엘 장래에 대하여 축복의 예언을 한다. 하나님의 뜻을 변경할 수 없다. 누가 뭐래도 하나님은 당신의 계획을 확고하게 이루신다는 것을 보여주고 있다.

24장에서는 발람은 세 번째로 브올산 꼭대기로 가서 세 번째로 이스라엘을 시도하였다. 발락은 앞서 두 번의 실패를 경험삼아 사술을 쓰지 않고 직접 이스라엘을 저주하게 하였다(24:1). 이번에도 발람은 이스라엘을 향하여 복된 미래를 예언했다. 그리고는 발락이 분노하기 때문에 변명하기에 급급했다(24:10-13). 그리고 네 번째 예언을 한다. 이스라엘과 그 주변 국가들의 미래에 관한 일들(24:18-25)을 예언함으로 하나님의 도구의 임무를 마감한다. 특히 그가 예언한 “야곱의 별(24:17)”은 메시아 출현을 예언한 것으로 하나님께서 끝끝내 자기 백성을 다 구원하시고야 말 것을 시사해 주는 대목이다. 이처럼 하나님은 거짓 선지자를 통하여서라도 당신의 도구로 사용하여 이스라엘 백성의 구원역사를 꼭 이룬다는 당신의 결심을 보여 준다.

오늘 묵상의 말씀

발락의 계획과 이스라엘을 축복하려는 하나님의 계획의 차이점은 무엇인가?

마귀의 방해와 가나안 입성준비

23-24장에서 마귀는 발람과 발락을 통하여 물질의 유혹을 통하여 이스라엘 백성에게 저주하게 했다. 그런데도 마귀의 계획은 실패로 돌아갔다. 그러자 25장에서는 음행을 통하여 이스라엘 백성을 넘어지도록 속이는 장면을 기록하고 있다. 마귀의 전략은 너무나도 집요하다. 결국 이스라엘 백성은 모압 여인에게 미혹되어 행음을 하면서 우상 바알 브올을 섬기고 말았다. 한순간 방심하는 사이에 인간은 육신의 정욕, 안목의 정욕 시험에 넘어지게 된다(25:1-2, 계2:14). 그 범죄의 결과로 이스라엘에게 염병이 시작되었다. 이 염병으로 인하여 24,000명이 죽었다. 그럼에도 불구하고 이스라엘의 한 남자가 행음할 목적으로 미디안 여인을 진 안으로 데리고 들어오는 사건이 발생했다. 욕정을 통한 죄악은 죽음으로 가면서도 끊기 힘들다.

이때 영성이 깨어 있던 제사장 엘르아살의 아들 비느하스가 그들을 쳐 죽였다. 그러자 염병이 멈추었다. 이로 인하여 하나님은 그와 그 후손이 영원한 제사장 직분의 언약을 이루는 축복을 선포하셨다. 위기 때 지도자의 결단은 빛이 나는 법이다. 이로 인하여 엘르아살은 별다른 검증 없이 대제사장의 특권을 인정받게 된다. 그리고 모압 족속과 결탁하여 이스라엘 백성을 올무에 빠뜨린 미디안 족속을 진멸하라는 명령이 주어진다(25:14-18).

26장에서는 가나안에 입성할 시기가 임박함을 깨닫고, 전쟁 수행을 위하여 그리고 가나안 입성 후 땅의 재분배를 위하여 인구조사를 하게 된다(26:1-4). 모압 평지에서 실시한 제2차 인구조사는 시내광야에서 실시된 1차인구조사보다 총인구가 1,820명 정도밖에 감소하지 아니했다. 여기서 우리는 언약의 백성을 보존하시려는 하나님의 깊은 사랑을 볼 수 있다.

한편 시므온 지파는 59,000명에서 22,000명으로 37,100명이나 감소하였다. 이는 바알브올의 음행 사건 때문에 염병으로 많이 죽었는데, 이의 주동자가 시므온 지파의 시므리이다. 그래서 가나안 땅을 분배받을 때도 유다의 한 부분만 분배 받았다(26:5-51). 그런데도 기업분배 원칙에 따라 각 지파의 인구비례에 따라 그 위치 등을 제비 뽑아서 하나님께서 제시한 법칙대로 잘 분배했다(26:52-56). 그리고 레위 지파는 다른 지파와 구별하여 실시하였고 특히 모세와 아론의 가계를 등장시켜 엘르아살과 이다말의 제사장직을 강조하여 새로운 시대에 정통성을 확고하게 나타내고 있다(26:57-61). 그리고 애굽을 나온 사람 중에는 오직 갈렙과 여호수아만 생존하여 광야 세대에게 출애굽의 전승을 잘 계승하도록 하면서(26:62-65) 세대 교체된 백성들과 새 지도자들에 의해 이스라엘 공동체가 잘 운영되도록 기본을 잘 세우고 있다.

27장에서는 기업 분배 시 보완해야 할 내용 중에 약자 배려이다. 그중에 슬로브핫의 딸들이 자신들의 아버지가 아들이 없이 죽었기에 이들을 위한 상속권을 허락한다. 이것은 방목과 농경을 이루는 사회에서 인간의 생각으로는 상상을 초월한 법이다. 그러나 하나님의 눈으로 보면 모든 인간은 하나님의 형상으로 만들어진 동등한 존재이기에 똑같이 기본생존권을 행복하게 누릴 권리가 있는 것이다. 이를 찾고자 하는 것은 당연히 인정해야 한다는 것을 그때에도 허락한 것이다(27:9-14). 이어서 가나안 정복을 눈앞에 둔 시점에서 모세의 소원을 기록하고 있다. 이어서 모세는 가나안 땅을 눈앞에 두고 이스라엘의 지도자를 여호수아로 세워 새로운 지도자를 통하여 새로운 세대를 이끌어 갈 준비를 다 끝내는 것이다.

오늘 묵상의 말씀

마귀의 어떤 전략에서 이기게 하시는 하나님의 능력을 어떻게 생각하는가?

각종 절기 제사와 서원의 제사

28장에서는 차세대인 광야 세대가 가나안 땅에 들어가서 반드시 지켜야 할 규례를 재차 언급하고 있다. 이는 1-27장까지가 이스라엘 백성들의 시내 산에서 광야 여정과 가나안 정복의 준비 과정임을 말해 주고 있다. 하나님과 친밀감을 돈독히 하기 위하여 절기를 지키며 가나안 입성을 준비해야 할 것이다. 그리하여 매일 드리는 상번제를 먼저 확인하고 있다(28:1-8). 11-15절에는 월삭 번제를 드린다. 이는 한 달 내내 하나님께 헌신하며 허물을 속죄받기 원하는 마음을 표현하는 것이다. 유월절을 강조한다(28:16-25). 유월절은 출애굽 세대가 가장 충격적으로 맛본 기적의 사건 10가지 재앙에서 승리하여 애굽에서 빠져나온 날이다. 또한 오순절이 있다(28:26-31). 이날은 유월절 후에 50일째 되는 날 보리 추수가 있어서 맥추감사절의 성격이다. 또한, 이날은 시내 산에서 십계명을 받은 날로 이해하여 말씀을 받은 날이며, 이어서 성령의 강림일로서 신약의 교회에서는 의미 있는 날이다.

29장에서는 28장에 연속하여 절기를 설명하고 있다. 나팔절로서 가나안땅에 들어가서 7월에 들어가면 세 가지 절기가 한꺼번에 있다. 7월 1일 곧 이날은 민간력으로 보면 1월 1일로서 이날을 신년절이라고 한다. 그러니까 새로운 한 해가 되었다고 나팔을 불어서 새해에 즐거운 소식, 하나님의 강림을 알리는 것이다. 그래서 나팔절이라고 한다(레23:23-25).

그 다음 절기는 대속죄일이다(29:7-11). 일 년에 한 번 대제사장이 지성소에 들어가 온 백성들의 죄를 속하는 날이다. 이날은 나팔절과 동일한 예물을 드리나, 노동을 금하고 통회하는 기간이다(레23:29). 세 번째는 초막절이다(29:12-38). 이 절기는 출애굽 이후 광야 생활 중 이스라엘을 인도하시고 보호하신 하나님의 은혜와 1년 동안의 토지 소산의 추수에 대한 은혜를 감사하면서 기념하는 날이다. 물론 이외에도 번제, 소제, 전제, 화목제를 드릴 것이다. 이 말은 정기적으로 드리는 헌물 외에 7절기에는 특별예물(특별헌금)로 드리는 것을 말하고 있다.

30장에서는 서원에 관하여 설명하고 있다. 서원에 관한 내용은 이미 6장과 27장에 서원에 대한 규례를 기록하고 있다. 그러나 출애굽 세대는 이미 다 갔고, 가나안 정복의 사명을 가진 세대는 새로운 사명을 가져야 한다. 그래서 다시 한번 중요한 내용이기에 반복 반복하면서 꼭 기억하고 잘 지키도록 전해 주고 있다. 서원기도는 강제 규정은 아니고 자원하는 제사이다. 그러나 거기에 소원이 들어 있기에 간절한 인간의 마음이 담겨 있다. 이것은 가나안이라는 문화 속에서 기득권을 가진 자들이 압박해올 때 거기에 동화되지 않고 하나님이 주신 순수한 믿음을 유지하려면 약점을 가진 인간은 특별히 하나님의 배려와 기적의 손길이 필요하다. 그래서 자원하는 마음으로 간절함을 하나님께 표현하는 것이다. 그래서 특별히 여자들의 서원에 대하여 기록하고 있다. 처녀의 서원(30:3-5), 유부녀의 서원 규례(30:6-8), 서원 이행의 의무(30:9-12), 서원에 대한 남편의 책임(30:13-16) 등이다. 한편 서원은 신실하신 하나님께 대한 서원이기에 반드시 지켜져야 한다.

오늘 묵상의 말씀

서원 기도를 통하여 기도하고 싶은 내용이 무엇인가?

미디안과 싸움에서 승리

27-30장까지는 이스라엘이 가나안 땅에 들어가서 지켜야 할 각종 규례들을 챙겼다. 그러나 31장부터는 가나안 정복을 위한 이스라엘의 구체적 활동이 시작되고 있음을 보여준다. 그중에서 이번 장에서는 가나안 입성 직전에 이스라엘을 괴롭힌 바알 브올 사건의 원인 제공자였던(25:1-9) 미디안 족속을 전멸시킴으로써 여호와께 영광을 돌리는 장면이다. 특히 본문은 미디안 진멸에 대한 하나님의 명령(31:1-2), 전쟁에 출전하는 모습(31:3-6), 미디안을 대파하는 모습(31:7-12)을 자세히 기록하여 역사성을 남기고 있다. 그럼에도 불구하고 사명의식이 부족하여 이스라엘 군인들이 미디안과의 전쟁 시, 남자와 동침하여 사내를 안 여자들은 다 죽이고 사내를 알지 못한 여자들만을 살려두어 이스라엘의 노예 또는 아내로 삼도록 명령하였다(31:17). 그러나 이스라엘 군사들은 미디안 여자들을 모두 살려놓았던 것이다(31:15).

여기서 모세가 남자를 안 여자들은 다 죽이라고 명령한 것은 그녀들이 미디안의 음란한 바알 브올 숭배의식 당사자로 하나님의 백성들을 우상 숭배의 늪에 빠져들게 하였기 때문이다(25:1-3). 그래서 전쟁에서 승리하고 돌아온 군사들의 정결례를 기록하고 있다. 전쟁을 통하여 살인과 시체 접촉 등 의식법에 의해 부정한 것을 씻어내기 위함이다(31:19-24).

그리고 전리품들은 각 지파를 대신하여서 한 지파에 1,000명씩 도합 12,000명이 싸움에 참여한 자와 회중들에게 절반씩 분배하여서 승리의 기쁨을 나누면서 한 공동체의 형제임을 돈독히 했다(31:25-47). 그리고 군인은 오백 분의 일, 민간인은 오십 분의 일의 탈취물을 여호와께 드리며 감사의 제사를 드렸다(31:48-54).

32장에서는 르우벤 지파와 갓 지파, 므낫세 반 지파가 요단 동편 정착을 요청하는 내용을 기록하고 있다. 물론 이들 지파는 자신들이 가나안 전쟁에 참여할 것을 약속한다. 이에 모세는 이 약속을 다음 지도자 여호수아와 엘르아살에게 주지시킨 후 두 지파의 요구를 허락한다. 후에 이 지파들의 후손은 이곳에 지리적 조건 때문에, 이방 민족의 침략을 많이 받아 곤고하게 살았다. 르우벤과 갓 지파는 그들도 공동체 일원임을 분명히 깨달아야 하나, 자신들 이익 때문에 공동체의 목적을 등한시하였다. 그 결과는 후손들이 고통의 대가를 받은 것이다.

33장에서는 이스라엘 백성이 야곱 지파가 살던 애굽 라암셋에서 출발하여 모압 평지에 도착할 때까지 40년 광야의 여정을 40개 숙영지 중심으로 기록하고 있다. 첫 번째 부분은(33:1-18) 진을 칠 장소뿐만 아니라, 그곳에서 일어났던 중요한 사건까지 언급하고 있다. 이 부분은 출애굽기 12장에서 민수기 12장까지의 여정을 요약해 놓은 것이다. 두 번째 부분은(33:18-36) 단순히 진을 쳤던 장소만 언급하고 있다. 이곳에 언급된 장소들은 민수기에 나타나지 않는다. 다만 31-33절의 장소들만 신10:6-7에 나타난다. 세 번째 부분은(33:37-49) 첫째 부분처럼, 장소와 사건을 같이 기록하고 있다. 그리고 50-55절은 가나안 정복 이후의 분배와 그 땅에서 행해야 할 각종 규례를 기록하고 있다. 그중에서도 패역한 가나안 원주민 축출 명령(33:50-52)과 정복한 땅의 분배 방법에 대한 하나님의 지시사항을 마지막으로 기록하고 있다(33:53-56). 이로써 이스라엘은 비참한 노예 생활을 벗어나 가나안 땅의 경계선에 이르기까지, 하나님께서 그들은 점진적으로 인도해 내시며 어려운 장애를 얼마나 잘 극복했는지를 잘 나타내고 있다.

오늘 묵상의 말씀

지금까지 하나님께서 이스라엘 백성을 인도하신 모습을 보면서 어떤 느낌이 있는가?

신앙의 경계선과 상속의 유산

34장에서는 이스라엘 백성이 유업으로 받게 될 약속의 땅의 경계선인 강 서편 가나안 땅의 경계를 기록하고 있다(34:1-15). 사실 하나님께서 아브라함에게 약속하신 땅은 가나안의 경계 즉 애굽 강에서부터 유브라데강까지이다(창15:18). 그리고 실제로 정탐할 때는 유브라데 지역인 하맛 어귀 르홉까지 정탐하고 사전 답사를 했다(민13:21). 그러나 믿음이 적은 것을 누구를 탓하랴. 하지만 하나님은 이스라엘 백성이 추후에 말씀에 잘 순종하면 유브라데 하수까지 주시겠다고 약속했다. 그리고 약속대로 다윗과 솔로몬 시대에 영토가 그곳까지 확장되었었다(대하 9:26). 16-29절까지는 가나안 땅의 분배자를 선임한다. 이때 선임된 사람은 제사장 엘르아살과 새 지도자 여호수아를 비롯하여 요단 동편에서 땅을 분배받은 두 지파만을 제외한 각 지파 대표 한 명씩 10명을 포함하여 12명이다. 이와 같은 조치는 조만간 있을 정복전쟁에서 반드시 승리하리라는 확신을 주려는 하나님의 배려이다. 이는 장차 이스라엘이 차지할 가나안 땅이 저들의 노력으로 얻어진 땅이 아니라, 오로지 하나님의 섭리로 주어진 것임을 알리는 목적이 있다.

34장은 이스라엘 백성이 차지할 땅의 경계와 그 땅을 분배하는 임무를 맡은 책임자들에 대하여 잘 정리 해주셨다. 이제 35장에서는 하나님을 대신하여 영적인 축복의 통로 역할을 감당할 레위인에 대하여 분깃을 정할 것이다. 왜냐하면, 하나님의 일을 하기 때문에 하나님이 저희의 분깃이지만(18:20-24) 거주지는 가나안 정착 이후에 전국에 흩어져 지내야 하므로 다른 지파들은 레위 지파의 생계를 책임져야 한다. 그래서 하나님은 여러 지파의 땅에서 약간의 성읍을 레위인에게 주라고 명령했다(35:8). 그리고 도피성에 대하여 기록하고 있다. 도피성은 타인의 피를 흘린 자는 반드시 자신의 피도 흘림을 당해야 한다는 응보의 원리에 대한 예외규정으로 하나님의 자비와 긍휼에서 도피처의 규례가 나왔다. 동쪽에 셋, 서쪽에 셋, 도합 6곳을 만들어서 부지 중에 우발적으로 살인한 자를 보호하여 죄악으로 죽을 수밖에 없는 인간을 구원하는 제도를 만들어서 생명을 귀히 여기는 공동체로 만드는 것이다. 이것은 예수 그리스도의 구원을 예표한다.

36장에서는 민27장에서 제정된 여성 상속법을 보완한 것이다. 즉 상속권을 가진 여자가 타 지파의 남자와 결혼하게 될 때 한 가문의 기업이 다른 지파에게 넘어가게 되므로 이 문제를 해결하기 위해서 상속녀는 반드시 같은 지파 사람과만 결혼하게 되어 있다. 슬로브핫 딸들이 그 규정에 잘 순복했다. 이 규정은 약자인 여성을 배려하기도 하고 기업분배의 균형이 깨어지는 것을 방지하기 위함이다(36:1-12).

결론으로 민수기는 이스라엘 백성들이 가나안 땅에 들어가 행복하게 살 수 있도록 하기 위한 광야 훈련 과정이라 할 수 있다. 그리스도 안에서 날마다 승리의 삶을 살아가기 원하는 그리스도인에게 기본적인 진리를 제공해 주고 있다. 이스라엘 백성들이 시내 산을 떠나올 때에는 좋은 믿음을 가지고 있었다. 그러나 광야 생활 중에 섞여 사는 무리들과 생활의 지루함 속에서 언약을 잊어버렸기에 성실한 언약 백성의 신분을 망각했다. 그 결과 하나님의 백성으로 약속의 땅을 받을 권리를 상실하고 광야에서 여생을 허비해 버리는 심판을 받게 되었다. 그러나 그 다음 세대는 출애굽 세대의 언약을 이어받아 새로운 날과 새로운 출발이 시작되었다. 그들은 새로운 지도자와 함께 약속의 땅을 향해 새로운 진군을 시작하게 되었다. 미래를 향한 꿈은 항상 기대된다.

오늘 묵상의 말씀

당신은 광야 생활하는 가운데, 얼마나 경계선을 긋고 미래를 향해 가는가?

지금까지 지내온 것 주의 크신 은혜세

1장에서는 모세가 가나안 땅이 바라보이는 요단 건너편 모압 땅에서 행한 첫 설교이다. 그는 언약의 백성 이스라엘이 가나안 입성을 목전에 두고 가데스바네아에서 여호와의 능력을 믿지 아니하여 광야에서 방황하게 된 사실과 헤스본 왕 시혼과 바산 왕 옥을 쳐부순 사건을 상기시키면서 하나님에 대한 믿음과 순종을 요구했다(1:1-5). 6-18절에는 애굽을 탈출한 이스라엘 백성들이 시내 산에 오래 머물러 있었다. 여호와께서 이 산에 더 오래 머물지 말고 아브라함과 이삭과 야곱에게 하신 약속에 근거하여(창12:1-7, 15:18) 그 땅을 정복하고 기업으로 삼으라고 촉구하신다. 모세는 이런 사실을 그 백성에게 상기시키면서(1:7-8), 장인 이드로의 제안에 따라(출18:13-27), 1,000, 100, 50, 10부장의 장을 세워 행정사법의 조직을 정비하게 된다. 그리고 가데스바네아에 진을 치고 12명의 정탐꾼을 보내어(민13:4-15) 정탐로와 정복할 성읍을 탐색하여 보고하도록 했다(1:19-25). 그러나 불신앙의 보고를 통하여 하나님께서 그들이 정탐한 40일을 일 수 대로 40년 동안 훈련받아 오늘날까지 이르게 되었다는 것이다.

2장에서는 가데스에서 40년 훈련 후 가데스바네아에서 홍해 길로 방향을 바꾸게 되었다. 그리고 가나안을 향해 가는 도중 에돔, 모압, 암몬족속과 마주치나, 그들과 싸우지 말라는 하나님의 명령에 따라 우회하여 요단 동쪽으로 향하던 중 헤스본 왕은 시혼 지역을 통과하게 되었다. 그곳을 통과하도록 요청을 했으나 그들이 허락지 아니했다. 그때 하나님은 왕벌을 보내서 그들을 모두 박살냈다. 여기에서 이스라엘 백성들은 가나안 땅에 대한 승리의 확신을 하게 된다.

3장에서는 돌이켜 바산으로 올라서 바산 옥을 쳐서 한 사람도 남지 않고 다 멸했다. 이것도 하나님의 방법인 왕벌을 보내서 승리하게 하신 것이다. 출애굽의 이야기와 홍해 사건의 이야기를 말로만 듣던 차세대, 광야에서 태어난 그들은 가나안 입성을 목전에 둔 채 이런 하나님의 사건을 경험하고 나서 큰 자신감을 얻었고, 이것은 그들에게 평생 잊히지 않는 사건이 되었다. 이때에 르우벤, 갓, 므낫세 반 지파에게 이 두 왕국을 지배하여 얻은 땅을 분배하도록 허락한다. 그러면서 그들이 서쪽 가나안 땅을 정복하는데, 선봉이 되겠다는 약속을 받아낸다. 아직 다른 지파들이 땅을 분배받지 못한 상태에서 먼저 기업을 얻고 안식을 누리게 된 이들 지파로서는 당연히 형제를 위해 앞장서는 것을 감수해야 했다. 그리고 모세는 하나님께 간청한다. "비옵나니, 나로 건너가게 하사 요단 저편에 있는 아름다운 땅, 아름다운 산과 레바논을 보게 하옵소서(3:25)." 모세로서는 그렇게도 간절하게 소원했던 땅을 한번 밟아 보고 죽는 것이 그의 소원이었을 것이다. 그런데 "하나님으로만 해도 족하다. 다시는 이일로 내게 말하지 말라." 일언지하에 거절했다. 이유는 민수기 20장 10-13절대로 하나님의 거룩성을 나타내지 못했기 때문이다. 결국 하나님은 그의 후계자를 여호수아로 세우셔서 가나안 정복 사역을 완수하도록 지시하신다. 단 한 번의 범죄가 얼마나 심각한 결과를 초래하는지를 경고하는 동시에 하나님의 구속사역이 끊이지 않고 이어지는 것을 다음세대인 축복의 통로에게 잘 알려 주고자 하는 하나님의 의도가 들어 있다고 볼 수 있다.

오늘 묵상의 말씀

오늘날까지 우리 주님은 가나안에 입성시키기 위하여 어떻게 나를 인도해 왔을까?

쉐마와 유대인의 율법의 준수 명령

4장에서는 지금까지 지난날의 여정에 대해 회상한 모세는 이제 하나님의 규례와 법도를 철저히 지켜 행하도록 권면하고 있다. 이는 신명기를 구성하고 있는 세 번의 설교 중 두 번째 설교를 시작하기에 앞서(4:44-26:19), 이제부터 언급할 하나님의 율법에 잘 순종하기를 촉구하고 있다. 이러한 이유는 모세는 호렙산에서 맺은 계약을 확인하고 그 계약 백성답게 살 때 하나님의 축복을 누리는 것이기에 진지하게 강조하고 있다(4:1-15)

제일 먼저 강조한 것은 우상숭배에 대한 경고이다. 이는 가나안 땅에 들어가서 그들에게 동화될 경향이 있기에 미리부터 우상숭배에 대한 경고를 하는 것이다(4:15-31). 둘째는 여호와 하나님의 유일성이다. 우상 숭배를 일삼는 환경인 가나안에 들어가서 가장 집중적으로 해결해야 할 사상이 우상숭배에 배격하는 일과 하나님의 우월성을 유지하는 일이다. 이를 위하여 애굽의 모든 기득권을 포기하고 하나님과 시내 산에서 언약을 체결하고 언약 백성으로 신실한 삶을 살겠다고 고백하고 40년 훈련 후에 새로운 땅을 향해 출발한 것이다(4:32-40) 그럼에도 불구하고 피치 못할 실수를 한 일이 있으면 어떻게 할까? 이를 위한 도피처를 동쪽에 3, 서쪽에 3, 총 여섯 군데 만들어 두었다. 거기로 피하면 살 수 있도록 해답을 제시해 두었다. 이것은 지금으로 말하면 예수그리스도가 우리의 피난처임을 예표로 보여 주신 것이다. 이렇게 기본적인 것을 일차 설교를 끝맺는다(4:41-43). 그리고 제2차 설교의 서론이 시작된다(4:44-49). 제2차 설교에서는 1차 설교와 달리 시내 산에서 주어진 율법을 다시 언급하고 있는 것이 특징이다. 이것을 세상에 사는 날 동안에 배우고 가르치라(4:9-10)는 것이다.

5장은 출애굽기 19장-20장 17절에 언급된 내용의 회상이다. 다시 말하면 율법의 구체적인 조항들을 상술하기 전에, 모든 율법의 핵심인 십계명을 강조함과 아울러 십계명이 하나님과 이스라엘 백성 사이에 맺어진 시내 산 언약의 기초라는 사실을 되새기고 있다. 결국 십계명은 예수님이 강조한 하나님 사랑과 이웃 사랑 두 가지로 요약한 것이 된다(마22:37-40). 또한 하나님과 이스라엘 백성 사이에 언약이 맺어질 때, 완전하신 하나님의 임재로 말미암아 영광에 압도된 이스라엘 백성들은 모세를 중보자로 세웠다. 그렇지만 모세는 완전한 중보자 역할을 감당할 수 없고, 단지 하나님과 인간 사이에 참 중보자인 그리스도를 예표하는 역할만 수행할 뿐이다.

6장에 와서는 먼저 율법의 근본 목적 제시 및 준수 명령을 기록하고 있다(6:1-9). 본문은 신명기 전체 내용을 요약한 것과 핵심 부분이다. 이를 '쉐마'라는 이름을 붙여서 신앙교육의 근간으로 삼을 뿐만 아니라 매일 아침저녁 암송할 만큼 중요하다. 10-19절은 가나안 땅에서 복되게 살 때 이스라엘 백성들이 평안과 풍요에 젖어서 하나님을 잊어버리고 불신앙적인 태도에 빠지지 않도록 경고하는 내용이다. 나아가 20-25절에 모세는 자녀들에게 율법을 통한 신앙 교육을 권면하고 있다. 구체적으로 보면 하나님의 구원에 대한 교육(6:21-22), 하나님의 약속과 축복에 대한 교육, 하나님의 말씀에 대한 교육(6:24-25) 등이다. 구원의 확신 속에서 체험하게 되는 하나님의 축복과 약속의 성취를 통해 성도의 자녀들은 날마다 기쁨과 감사에 넘치는 생활을 하게 되고 또한 자연스럽게 하나님의 말씀에 순종하게 된다.

오늘 묵상의 말씀

내가 자녀들에게 늘 가르치는 내용은 무엇이며, 나의 삶 속에서 늘 보는 말씀은 무엇인가?

하나님의 절대주권 인정과 우상숭배 금지

7장에서는 가나안 생활이 본격적으로 시작되는데, 가나안 정복이 바로 거룩한 전쟁이라는 것이다(7:1-11). 가나안의 족속 31 왕을 모두 진멸하라고 하셨다(7:1-2). 우상 숭배와 관련된 자들은 없애라고 하셨다(7:5). 이 정복은 하나님과의 약속 성취이며 7 족속에게는 하나님의 심판이다. 특히 6절에는 이스라엘 백성의 정체성을 확고히 하는데, "너는 여호와 네 하나님의 성민이" 확언하고 있다. 여기에서 확실한 해답이 이루어져야 한다. 마치 보통사람처럼 살겠다고 생각하면 큰일이다. 후대에 사사 시대 말기에 '이스라엘 백성들은 우리도 열방들 같이(모든 나라와 같이) 왕을 주소서(삼상8:5)'라는 생각을 하게 되면 결국은 하나님과의 계약이 깨어지므로 망하게 되는 것이다. 분명한 나의 정체성을 확고하게 매일 교육해야 할 것이다. 이것이 2, 3, 5절을 지켜야 할 이유이다. 12-15절에서 모세는 이런 신앙생활은 거룩한 전쟁을 수행하는 것과 같기 때문에 믿음의 필요성을 강조한다. 그는 이스라엘이 수의 열세 때문에 두려워하지 말고(7:17), 가나안 정복이라는 하나님의 명령에 순종치 아니할까 염려한다. 그래서 그는 과거에 하나님께서 행하신 능력의 일들을 기억하라고 촉구한다(7:18-19). 그러면 믿음이 생겨 그들의 사명을 성공적으로 수행하게 될 것이다.

8장에서는 광야에서의 회고와 가나안에서의 축복에 대해 기록하고 있다. 지나온 40년 동안, 이스라엘 백성은 그들의 힘을 통해서가 아니라, 하나님의 능력에 의해서 먹고 입고 살았다. 이 광야 생활을 통하여 인간의 힘을 의지하지 않고 하나님을 의지하는 겸손의 교훈을 배우게 되었다(8:1-6). 앞으로도 이런 은혜의 생활을 하게 될 터인데, 그때는 가나안의 풍요에 젖어 하나님을 잊어버리고 교만해지지 않도록 경고하고 있다(8:7-20).

9장에서는 이제 곧 가나안을 정복하러 가게 될 것이다. 그런데 그들은 '강대한 나라들', '장대한 아낙자손'이다. 그 성읍들은 크고 성벽은 하늘에 닿았다(9:1-2). 그럼에도 불구하고 하나님은 약속에 의해 그들을 쫓아내실 것이다. 이때 "자신의 공로가 아니라 하나님의 약속으로 인하여 그들을 정복한 것이다"라고 강하게 권면하고 있다(9:3-5). 그 중요한 사건이 바로 금송아지 사건이다. 모세가 산에 올라가서 40주야를 기도하여 하나님이 친히 손으로 쓴 10계명의 두 돌판을 가지고 내려왔다. 그런데 이스라엘 백성은 금송아지를 섬기고 있었다. 이유인즉, 이 금송아지가 "너희를 애굽 땅에서 인도하여 낸 너희신이로다 하는지라(출32:4)." 여기에서 하나님의 진노를 샀다. 하나님은 그들을 멸절시키겠다는 것이다. 그래서 모세는 목숨 걸고 하나님께 간절히 기도했다. 이때 하나님은 그의 기도를 들으시고 용서하셨다. 그 대신 이스라엘 백성들의 기성세대는 모두 광야에서 죽고, 신세대로 계약을 다시 맺은 것이다. 그런데도 이스라엘 백성들은 다베라의 원망 사건(민11:1-3), 맛사의 물 사건(출17:1-7), 기브롯 핫다아와의 메추라기 사건(민11:4-34), 가데스 바네아의 사건(민13:1-14:38)에서 번번이 하나님을 부인하면서 시험하는 불량한 태도를 보였다. 그러다가 그들의 자만심이 송두리째 꺾였다(9:22-24). 분명한 것은 하나님과의 계약관계에 있는 것을 명심하고 약속의 성취를 향하여 방심하면 안 되었다. 인간의 공로는 내세울수록 하나님과의 인격적인 관계는 멀어진다. 결국 파멸의 길이다. 그러므로 신약에서 주인의 명령을 다한 후에 "이르기를 우리는 무익한 종이라 우리의 하여야 할 것을 할 것뿐이라 할지니라(눅17:10)"라는 말씀을 명심하고 절대주권을 항상 인정해야 하겠다.

오늘 묵상의 말씀

가나안(전문분야) 정복에서 제일 중요한 것은 무엇인가?

한 곳을 정한 예배

10장에서는 시내 산에서의 언약의 회복에 대해 회상한다. 앞장에서 모세는 이스라엘 백성들의 자만심을 꺾기 위해 그들의 과거 범죄, 몇 가지 사건을 상기시킨 바 있는데, 그중에서 금송아지 사건과 관련된 이야기와 모세의 중보기도 사건을 이야기한 적이 있다. 그중 금송아지 우상과 관련된 모세의 중보기도(9:25-29)의 결과가 10장에 다시 언급된다. 또 하나님께서 십계명의 두 돌판을 다시 만들어 주심으로(10:1-5), 파기될 뻔했던 언약을 재확증하시고, 레위지파를 구별하여 제사 직무를 수행하게 하심(10:6-9)으로서 하나님과 이스라엘 백성 사이에 영적 교제가 지속되도록 하셨다. 결국 하나님은 이스라엘 백성들의 거듭되는 반역과 불순종에도 불구하고 변치 않고 베풀어주신 하나님의 은총과 자비를 상기시켜서, 그들로 하여금 기꺼이 하나님을 경외하고 그 계명을 순종하도록 요구하고 있다. 그러면 행복하게 될 것이라 말하고 있다(10:13-22).

11장에서 하나님은 당신을 사랑하셔서 난관이 올 때마다 기적을 베풀면서 하나님의 사랑을 보여 주신다. 광야 생활을 통하여 10번이나 기적을 보여 주셨고, 다단과 아비람이 반역했을 때, 땅이 입을 벌려 그들을 삼킨 일들을 보면 하나님은 꼭 법도와 규례와 명령을 지키시기를 원하신다(11:1). 하나님의 명령대로 지키면 아무리 큰 위기가 와서 놀라운 하나님의 능력으로 극복하게 되고 이때 담대하게 세상을 이기며 살아서 세상에서 장구하게 되고 하늘의 별들같이 세초부터 세말까지 여호와의 눈이 항상 함께 있어 보호하시는 체험을 하게 된다는 것을 강조하고 있다(11:9-13). 그리고 필경은 아브라함에게 약속하신 땅(창15:18) 레바논에서 유브라데, 그리고 서해까지 너희의 땅이 될 것이라는 약속을 다시 한번 상기시켜 주었다(11:26-32).

12장은 가나안 땅에 정착하고 살 때 준수해야 할 제사와 거룩한 생활을 위한 규례들이다. 그중에서도 참된 제사에 관한 것은 성실성과 믿음의 충성도를 가늠하는 중요한 척도이기에 아주 구체적으로 강조하고 있다. 1) 한 장소를 정해서 예배를 드려라(나중에 예루살렘 교회로 정해진다)(11:5). 2) 거기에 십일조를 드려라(12:6). 3) 번제와 소제와 희생과 서원물을 거기로 가져오라(12:6, 11). 4) 거기에서 너희와 자녀와 함께 거하는 모든 노비와 레위인과 함께 즐거이 먹을 것이라(12:18). 5) 고기를 먹어도 하나님이 이름을 두려고 택한 거기서 고기를 먹으라(12:21). 6) 피 채 먹지 말라(12:25). 7) 서원물을 거기서 가지고 하라(12:26). 그리하면 너와 네 후손이 영영히 복이 있으리라(12:28) 말씀하고 있다. 그러면서 마지막으로 부탁하는 것은 "이방인의 자취를 밟아서 스스로 올무에 들어가지 않도록 하라. 아무리 호기심이 있어도 그들의 신을 탐구하여 '이 민족들은 그 신들을 어떻게 위하였는고, 나도 그와 같이 하겠다' 하지 말라(12:30)." 아주 강조하고 있다. 하나님의 최대 관심은 이스라엘 백성만큼은 오직 하나님만 바라보며, 하나님의 절대 주권을 인정하기를 원하신다. 아무리 힘이 들고 외로워도 옛적에 살던 애굽의 생활습관이나 풍습을 버려야 한다. 그리고 이 지역인 가나안의 문화와 풍습을 배우거나 따라 하거나 그들의 가치를 인정하지 말라는 것이다. 이것이 이스라엘 백성의 정체성이다. 이것을 명심하고 꼭 지키는 표현으로 한 곳을 정하여 거기 십일조를 내고 거기에서 예배하고 그곳을 섬기는 충성심을 보여야 한다는 것이다(12:21-32).

오늘 묵상의 말씀

나는 한곳을 정하여 예배하고 십일조와 헌금을 드리고 충성을 하는가?

초태생의 의미

13장에서는 여호와의 신앙에 위배되는 거짓 종교의 유혹을 물리치도록 미리 일깨우는 내용이다. 그중에서 놀라운 기적을 보이거나 꿈을 이야기해도 청종하지 말라(13:1-5). 또 형제나 품의 아내나 친구가 꾀어 이방의 신을 섬기자 해도 듣지 말라(13:6-11). 다수의 군중이 유혹하여 우상숭배 하면 단호히 배격해야 한다. 하나의 민족 공동체나, 한 지파, 하나의 성읍 전체가 우상에 젖어 들면 파급효과가 심각하여서 금방 다른 곳으로 오염시킬 수 있다. 그러니 아예 처음부터 단호하게 우상숭배가 뿌리를 내리지 못하도록 해야 한다.

14장에서는 이방인의 애도 풍습을 배격할 것을 이야기한다. 하나님의 거룩한 백성들이 준수해야 할 거룩한 삶에 대한 하나의 교훈으로서 당시의 가나안 족속들의 장례식 때 슬픔을 표현하기 위해 자기 몸에 상처를 내는 풍습(레19:28, 렘16:6)을 본받지 말라는 것이다. 이런 이방 풍습은 우상숭배 습관이며, 또 하나님께 영원한 소망을 두는 성도의 몸을 오직 하나님의 뜻을 알고 하나님께 영광을 돌리는 데에 사용되어야 하기 때문이다(고전 6:20). 두 번째는 음식에 대한 규례를 설명하고 있다. 음식은 위생상의 문제와 종교의식 양쪽에서 다 중요한 규례이다. 왜냐하면 땅에 붙어 있는 것은 부정하다고 판단했고, 말씀을 생각하거나, 하늘을 바라보는 음식은 정결하다고 보았다. 예를 들면 되새김질도 하고 굽이 갈라진 것은 먹어도 좋다. 그러나 둘 중의 하나가 결격사유이면 금지되었다. 또 물에서는 비늘이 있고 지느러미가 있는 것은 먹어도 좋다. 그렇지 아니한 것은 부정하니 먹지 말라고 했다. 또 죽은 것은 먹지 않는다. 또 제2십일조를 떼어서 드린다. 제1십일조는 레위인과 제사장에게 바치는 것이요, 제2십일조는 3년마다 6년마다 드려서 각 성에서 가난한 자와 이웃을 구제하는 일에 사용되었다(14:28-29).

15장은 7년마다 주기적으로 면제년을 만들어 동족에게 빚진 가난한 자들을 탕

감해 주는 이야기다. 이것은 해방의 기쁨을 기억하며 나누기 위함이다. 이스라엘 백성은 애굽에서 종의 고통 속에서 가난의 어려움을 누구보다도 잘 안다. 가난의 극치에서 피하기 위해 애굽에 곡식을 사러 갔다가 요셉을 통하여 애굽에 머물게 되었고, 나중에 요셉을 알지 못하는 왕이 나타나서 재료도 주지 않으면서 벽돌을 굽도록 엄청난 고통을 겪도록 감독하기에 지긋지긋하게 고통을 당하던 시절이 있었다. 그래서 그때 그 고통으로 인하여 하나님께 부르짖었고, 부르짖음의 기도 소리를 들으신 하나님이 구원의 역사를 펼친 것이다. 사회적 약자, 나그네, 가난한 사람을 누구보다도 배려해야 한다. 누구보다도 가난한 생활을 해보았기에 가난이라고 하면 누구보다도 그 설움을 잘 안다. 그러기에 가난에서 벗어나고자 하는 그들의 열망을 깨닫고 7년째 희년을 주면 얼마나 기뻐할까? 생각만 해도 기쁘다. 그런가 하면 흠 없는 초 태생을 하나님께 드린다. 이미 12장7절에서와 14장23절에서 언급했지만 가축의 첫 새끼는 구별하여 하나님께 드리라는 것이 명령이다. 이러한 규례는 이스라엘 백성들이 출애굽할 때 일어났던 마지막 재앙에서 구원받은 사실에 근거한 것이다(출12:29, -13:13). 그러므로 구원받은 것을 항상 기억하게 하는 규례이다. 물론 이것은 신약에 와서 흠 없는 어린 양 예수 그리스도를 예표로 한다(요1:29, 벧전 3:15).

오늘 묵상의 말씀

면제년과 초태생을 하나님께 드리는 이유가 무엇일까?

선지자, 제사장, 왕 대한 규례

16장에서는 삼대 절기에 대한 규례를 말하고 있다. 물론 7대 절기 즉 초실절, 유월절, 무교절, 오순절, 나팔절, 속죄일, 초막절이 있다. 그중 유월절, 오순절, 나팔절은 3대 절기로서 유대인의 대명절에 속한다. 먼저 유월절은 그중에서도 가장 큰 절기에 속한다. 유월절은 구약의 성찬식이나 마찬가지이다. 유월절은 이스라엘 사람이면 평생 출애굽의 날을 기념하여 아빕월에 지켜야 했다. 그들은 소와 양을 잡아 유월절 제사를 드리고 그 고기를 먹되 누룩을 넣지 않은 떡 곧 무교병과 함께 7일 동안 먹는다. 그리고 가나안에 도착하면 그 이름을 두시려고 택하신 곳에 모여 이 절기를 지켰다. 그 유명한 것이 바로 예루살렘이다. 예수님은 유월절에 성만찬을 하시고 십자가에서 우리의 제물이 되어 주시므로 우리는 죄에서 넘어가도록 영적 유월절의 의미를 보여 주신 것이다. 이렇게 절기를 지킴으로 축제 속에서 하나님의 백성이라는 의식으로 한 공동체의 결속을 강화해 나간 것이다. 두 번째는 칠칠절을 지낸다. 이 절기는 곡식을 낫에 대는 날로 시작하여 7주째 되는 날을 기념하여 첫 열매 맺은 것을 감사하는 절기이다. 사실, 애굽에서는 아무리 농사를 지어도 그것은 남의 것이다. 그러나 가나안 땅에 와서는 농사를 지으면 모든 것이 자유롭게 사용되도록 주인의 특권을 누린다. 이때 첫 열매를 드리는 것은 하나님께 대한 감사의 표시이다. 제사의식은 다른 절기와 마찬가지로 내게 복을 주신 그분께 힘을 다하여 자원하는 마음으로 드리고 고아와 과부와 객과 함께 하나님이 택하신 그곳에서 즐거워하며 나누는 것이다. 이 절기는 나중에 시내 산에서 말씀 받은 것을 기념하는 날이다. 애굽에서 출발하여 50일째 되는 날, 이스라엘 백성들은 하나님께서 십계명을 주심으로 언약 백성으로 거듭난 것이다. 그 말씀을 통하여 하나님은 나의 하나님, 우리는 하나님의 백성으로 거듭난 것이다. 세 번째는 초막절이다. 이때는 가을 1년 농사를 추수하여 하나님께 감사의 예물을 드리는 절기이며 이는 모두의 축제로서 절기의 축제를 지내는 모습은 위의 두 절기와 같다.

17장에서는 재판에 관한 규정을 말하고 있다. 우상 숭배자들은 돌로 쳐서 이스라엘 백성 중에 거룩함을 유지하되 각성에서 재판장이 있어서 그를 통하여 해결하면 상급심은 여호와께서 택하실 그곳에서 판결받도록 한다. 그 판결에 불복종하면 사형에 처했다. 언약의 나라에서 재판장의 권위는 궁극적으로 하나님의 권위를 대신하기 때문이다. 그리고 나중에는 왕정이 들어설 것을 예언하셨다. “네 하나님의 택하신 자로서 네 형제 중에서 세울 것이요. 타국민을 세우지 말 것이며 왕은 말씀을 레위 제사장이 보관한 말씀을 등사하여 평생 자기 옆에 두고 읽어서 하나님 경외하기를 배우며 율법의 말씀대로 행할 것이니라(17:14-20).” 왕은 사명자로서 이스라엘 백성을 규정한다고 볼 수 있다.

18장에서는 제사장들과 레위인의 분깃을 규정하고 있다. 레위인은 주의 법도를 야곱에게, 주의 율법을 이스라엘에 가르치며 주 앞에서 분향하고 온전한 번제를 주의 단위에 드리는 것을 전적으로 맡아서 직임을 다하는 전문가이다(신 33:10). 그렇게 온전히 말씀 사역과 주님을 섬기는 일에 전적으로 사역하기 위해 그들은 하나님이 그들의 기업이며, 하나님께 드려진 예물로 그들이 생계를 이어간다(18:1-5). 두 번째는 하나님께서 선지자를 보내서 그 입에 하나님의 말씀을 두어서 그를 통하여 하나님의 말씀을 대언하게 할 것을 알려 주었다. 이것은 그리스도의 예표인 것이다.

오늘 묵상의 말씀

제사장, 선지자, 왕은 본문에서 어떤 역할을 했을까요?

도피처와 전쟁 시 유의사항

19장에서는 도피성 제도를 설명하고 있다. 이스라엘 백성이 가나안을 정복하는 동안 피치 못할 실수가 있을 수 있다. 그러나 그것을 무서워하면 가나안을 정복할 수 없다. 그러기에 부지중에 이웃을 죽이거나 부지중에 죄를 지어서 죽음의 위기를 느낄 때 피할 수 있는 곳을 게데스, 세겜, 헤브론 서쪽의 3곳과 동쪽에 바산 골란, 길르앗 라못, 베셀의 3곳 합계 6곳을 정했다. 이것은 나중에 교회가 이 역할을 담당했다. 이것은 예수 그리스도의 예표이다. 이 제도를 통하여 생명의 귀중함을 느끼도록 이스라엘 백성에게 가르쳤다. 살인자가 그곳을 피하여 살 만한 경우 아무 원한도 없이 과실로 사람을 죽인 경우뿐이다. 이런 살인자는 도피성으로 피하여 그의 생명을 보존할 수 있었다. 그는 당시의 대제사장이 죽을 때까지 그곳에 머물러 있어야만 생명의 보호를 받을 수 있었고, 대제사장이 죽은 후에는 자기 산업의 땅으로 돌아갈 수 있었다(민35:25-28). 이처럼 부지중에 이웃을 죽였을지라도 오랫동안 살인자는 자유를 잃는 고통을 당해야 했다(19:1-13). 14절에는 경계표 이동금지 규례를 정하여 10계명 중에서 10번째의 계명과 관련된 율법으로서 이웃의 경계표를 움직이지 말라고 했다. 당시 사회에서 경계표를 이동하는 것은 각자의 땅을 구분하는 것으로서 토지 소유권의 상징이었다. 이는 약자의 소유나 재산을 탐내거나 침해하는 횡포를 막는 사회적 윤리 규정이었다. 더 나가서는 증인의 수와 위증에 대한 형벌을 기록하고 있다. 이것은 제9계명과 관련된 율법인데, 위증은 무죄한 자에게 치명적인 결과를 초래할 수 있으므로 단호한 예방 조치가 필요했다. 또한 위증죄에 해당하는 법은 'lex talionis'으로서 동일 보복법이다. 이것은 복수를 장려하는 것이 아니라, 복수를 제한시키는 것으로 복수의 허가증이 아니라, 정의의 보증서이다(19:21).

20장에서는 전쟁에서 유의할 일들을 기록하고 있다. 먼저 돌려보낼 자들이다.

이제 가나안 정복이 임박한 상황에서 이스라엘 백성들에게는 절실한 내용이다. 그러기에 낙성식을 못한 자, 포도원을 두고 과실을 따지 못한 자, 약혼하고 여자를 취하지 않은 자, 유사백성들로서 전투에 가는 것을 두려워하거나 겁내는 자는 다 돌려보내라는 것이다. 이스라엘 백성들이 치르게 될 전쟁은 하나님의 명령에 따라 진행되는 것이기에 전쟁의 승패는 군사력의 우열에 좌우되는 것이 아닌 하나님의 임재와 도우심에 대한 확신, 그리고 용기에 의해 좌우될 수밖에 없다. 7 족속의 지역을 점령할 때 호흡이 있는 자는 하나도 남기지 말 것, 그리고 그곳을 에워싸서 그 동리에 있을 때까지는 수복을 작별하지 말라(20:20).

21장은 전쟁 중에 되어 질 규례들이다. 예를 들면 살인자가 누구인지 알 수 없는 상태에서는 시체가 발견된 곳에서 가장 가까운 곳의 성읍 지도자들은 암송아지를 잡아 죄의 사함을 받는 의식을 거행한다. 15-17절은 장자 상속권에 보장에 대한 규례로서 일부다처제가 용인되었던 사회에서 부친의 편애에 의해 장자의 권리가 무시되는 일이 없도록 보장하는 규정이다. 비록 애첩에게서 난 자식을 더 귀하게 여기더라도, 본처에게서 난 장자의 상속권을 절대로 침해할 수 없었다. 또 부모에게 완악하고 패역하게 대하는 자식의 죄악을 바로 잡기 위한 규정이 언급된다(21:18-21). 그리고 22-23절에서는 범죄자를 나무에 매달아 죽일 때는 사형을 당한 사람에게 다시 저주를 가하고 뭇사람들의 경종을 울리기 위해 나무 위에 그 시체를 매달아 전시했을 경우에라도 밤이 될 때까지 시체를 방치하지 않는다.

오늘 묵상의 말씀

생활 중 도피하고 싶을 때 당신은 어디로 도피하는가?

공동체의 행복을 위한 실천 규례

22장에서는 가장 기본적인 이웃사랑의 규례를 설명하고 있다. 신앙공동체의 가장 중요한 핵심가치는 이웃사랑이다. 본문에서 말하는 이웃은 혈연이나 지연에 국한하지 않고 상당히 포괄적이고 초월적인 관계를 말하고 있다. 레위기 19장 18절에 정한대로 근본 핵심은 이웃사랑으로서 원수를 갚지 않고 이웃을 내 몸처럼 사랑하는 것이다(22:1-5). 더나가서 이웃사랑은 가까이는 가정이다. 사회생활의 시작인 부부관계, 남녀 관계에서 창조질서의 분수를 지키는 것이다. 그러기 위해 먼저는 남녀의 혼돈을 막기 위해 남녀의 의복 혼용을 금한다(22:5). 자연의 종족 보존을 방해하지 말고(22:6-7), 가옥 건축 시 인명보호시설을 설치하고(22:8) 동식물은 물론 옷감일지라도 혼합을 금하는 것이다. 이것은 공동체 속에서 자신의 삶의 터전인 생태계를 보전하고, 창조질서를 보전하여 아름다운 공동체로 영적 순결을 유지하기 위해 교훈된 것이다(22:9-12). 마지막으로 성도덕에 관한 규례를 정해 주어서 하나님께서 결혼제도의 순수성을 보호하여 그 지역의 방탕한 분위기에서 거룩한 하나님 백성의 가정을 지키려는 것이다. 이것은 영적 신앙의 경계선을 그어서 거룩성을 유지하려는 것이다.

23장에서는 교회 공동체의 거룩성을 지키고자 한다. 그래서 총회에 들어갈 수 없는 사람을 규정하는데, 모두 네 부류의 사람이다. 즉 고환이 상했거나 생식기가 잘린 사람, 사생자, 암몬 사람과 모압 사람, 에돔 사람과 애굽 사람들이다(23:1-8). 그리고 공동체(진) 내에서의 성결에 대하여 '모든 악한 일'을 멀리하도록 규정했다. '악한 일'이란 도덕적인 것이 아니라 외적으로 부정하고 불결한 것, 곧 '몽설', '배설물'과 관련된 것이다. 백성들은 이것을 잘 처리하여 의식적으로 그들의 진을 깨끗하게 유지했다. 왜냐하면 이것은 하나님임재의 상징인 언약궤가 진 가운데 두루 다닐 때 외적으로 불결함이 없어야 하기 때문이다. 물론 이렇게 함으로 공동체의 건강하고 깨끗함을 유지할 수 있다. 그러나 더 중요한 것은 보이는 공동체의 성결을 주장하는 것은 보이지 않은 성결을 더 유지하고 싶은 마음의 표현이다(23:9-14). 15-25절에서는 하나님 앞에서의 의무와 성실성을 지키는 규례로는 자비의 규례(15-26, 24-25), 불로소득 금지 규례(17-20), 서원의 성실한 이행에 대한 규례(21-23)가 있다. 이를 지킴으로 이웃사랑의 실천을 보여주는 것이다.

24장에서는 사회적 약자를 배려하는 규례를 강조하고 있다. 예를 들면 이혼 규례(24:1-4)는 버림받은 여자의 인권을 보호하기 위한 것으로 조건적 허용이지 선포적 명령이 아니다. 본문에서는 아내에게 수치 되는 일이 있거나 두 번째 남편이 이혼증서를 써서 내어 버리거나 또는 두 번째 남편이 죽었을 경우와 같이, 뚜렷한 이유가 있을 때에만(24:1, 3) 허용하고 있다. 맷돌 담보 금지 규례는(24:6) 가난한 채무자의 생존권을 보호하기 위한 것이며, 신혼부부의 보호(24:5)와 유괴범의 처벌(24:7)과 그리고 문둥병자의 처리(24:8-9)에 관한 규례 역시 무시당하기 쉬운 약자들의 인권 보호를 위한 것이다. 그리고 경제적 약자를 위한 인권 보호 규정으로서 채무자의 최저 생존권 보장(24:10-13), 정당한 임금 지불규정은 우리 주님이 특별히 관심이 많다. 품삯은 하루해가 지기 전에 지불해야 한다. 그의 생계가 품삯에 달려 있으므로 품삯으로 말미암아 여호와께 호소하면 죄가 고용인에게 돌아갈 수 있다는 것이다(24:14-15), 연좌 처벌제도의 금지(24:16), 빈민층의 권익 보호(24:17-22)를 통해 경제적으로 더욱 여유 있는 자의 양보와 자비를 전제한 이웃사랑의 구체적인 실천사항으로 제시된다.

오늘 묵상의 말씀

우리에게 있어서 신앙 공동체와 가정공동체를 위한 가장 큰 핵심가치는 무엇일까?

세겜에서 계약체결

25장에서는 신명기에서 두 번째 설교(4:44-26)가 거의 끝나가면서 빼놓은 부분을 챙겨 간과하기 쉬운 내용을 규례로써 다루고 있다. 먼저는 태형제도로서 사람이 죄를 지어 태형에 해당하면 그를 죄의 경중에 따라 때리되 40대까지는 때리되 그를 넘기지 말 것, 사도바울은 그 법대로 40대에 하나 감한 매를 3번 맞았다. 그리고 곡식을 떠는 소의 입에 망을 씌우지 말도록 규정함으로 동물을 보호하고 있다(25:1-4). 그다음으로는 그 유명한 계대(levirate marriage) 결혼법이다. 이는 형이 죽으면 그 아내를 남동생이 취하여 가문을 잇게 하는 법으로서 이 법의 성립 요건은 죽은 형이 아들이 없을 경우에만 적용한다. 그것은 태어날 첫아들로 죽은 자의 재산을 이어받고 하나님의 언약을 그 자신과 후손에게 이어준다는 의미를 갖는다. 따라서 계대 결혼은 하나님과 이스라엘 사이에 맺은 언약과 조화를 이룬다. 또한 이 법은 과부가 된 여인을 돌보기 위한 일종의 사회보장책이기도 하다. 그럼에도 불구하고 귀하게 여기는 생각은 종족본능이다. 그러기에 남성의 생식기에 손상을 주는 행위는 금기사항이요, 큰 처벌을 받는다(25:5-12). 또 경제 정의의 차원에서 공정한 저울추와 공정한 되를 사용하여 여호와께서 내게 주시는 땅에서 장수하라는 축복을 하고 있다(25:13-16).

또 명심할 것은 아말렉을 천하에서 도말하라는 것이다. 이 사건은 이스라엘 백성이 홍해를 건넌 후 광야생활을 시작할 때 처음 만난 적군이다. 하나님의 언약의 땅을 향해 진군하는데, 방해하는 세력을 그냥 두면 언젠가는 올무, 채찍, 덫, 가시가 되기 때문이다(25:17-19).

26장은 이제 제2차 설교의 마지막이다. 제일 중요한 것이 무엇일까? 그것을 가르치고 있다. 먼저 그 땅에 들어가서 경작하여 그 땅의 소산을 먹을 때에 첫 열매를 바치면서 신앙고백을 하라는 것이다(26:1-11). 자신의 신앙고백과 함께 소산을 드릴 때 하나님이 기뻐하신다. 중요한 것은 믿음을 즐겁게 드리는 고백이다(히 11:6). 그리고 두 번째는 십일조를 잘 바치라는 것이다. 제1의 십일조는 소득 중에서 10분의 1을 드리는 것이다. 그리고 제2의 십일조를 드려서 가난한 자를 돕도록 하는 것이다. 이는 애굽에서 가난한 자로 지낸 과거의 치료책으로 중요한 자선 행위이다. 이 말씀을 잘 지키면 네 하나님의 보배로운 백성이요, 성민이 될 것이라는 말씀이다. 30장까지는 가나안 입성 후 지켜야 할 일들과 언약의 갱신에 관한 말씀을 기록하고 있다. 마지막으로 너가 이 말씀을 잘 지키면 '먼저'라는 것을 말하면서 제2차 설교를 마치고 있다(26:11-19).

27장에서 모세는 이스라엘 백성들이 가나안 땅에 입성하자마자 큰 돌을 세워 거기에 율법의 말씀을 기록하고 제단을 쌓아 하나님께 번제와 화목제를 드리라고 한다(27:1-10).

11-26절까지는 요단을 건넌 후, 언약을 새롭게 기억하고 행해야 할 의식에 관해 설명한다. 12지파 대표 중 세겜을 기준으로 하여 6지파(시므온, 레위, 유다, 잇사갈, 요셉, 베냐민)는 그리심산에 서며, 6지파(르우벤, 갓, 아셀, 스불론, 단, 납달리)는 에발산에 서게 한다. 그리고 레위 제사장은 큰소리로 12가지 저주를 선창하고 그 대표들은 '아멘'으로 응답해야 했다. 그 선포될 저주를 몇 가지로 분류하면 1) 형상의 금지(27:15), 2)자식의 의무와 사회적 의무(27:16-19), 3) 성적으로 부당한 네 경우(27:20-23), 4) 살인에 관한 두 경우(27:25). 이 12가지 저주는 세겜의 10계명으로 불리기도 한다. 제2차 설교를 마치면서 가장 중요한 것은 위의 하나님 말씀을 순종하는 자는 축복을 받고, 그렇지 않고 불순종하는 자는 저주를 받는다는 것이다. 이는 이스라엘 백성은 계약의 백성이기 때문이다.

오늘 묵상의 말씀

나는 체질이 말씀에 순종하는 체질인가? 아니면 불순종의 체질인가? 그 결과는?

순종의 축복과 언약의 갱신

28장에서는 하나님의 위대한 결심을 기록한 내용으로 모세에게 가장 중요하여 많은 것을 기록한 장이다. 하나님이 이스라엘 백성을 애굽의 종살이에서 건져내시면서 시내 산에서 계약체결을 했다. 이제 계약 공동체로서 하나님과의 관계를 맺은 것이다. 그 계약대로 잘 키면(순종), 하나님도 계약을 지켜 계약의 축복을 누리게 할 것이다. 그러나 불성실하여 계약을 못 지키면, 그만큼 법에 기록한 대로 엄청난 벌을 받을 것이다. 이런 축복과 저주의 내용을 아주 상세히 기록하고 있다. 먼저 1절부터 자세히 살펴보면 '네가… 지켜 행하면… 여호와께서… 하실 것이라'라고 말하고 있다. 이 진술은 조건과 약속으로 구성된다. 세계 모든 민족 위에 뛰어나게 하실 것이라는 약속은 여호와의 모든 명령을 지켜 행할 그때 성취된다는 것이다. 그러니까 여호와의 말씀을 순종하면 약속하신 모든 복을 받게 될 것이다. 그러나 반대로 그들의 불순종하면 저주를 받게 될 것이다. 이 원칙은 28장을 이해하는 가장 중요한 기초이다. 이 원칙 중심으로 하나님께서 이스라엘 백성을 인도할 것이고 신약의 교회에도 그대로 적용한다. 그 축복의 내용은 1) 이스라엘 백성들은 세계 열국 중에서 뛰어나게 잘 될 것(28:1, 8-10) 2) 토지나 성읍, 가축이 복을 받음(28:3-6, 11-12) 3) 대적을 크게 이김(28:7), 4) 머리가 되고 위에 앉음 28:13)이다. 그래서 세계열국이 하나님으로부터 계시 받은 백성이라는 소식을 듣고 두려워할 것이다(28:10). 그러나 반대로 하나님의 말씀에 순종하지 않으면 저주를 받는다(28:15-68). 대표되는 것은 질병(28:60-61), 복지를 잃어버림(28:62-63), 흩어지게 됨(28:64), 학대와 고통(28:65-68)이다. 왜냐하면 하나님은 질투하시는 하나님이시기 때문이다(5:11), 하나님은 당신을 사랑하는 자에게 천대의 복을 주기 원하는 분이시다.

29-30장은 제3의 설교로써 40년 전에 호렙산에서 하나님과 언약을 맺은 백성

들이 모두 광야에서 죽었기 때문에 이제는 가나안 땅의 주역이 될 새로운 세대들이 하나님과 언약을 갱신하도록 권면하는 것이다. 이렇게 언약을 갱신하기에 앞서 지난날을 되새겨봄으로 자신의 정체성을 확인하고 자기다움을 발견하고 행복하게 사는 길을 스스로 결단하고 선택하고 책임지게 하고 있다(29:1-9). 그리고 여기 모압 땅에서 언약을 갱신하기 위하여 소집된 총회에 참석한 자들은 각 지파의 지도자들에게서부터 종들까지, 남자뿐 아니라 여자와 어린아이, 이방인으로서 이스라엘에 귀화한 자와 열거하지 아니한 모든 자 심지어는 여기 없는 자와 아직 태어나지 아니한 후손에게까지 모두 참여하도록 요구하고 있다.

언약의 저주로서 가장 무서운 것은 이스라엘의 배교이다. 배교하여 다른 신을 섬기거나 우상을 섬길 때 가장 큰 저주를 내린다. 이는 하나님과 이스라엘의 언약관계가 마치 신랑, 신부의 혼인 관계와 같아서 영적간음에 해당하는 우상숭배는 결코 돌이킬 수 없는 파국을 초래하기 때문이다. 이는 큰 교육적인 의미가 있다. 그 저주를 후손과 멀리서 온 외국인들이 보게 될 때 "여호와께서 이같이 행하셨느뇨?"라고 물으면, 애굽에서 인도하여 내실 때 세우신 언약을 버리고 다른 신을 섬긴 까닭이라 대답할 것이다. 비록 여호와께서 택하시고 언약을 맺으신 이스라엘이라고 할지라도 그 언약을 배반하면 이런 비참한 지경까지 떨어진다는 것을 후대에 교훈으로 삼겠다는 것이다. 즉 다시 말하면 언제나 언약 백성의 삶에 있어서 순종은 하나님에 대한 사랑을 측정하는 도구가 된다는 것을 보여주고 있다.

오늘 묵상의 말씀

순종과 저주가 내 삶에 어떻게 적용되고 있는가?

모세 인생의 메시지와 후계자 선정

30장에서는 29장에 이어 일상생활 중에 언약을 어기어서 징벌을 받게 될 때 이스라엘 백성이 회개하면 하나님은 용서하고 잃어버린 축복을 회복하고 번성케 할 수 있도록 하나님이 자비와 사랑을 베푸신다는 내용이다(30:1-2). 그 정도가 아니라 이전의 열조보다 더 번성하게 하신다고 우리 주님께서 말씀하신다. 이런 관점에서 보면 하나님의 무한 자비하심을 느낄 수 있게 된다(30:5). 그런데 참으로 쉬운 것이 말씀 지키는 것이라고 한다. “하나님께서 우리에게 주신 말씀은 네게 어려운 것도 아니요, 먼 것도 아니라 하늘에 있는 것이 아니니, 네가 이르기를 누가 이를 위하여 하늘에 올라가서 그 명령을 우리에게로 가지고 와서 우리에게 들려 행하게 할 것이 아니요. 이것이 바다 밖에 있는 것이 아니니 네가 이르기를 누가 우리를 위하여 바다를 건너가서 그 명령을 우리에게 가지고 와서 우리에게 들려 행하게 할꼬, 할 것도 아니라. 오직 그 말씀이 네게 심히 가까워서 네 입에 있으며 네 마음에 있은즉 네가 이를 행할 수 있으리라(30:11-14)”라고 말한다. 그러기에 우리는 이 말씀을 입으로 암송하면서 주님의 임재를 기다리고 있으면 하나님께서 성취할 수밖에 없도록 인도하신다는 것이다. 이제 선택권은 이스라엘 백성에게 있다. 제3차 설교 마지막을 마무리하면서 15-20절에는 이제 앞에 놓인 두 가지 중에서 선택해야 한다. 곧 생명과 사망, 부와 화를 비교하여 제시하면서 결국 이스라엘 백성들로 하여금 생명과 복을 선택하도록 권고하고 있다. 즉 생명이 되시는 하나님을 사랑하고 그분의 말씀에 순종하여 복을 누리되, 사망의 올무가 되는 배반과 불순종을 버림으로 화를 면하라는 것이다. 이것이 본문 속에서 나타난 모세의 심심한 당부이다(30:15-20).

31장에서 신명기 마지막 장까지는 이제 모세는 약속의 땅 가나안을 목전에 두고 있는 중, 자기 죽음이 임박한 것을 깨닫고 자신의 삶을 정리할 필요를 느꼈다.

무엇보다도 모세는 자신의 뒤를 이을 후계자를 세우고 율법의 책으로 기록하는 일에 마지막 힘을 쏟고 있다. 그리하여 자신의 사후에라도 이스라엘 백성들이 하나님께 불순종하지 않도록 간곡히 당부하는 내용이다(31:1-2). 그래서 모세는 이스라엘 백성들과 여호수아에게 격려의 말씀을 전달했다. 분명히 가나안 땅을 정복할 수 있게 될 것이라고 격려했다. 비록 지금까지 그들을 이끌어 오던 모세 자신이 죽더라도 전능하신 하나님께서 여전히 그들을 인도해 주실 것이므로 아무 염려도 할 필요가 없다는 것이다. 마음을 강하게 하고 담대히 하라고 격려했다. 그런가 하면 모세는 이 말씀을 기록하여 제사장에게 주어서 그들로 하여금 보관하게 했다. 그 이유는 그것을 안전하게 보관하기 위함이다. 하나님의 말씀은 소중하게, 그리고 조금도 가감이 없이 영원토록 보존해야 한다. 그뿐만 아니라, 가르치기 위함이었다. 레위 지파였던 제사장들은 종교적 의식을 주관하게 하면서 동시에 백성들을 가르치는 교육적 임무도 수행하였다. 따라서 기록된 율법을 그들에게 주어 언제나 백성들을 잘 가르치도록 하신 것이다. 모세는 자기가 죽은 후에 이스라엘 백성들이 타락하리라는 것을 알고 있었다.

즉 지난 40년 동안 수없이 범죄 해 온 이스라엘 백성들의 심성으로 보아 모세 자신이 죽고 없을 때는 더더욱 그러할 것이라고 충분히 예측할 수 있었다.

오늘 묵상의 말씀

모세가 여호수아 후계자에게 꼭 전달하고 싶은 말은 무엇인가?

모세의 찬양과 마무리

32장에서 모세는 지금까지 자신의 인생을 하나님을 찬양하는 것으로 마감한다. 사실 그는 지난날을 생각하면 감사할 뿐이었다. "우리의 연수가 70이요 강건하면 80인데(시90:10)." 80이 되던 해에 사라지지 않은 불을 보고 하나님의 주신 사명에 압도되어 "우리에게 우리 날 계수함을 가르치사 지혜의 마음을 얻게 하소서(시90:12)"라고 기도하면서 하나님이 주신 사명에 충실했다. 그때부터 40년간은 하나님과 동행 하면서 모세 오경을 정리할 수 있었다. "이스라엘의 430년 동안 하나님이 백성의 신음을 듣고 그들의 우고를 알고 내려와서 내 백성을 건져 내려고 하노라" 하나님의 결심 음성을 듣고 여생을 그는 일평생을 하나님이 주신 사명에 충실한 것이다. 그 40년간 하나님의 삶 속에서 믿음의 조상 아브라함과 맺은 언약을 가족 공동체 속에서 만나주신 하나님 계시를 이제는 언약의 민족공동체이면서 제사장의 나라로 승격시키고 하나님의 성민으로 인정하신 사건을 아무리 생각해도 감사할 뿐이다. 그래서 이 모든 것을 노래로 하나님을 찬양하면서 인생을 마감하고 있다.

먼저 1-6절은 서론으로 그는 하나님의 위대한 역사를 하늘과 땅의 모든 것이 이 역사의 증인으로 삼는 장엄한 표현을 하고 있다. 그리고 7절 이후 본론에서 그 위대하심을 아버지에게, 그리고 어른에게 들어서 알라는 내용이다. "그 하나님은 이스라엘 백성을 황무지에서 짐승의 부르짖는 광야에서 만나시고 호위하시며 보호하시며 마치 독수리가 자기의 보금자리를 어지럽게 하며 자기의 새끼 위에 너풀거리며 그의 날개를 펴서 새끼를 받으며 그의 날개 위에 그것을 업는 것 같이 여호와께서 홀로 인도하셨고 그와 같이 함께한 다른 신이 없었도다." 얼마나 멋있으며 위대하신 하나님이신가! 그리고는 마지막으로 이 모든 말씀을 마치고 "너희가 오늘 내가 너희에게 증언한 모든 말을 너희의 마음에 두어 너희 자녀에게 명령하여 이 율법의 모든 말씀을 듣고 너희의 자녀에게 명령하여 이 율법의 모든 말씀을 지켜 행하라. 이는 너희의 생명이니 이 일로 말미암아 너희가 요단강을 건너가 차지할 그 땅에서 너희의 날이 장구하리라"라고 부탁했다.

33장에서는 12지파에 대하여 축복하고 있다. 한 지파 한 지파가 다 모세에게는 소중했다. 모두가 40년간 생사고락을 함께한 지파이다. 그리고 앞으로 가나안땅에 들어가서 제사장 나라의 백성, 하나님의 성민으로서 하나님을 찬양하며, 그리스도가 오실 날까지 그의 사역에 충실할 것임을 생각할 때 벅찬 감격으로 축복하였을 것이다. 특히 유다와 요셉에 대하여 축복하는 것을 보면 이스라엘 나라의 후대 역사를 한눈에 꿰뚫어 보는 것 같다. 그리고 축복기도의 끝을 내면서 "이스라엘이여 너는 행복자로다. 여호와의 구원을 너같이 얻은 백성이 누구뇨"라고 자신의 삶을 돌아보면서, 이스라엘 12지파를 바라보면서 멋있는 마감의 글을 고백하고 있다.

34장에서는 이제 모세의 시간표의 마감때가 왔다. 모세는 느보산에 올라가 약속의 땅 가나안을 두루두루 바라보고는 인생을 마감한다. 그 순간까지 눈이 흐리지 아니하였고 기력이 쇠하지 아니했다. 단지 사명이 이제 끝난 것뿐이다. 그는 마지막으로 여호수아에게 안수했다. 그랬더니 여호수아에게 여호와의 신이 충만했고, 백성들은 모세가 말씀한 그대로 여호수아에게 순종하면서 모세의 인생은 일단락되었다. 그는 예수그리스도의 예표로서 애굽에서 이스라엘을 건져내어 죄악에서 온 인류를 건져내신 예수님의 본보기가 된 것이다.

오늘 묵상의 말씀

신명기를 통하여 보여 주신 말씀의 핵심가치는 무엇인가?

새로운 지도자의 위임과 과제 준비

1장에서는 가나안 정복 준비과정이 기록되어 있다. 40년 광야에서 훈련받은 이스라엘 백성들은 이제 새 지도자 여호수아와 함께 가나안의 정복 사역에 참여할 것이다. 이 사역에 참여하기에 앞서, 하나님은 가나안 정복 명령과 지시사항을 모세를 통하여 여호수아에게 전달했다. 거기에는 적극적 믿음과 순종, 그리고 담대한 용기를 요구하시며 행할 길에 대한 보장을 약속 하셨다(1:1-9). 이제 여호수아는 이스라엘의 유사들을 모아 요단강 도하 준비를 명하였고(1:10-11) 요단 동편에 거하는 두 지파 반에게도 가나안 정복 사역에 함께 참여할 것을 지시했다(1:12-15). 그러자 그들은 모세에게 충성했듯이 여호수아에게 동일하게 충성할 것을 맹세했다. 이를 통하여 전 이스라엘 백성이 하나로 단결되어 가나안을 정복할 충분한 정신무장이 된 것이다.

2장에서는 본격적으로 가나안땅을 정복하기 전에 먼저 중앙을 공격하기 위한 전략을 짜고 그 첫 목표를 여리고 전투로 정한다. 그리고 이에 대한 정보획득을 위하여 여리고에 정탐꾼을 보낸다. 모세 시대에 12명의 정탐꾼이 가나안에 정탐하러 갔다가 10명이 불신앙의 보고를 하고 2명만 믿음의 보고를 했던 경험을 잘 살려 이번에는 시행착오를 하지 않기 위해 2명의 정탐꾼만을 보냈다. 정탐꾼들은 발각될 뻔한 위기를 당했지만, 이때 하나님이 만남의 축복을 준비해두신 기생 라합을 만난 것이다. 그녀를 통하여 그곳의 정보를 얻고, 또한 기생 라합의 확고한 하나님에 대한 신앙고백(2:9-11)을 통하여 하나님의 계획의 확실성을 깨달은 정탐의 사명자들은 정탐결과와 된 일을 진솔하게 보고했다.

3장에서는 먼저 요단강을 건너야 한다. 이를 위해서 준비하는 내용을 기록하고 있다. 요단강을 건넌 사역은 마치 모세가 홍해를 건넌 사역과 비슷하다. 모세가 가보지 못한 바닷길을 믿음으로 갔듯이 여호수아 역시 가보지 못한 강(3:4)을 이제 건너야 한다. 그때는 10가지 기적(10가지 재앙)을 통하여 이스라엘이 홍해를 건널 준비를 했다면 이번에는 3일 동안 기도하면서 영적 준비를 먼저 하는 것이다. 그리고 전에는 구름 기둥이 앞섰다면 이번에는 언약궤를 앞세우고 가는 것이다(3:5-6). 여호수아의 지시에 따라 언약궤를 맨 제사장들이 앞장서서 갈 때 그들이 물에 들어서면 물이 갈라질 것이다. 이것은 모세가 지팡이로 홍해를 가리키자 바다가 갈라진 것과 같은 맥락이다(3:7-10). 때는 모맥을 거두는 시기인지라 항상 언덕에 물이 넘쳤다. 넘치는 물살을 보면서 그 물속에 들어가서 길을 만들며 건너야 한다. 인간의 이성으로는 판단하기가 어려운 때다. 홍해 앞에 왔을 때 이스라엘 죽이려는 애굽 군대가 뒤에서 쫓아오고 있는데, 좌우에는 모래 산이 있어서 도저히 살아남을 수 없는 위기였다. 그렇게 사면초가일 때 모세의 막대기를 따라 물에 넣었더니, 바다 가운데 길이 난 것이다. 이번의 경우에도 물이 강을 넘쳐서 움직일 수 없는 상황이었다. 그럼에도 불구하고 지난번 홍해 건넌 경험이 있기에 과감하게 법궤를 멘 제사장을 따랐다. 기적은 당연히 일어났다. 요단강이 갈라지고 언약궤를 멘 제사장은 요단강 가운데 마른 땅에 굳게 섰고 이스라엘은 마른 땅을 건너게 되었다. 어떤 비밀이 있었을까? 해답은 하나님의 약속이다. 하나님은 가나안 땅을 주시겠다는 약속을 하셨다. 그 약속을 우리 주님은 지켰다. 또한 여호수아와 제사장들은 그 하나님의 언약을 확실히 믿었다. 그리고 우리 하나님은 그 성실성을 인정하고 이스라엘 백성을 믿음대로 행동했다.

오늘 묵상의 말씀

요단강 건너는 기적은 어디에서 재현이 되었나? 어떻게 재현이 되었나? 그때의 기분은?

요단강 건넘과 여리고 점령

4장에서는 요단을 건넌 후에 그 사건을 기념하기 위하여 기념석을 건립하는 사건이 나온다.

이 사건을 통하여 12지파는 강이 마르게 된 거기서 돌을 하나씩 취해 가지고 와서 기념비를 만든다. 이로 인하여 이스라엘 백성들은 옛날의 본성을 모두 강 가운데 묻어 버리고 말씀으로 거듭난 하나님의 백성됨을 기념하는 것이다. 물론 이것은 홍해를 건널 때 이스라엘을 괴롭히는 애굽의 군대를 모두 물 가운데 처넣은 것과 같은 사건이다.

10절부터는 이 사건을 좀 더 자세히 기록하고 있다. 왜냐하면 후손들에게 교육하기 위해 역사적 사실의 의미를 첨가하여 확실하게 교육하여 후세가 언약의 백성으로 하나님의 목적이 이루어지는 과정 과정을 잘 기록하여 후세가 방황하지 않고 확실하게 자기 정체성을 가지고 가나안 땅에서 제사장 나라의 소명을 다하기를 바라는 기록자의 의도를 읽을 수 있다. 이 사건을 계기로 여호수아의 리더십이 확고해졌다. 그리고 백성들의 해이한 신앙관이 확고해졌다(4:14). 이는 모세가 홍해를 건넘으로 모세의 리더십이 견고해짐과 동시에 백성들이 확신에 넘쳤던 때와 같은 느낌을 준다(출14:31, 수4:24).

5장에서는 길갈에서의 전투 준비를 보여주고 있다. 요단강을 건넜다는 소식을 들은 가나안 서편 7족속 31왕은 모든 마음이 녹았고 정신을 잃었다는 말로 그 당시 분위기를 전하고 있다. 그도 그럴 것이 홍해를 건너고, 요단강을 육지 같이 건너는 자들은 그냥 있을 수 있는 일이 아니다. 그러기에 그들은 이스라엘 군대가 쳐들어올 것을 대비할 것이다(4:1-2)

한편 이스라엘 백성은 그것보다 더 중요한 것이 하나님께 신앙 고백하는 것이며, 신앙으로 하나 되어 목적의식과 사명의식을 확고히 하고 일심의 공동체 정신으로 무장하는 것이 큰일을 저지르기 전에 점검해야 할 사항이다. 그래서 먼저 할례를 했다. 이는 언약의 징표를 확인하는 것으로 아브라함에게 많은 민족을 이룰 것이라는 약속의 말씀을 주실 때 할례를 통하여 언약을 체결했다. 그때 그 언약이 유효하다는 것을 다시 확인하는 것인데, 그동안 광야에서 태어난 사람들은 할례를 행하지 못했기에 이제 가나안 땅에 들어가기 전에 시행하는 것이다. '할례를 행했더니 하나님의 응답으로 길갈, 지금까지의 모든 수치는 다 굴러갔다'라는 확신의 응답을 주어서 그곳 이름을 길갈이라고 했다. 그래서 응답의 감사로 길갈에서 진 쳤고 그곳의 소산을 먹었고, 그때부터 만나가 그치면서 성실과 정직으로 식물을 열매 맺게 하셨다. 그리고 여리고에 가까이 왔을 때 여호와의 군대 장관이 그 정복 전쟁을 지휘할 것을 암시하여 주셨다(5:13-15)

6장에 와서는 하나님이 여리고성 정복을 통하여 전적으로 하나님의 능력과 지시와 방법에 의존하면 승리한다는 것을 확신시켜 주었다. 먼저 이스라엘의 가나안 정복은 3단계의 과정을 통해 이루어지는 것을 볼 수 있다. 첫 단계는 전 민족이 합심하여 가나안 땅의 전술적 요충지를 정복하여 최소한의 거주지를 확보한 것이며, 둘째 단계는 이스라엘 12지파가 가나안 땅을 공평하게 각 지파별로 분할 분배하는 것이며, 셋째 단계는 각 지파가 각각 자신에 할당된 지역에 아직 남아 있는 이방인들의 점령지를 계속 점진적으로 점령, 정착해나가는 것이다. 이 세 단계 중 6장은 첫 단계로 가나안의 중심부를 뚫고 있으면 그 최대 장애물인 여리고 성을 거점으로 확보하는 것이다. 그것도 모두 하나님의 방법으로 말이다. 이를 위해 하나님의 방법으로 하루에 한 번씩 성을 돌게 하고 7일째 되는 날 성을 점령했다.

오늘 묵상의 말씀

나에게 있어서 가나안 땅을 차지하기 위한 시발점은 어디였을까?

간과해서는 안 될 일 탐심 제거

7장에서는 아이 성을 점령하면서 일어난 일을 기록하고 있다. 6장에서 그 큰 장애물인 여리고 성을 점령했으나, 작은 아이 성은 쉽게 정복할 줄 알았는데, 예상외로 패배하고 말았다. 뜻밖의 패배에 여호수아는 여호와께 항변의 기도를 했고(7:6-9). 그 응답으로 아이 성, 패배의 원인을 찾기 시작했다. 결국은 온 지파들을 나오게 하여 그 한 사람의 죄를 찾아내었고 그 사람은 유다 지파였으며 끝까지 추적했더니 그는 아간이었다. 그가 외투 한 벌과 은 이백 세겔과 오십 세겔의 금덩이 하나를 감추었다. 그래서 그를 찾아 그 아들들과 딸과 그리고 그의 모든 가축, 그리고 탈취물을 모두 가지고 아골 골짜기에 가서 돌로 치고 불살라 버렸고, 그에게 돌무더기를 쌓아서 아골 골짜기라는 이름으로 기념하게 했다.

탐심은 우상숭배이다. 하나님이 제일 싫어하시는 것이다. 그러므로 큰일을 하기 전에는 반드시 확인하고 제거해야 할 내용이다. 이스라엘 국가를 이룰 때 사울이 여기에서 실패하여 왕권을 다윗에게 넘겨야 했고, 초대교회는 아나니아와 삽비라 사건을 통하여 잘 처리하고 초대 교회의 정통성을 확립해 나갔다. 고로 큰일을 하기 전에 제일 먼저 제거해야 할 것은 탐심이다.

8장에서는 아이 성의 점령 작전 재개라는 내용이 기록되어 있다. 본문은 이스라엘 가운데 죄가 제거되면 반드시 모든 것이 다시 계약체계가 이루어지고 하나님의 승리하심에 대한 보장이 주어진다. 이스라엘 백성은 하나님의 지시대로 실행한 결과, 전날의 패배를 뒤엎고 아이성 전투에서 승리를 거둘 수 있었다. 이미 전날 여호수아의 명령을 근간으로 구체적인 작전 명령을 다하고(8:3-7) 이튿날 작전대로 아이 성과 대치하고 있던 여호수아와 그의 군대가 거짓으로 도망하는 척하다가 아이 성의 군대가 모두 진격하는 바람에 성문을 열어둔 틈을 타서 매복부대가 뛰어들어가서 아이 성을 불 지르고 승리했던 사건이다. 이것은 실패 후 하나님과의 관계를 회복하고 순종하여 승리한 사건으로 믿음을 돈독하게 하는 계기가 되었다. 그리고 그 결과는 에발산에서 제단을 쌓고 모세의 율법을 낭독하고 그 말씀대로 명한 대로 모든 백성을 축복하였다.

9장에서는 남쪽을 정복하는 과정을 기록했다. 6-8장까지 중앙 공격하여 승리한 후 그 여세를 몰아서 남쪽으로 진군했다. 이 정보를 받고 남쪽의 모든 왕이 연합군을 만들어 이스라엘을 공격하려고 했다(8:1-14). 이때 기브온 족속은 이스라엘과 대항해서 싸워도 승산이 없다고 판단이 되자 연합군에서 이탈하여 이스라엘과 화친하려고 한다. 물론 그냥 화친할 수 없으니 속임수를 써서 멀리서 온 사람인 것처럼 음식물은 곰팡이와 이끼가 낀 것같이 하고, 옷은 해진 것처럼 꾸미었다. 종이 되겠다는 것이다. 그래서 그들과 검증하지 않은 채, 화친의 계약을 맺었다. 그런데 언약을 맺고 3일째 되는 날 그들이 가까운 곳에 거주한다는 사실을 알았다. 알고 보니 기브온 족속들은 이스라엘이 홍해를 가르고 애굽의 군대를 물에 빠뜨리고 요단강을 육지처럼 건너온 상천하지의 하나님의 백성인 지라 그들이 온다는 소식을 듣고 간담이 서늘하여 자기들이 사는 길을 그들의 물을 길거나 나무를 패는 자가 되어 목숨을 연명하는 것이 좋다는 판단을 하고 거짓으로 먼 곳에서 온 것으로 꾸며서 이곳에 들어왔다고 보고했다. 그래서 그들은 나무패는 자와 물 깃는 자로 삼고 더는 문제 삼지 않았다.

오늘 묵상의 말씀

자그마한 실수를 대충대충 넘기다가 낭패를 당한 적이 있는가?

가나안의 정복과정과 승리의 체험

10장에서 5개국으로 연합한 동맹군은 기브온 거민이 이스라엘과 화친했다는 정보를 접하고 기브온을 공격해 온다. 이때 기브온은 이스라엘에게 원조를 요청했다(10:1-6). 이때 이스라엘이 그들을 도와 전투에 나섰다. 이는 계약을 맺으면 주권국은 종속국이 위기를 당할 때 종속국을 보호해준다는 조약에 따른 것이다. 그 대신 종속국은 매년 공물을 바치고 순종해야 한다는 조항이다. 이에 따라 이스라엘은 전투에 참여해야 했다. 그리하여 온종일 공격했는데, 하나님은 하늘에서 큰 덩어리 우박으로 공격하여 여기에 맞아 죽는 자가 이스라엘에 칼에 맞아 죽은 자 보다 더 많게 되었다(10:11). 계속 파죽지세로 몰아치는 가운데 저녁때가 되었고, 그들은 숨었다. 그런데 그곳은 산 인지라 연합군은 지형지물에 익숙하여 야간에 능하지만 이스라엘 백성은 남의 땅이라 야간 전투에는 익숙지 않았다. 그런데 밤이 되면 그들이 도망가거나 아니면 야간이라 공격을 멈추어야 했다. 이런 정황에서는 지도자의 결단이 필요하다. 여호수아는 전무후무한 기도를 드린다. 태양아, 너는 기브온 위에 머물러라! 달아, 너도 아얄론 꼭대기 위에 그리할지어다(10:12)." 그때 태양이 기브온 골짜기에 머물게 되면서 전쟁은 완전히 승리하였다. 연합군 5개 국가 왕은 도망가다가 막게다의 굴속에 숨었는데, 나중에 발견되어 처단됐다. 하나님이 이렇게 엄청난 기도를 들어준 것 역시 전무후무한 사건이다. 이 사건으로 인하여 고삐를 늦추지 않고 그 여세를 몰아 막게다, 립나, 라기스, 에글론, 헤브론, 드빌 등 남방의 모든 지역을 다 쳐서 정복하여 남부 지역 거점지역 정복의 임무를 끝낸다(10:31-43).

11장에서는 가나안 남부 지역의 몰락 소식을 들은 북부지역의 왕들이 연합하여 이스라엘과 싸우기 위해 메롬 물가에 모였다. 그들 연합군 숫자가 얼마나 많던지 "해변의 수다한 모래 같고 말과 병거도 심히 많았으며(11:4)"라고 기록하고 있다. 그러나 전쟁은 숫자에 있지 않다. 전능하신 하나님이 함께하시면 어떤 전쟁도 이길 수 있다. 이것은 지금까지 이스라엘이 경험에서 얻은 진리이다. 그래서 하나님의 응답을 들은 후 졸지에 급습하여 그곳을 완전히 정복하여 "호흡이 있는 자는 하나도 남기지 아니하였더라(11:14)"라고 기록하고 있다. 이것은 모세가 여호수아에게 행하였던 대로 완벽하게 순종했기에 승리한 것이다. 이는 리더십의 공백이 없이 리더십의 뜻을 잘 이해하고 하나로 마음과 뜻이 뭉쳐지면 전쟁에서 이길 수밖에 없다는 것을 보여 준다. 이런 전쟁을 통하여 이스라엘은 전쟁에서 승리의 확신을 더 하여 가면서 아낙 자손을 무서워하지 않고 하나도 남김이 없어 그들은 파하였고, "땅에 전쟁이 그쳤더라(23)"라고 기록하고 있다. 이렇게 하여 거점지역은 모두 점령하게 되었다.

12장에서는 가나안땅의 여호와의 전반적인 승리를 기록하고 있다. 그러나 아직 완전한 승리는 얻지 못했다. 이스라엘이 비록 승리의 영광 속에 잠겨 있다 하여도 새로운 관제는 주어진다. 거민들을 쫓아내고 그곳에 정착해야 할 일이 남아 있다. 그 첫 단계가 바로 분배하는 일이다. 이 일을 완성하고 나면 이스라엘은 이 땅과 율법을 주신 하나님께 순종하면서 하나님의 축복을 누리며 사는 것이다. 이때 정복당한 나라 왕은 31명이요, 족속은 7족속이다.

오늘 묵상의 말씀

가나안 땅의 전문분야를 정복하면서 어떤 과정을 체험했는가?

이산지를 내게 주소서

13장은 아직 정복되지 않은 땅에 대해 기록하고 있다. 이미 여호수아가 나이 많이 들어서 군인의 임무는 끝났고, 정치가로서 그들이 제비 뽑은 땅을 긍정적인 관점에서 잘 정복하도록 도와주는 일이 남아 있었다(13:1). 아직 남아 있는 땅은 서쪽 해안지역인 블레셋 지방(13:2-3) 북쪽인 두로 와 시돈(13:5-6)이었다. 그러나 하나님은 이 땅도 정복할 수 있도록 도와주겠다고 약속하셨다(13:6). 이쪽 지파는 동쪽을 제외한 아홉 지파에 주어질 땅이다(13:7). 물론 요단 동편의 땅은 두 지파 반에게 모세가 분배할 것을 약속한 바 있어서 그대로 실행이 되는 것이다.

14장에서는 요단 서편의 땅의 분배에 관해 기록하고 있다. 땅 분배의 원칙은 모세가 일찍 정해준 바(민 26)에 근거한다. 그 원칙에 따르면 기업의 위치는 제비뽑기에 따르고 땅의 크기는 그 지파의 크기에 따라 결정하며, 가능하면 이기심에 충돌하지 않고 전적으로 하나님께 순종하도록 합리적으로 분배하는지는 항상 지도자의 가장 중요한 관심 사항이다. 그런데 넓은 평야 기름진 곳은 좋아하지만 산세가 험하고 계곡이 있는 곳은 싫어하기에 원칙은 그러하지만 땅의 분배를 결정하는 것은 쉬운 일은 아니다. 그래도 감사한 것은 갈렙이 나서서 "이 산지를 내게 주소서, 당신도 알거니와 그날에 들으셨거니와 그곳에는 아낙 사람이 있고, 그 성읍들은 견고할지라도 여호와께서 혹시 나와 함께 하시면 내가 필경 여호와의 말씀대로 그들을 쫓아내리다"라고 말하는 것이다. 사실 갈렙은 광야 40년을 내내 여호수아와 함께 모세의 시종 역할을 했다. 그러나 여호수아는 항상 모세의 후광을 얻었고, 나중에는 제2인자가 되었으나 갈렙은 한 번도 그의 영광이 나타난 적이 없었다. 여호수아가 지도자가 되어도 항상 보이지 않은 그림자처럼 그에게 충성을 다했다.

이번에도 땅의 분배를 하는 중에 산지는 위험한 곳이요, 그곳에는 아낙자손이 있기에 다른 지파가 꺼리는 것을 보고 갈렙이 나서서 "이 산지를 내게 주소서. 그곳은 아낙 자손이 있고, 그 성읍이 견고할지라도 그들을 쫓아내리이다"라고 주장하며 솔선수범한다. 여호수아로서는 여간 흐뭇한 일이 아니다. 지도자가 리더십을 발휘할 때 이런 참모가 있으면 정말 좋을 것이다.

15장에서는 그 유다 지파가 갈렙 지파의 솔선수범을 따라 제비를 먼저 뽑게 되었고, 남쪽의 땅을 차지함과 함께 헤브론을 정복 정착하는 시범을 보였고, 가족대로 많은 성읍을 분배한 것을 보여주고 있다. 여기서 유다 지파가 얻은 땅은 동쪽은 사해까지, 서쪽은 지중해까지, 북쪽은 베냐민 지파의 구분되는 곳까지, 남쪽은 에돔 족속과의 경계를 이루고 있다.

그곳의 중심부는 헤브론으로 중심부의 도피처가 되는 곳이기도 하다. 여기에서 한 가지 짚고 넘어가야 할 것은 솔선수범하는 성격이 강한 것이 유다 지파 속에 면면히 흐르는 것을 보게 된다. 예를 들면 야곱의 아들들이 애굽에 곡식을 사러 갈 때, 애굽 총리가 야곱의 아들을 볼모로 잡아 놓을 때 야곱은 굉장한 충격을 받고 결단을 내리지 못한다. 이때 내가 책임지겠다고 나선 자가 바로 유다이다. 그래서 야곱은 바로를 만날 때 유다를 동반하기도 했다. 그런가 하면 나중에 사사시대에 여호수아가 죽은 후에 "누가 먼저 올라가서 가나안 사람과 싸우리이까?" 물었을 때 여호와께서 "유다지파가 올라갈지니라"라고 말씀하셨다. 그만큼 솔선수범을 통하여 축복을 받은 지파가 유다 지파이다.

오늘 묵상의 말씀

가나안 땅을 점령할 때 자원하여 지도자의 어려운 점을 도와준 때는 어떤 때인가?

스스로 개척하라

16장은 요셉의 자손이 분배받은 땅을 기록하고 있다. 요셉 자손은 에브라임 지파와 므낫세 지파에게 분배된 땅으로 그 지역은 가나안의 중앙 지대이다. 요셉은 야곱이 가장 사랑받던 아들로서 두 배의 분깃을 받을 뿐만 아니라 좋은 땅을 차지하게 된 것이다(창49:25, 26, 민33:54). 또 에브라임은 요셉의 차남이었으나, 형 므낫세보다 더 큰 축복을 받았다. 그리하여 에브라임이 항상 먼저 언급되고 있다. 에브라임에게 할당된 땅은 요단강에서부터 지중해까지 동서로 남쪽 경계는 유다 지파의 왼편이고 유다와 에브라임 사이에는 베냐민 지파와 단지파가 있다. 그리고 북쪽 경계선은 므낫세 지파로 되어 있다. 물론 하나님은 그곳을 주실 때 그곳의 모든 원주민을 다 내어 쫓을 수 있는 능력을 주고 차지하게 했으나, 그렇지 못했다.

17장은 므낫세 지파의 분깃을 말하고 있다. 므낫세 지파는 요단 동편 땅을 분배받은 사람들이 있는데, 그들을 제외한 나머지 백성들이 서편 땅을 제비뽑았다. 특히 본문에서는 슬로브핫의 딸들이 기업을 분배받은 사실을 소개하고 있다. 즉 슬로브핫이 아들이 없이 딸만 다섯을 두어 그의 기업이 다른 사람에게 주어지게 되었을 때 슬로브핫의 딸들은 자신들이 아비의 기업을 잇도록 청원하였다. 그러나 후일 므낫세 지파의 청원이 또다시 있었고 그래서 모세는 슬로브핫의 딸이 아비의 지파 안에서만 혼인하는 조건으로 기업을 잇게 하셨다(17:1-13).

19절 이후에는 요셉지파가 중부의 광활한 지역을 분배받았음에도 불구하고 두 지파를 한 지파로 보고 땅을 적게 분배해 주었다는 것이다(17:14). 사실 여호수아는 같은 지파의 사람이라 그의 소원을 들어줄 수도 있었을 것이다. 그런데 지도자는 나 개인보다 전체를 위해 배려하는 것이 제일 중요한 덕목이다. 어쨌든 땅을 더 달라고 요구하는 요셉에게 "삼림이라도 스스로 올라가서 개척하라(17:15)",

"너희는 큰 민족이요 큰 권능이 있은즉 한 분깃만 가질 것이 아니라(17:17)", "그 산지도 네 것이 되리니 비록 삼림이라도 개척하라 가나안 사람이 비록 철 병거를 가졌고 강할지라도 네게 능히 그를 쫓아내리라(17:18)." 하나님은 능력을 주셨다. 땅의 크기보다 능력을 믿고 그 능력을 마음껏 발휘하여 마음껏 땅을 차지하여 분깃을 가지라는 것이다. 개척정신이야말로 미래를 개척하는데 가장 중요한 정신이다. 현실에서 살길은 개척자 정신(new frontier spirits)이다.

18장에서는 미분할지의 지도 작성을 기록하고 있다. 이스라엘의 종교, 정치, 군사적 중심지를 길갈(5:10, 10:45)에서 실로로 옮겼다. 이제 남은 7지파의 기업을 분배해야 한다. 그래서 실로에 모였는데, 남은 지파들은 현실에 안주하여 기업을 차지하려고 노력을 하지 않았다. 그래서 여호수아는 "매 지파에 세 사람씩 선정하라, 그리고 일어나서 그 땅에 두루 다니며 그 기업에 상당하게끔 그림을 그려서 내게로 돌아올 것이라(18:4)"라고 격려했다. 사실 7지파들이 가나안 정복에 소극적인 태도를 보인 이유는 가나안 정복을 향한 하나님의 경륜을 깨닫지 못한 것이 가장 큰 원인이었고, 둘째는 거듭되는 전쟁을 통해 심신이 피로해져서 남은 적군들을 몰아낼 마음의 여유와 의욕을 잃어버렸기 때문이다.

그럼에도 불구하고 여호수아가 격려했더니 그들이 나가서 그들의 분깃에 상응하는 내용을 책에 그림 그려 왔다. 그래서 지도자가 필요한 것이다. 그리고 베냐민의 분깃을 기록하고 있다(18:11-28).

오늘 묵상의 말씀

당신에게 허락한 전문분야를 정복하기 위해 스스로 개척하고 있는 분야는 어디인가?

땅의 분배와 도피처

19장에서는 나머지 여섯 지파의 분배사건을 기록하고 있다. 첫 번째 ,시므온 지파는(19:1-9) 유다의 땅의 일부를 분배받았다. 그 이유는 족장 시므리의 바알 브올 범죄사건으로 인하여 많은 수가 징벌을 받아 죽음으로 인해 인구가 가장 적은 지파가 되었다(민25:14), 두 번째, 스불론 지파는 지중해 연안의 두로와 시돈, 그리고 갈릴리 연안지역과 활발한 무역 활동을 벌임으로 부를 축적할 수 있는 곳에 정착한다(19:10-16). 세 번째, 잇사갈 지파는 이스르엘 평지로서 농사짓기 좋은 곳을 배분받았다(17-23). 네 번째, 아셀 지파는 갈릴리 산맥에서 지중해로 향하는 경사지 에스드렐폰 평야 일부와 악고 평야의 주요 지역을 분배 받았다(19:24-31). 다섯째, 납달리 지파는 갈릴리 지역 농사짓기 쉬운 땅을 분배 받았다(19:32-39). 여섯째, 단 지파는 에브라임 지파와 유다 지파 사이에 있는 매우 좁은 땅을 분배 받았다. 결국은 라이스로 옮겨 단이라 개명했다(19:40-48). 그리고 나중에 여호수아의 분깃을 딤낫세라로 정하여 거기서 여생을 보냈다(19:49-50).

20장에서는 도피성을 기록하고 있다. 도피성은 과거 모세에게 주셨던(민35:9-34:1), 도피성지정명령을 여호수아에게도 주셨다. 이는 가나안 땅 분배에 이어 곧장 세우실 것을 명한 것은 사회적 기능 때문이다. 이 도피성 제도는 선민 이스라엘에 하나님이 주신 복되고 거룩한 가나안땅에서 무고한 피 흘림이 없게 하고 복수에 의한 피 흘림이 악순환으로 환란과 파멸이 일어나지 않도록 하기 위한 제도이다. 이를 통하여 부지중에 오살한 자를 보호해주는 제도로서 전적으로 하나님의 자비하심을 누리게 하는 제도이다. 도피성의 지도자들은 도피성 입구에 서서 그곳 지도자들에게 자기에게 있었던 일을 고해야 한다. 지도자들은 부지우 살인한 자를 받아들이고 그가 있을 곳을 마련해 주어야 한다. 언제까지? 그것을 당시의 대제사장이 죽을 때까지이다. 그러므로 대제사장이 죽음의 해방과 사죄의 계기가 될 수 있다는 것은 그리스도의 죽음이 죄인들의 속죄가 근거가 된다는 것과 같다.

너무 거리가 멀지 않기 위해 요단 동편에는 베셀, 라못, 골란 에 있으며, 서쪽에는 게데스, 세겜, 헤브론에 세웠다. 이 도피성은 이스라엘 백성뿐만 아니라 이방인들도 그 혜택을 입었다(20:9).

21장에서는 레위 자손의 48 성읍에 관해 기록하고 있다. 이스라엘 각 지파의 기업분배를 마치고 도피성 지정이 끝난 후에 기업분배에서 제외되었던 레위인에게 자기들이 거할 성읍을 달라고 청원했다. 그 요구는 하나님 명령에 근거한 것으로 제비를 뽑아 48 성읍을 허락받았다. 레위 족장들이 기업분배를 요구한 것은 자기들이 거할 성읍과 그들의 가축을 먹일 목초지인 들판을 달라고 한 것이다. 그러면 왜 그들이 흩어져서 살까? 그것은 1) 레위자손들로 하여금 이스라엘 전 지역에 흩어져 살면서 거룩한 영향력을 미치게 하려 함이다. 2) 레위인들은 하나님께 바쳐진 자손으로서(민8:6-21) 율법을 낭독하는 일(미35:2-8), 찬송의 직무(대상6:31-38), 제사장의 직무(대상 9:26-34) 등의 일을 하면서 백성들의 영적인 순결을 보호해야 했다.

그래서 이스라엘 백성이 가나안 땅을 온전히 차지해야 하는 이유를 설명하고 있다. 1) 이스라엘 자손들에게 그 땅을 주시겠다고 약속하셨기 때문이다. 2) 이스라엘 백성들이 안식을 누리게 되었다는 깊은 뜻이다(21:44, 히4:8-11). 3) 원수들의 위협으로부터 이제 보호받을 수 있는 공간이 생긴 것이다.

오늘 묵상의 말씀

나의 도피처는 어디인가?

마지막 유언

22장에서는 이제 가나안 정복의 전쟁이 끝났으므로 여호수아는 요단 동편에 분깃을 얻은 르우벤, 갓, 므낫세, 반 지파 소속 병사들의 노고를 치하하고 얻은 전리품을 가지고 자기 가족들이 있는 곳으로 돌아가게 했다. 그때의 인원은 약 40,000명이었다(22:1-9). 여호수아가 그들 요단 동편 자기 기업으로 귀환하는 자들에게 부탁한 말은 1) 경건 생활 2) 하나님 사랑 3) 하나님을 가까이 4) 마음과 성품 다하여 하나님 섬길 것 5) 죄와 싸움의 고난에서 죄의 유혹에 넘어가지 말고 승리할 것 등이다. 10-20절에서는 자기 땅으로 돌아가서 두 지파 반 병사들이 단을 쌓았다. 이때 이스라엘 지파 대표들이 파견단을 보내어 책망했더니 해명하는 과정에서 의심이 풀렸다. 그것은 우상 숭배를 위함이 아니라 예배를 위한 것이라고 했다.

23장은 여호수아의 고별사이다. 임종을 앞둔 여호수아가 이스라엘 지도자들을 모아 놓고 유언하는 장면이다. 여호수아는 이 유언을 통해 "지금까지 가나안을 정복하게 하신 분은 하나님이시므로, 이스라엘은 오직 율법에 충실하고 하나님만을 진실하게 섬기면 하나님은 큰일을 행하게 하실 것이다. 그러나 만일 여호와의 명을 어기고 가나안의 남은 주민들과 친근히 지내면 결코 이스라엘 백성들 앞에서 그들을 쫓아내지 못할 것이다"라고 말하고 있다.

그래서 마치 새를 잡는 올무처럼, 그리고 옆구리를 채찍처럼, 한눈에 박힌 가시처럼, 그리고 옆구리를 갈기는 채찍질처럼 이스라엘을 두고두고 괴롭히게 되리라는 것이다(23:13).

24장에서 여호수아는 이스라엘 지도자들에게 당부의 말씀을 남겼다(24:23).

여호수아는 다시금 이스라엘 온 백성을 세겜에 소집하여 이스라엘의 구원역사 회고를 통하여 여호와께 맺은 계약을 신실하게 잘 지킬 것을 당부하였다. 세겜은 아브람이 가나안 땅에 도착하여 처음으로 제단을 쌓으므로 계약을 체결하기 전에 하나님과 신실한 믿음의 기초를 쌓아온 중요한 장소이다. 여기에 여호수아는 수고도 하지 않고 거저 획득한 성읍과 농토, 이러한 것을 허락한 분은 오직 우리의 하나님 여호와라는 것을 한번 상기시키며 또한 개인적으로는 하나님께 감사의 신앙고백을 드리고 있다(24:1-14).

그리고 마지막 생사고락을 함께하며 가나안 정복에 온 힘과 열정을 다 바쳐온 이스라엘 백성에게 중요한 신앙의 결단을 촉구한다(24:14-24). "그러므로 이제는 여호와를 경외하며 온전함과 진실함으로 그를 섬기라. 너희의 조상들이 강 저쪽과 애굽에서 섬기던 신들을 치워버리고 여호와만 섬기라. 만일 여호와를 섬기는 것이 너희에게 좋지 않게 보이거든 너희 조상들이 강 저쪽에서 섬기던 신들이든지 또는 너희가 거주하는 땅에 있는 아모리 족속의 신들이든지 너희가 오늘날 섬길 자를 택하라. 오직 나와 내 집은 여호와를 섬기겠노라!" 그렇게 말하자 백성들이 대답한다. "우리가 결단코 여호와를 버리고 다른 신들을 섬기기를 하지 아니하오리니 이는 우리 하나님 여호와께서 친히 우리와 우리 조상들을 인도하여 애굽 땅 종 되었던 집에서 올라오게 하시고 우리 목전에서 그 큰 이적들을 행하시고 우리가 행할 모든 길과 우리가 지나온 모든 백성중에서 우리를 보호하셨으며 여호와께서 또 모든 백성과 이 땅에 거주하던 아모리 족속을 우리 앞에서 쫓아내셨음이라. 그러므로 여호와를 섬기리니 그는 우리 하나님이시라." 이런 확고한 고백을 받고 언약을 갱신한다. 이제는 죽어도 여한이 없다, 할 일을 다 했다. 그리고 그는 죽어 딤낫세라에 묻혔다.

오늘 묵상의 말씀

죽어도 여한이 없이 내가 이 세상 살면서 제일 잘한 일은 무엇인가?

정착의 시작과 사사 시대

1장에서는 유다 지파의 정착 모델을 기록하며 사사 시대의 시작을 알리고 있다. 이스라엘의 정착단계는 3단계로 나누는 데 1단계는 최소한의 거주지 확보, 2단계는 가나안땅에 대하여 이스라엘 12지파에게 공평한 분배, 3단계는 각 지파가 각각 자신에게 할당된 지역에 아직 남아 있는 이방인 점령지들을 계속 점진적으로 점령 정착해 나가는 것이다. 1장 3-6절까지는 이 3단계의 작업이 시작되는 것이다. 그런데 이 3단계인 마지막 단계 작업에서 이스라엘 백성들은 사명을 잃어버리고 방심하여 신앙적 타락, 도덕적 타락, 이방인의 침입과 압제, 그리고 이어지는 타락의 순환 고리(배신, 징벌, 회개, 구원)가 계속 맴돌게 되면서 방향을 잃어버린다. 이것을 안타까워하시는 하나님은 사사를 보내 구원의 역사를 펼치지만, 그것도 잠시뿐이다. 이게 사사기의 역사인데, 그 첫 도입에서 그나마 모범적으로 정착을 잘하는 지파가 유다 지파인 것이다(1:1-20). 21절부터는 유다 지파 이외에 다른 일곱 지파의 정착을 위한 정복 전쟁이 소개된다. 이 일곱 지파는 여호수아에 의해 기업을 분할 받을 때도 매우 소극적이었던 지파(18:2-7)로서 그 기업을 확보하는 전쟁에 서도 모두 실패한다. 이처럼 매사에 하나님의 사역에 동참하는데 소극적인 사람들은 확고한 믿음을 소유하기 어려울 뿐만 아니라 자신들의 유익을 위한 일도 온전히 이루지 못하기에 안타까울 뿐이다(1:21-36).

2장에서는 사사 시대의 서론 겸 전체 요점을 정리한다. 그러기 위해 먼저 이스라엘 백성에게 경고한다(2:1-5). 하나님이 이스라엘 백성을 가나안 땅에 인도한 것은 거룩한 백성, 제사장 백성이 되기 위함이다. 이를 위해 시내 산에서 계약을 맺었다(출19-20). 계약을 성실하게 잘 지킬 때 약속이 성취 되는 것이다. 그러면 계약 백성으로 두 가지를 잘 지켜야 한다. 그것은 바로 "애굽 땅에서 살던 방식도 다 버리고, 이제 가나안땅에서 살 때도 가나안 땅에서 사는 방식도 본받거나 따르지 말라. 우리는 우리 방식, 하나님 방식이 있다. 그렇게 하지 않고 그들과 사귀면 그것이 가시, 올무, 채찍, 덫(삿2:3, 수23:13) 이 된다"라는 것이다. 이 말을 듣고 백성들이 엉엉 울었다(2:1-5). 그러면 무엇이 문제인가? 하나님의 언약을 계속 들려줄 사람이 없다는 것이다. 여호수아가 살아 있을 동안에는 잘 지켰으나 여호수아가 죽은 이후에는 하나님께서 열조와 맺은 언약도 알지 못하고 하나님이 행하신 일도 알지 못하고 이 세상 풍습을 따라 살기에 바빴다. 이 계약을 지키지 않으니 하나님이 노하셨다. 재앙을 내렸더니 괴로움이 심했다(2:6-15). 이때 하나님이 사사를 보내주셔서 그들을 구원하신다(2:16-23).

3장에서는 사사 시대의 시작을 알리고 있다. 그 시작은 하나님께서 그 땅에 가나안 백성을 남겨 두었다는 것이다(3:1). 그 이유는 1) 가나안 땅이 한꺼번에 정복됨으로써 방치된 상태에서 황폐하는 것을 막기 위함이다. 2) 이스라엘이 이방 족속들을 쫓으라는 명령을 지킬 기회를 주는 것이다. 3) 아직 전쟁을 알지 못하던 세대가 앞으로 있을 전쟁에 대비하여 전쟁의 기술을 배우기 위함이다. 그럼에도 불구하고 이스라엘은 배신한다(배신 3:7), 그러니 징벌을 받는다(징벌 3:8). 이때 그들은 하나님께 부르짖는다(회개 3:9). 그러자 하나님은 그들의 기도를 응답하시고 사사를 보내신다(구원 3:9). 3장에서는 옷니엘, 에훗, 삼갈을 보내셨다. 이렇게 13번 반복되는 것이 '사사 시대'이다. 그래도 못 깨달으니 안타깝다.

오늘 묵상의 말씀

나도 언약을 잊어버리고 사사 시대의 악순환 고리를 벗어나지 못한 적이 있는가?

약자(드보라 기드온)를 통한 구원역사

4장은 사사 드보라의 이야기이다. 북부 이스라엘 지역에 백성들이 20년 동안 가나안 왕 야빈에게 압제를 당했다. 그럼에도 불구하고 나서는 자 없고, 대책도 없다. 왜냐하면, 야빈 왕은 철병거가 900승으로 강한 군대를 가지고 있기 때문이다. 아무런 묘안이 없는 이스라엘 백성들은 그저 울고 부르짖을 뿐이다. 이때 하나님은 그 당시 상식을 뛰어넘어 한 여자를 사사로 세웠다. 당시 여자는 숫자에도 들어가지 못했다. 신약의 교회에서도 "여자는 교회에서 잠잠하라(고전 14:34)"라고 말했다. 그러나 아무도 위기에 발 벗고 나서지 않는다면 우리 하나님은 돌을 들어서라도 소리를 지르게 하실 수 있는 능력이 있는 분이다. 이때 사명을 깨달은 드보라가 일어나서 일을 저지르고, 마무리는 야엘이라는 여자의 승리 결과로 맺게 한다. 이것이 하나님의 방법이다. 가장 약한 자를 들어서 강한 자를 부끄럽게 하시는 하나님의 비밀이다(고전1:27). 드보라가 전쟁에 참여하자 하나님은 모든 상황을 승리로 이끄셨다. 천둥을 동원하고 비바람을 동원하여 기손강에서(4:7) 물이 넘치게 하여 그들을 쓸어가 버렸다(5:21, The Kison sweep them away). 이에 혼비백산이 된 야빈의 군대장관 시스라가 급히 피한 곳이 헤벨의 아내 야엘의 장막이었다. 야엘은 목말라 하는 시스라에게 우유를 주었다. 피곤하여 잠이 든 시스라의 얼굴에 말뚝을 박아 죽게 함으로 전쟁을 마무리하게 되었다.

5장에서는 이 큰 승리에 감격한 드보라가 하나님의 비밀을 찬양하고 있다. 하나님이 약속했고, 이스라엘 지도자들이 영솔하고 백성이 즐거이 헌신하면 반드시 이런 축복을 성취하시는 하나님을 우리 모두 찬송하자는 것이다(5:2). 이에 광야 생활 중에서 인도하셨고, 이번에 승리하게 하신 하나님의 위대한 일을 찬송하자는 것이다. 그러면서 하나님을 그렇게 찬송하며 하나님의 위대한 사역에 순종하는 자들에게는 하나님이 축복하신다. "주를 사랑하는 자들은 해가 힘 있게 돋음 같게 하옵소서(5:31)"라고 찬송하고 있다. 이와 같이 하나님의 비밀을 알고 순종하며 정복하는 자에게 40년간 태평의 시간을 주었다.

6장에서 그럼에도 불구하고 또 하나님의 계획을 잊어버리고 그곳에 동화되어 살다가 미디안의 손에서 7년 동안 수난을 당했다. 농사만 지으면 노골적으로 빼앗아 가서 경제행위와 가정생활을 도저히 이룰 수가 없었다. 그래서 하나님께 부르짖게 되었다. 이때 하나님은 그들의 부르짖음을 듣고 자격이 없는 기드온에게 사명을 주셨다. 그는 유다지파도 아닌 므낫세 지파요, 거기에서도 가장 약한 집안이요, 그중에서도 제일 작은 자로서 큰일을 해 본 적이 없고 의심이 많은 자이다. 그럼에도 불구하고 시대가 어렵고 나서는 자가 없으면 가장 약한 자를 들어 쓰시는 것이 주님의 특권이다(고전1:27). 소명 받은 기드온은 먼저 하나님의 부르심에 대한 확증을 얻기 위하여 두 가지로 하나님께 표징을 얻고 싶어 한다. 그래서 무교전병과 고기를 하나님께 드리매 불로 응답하셨다. 그는 확증을 가지고 제사를 드렸다. 하나님께서 평안의 확신을 주셨다. 제단의 이름을 '여호와 살롬'이라 불렀다. 그리고 이날 밤에 하나님이 바알의 단을 헐고 아세라 상을 찍어 버렸다. 그것이 소문나서 기드온의 이름을 여룹바알, 바알의 단을 파괴한 사람으로 별칭을 얻게 되었다. 이어서 그는 하나님에게 양털의 기적으로 하나님의 뜻을 확신하고 소명을 더욱 굳건히 했다.

오늘 묵상의 말씀

하나님이 나를 부를 때 나는 어떻게 했나? 이야기해보자.

기드온의 사명의 완성과 가정교육의 부족

7장에서는 기드온 용사 300인의 선택에 관하여 설명하고 있다. 기드온은 승리의 징표를 얻은 후 미디안 군대와 싸우기 위해 정예부대를 선발한다. 32,000명을 모병했는데, 하나님은 숫자를 줄이라고 하신다. 두려워서 떠는 자를 돌아가라고 말했더니 10,000명이 남았고, 또 물러가서 훈련된 사람을 찾았더니 300명이 남았다. 이는 하나님의 전쟁은 하나님께 있는 것이지 숫자에 있는 것이 아님을 말해주고 있다(7:1-8). 그 300명을 데리고 하나님의 공격명령을 따라 미디안에 도전하는데, 하나님이 꿈을 통하여 적진을 교란하게 하시고 적군이 혼란을 통하여 한 손에는 나팔, 한 손에는 항아리을 들고 나가서는 항아리를 부수고 왼손에는 횃불, 오른손에는 나팔을 들고 "여호와를 위하여, 기드온을 위하여" 외치고는 적진을 에워 쌓더니 적군이 모두 달음질하며 도망갔다.

8장에서는 리더십이 기드온으로 옮겨가는 것을 볼 수 있다. 사실 북쪽의 리더십은 에브라임 지파가 다 장악하고 있었다. 여호수아는 에브라임(민13:8) 지파요, 야곱이 축복할 때 에브라임 지파를 축복했기 때문에 리더십의 자리에서 일했다. 그러나 이번의 위기로 주도권을 빼앗겼다. 그래서 기드온에게 시비를 걸었는데, 기드온이 겸손한 대답으로(8:1-3) 에브라임을 진정시켰다. 중요한 것은 미디안의 도망자를 끝까지 추적하여야 한다. 그래서 에브라임과의 관계는 양보했다. 에브라임의 노가 풀렸다. 그래서 이제는 미디안의 남을 자를 공격해야 한다. 그렇지만 피곤하기에 숙곳, 브누엘 사람의 도움을 요청했다. 그러나 그들이 거절했다. 이때 기드온과 3,000의 용사는 고삐를 늦추지 않고 계속 추격하여 결국은 세바와 살문나를 죽이고 승리했다. 그러자 이스라엘 백성들은 자신들을 미디안의 손에서 건져 주신 기드온을 왕으로 추대한다. 기드온은 그 요청을 거절한다. 왜냐하면 하나님만이 왕이시고, 절대 주권자이기에 우리 인간이 절대 왕이 될 수 없다. 그 대신

탈취한 금을 바치게 하여 에봇을 금으로 만들어 그의 성읍 오브라에 두었다. 그랬더니 백성들이 나중에 그것을 음란하듯 섬기게 되므로 그 집에 올무가 되었다.

9장에서 기드온 사후에 아들 아비멜렉이 세겜 고향 사람과 혈연의 지지를 얻어 다른 형제 70인을 죽이고 왕이 된다(9:1-6). 이때 말째인 요담이 우화를 만들어 아비멜렉과 잔인한 인물을 왕으로 삼은 세겜 사람들의 어리석음을 꾸짖고 저주의 예언을 한다. "감람나무, 무화과나무, 포도나무들은 왕의 자리가 와도 업무에 충실하기 위해 왕의 직위를 거절했지만 가시나무는 인본주의로 왕권을 차지한다. 나중에 불이 나와 가시나무인 아비멜렉을 사를 것이다." 요담은 그 후 도망하여 브엘로 가서 거기 거주했다(9:7-21). 3년 후 가알을 중심으로 한 세겜 사람들이 반역했다. 가알의 반란은 인간 스스로가 왕이 되려는 악행에 대한 하나님의 징계이며 아비멜렉의 인정의 부당성을 입증하는 것이다(9:22-29). 그런데 이를 잘 처리하지 못하고 아비멜렉은 비참하게 세겜을 다 죽이고 소금을 뿌렸다. 그리고 계속 공격하여 세겜 망대에까지 공격하여 다 부수었다. 그리고 데베스까지 공격하여 모두 망대 꼭대기로 올라갔는데, 아비멜렉이 망대까지 올라가서 그들을 불사르려 할 때 한 여인이 맷돌 위짝을 아비멜렉의 머리 위에 던졌더니 두개골이 깨뜨러져서 죽었다. 이리하여 요담의 기도응답으로 세겜 사람들은 고통을 당했고, 아비멜렉 역시 죽었다.

오늘 묵상의 말씀

기드온의 초기 사명을 위해 헌신함과 후기에 자녀 교육 부족의 결과는 어떠했나?

후반기 사사의 생활

10장에서는 돌라와 야엘 사사의 배경이 등장하고 있다. 아비멜렉 사건 이후 돌라와 야일이 다스리던 때에는 별로 특기할 만한 사건이 없었다. 그들의 이름은 기드온처럼 유명하지도 않고 극적인 사건도 없었다. 즉 아비멜렉은 그의 허황한 욕심으로 백성들을 타락시키고 재앙을 불러 들였으나. 그들이 사사로 임명된 후에는 아비멜렉으로 인한 상처를 치유 받고 그 백성의 잘못을 고치게 해 적군으로부터 백성을 보호했다.

그런데 아쉬움이 있다면 언약 백성으로 하나님과의 체결된 언약을 잘 지켜 신앙인의 정통성을 이어주고 제사장 나라 백성으로서의 정체성을 항상 갖게 하면서 신앙의 계승적인 지도자의 역할에 대하여 등불을 들지 못한 것이 조금 아쉽다. 왜 그런가 하면 야일 같은 경우에 그는 십이 년을 다스리면서 그에게 아들 30명이 있어 어린 나귀 삼십을 탔고, 성읍 삼십을 두었는데, 그런 것으로 보면 경제적으로 넉넉했다. 그런데 그런 넉넉함을 가지고 메시아의 전승의 길을 환하게 비추는 마음으로 복음의 통로 역할을 하지 못하고 아들을 30명이나 낳은 것을 보면 여러 부인을 두었을 것이고, 그렇게 되어 다음 세대에게 복음의 통로가 되지 못할 가능성이 농후한 것이 아쉽다(10:1-6). 그렇게 살면 후대가 괴롭다.

11장에서는 길르앗의 입다를 통하여 이스라엘을 구원하는 역사를 기록하고 있다.

입다는 이복형제들의 질투로 멸시를 받고 쫓겨났다. 이는 최소한의 장로들과 동리 지도자들에 의해 묵인되었거나 찬성된 일이었을 것이다(11:7). 그래서 추방을 당하여 잡류들과 함께 지내었으나, 신앙인의 정체성을 항상 잃지 않고 지키고 있었다(11:9, 11). 그런 입다를 길르앗 거민의 우두머리로 추대한 것이다(11:1-11). 12-28절에서 사사가 된 입다는 암몬과의 전쟁에 돌입하기에 앞서 평화적으로 영토 문제를 해결하려한다. 그의 주장은 이렇다. 1) 아르논 사이에 있는 암몬과 모압 땅은 이전에 시혼의 소유였다. 그런데 우리 조상 이스라엘 백성이 그곳을 지나갈 때 비켜주지 아니했는데 그곳은 이미 소유하게 되었고, 암몬 땅의 일부도 자연히 정복되었다. 그리하여 입다는 여호와께서 우리에게 주신 땅은 아모리 사람에게서 취한 영토이기에 전쟁을 하지 않고 승리했다. 그런데 300년이 지난 지금 와서 길르앗땅을 암몬왕이 자기 땅이라고 하며 강제로 빼앗아 가려 하나 그럴 수 없다고 했다. 그래도 승복을 하지 않자 그는 서원 기도를 했다. 전쟁에서 승리하고 왔을 때 첫 번째 만나는 사람은 하나님께 번제로 드리겠다는 것이다. 그런데 하필 그의 무남독녀였다. 그럼에도 불구하고 그는 전쟁에 이겼고, 딸을 바치게 되었다. 딸을 바칠 만큼 충성 헌신하는 그의 믿음은 전쟁에서 이기도록 하나님이 보상한 것이다(11:29-40).

12장에서는 입다와 에브라임이 전쟁하는 모습을 보여 주고 있다. 입다가 전쟁에서 이겼을 때 에브라임 사람들이 모여 기드온의 경우처럼(8:1이하) 입다에게 시비를 걸었다. 그런데 기드온은 온유한 말로 달래었으나, 입다는 그의 모욕적인 행동을 군사적으로 응징한다. 그도 그럴 것이 입다는 도망한 자(12:4)이다. 그런가 하면 입다는 자기의 무남독녀를 희생시킬 만큼 전쟁을 통해서 고통이 심했다. 이런 입다에게 위로의 메시지가 필요한데 비방하니 응징을 당할만하다. 그래서 전투를 벌였는데, 42,000명의 에브라임 군대가 죽는다. 그리고 이어서 입산, 엘론, 압돈의 사사 시대를 겪고 있다.

오늘 묵상의 말씀

나는 영적 전쟁을 싸우는 동역자를 보면 어떤 말을 지원할 수 있을까?

삼손과 나실인의 능력

13장은 다시 이스라엘이 하나님의 목적에서 악을 행하였고, 그 결과로 40년 동안 블레셋에게 고통받는 이야기로 시작되고 있다. 13번의 악순환의 고리를 반복에 반복하자 우리 하나님은 그 순환 고리를 끊어버리고 신실한 계약의 백성으로 다시 환원되기를 원하셨다. 그러는 중에 임신하지 못한 한 여인 마노아의 기도를 유심히 들으셨다. 그리고 그에게 약속하셨다. "아들을 낳으리니 그에게 포도주와 독주를 마시지 말고 부정한 음식을 먹지 말라, 보라 아들을 낳으면 그 머리에 삭도를 대지 말라. 이 아이는 태에서 나옴부터 하나님께 바쳐진 나실인이 됨이라. 그가 블레셋 사람의 손에게 이스라엘을 구원하기 시작하리라(13:3-5)." 이 말씀을 듣고 마노아는 번제를 하나님께 드렸다. 그때 그는 출생을 예고하신 분이 누구인 줄 모르다가 그분 이름이 '기묘자(사9:6)'라는 것을 알았다. 이것은 그리스도를 알리는 이름이다. 이스라엘의 평생 숙제는 블레셋의 문제며, 이를 잘 해결한 사람이 다윗이며 그의 후손 중에 메시아가 탄생된 것이다.

어쨌든 하나님의 이름을 알게 되었고, 약속대로 이 여인은 아기를 낳았는데, 그 아들이 바로 삼손이다(13:15-20)

14장에서 그런 삼손이 정체성을 잊어버렸다. 그 결과로 블레셋의 한 여자를 보고 마음이 끌렸다. 그래서 부모의 반대에도 불구하고 결혼을 하려고 한다(1-4). 그래서 이스라엘 백성으로 정체성을 잃어버릴 뿐만 아니라. 나실인이라는 사명도 잊어버린 삼손은 그 여인을 만나기 위해 블레셋 땅을 왕래하던 중 사자를 죽이고 또 후에 그 사자의 주검에서 꿀을 취하여 먹는다(14:5-9). 또한, 부모에게 드려서 부모도 먹게 함으로 부모에게도 죄를 짓게 했다. 그리고 딤나 여인을 아내로 맞이하여 7일 동안 잔치를 벌이는 이야기를 소개하고 있다(14:10-15). 또한, 블레셋 여자와 결혼하면서 거기 풍속대로 블레셋 사람들 30명과 더불어 수수께끼를 내는

데, 그 아내가 삼손을 졸라 수수께끼의 답을 알아낸다. 이 일로 인하여 삼손은 크게 노하여 아스글론의 30명을 죽이고 그들의 베옷과 겉옷은 수수께끼를 푼 사람에게 주었다. 이때 무서움을 느꼈는지 삼손의 아내는 삼손의 친구의 아내가 되었다(14:16-20)

15장에서는 이에 분노를 느낀 삼손은 블레셋의 곡식과 포도원과 감람나무를 불태우자, 블레셋 사람들이 삼손과 결혼했던 여인과 그녀의 아버지를 불사른다. 그래서 삼손은 블레셋 사람들을 크게 쳐서 죽이게 되는데(15:1-8) 이러한 행동에 화가 난 블레셋은 유다로 올라와 진을 치고 유다를 위협한다. 그러자 유다 사람들은 삼손을 잡아서 블레셋에게 넘기어 그 위기를 극복하려고 한다(15:9-13). 그래서 삼손은 유다 사람들에게 결박되어 레히에 이른다. 바로 그때 하나님의 영이 삼손에게 임하여 그를 결박한 밧줄이 손에서 떨어지게 되고 삼손은 블레셋 사람을 1,000명이나 죽였다. 그러고 나서 목이 말라 기도했더니 하나님이 우묵한 곳에서 우물이 솟아나게 하여 먹고 정신을 차렸는데, 그 우물 이름은 '엔학고레'이다. 이렇게 하여 20년 동안 사사의 일을 행한 것이다(15:14-20). 여기에서 보면 삼손의 초자연적인 능력이 하나님께 있다는 것을 알게 된다. 그런 초자연적인 힘이 있는 인간이지만 하나님이 함께하지 않을 때는 그도 한낱 연약한 인간에 불과하다는 것을 깨닫게 한다. 하나님께서 삼손에게 나실인이라는 사명을 감당하여 이스라엘을 블레셋에게 건지시기 위하여 놀라운 힘을 주셨다.

오늘 묵상의 말씀

나는 하나님께 기도하여 능력을 받으면 그 능력을 어디에 쓰고 싶은가?

미가의 신상과 단 지파의 신상

16장에서는 삼손이 또다시 블레셋 지방의 가사에 내려갔다가 한 기생에게 유혹되어 곤경에 처한다. 그가 기생의 집에 온 줄 알고 가사 사람들이 그를 아침 새벽이 되면 죽이려고 밤새도록 매복하고 있었다. 그런데 삼손이 밤중에 일어나 성문 짝들과 두 설주와 빗장을 그대로 빼어들고 헤브론 앞산까지 유유히 가버렸다(16:1-3) 하나님이 부도덕한 삼손이나 그를 통한 놀라운 계획이 있음을 느끼게 한다. 이어서 삼손이 소렉 골짜기에 갔을 때 소렉 여인 들릴라에게 유혹을 당했다. 들릴라는 은 일천일백 세겔을 주겠다는 블레셋 사람들의 사주를 받아 삼손의 힘의 비밀을 알아내려 한다(16:4). 삼손은 3번이나 그들을 조롱한다. 그러나 들릴라가 집요하게 졸라대어 결국은 하나님이 주신 나실인의 비밀은 머리에 있다고 발설하게 된다(16:17). 이것은 나실인의 증표를 포기한 셈이다. 그 결과 삼손은 두 눈을 뽑힌 채, 동물처럼 맷돌을 돌리는 신세가 되었다(16:21). 심지어는 다곤 신상에게 축제할 때 삼손을 불러 노리개로 삼았다. 두 기둥 사이에 세웠다. 그때 삼손은 자신의 실수를 깨닫고 하나님께 부르짖는다. "주 여호와여 구하옵나니, 나를 생각하옵소서! 이번만 나로 강하게 하사 블레셋 사람이 나의 두 눈을 뺀 원수를 단번에 갚게 하옵소서(16:28)." 하나님은 그 기도를 들으셨다. 그에게 새 힘을 주었다. 그때 삼손을 구경하려고 온 사람들이 3,000명이나 되었다. 삼손은 기도를 통하여 힘을 얻고 기둥을 잡아당겼더니 지붕이 무너져 3,000명이 모두 다 죽었다. 이것은 삼손을 통하여 힘의 근원이 하나님께 있음과 동시에 하나님이 구속사역 속에서 블레셋에게서 이스라엘을 보호하고자 하는 크신 섭리가 있다는 것을 알리고 있다.

17장에서는 그 당시 사회가 종교적으로, 윤리적으로 부패한 모습을 드러내고 있다. 먼저 가정예배의 몰락이다. 미가의 어머니는 잘 간직해 두었던 1,100 세겔의 은을 도난당했는데, 그것 때문에 계속 저주를 퍼부었다. 이 저주 소리를 자주

들은 아들은 듣기 싫어서 1,100세겔의 은을 돌려주었다. 어머니는 이것으로 신상을 만들어서 자기 집, 신당에 두고 드라빔과 에봇을 만들어 한 아들을 세워 제사장으로 삼았다. 이것은 완전히 가정교육이 망가졌다는 뜻이다. 아들의 도둑질을 눈감아 주거나, 그것으로 우상을 만들거나, 그 우상을 지키기 위해 신당을 만들고, 또 이를 위하여 제사장을 세웠다는 것을 도저히 언약 백성으로는 용납할 수 없을 정도로 타락 부패한 것이다. 그런 즈음에 유다 지역의 한 레위인이 거처할 곳을 찾지 못하고 있다가 그를 개인의 제사장으로 삼는다. 레위인 역시 타락한 것이다.

18장에서 사회의 타락상을 계속 강조하고 있다. 그때 단지파가 자기의 거할 곳을 찾지 못했다(18:1). 사실 단 지파는 바닷가 쪽 땅을 분배 받았다(수18:1-10). 싸워서 그곳을 차지해야 하나, 블레셋이 워낙 강하다고 생각했는지 정착하지 못하고 방황하고 있었다. 그러다가 5명을 선발하여 정착할 곳을 찾던 중 미가의 집에 유숙하게 되었다. 그들은 그 집에 레위인이 있는 것을 보고 그에게 "한 사람의 제사장이 되는 것보다 한 지파의 제사장이 되는 것이 낫지 않느냐"라고 말하여 그 집에 있는 드라빔과 우상과 신상을 훔쳐서 단 지파와 가담한다. 그리고 북쪽으로 올라가 라이스라는 곳을 정복하여 그곳 이름을 '단'이라고 정하고 그곳에 정착한다.

오늘 묵상의 말씀

우리 가정은 하나님과의 언약 관계를 자녀들과 부모와 하나님과 잘 이루고 있는가?

사사 시대와 사사 시대의 부패상

19장에서는 레위인과 그 첩에 관한 이야기를 하고 있다. 원래 레위인은 첩을 두면 안 된다(레21:13-15). 그런데 첩을 두었다. 그 첩이 음행하여 뉘우치는 기색이 없으매 그 아비집으로 돌려보냈다. 그리고 자신의 딸이 행음했음에도 불구하고 꾸짖지 아니하는 아버지의 태도에서 가정교육의 부패를 알 수 있다(19:1-9). 그 후 레위인은 그 첩을 찾으러 처가 베들레헴에 갔다. 그곳에서 장인의 융숭한 대접을 받고 하루, 이틀 미루다가 닷새를 머무른다(19:4-9). 다섯 날이나 있다가 안식일이 가까워져오자 허겁지겁 돌아오던 중에 베냐민의 기브온 땅에 유숙하게 된다(19:10-21). 그때 자기 대신 첩을 폭도들에게 방패막이로 내어 주어 윤간을 당해 죽게 내버려 둔다(19:22-25). 그 후 자기 원수를 갚아달라는 호소와 자기 첩을 12덩이로 나누어 12지파에게 보낸다(19:26-30).

20장에서는 앞장(19장)의 사건을 해결하기 위해 브엘세바에 모였다. 그리고는 먼저 사건의 경위를 듣고, 평화적인 해결을 위해 베냐민 지파에게 범죄자를 내어 달라고 부탁했으나, 거절당하고 오히려 베냐민 지파가 그들의 형제인 이스라엘 자손들에게 싸움을 걸어온다(20:14). 베냐민 지파가 전쟁을 준비하자(20:15-16) 이스라엘 자손은 하나님께 물었다. 그랬더니 이것의 올바른 처사로 첫 번째 싸움에서 이스라엘이 패배하도록 하셨다. 그 이유는 스스로 용기를 내어(20:22) 싸움에 임하였기 때문이다. 곧 하나님의 의가 아닌 자기 의로 이기고자 했기 때문이다(20:24-28). 이스라엘은 두 번째 전투에서도 패배하였다. 이유는 자신들이 베냐민 지파보다 낫다는 영적 교만과 자만심 때문이었다. 이때 이스라엘 자손들은 울고 금식하면서 여호와께 번제와 화목제를 드렸다. 이렇게 싸우는 동안 이스라엘은 40,000명 이상이 죽었다. 우리가 생각할 때는 기브아의 베냐민이 잘못했다고 생각하나 하나님은 양쪽 다 잘못했다고 인정했다. 두 번의 전쟁을 통하여 베냐민은 도취했다(20:32). 네 번째는 이스라엘 군대가 매복 작전을 통하여 베냐민 지파가 600명을 제외하고는 25,000명 모두를 죽였다. 하나님은 양측 모두를 심판하신 것이다(20:36-48).

21장에서는 이스라엘 총회에 모임을 하고 이스라엘이 회개하는 장면과 베냐민 지파의 복구대책을 강구하는 장면이 나온다. 이때 이스라엘 총회에 관여하지 않은 지파에 대하여는 징계하기로 결의했다. 그러나 내면적 이유는 그 성읍의 여인들을 붕괴 위기에 처한 베냐민 지파의 남은 자를 구원하기 위하여 도와주기 위한 전략이었다(21:1-7). 8-12절은 이스라엘 총회에 참석치 않은 야베스 길르앗 거민에 대해 징계했다고 기록하고 있다. 이 성읍은 앞서 소개한 이스라엘 성읍으로서 갓 지파 소속이다. 이 성읍은 앞서 소개한 이스라엘 총회에서도 참석하지 않았고, 베냐민 지파를 징계할 때에도 군대를 보내지 아니했다. 이렇게 이스라엘 공동체의 일에 소극적인 자세를 취하다가 이 성읍은 진멸 당하게 된 것이다. 그 후 이스라엘 총회는 베냐민 지파 회복을 위한 여러 가지 방안도 생각해냈다. 그것은 야베스 길르앗 징계 후에 생존한 그곳의 처녀 400명을 베냐민 지파에 주는 것이다(21:12-14). 이웃 여인의 수가 부족하자 이번에는 매년 실로의 무도회에 참가하는 여인들을 베냐민 지파로 하여금 취하게 하여 그 부족한 수를 채워나가도록 했다(21:19-22). 한편 이러한 베냐민 지파의 회복방법은 이스라엘 전체가 범죄함으로 인해 고통을 당하나 결국은 보존되고, 궁극적으로는 하나님의 구원하심으로 인해 메시아가 오실 것을 고백한다.

오늘 묵상의 말씀

사사 시대가 망한 궁극적인 내용은 무엇인가?

위대한 선택과 만남의 축복

1장은 우리 하나님은 죄의 악순환으로 말미암아 혼란이 계속되던 암울한 사사시대에 위대한 선택을 한 룻을 등장시켜 축복의 통로의 줄기를 이어가게 하시는 하나님의 비밀을 기록하고 있다. 위기에 우리 하나님은 시대적 약자를 들어 강한 자를 부끄럽게 하시는 비밀의 방법을 사용하셨다. 그중의 하나가 여자이다.

사사시대에 드보라와 야엘을 통하여 희망의 가능성을 보여주신 주님은 마노아를 통하여 나실인인 삼손을 보내면서 여자의 중요성을 강조하셨다. 그러다가 미가의 어머니를 통하여 한 여자와 어머니의 중요성을 보여주셨다. 이제는 이방인이지만 계약 백성의 비밀을 깨닫고 위대한 선택을 하는 그를 통하여 끊어질 듯한 하나님의 축복 통로의 끈을 이어가시는 것을 말해주고 있다.

룻은 가난을 피하고자 모압 지경에 피난 온 유다 베들레헴 출신 엘리멜렉의 며느리이다. 그런데 그의 시아버지도 죽고 그의 남편도 죽었다. 그녀의 시가 혈족은 다 죽고 시어머니만 남았는데 너무 가난하여 시어머니가 고향으로 가려고 한다. 시어머니 나오미에게는 두 자부 오르바와 룻이 있었는데, 고향에 이들을 데려간다는 것이 아무 소망없는 일인 것 같아서 두 자부에게 자기 갈 길로 가라고 했다. 앞으로 자신이 그녀들을 책임질 수 없기에 당연한 인간의 도리는 그들에게 자기의 갈 길로 가도록 자유를 주는 것으로 생각했다.

이때 동서 오르바는 인사를 하고 자기 갈 길로 갔지만 룻은 이렇게 이야기한다. "나를 따르지 말고 돌아가라 강권하지 마소서. 어머니 가는 곳에 나도 가고 어머니 유숙하는 곳에 나도 유숙하겠나이다. 어머니의 백성이 나의 백성이 되고 어머니의 하나님이 나의 하나님이 되시리니(1:16)."

그야말로 위대한 선택을 했고, 위대한 결심을 했다(1:18). 그는 하나님의 언약과 그리스도의 비밀을 깨달은 것 같다. 이렇게 하여 그가 베들레헴에 가는 과정까지 기록하고 있다.

2장에서 룻이 베들레헴에 도착한 때는 보리 추수 때였다. 보리 이삭을 주우러 들로 나갔는데 우연히도 이삭 줍는 밭이 보아스의 밭이었다. 하나님은 만남의 축복을 통하여 당신의 계획을 펼치신다. 자기 밭에서 이삭을 줍고 있는 소녀를 발견한 보아스는 그녀가 누구인가 물었을 때 그녀는 "나오미와 함께 모압 지방에서 돌아온 소녀인데, 아침부터 와서는 잠시 집에서 쉰 것 외에 지금까지 계속하는 중이니이다(2:6-7)"라고 말했다. "이삭을 주우러 다른 밭에 가지 말고 여기 소녀들과 함께 있으라." 보아스는 룻을 배려해 주었다. 그리고 "네 남편이 죽은 후에 네가 시모에게 행한 모든 것과 네 부모와 고국을 떠나 전에 알지 못하던 백성에게로 온 일이 내게 분명히 들렸느니라. 여호와께서 네 행한 일을 보응하시기를 원하며 이스라엘의 하나님 여호와께서 그 날개 아래 보호를 받으러 온 네게 온전한 상 주시기를 원하노라(2:11-13)"라고 격려해 주었다. 룻이 저녁까지 줍고 그 주운 것을 가지고 성읍에 들어가서 시모에게 주며 하루 되어진 일을 보고하였다. 그랬더니, 시어머니가 룻에게 "그가 여호와로부터 복 받기를 원하노라. 그 사람은 우리와 가까우니 우리 기업을 무를 자 중의 하나이니라(2:20). 내 딸아, 너는 그의 소녀들과 함께 가고 다른 밭에서 사람을 만나지 아니하는 것이 좋으니라 (2:22)"라고 말하였다. 이미 인생의 경험이 많은 나오미는 하나님의 깊은 뜻을 깨달았는지 잘 조언해 주었다.

오늘 묵상의 말씀

내 일생 중에 가장 위대한 선택을 하던 때는 언제인가?

새로운 가정의 탄생과 축복의 통로 연결

3장에서는 축복받는 가정의 탄생을 통해서 하나님의 계획이 서서히 드러남을 볼 수 있다.

시어머니 나오미는 룻의 이야기를 다 듣고 나서 "우리의 보아스는 우리의 친족(기업 무를 자)이 아니냐. 너는 목욕하고, 기름을 바르고, 의복을 입고, 타작마당에 내려가서 그 사람이 먹고 마시기를 다하기까지는 그에게 보이지 말고 그가 누울 때 너는 그 눕는 곳을 알았다가 들어가서 그 발치 이불을 들고 거기 누우라. 그가 네 할 일을 네게 고하리라"라고 지시한다. 나오미는 룻이 따라올 때부터 룻의 장래에 대하여 염려해오고 있었는데, 이것이 하나님이 주신 계획인가보다 생각했다. 그런데 룻이 이삭줍기 과정에서 만난 사람의 이야기를 들어 보면 그게 기도 응답인 것이 확실하다. 그래서 조마조마하는 마음으로 재혼 계획을 세우고 룻에게 그렇게 지시한 것이다. 다행히도 룻이 나오미의 명령대로 다 행했다(3:1-5).

그날따라 보아스가 먹고 마시고 마음이 즐거워서 그냥 노적가리 곁에 눕게 되었다. 이때 룻이 신속하게 가서 가만히 이불을 들고 거기 누었다. 밤중에 보아스가 놀라 몸을 돌이키며 본즉 한 여인이 발치에 누워 있었다. "네가 누구냐?" 보아스의 질문에 룻은 가냘픈 소리로 "나는 당신의 여종 룻이오니 당신의 옷자락을 펴 당신의 여종을 덮으소서. 이는 당신이 기업을 무를 자가 됨이니라"라고 대답했다. 보아스는 갑자기 일어난 일이나 당황하지 않고 오히려 "내 딸아 여호와께서 네게 복주시기를 원하노라. 네게 가난하건 부하건 젊은 자를 따르지 아니하였으니 네가 베푼 인애가 처음보다 나중이 더하도다. 두려워 말라, 내가 네 말대로 네게 다 행하리라. 네가 현숙한 여자인 줄을 나의 성읍 백성이 다 아느니라(3:10-11)"라고 말하며 안심시킨다. 그리고 "참으로 나는 기업을 무를 자이나 기업 무를 자로서 나보다 더 가까운 사람이 있으니 이 밤에 여기 머무르라. 그가 기업무를 자의 책임을 네게 행할 것이라. 그가 기뻐하지 아니하며 내가 네게 이행하리라(3:13)"라고 확언해 준다. 룻과 나오미 입장에서 보면 부끄러움을 무릅쓰고 과감한 도전을 한 것이요, 보아스는 오랫 동안 생각해 둔 것처럼 침착하게 여인을 안심시키고 그녀를 도와주려고 한다. 이것은 위대한 선택에 대한 하나님의 선물이다.

4장 내용은 이렇다. 다음날 보아스가 성문에 나가 있다가 기업 무를 자에게 이런 이야기를 하였다. 장로 10명을 청하여 엘리멜렉의 소유지를 팔려 하므로 사서 기업을 무르라고 했더니, 기업 무를 자가 "나는 무르지 못하겠노라"라고 말하면서 보아스에게 "네가 너를 위하여 사라"하고 그의 신을 벗었다(4:1-8). 이에 보아스가 장로들과 모든 백성을 증인으로 세웠다. 이때 장로들이 말했다. "우리가 증인이 되나니 여호와께서 네 집에 들어가는 여인으로 이스라엘의 집을 세운 라헬과 레아 두 사람과 같게 하고 네가 에브랏에서 유력하고 베들레헴에서 유명하게 하시기를 원하며, 여호와께서 이 젊은 여자로 말미암아 네게 상속자를 주사 네 집이 다말이 유다에게 낳아준 베레스의 집과 같게 하시기를 원하노라(4:11-12)." 공식적인 절차를 다 마치고 보아스가 룻을 아내로 맞이하고 그에게 들어가 아들을 낳았다(4:13-17). 결국, 룻에게서 오벳을 낳았고, 오벳은 이새를 낳았고, 이새는 다윗을 낳았다(4:22).

룻기를 통하여 하나님은 여자를 통하여 놀라운 일을 벌이시는 걸 느낀다. 다말, 드보라, 야엘, 마노아, 미가, 그리고 룻을 들어 쓰신다.

오늘 묵상의 말씀

당신은 당신의 일생 중에서 위대한 선택과 결단한 일은 언제인가?

사무엘의 소명 받음

1장에서 한나는 아들이 없어서 동서 브닌나에게 많은 고통을 받았다. 그래서 하나님께 간절한 기도를 드린다. "저에게 아들을 주시면 평생 그를 여호와께 드리고 삭도를 대지 아니하겠나이다(1:11)." 하나님이 그 기도를 들으시고 그에게 아들을 허락하셔서 레위 가문에 20대손인 사무엘이 태어났다. 이는 하나님이 레위 가정에 모세를 통하여 이스라엘 백성을 구원하는 역사를 펼치셨다면, 나실인 사무엘을 통해 왕국의 초석을 놓겠다는 하나님의 깊은 뜻이 담겨있다.

2장에서 한나는 아기를 주신 하나님께 찬양하면서 하나님에 대한 명확한 신앙고백을 한다. 절대 주권자이신 하나님(2:1-2), 가난한 자와 신실한 자를 악인에게서 보호하시는 하나님(2:3-9)의 보호와 섭리, 그리고 메시아의 도래에 대한 노래로(2:10) 훗날 마리아가 이 내용으로 하나님께 찬양한다(눅1:46-55). 이어서 사무엘은 젖을 떼자마자, 부모를 떠나 하나님의 사람으로 준비하기 시작한다. 그 준비 내용은 1) 엘리 제사장을 통한 지식교육이며, 2) 홉니와 비느하스를 반면교사로 삼아 하나님 앞에서 경건한 자세로 바로 서는 자세 습득이요 3) 말씀을 통해 영적인 음성을 듣는 훈련이다. 그러는 가운데 사무엘은 지혜와 키가 자라며 여호와와 사람에게 은총을 더욱 받으며 하나님의 사람으로 기초를 쌓아간다.

그러는 중에 하나님께서 엘리를 통해 두 아들 홉니와 비느하스의 멸망을 예고하고(2:12-13), "나를 위하여 충실한 제사장을 일으키리니, 그 사람은 내 마음 내 뜻대로 행할 것이라 내가 그를 위하여 견고한 집을 세우리니 그가 나의 기름 부은 자 앞에서 영구하리라(2:35)"라고 말씀하시면서 사무엘이 다스릴 것을 느끼게 한다. 그리고 이는 예수 그리스도의 예표가 되게 한다.

3장에서는 사무엘이 소명을 받았을 때는 3가지가 부족할 때이다. 1) 말씀의 빈곤이다. '여호와의 말씀이 희귀하여 이상이 흔히 보이지 않았더라.' 2) 12지파가 종교적인 명령을 지키는 것 외에는 공동체 의식이 없어서 공고하게 단결하지 못한다. 3) 12개의 이방 민족이 연합하여 공격해 올 경우 방어할 국가적의식이 약하다. 이유는 각기 자기의 소견대로 살았기 때문이다. 물론 말씀이 없어서 자기의 소견대로 살았는가? 자기의 소견대로 살다 보니 말씀이 희귀했는가? 생각해 볼 문제지만 이 세 가지가 절대적으로 채워져야 할 부분이다. 그것의 시작은 말씀 운동에부터 기인해야 하기에, 사무엘을 키우고 준비한 후 이제 때가 되어 하나님이 그를 사명자로 부른 것이다. 하나님이 그를 사명자로 부른 이유는 무엇일까?

1) '하나님의 등불은 아직 꺼지지 아니하였으며, 사무엘은 하나님의 궤 있는 여호와의 전 안에 누워 있더니(3:3)' 성전의 불을 끄지 않고 항상 말씀을 곁에 두고 연구를 했다. 요즘 같으면 말씀 전문가가 되기 위하여 연구하고 묵상하면 말씀에 몰입한 것이다.

2) 주님의 부르시는 소리에 민감했다(3:4). 세미한 소리에도 듣는 엘리야처럼(왕상 19:12) 하나님이 세 번 부르실 때 세 번 다 들을 수 있었다.

3) 말씀이 하나도 땅에 떨어지지 아니했다(3:19).

4) 단에서 브엘세바까지 온 이스라엘이 사무엘이 선지자임을 인정했다(3:20).

5) 다시 실로의 예배 중심, 성막 있는 곳에서 하나님의 말씀으로 사무엘에게 나타나셨다(21).

오늘 묵상의 말씀

나는 사명자로 부름을 받을 때 어떻게 인정받았는가?

법궤의 권위 회복

4장에서는 이스라엘과 숙적 블레셋 군의 싸움에 대하여 기록하고 있다. 1차 전쟁인 아벡 전투에서 이스라엘 백성은 4,000명이 죽고 패했다. 그때 이스라엘의 정보판단 결과는 하나님이 함께하시지 않아서 패배했다고 했다. 그래서 홉니와 비느하스가 법궤를 가지고 전투에 임했다. 그런데 하나님의 말씀을 무시하고 듣지 않는 자들이 전쟁이 일어나면 하나님이 함께하시기를 바라며 법궤를 들고 나간다는 것은 모순적이기도 하고 하나님을 인격적으로 섬기는 것을 모르는 작태이다. 그렇게 하고는 이스라엘은 하나님이 함께하셨다고 기뻐하며, 방관자적인 자세로 전투에 참여하고, 반대로 블레셋 군대는 "애굽을 치신 신이 우리를 치러 올라왔도다, 대장부 같이 싸우라"라고 독려하고 죽기 살기로 온 힘을 다해 싸운다. 누가 이길 것인가? 전쟁에서 구경꾼은 이길 수 없다. 전심전력을 다 할 때 이기는 것이다. 이로 인하여 유다인은 30,000명이 죽고, 홉니와 비느하스도 죽었다. 이 소식을 들은 98세의 엘리 제사장은 의자에서 뒤로 넘어져 목이 부러져 죽었고(4:18), 며느리인 비느하스의 아내는 임신 중이었는데, 이 소식을 듣고 갑자기 아파서 몸을 구푸려 해산하고 죽었다. 이에 아기 이름을 이가봇 '하나님의 영광이 떠났다'라고 지었다.

5장에서 이스라엘에게서 언약궤를 탈취한 블레셋은 승리감에 도취하여 법궤를 아스돗의 다곤 신상이 있는 곳에 놓고 시위했다. 그런데 그다음 날 아침에 보니 다곤의 신상이 여호와 앞에 엎드러져 얼굴이 땅에 닿아 있고, 머리와 두 손목은 끊어져 문지방에 있고, 몸뚱이만 덩그러니 남아 있었다. 그리고 아스돗 사람에게 독종의 재앙으로 큰 고통을 당하게 되었다. 그래서 블레셋 장관들이 의논하여 가드로 옮겼더니, 모든 자에게 종기가 심했다. 이번엔 에그론으로 옮겼다. 거기도 마찬가지였다. 가는 곳마다 종기가 심하고 고통이 심하니 온 블레셋 성읍이 부르짖음이 하늘에 사무치게 되었다(5:1-11).

6장에서는 심한 고통에 처한 블레셋 종교 지도자들은 그들의 재앙의 근원이 하나님인지 아닌지 반신반의하면서 대책회의를 했다(6:9-11). 1) 속건 제물로 금 독종 5개와 금쥐 5개를 만들어 바치고, 2)멍에 메어 보지 않은 젖나는 두 마리가 끄는 새 수레에 그 언약궤와 속죄 제물을 실어 보낼 것(6:7-9). 3) 송아지는 집에 돌려보낼 것, 이때 만약에 암소들이 벧세메스로 가면 이 재앙이 하나님이 내린 것이요, 그렇지 아니하면 우연히 만난 것이라고 약속했다. 그런데 젖 먹는 어린 송아지가 집에 있고, 어미 소가 길을 갈 때 집에 있는 소가 울면 자연히 어미 소는 급속히 젖 먹는 송아지 있는 곳을 달려갈 것이라는 생각이 있었을 것이다. 그럼에도 불구하고 암소가 이끄는 수레는 울고 좌우로 치우치지 아니하였고, 블레셋 장관들은 벧세메스까지 따라와서 이스라엘 경계에서 넘겨주고 돌아갔다. 벧세메스 사람들은 밀을 베고 있다가 그 광경을 보고 기뻐하였다. 무리가 그 암소들을 번제로 삼아 하나님께 제사를 드렸다. 이때 벧세메스 사람들이 그 법궤를 구경하다가 50,070명이 죽었다. 벧세메스 사람들이 불경한 호기심을 가지고 궤를 들여다보기 위해 만지며 경건한 행동을 하지 아니한 고로 하나님은 반드시 심판하신다(민 4:17-20). 하나님의 말씀은 마술적인 힘을 가진 물체가 아니다. 인격적으로 하나님을 존중해야 하는 것이 살아계신 하나님께 대하는 삶의 자세이다. 하나님 임재의 상징은 법궤를 다곤 곁에 두었을 때는 다곤 우상이 다 깨어졌고, 법궤를 아무렇게 다 운반하면 그들이 죽는다는 것을 보여 준다.

오늘 묵상의 말씀

법궤에 대한 우리의 태도는 어떻게 해야 하나? 블레셋 사람들과 비교하여 이야기해보자.

왕국의 중요성과 백성의 요구

7장에서 이스라엘 백성들은 말씀을 등한히 하여 법궤를 빼앗겼다. 블레셋의 봉신국(vassal)이 되었다. 법궤는 아비나답의 집에 있어 손을 대지 못하고 있었다. 그때로부터 20년 지나오는 동안 사무엘은 소년기에서 청년기로 오면서 제일 먼저 한 일은 이스라엘 백성을 가르치고 인도하여 우상을 버리고 여호와께로 돌아오라고 외친 일이다(7:1-4). 그리하여 미스바에 모여서 지난날을 회개하고 하나님 앞에 돌아오는 사건을 통하여 에벤에셀의 하나님을 확인했다(7:5-12). 두 번째 사건은 블레셋에 대한 정신 상태를 바로 세우는 일이었다. 블레셋은 우세한 병력에 철 무기를 가지고 있다. 그러나 이스라엘은 숫자적으로 열세하고 철 무기가 없다. 그럼에도 불구하고 12지파의 훈련이 되어 있지 아니해서 오합지졸로 대처할 수 밖에 없는 정황이다. 중요한 것은 전쟁은 하나님께 있다는 정신 상태를 만들어야 한다. 하나님의 이름으로 모이면 이길 수 있다는 확신이 중요하다. 자기 소견대로 살고 문제만 있으면 흩어져 버리는 소극적인 상태로는 주변 국가를 이길 수 없다. 그래서 출애굽기 19장 5-6절처럼 언약 백성으로서 하나님 나라와 왕국답게 하려고 정신무장을 하는 것이 중요했다. 그래서 사무엘은 벧엘, 길갈, 미스바, 라마를 순회하면서 하나님 나라 공동체의 필요성을 계속 강조하고 있다. 언약 백성은 언약을 확고하게 붙들 때 속세의 공격에서 이길 수 있다.

8장에서는 7장에서 제기된 문제 3가지 즉 1) 하나님 말씀을 가르쳐서 언약백성으로 하나님이 우리의 종주국이고 우리는 하나님의 봉신국인 것처럼 우리는 하나님의 백성이라는 계약관계를 확고히 하는 것 2) 하나님의 주신 말씀의 무기는 세상의 무기들보다 훨씬 강한 것이다. 왜냐하면, 전쟁은 하나님께 속한 것이기 때문이다. 3) 각 지파 중심이다 보니 12지파가 모일 때 오합지졸이 되기 쉬워서 적군과 싸울 때 훈련이 되지 못하기에 패배할 수 없는 상황이기에 교육을 통해 하나님 나라의 새로운 공동체로 이루어 가는 것이다. 이를 위하여 사무엘은 일생을 바쳐서 지역을 순회하면서 교육하였으나, 중과부적이었다. 이렇게 수십 년을 가르치다 보니 나이가 많아 늙게 되었다. 백성들은 그 깊은 뜻을 모르고 다른 나라들처럼 우리나라도 왕을 보내 달라는 것이다(8:1-5). 다시 말하면 국체를 율법 중심인 신정 정치가 아니라 전제 군주국의 왕권 중심으로 바꿔 달라는 것이다. 이 말은 심하게 말하면 왕을 세우고 사무엘은 뒤로 물러나라는 말이다. 처음에는 섭섭했지만, 하나님도 백성이 원한다면 최선은 아니나 용납하셨다. 그래서 왕권의 시대를 꿈꾸게 된다. 그러나 실제는 영적으로 왕은 하나님이시고, 나라의 왕은 하나님을 대신한 대리자로서의 왕에 불과하다. 이것을 잊어버리면 근본적으로 하나님과의 인격 관계가 무너지기에 큰 재난이 오는 것이다.

9장은 사무엘이 사울과 만나서 그를 왕으로 지목한다. 그 이유는 1) 베냐민 지파로서 가장 작은 지파이다(9:1). 사사기 19-21절 사건으로 그 세력이 크게 약화하였기 때문이다. 그럼에도 불구하고 하나님이 그를 쓰신 이유가 있다. 2) 외모가 준수하다(9:2). 3) 작은 일에 충성한다(9:4-6). 3) 문제가 있을 때는 항상 하나님의 사람을 찾는다(9:6). 주의 종에게 갈 때 예물 준비한다(9:7-8). 이를 보고 사무엘은 그에게 마음의 준비를 하도록 언질을 준다(9:20). 그리고 지붕에 올라가서 마음의 준비를 하도록 당부한다.

오늘 묵상의 말씀

하나님 나라를 이루기 위해 우리에게 가장 중요한 것은 무엇인가?

사무엘의 고별인사

10장에서는 왕으로 기름 부음 받은 사울에 대하여 기록하고 있다. 사울은 머리에 기름을 붓고 왕이 된다. 이것이 합당하다는 징조로 1) 사울이 길 가는 도중 만난 두 사람이 부친이 잃은 나귀를 찾았다고 말해줄 것, 2) 벧엘로 올라가는 두 사람이 그에게 떡 두 개를 줄 것, 3) 하나님의 산에서 내려오는 선지자들을 만날 것과 사울도 예언하고 새 사람이 될 것이라는 예언이 이루어졌다(10:9-13). 이로 인하여 사울은 하나님의 뜻을 깨달았다. 이런 일이 있은 후 사무엘은 모든 이스라엘 지파가 모인 미스바 총회, 그 중에서 각 지파에서 1,000명을 선발하고 그중에서 또 한 사람을 뽑게 했다. 그러니까 12,000명 중에 1명을 뽑는 선거였다. 그때 사울이 뽑혔다. 그럼에도 불구하고 그는 1) 숙부에게도 자랑하지 않았고, 2) 행구(짐 보따리) 뒤에 숨었다. 3) 자기를 반대하는 자들의 비난과 불경한 대접을 받고서도 잠잠했다(10:14-27).

11장에서 사울은 왕으로 추대되었지만 중앙집권적인 체제가 아니기에 궁정에서 통치하지 않고 자기 집에서 통치했다. 그리고 평상시처럼 농사를 짓고 있었다. 그런데 사울은 소를 몰고 오다가 암몬 사람 나하스가 야베스 사람에게 말하기를 "너희의 오른 눈을 빼야 너희와 언약하리라"라고 이스라엘을 위협하는 것이 일주일 동안 진행되고 있는 것을 목격했다. 이때 사울은 리더십을 발휘했다. 그 전투에 33만의 군인을 동원하여 3대로 나누어 가서 새벽에 적진에 들어가서 남은 사람이 하나도 없도록 박살냈다. 그 때문에 그를 반대하던 사람들이 모두 숨을 죽였고, 그때를 기회로 사무엘이 "우리가 길갈로 가서 나라를 새롭게 하자(14)"라고 말하여 모든 백성이 길갈에 가서 제사를 드리고 공식적인 업무를 집행했다. 그랬더니 백성이 기뻐했다.

12장에서 신정체제가 종결되고 왕정체제를 공식 출범하게 될 즈음에(12:1-2)

사무엘은 고별설교를 했다. 먼저 양심선언을 통해서 자신의 설교 권위를 확증한 사무엘이 계속해서 경고와 권면의 말씀을 기록하고 있다. 즉 자신은 사사로서 직권을 남용하여 사사로이 이익을 챙기지 않았음을 고백한다. 그리고 이스라엘의 결핍이 무엇인지 정확하게 지적한다. 이스라엘의 본디 사명은 하나님의 소유된 나라, 제사장 백성, 거룩한 백성으로 존재하는 것이다(출19:5-6). 이 사실을 외면한 채 왕에게 요구하여 다른 이방 나라처럼 강력한 국가가 된다는 것은 하나님의 언약을 파괴하는 중대한 죄악이다. 하나님은 애굽의 포로 된 가운데서도, 사사 시대의 이방 압제하에서도 그들을 구원하여 주심으로 무한한 권능을 지닌 그들의 왕으로 계심을 보여 주셨다. 그는 이런 사실을 지적하면서 비록 왕정 제도에 들어간다 하더라도 요구되는 가장 중요한 것은 순종의 믿음이라고 결론을 맺었다. 이때 우레와 비가 쏟아지면서 사무엘의 마지막 고별설교에 힘을 보탰다. 그러자 백성들이 무서워 말했다. “우리를 위하여 여호와께 기도하여 우리로 죽지 않게 하소서. 우리가 우리의 모든 죄에 왕을 구하는 악을 더하였나이다(12:19).”

그러자 사무엘이 “두려워 말라 오직 너희 마음을 다하여 여호와를 섬기라(20)”, “여호와께서는 너희를 자기 백성 삼으신 것을 기뻐하신 고로 그 크신 이름을 인하여 자기 백성을 버리지 아니할 것이요, 나는 너희를 위하여 기도하기를 쉬는 죄를 여호와 앞에 결단코 범치 아니할 것이요(12:23)”라고 말하면서 확신의 권면으로 모든 고별인사를 마치고 있다.

오늘 묵상의 말씀

사무엘이 고별 인사에게 가장 중요하게 여기는 내용은 무엇인가?

사울의 불순종과 그 결과

13장에서 사울의 사명은 블레셋 군을 이기는 것이다. 이를 위하여, 사울은 상비군 3,000명을 훈련했고, 그중에 1,000명은 요나단에게 수비대로 지위를 맡겼는데, 요나단이 먼저 블레셋의 수비대를 치면서 비로소 왕으로 취임한 지 2년 만에 믹마스 전쟁이 발발했다. 그래서 길갈에 모였다. "일주일을 기다리라. 그러면 내가 가서 너의 행할 일을 가르치리라"는 사무엘의 명령이 있었기 때문이다(10:8). 블레셋 사람은 30,000명의 군인, 마병만도 육천이요, 백성은 해변의 모래와 같이 많이 믹마스에 진을 치고 공격할 태세이다. 이스라엘 사람들은 위급함을 느끼고 도망하고 숨고 그래서 남은 자는 600명 정도였다. 그런데 7일이 지나도 어떻게 된 일인지 사무엘이 오지 않았다. 사람들은 점점 흩어지고 블레셋 군은 믹마스에서 위협하니 사울은 마음이 급하여 먼저 화목제물을 가져오게 하여 제사를 드렸다. 그런데 이것은 엄청난 실수였다. 단지 7일 동안 기다리지 않은 불순종도 크지만 그것보다 더 큰 것은 블레셋 군대를 이기는 방법을 배워야 했다. 어떻게 블레셋을 무찔렀는지 알아야 한다. 그것을 가르쳐 주리니 7일간 기다리라는 것이다(10:8). 신정정치는 하나님이 왕이다. 그러니 하나님 여호와의 말에 순종해야 한다. 그러면 전쟁에 이길 길을 알려 준다. 그 전쟁 승리 방법을 듣고 싸워야 하는데 마음이 급하니 빨리 제사를 드려버렸다. 그것이 결국은 사무엘의 마음을 화나게 했다. "너의 나라가 길지 못하리라"라고 하면서 다른 사람을 하나님 나라의 대리 왕으로 뽑아야 하겠다고 결심하게 된 것이다. 19절부터는 사울의 고민은 이해할 수 있는 대목이 있다. 블레셋에게는 철공이 있어서 칼과 창이 다 있고 전차도 600승이나 있지만, 이스라엘 백성들은 보습이나 괭이를 벼리려 해도 블레셋 지방에 가서 도움받아야 한다. 그러니 이스라엘 백성에게는 창이나 칼을 가긴 사람만 오직 사울과 요나단뿐이다. 그것은 이스라엘 백성은 다 흩어지고 600명뿐이고 블레셋 군인은 30,000명이요. 마병도 600명이니 어떻게 당하랴(13:12). 사울의 마음은 이해한다. 그러나 전쟁은 하나님의 손에 있다. 하나님은 이것을 인정하는 사람을 찾는다(17:47).

14장에서 요나단은 그것을 믿었다(14:6). 그래서 병기 든 소년과 함께 블레셋 부대에 들어간다. 두 사람이 블레셋 지경에 보이자 구멍에 숨었던 사람들이 한 사람 한 사람씩 나와 모였다. 그리고 올라가서 블레셋 병기든 자 20명을 다 죽였다. 그로 인해 숨었던 자들이 다 나와서 합하였고, 그날에 이스라엘이 전쟁에서 이겼다.

15장에서는 또 한 번의 기회가 왔다. 사무엘은 사울 왕에게 "왕은 기름 부음을 받으셨으니 여호와의 말씀을 들으소서. 지금 가서 아말렉을 쳐서 그 소유를 하나도 남기지 마소서(1-3)"라고 말하면서 아말렉성으로 보냈다. 사울은 전시에 나가서 아말렉을 공격하여 승리하고 아각 왕을 사로잡아 왔다. 그런데 기름진 것과 가장 좋은 것은 진멸하지 않고 살려 놓았다. 이것이 결정적으로 하나님을 진노하시게 했다. 지난번 실수한 것을 묵인하고 또 기회를 주었는데, 순종하지 아니했다. 사무엘은 "왕이 하나님의 말씀을 버렸으니 여호와께서 왕을 버려 이스라엘 왕이 되지 못하게 하리이다(15:26)"라고 말하고 사울과 결별했다.

오늘 묵상의 말씀

불순종, 불순종이 계속되면 어떤 결과가 벌어지는가? 사울과 비교하여 말해보자.

하나님의 마음에 합한 사람 찾기 : 다윗

16장에서 사울을 버린 하나님은 당신의 마음에 합한 사람(행13:22)을 찾아야 한다는 것을 사무엘에게 알렸다. 하나님은 양의 우리에서 다윗을 취하시고 마음의 성실함과 그 손의 능숙함으로 그를 키우다가 때가 되어 이새의 집에 그를 보냈다. 기억해야 할 사항은 '하나님은 외모를 보지 않고 중심을 보신다(16:7)'는 사실이다. 8식구 중에 다윗을 보는 순간 빛이 붉고 눈이 빼어나고 얼굴이 아름다워 그에게 기름을 부으니 그날 이후로 그에게 여호와의 신이 크게 감동되었다. 그 이후 여호와의 신이 사울을 떠나 다윗에게 임했고, 사울에게는 여호와의 신이 떠나니 그 자리에 악신이 그를 번뇌케 했다(민16:14). 이때 다윗이 수금을 탔더니 악귀가 물러갔다. 이를 통하여 하나님은 궁중 생활의 양태를 미리 경험하도록 유도한 것이다.

17장에서는 사울의 통치력이 급격히 약화하고 사기가 급격히 저하될 즈음 블레셋은 골리앗을 통하여 이스라엘에 도전장을 던져 1:1로 싸워 승패를 결정하자고 했다. 이 말을 듣고 이스라엘은 놀라고 크게 두려워했다. 그때 다윗이 세 형이 군복무 중이라 그를 면회하라는 아버지의 명령으로 군대 위문을 갔는데, 아무도 블레셋의 도전에 응답하는 사람이 없었다. 그도 그럴 것이 그는 키가 약 3미터요, 전쟁에 능한 큰 장군이기에 겁을 먹은 것이다. 이때 다윗이 그들의 이야기를 듣고 자기가 골리앗과 싸우겠다고 왕에게 말했고, 그게 설득이 되었다. 다윗이 싸운 이유는 골리앗이 하나님을 모욕하는 소리를 들었기 때문이다. 그래서 다윗은 "이 할례 없는 블레셋 사람이 누구관대 살아계신 하나님의 군대를 모욕하겠느냐(17:26)"라고 말하며 도전한 것이다. 결국, 사울과 골리앗이 싸우는데, 골리앗은 다윗을 보고 "네가 개(dog)로 알고, 막대기를 가지고 나왔느냐"라고 물었다. 그러자 다윗은 "너는 칼과 창과 단창으로 내게 오거니와 나는 만군의 여호와 이름으로 네게 가노라. 여호와의 구원하심은 칼과 창에 있지 아니함을 이 무리로 알게 하리라. 전쟁은 여호와께 속한 것인즉 그가 너희를 우리 손에 붙이리로다(17:45-47)"라고 응수했다. 다윗의 손은 주머니에 넣어 돌을 취하여 물매를 던져 평소 양을 지킬 때 사자에게 하듯 했다. 말 그대로 칼과 창으로 전쟁을 하는 것이 아니라 여호와의 이름으로 하는 것이기 때문이다. 전쟁은 여호와께 속한 사람이 반드시 이기게 되어 있다. 이것은 사울이 놓친 전쟁의 비밀이요, 이것을 다윗이 사용하게 된 것이다. 골리앗의 이마에 돌팔매 한 방이 꽂히더니 곧 나가떨어졌다. 다윗은 달려가 골리앗의 칼을 들고 그의 목을 베었다. 이 소식이 사울 왕에게 보고되었다.

18장에서는 승전소식을 보고할 때 사울의 아들 요나단이 다윗을 무척 좋아하게 되었다. 그래서 그날 이후로 왕궁에서 함께 지내게 되었다. 그 후 다윗은 어려운 일이 생길 때마다 다윗을 급파했는데, 다윗이 지혜롭고 깨끗하게 정리하여 매우 칭찬을 받게 되었다.

이런 사실이 국민들에게 알려지면서 사람들이 좋아하게 되었고, 급기야는 여인들이 "사울이 죽인 자는 천천이요, 다윗은 만만이로다"라는 노래를 부르게 되고, 이것이 사울의 마음을 불쾌하여 다윗을 죽이려는 음모를 품게 된다. 그래서 다윗에게 수금을 타게 하고 두 번이나 창을 던져 죽이려 하였으나 그가 피했고, 사울의 딸 지참금으로 블레셋의 표피 100개를 달라고 했다. 이는 다윗을 사위 삼으려는 마음이 아니라 죽이려는 흑심이었다. 그러나 표피 200개를 주어서 결국 다윗은 사울 왕의 딸 미갈을 아내로 삼았다. 그 후 사울은 평생 다윗의 대적이 되었다.

오늘 묵상의 말씀

하나님은 블레셋에서 이스라엘을 구원하기 위하여 사울 대신 왜 다윗을 택했을까?

다윗의 도피 생활과 훈련 과정

19장에서는 다윗을 죽이려는 사울의 뜻이 더욱 완고해지면서 다윗이 피신하는 장면을 기록하고 있다. 거듭되는 사울의 살해 음모에도 불구하고 요나단의 중재와(19:1-7) 다윗의 재빠른 피신(19:8-10), 그리고 미갈의 도움(19:11-17)으로 다윗은 피할 수가 있었다. 중요한 것은 사울은 자신의 음모가 실패하자 이제는 공공연히 다윗을 살해하는 것을 명령한다. 심지어는 아들을 통하여, 딸을 통하여 나가서는 관리를 통하여 수단과 방법 가릴 것 없이 다윗을 죽이려고 한다. 그럼에도 불구하고 다윗은 사울이 그를 죽이려는 것을 알고도 자기가 맡은 임무는 성실하게 수행했다. 특히 블레셋의 침략에는 큰 무공을 세우고 사울에게 악신이 임할 때는 수금을 타서 그는 안정시켰다. 그래도 죽이려 하자 다윗은 사무엘에게로 피한다. 그래서 사울은 사무엘에게 전령을 3번 보냈는데, 모두 예언하였다. 그러자 마지막에는 사울이 직접 잡으러 갔는데, 자신에게도 신이 들려 예언하게 되었다.

20장에서는 살해 위협이 점점 심해지자 다윗은 사랑하는 친구 요나단을 찾아가서 자신의 위급함을 고한다(20:1-3). 그리고 자신의 신변 안전을 위하여 요나단의 협조를 구한다(20:4-8). 이때 요나단은 이에 대해 흔쾌히 수락한다(20:9-11). 이러한 좋은 친구를 주신 우리 하나님이 감사하다. 하나님은 위기 때 좋은 만남을 통하여 지혜롭게 대처하게 하신다(20:1-16).

다윗과 요나단은 허물없는 사이로서 둘 사이에 의사 전달할 때 구체적인 방법을 제시하고 언약을 재다짐하는 이유를 확고하게 함으로써 애틋한 사랑을 공고히 하고 있다(20:17-23). 다윗과 이런 약속을 한 요나단은 아버지와 식사를 함께 하는 자리에서 대화를 통하여 아버지의 의중에 다윗을 살해하려는 계획이 있음을 확인한다. 특히 30-34절에는 사울 자신이 왕권을 지키려는 무서운 집착이 있는 것을 느낀다. 요나단은 언약한 대로 사울의 의중을 다윗에게 알렸으며, 이에 따라 다윗은 도피 생활이 시작되는데, 이는 왕으로의 마음훈련과 자기 관리 훈련을 위해 꼭 필요한 기간이었다(20:35-42).

21장부터는 다윗의 도피 생활의 시작을 알려 주고 있다, 21-31절까지 다윗의 도피 기사를 기록하고 있는데, 1단계는 도피 중 동역자 포섭기(19:18-22:23), 2단계는 사울의 추적기(21:23-26), 3단계는 시글락 체류기(21:27-31)이다.그중에서 첫번째 단계를 기록하고 있다.

이렇게 하여 10여 년 방랑 생활을 거치는 동안 고통과 번민의 과정을 통과하면서 신앙과 인격이 수련되어 왕의 자격을 갖추는 시기가 되었다고 볼 수 있다.

21장에서는 먼저 제사장 아히멜렉의 집으로 도피했다. 거기에서 진설병을 먹은 사건은 유명하다. 진설병은(레24:5-9)은 레위인만 먹게 되었으나, 너무 배가 고파 먹게 되었다. 이렇게 제사장의 집에서 떡을 먹고 또한 나그네 생활을 준비하기 위하여 칼을 얻었다(21:9). 이것은 생명의 떡과 말씀의 칼을 준비하여 사는 동안 하나님이 늘 이 두 가지를 공급하며 지켜주신다는 것을 징표로 보여주고 있는 대목이다. 이를 사울의 신하 도엑이 보았다(21:7). 다윗은 예감이 좋지 않아 사울의 치외법권의 땅인 블레셋의 가드 땅으로 피신하였다. 그래서 거기에서 지내려고 하는데 아기스의 신하들이 다윗을 알아보고 "사울이 죽인 자는 천천이요, 다윗이 죽인 자는 만만이로다(21:11)"라고 이스라엘 백성이 노래했다고 말했다. 위기의식을 느낀 다윗은 재빨리 입가에 침을 질질 흘리며 대문을 그적거리자 미치광이로 쫓겨나 위기의 봉변을 면하였다.

오늘 묵상의 말씀

나는 현실의 고난 중에 광야의 인생 수업과 신앙 수업 받은 것이 있는가?

다윗의 광야 수업

22장에서는 블레셋에서 자기 신분 노출로 인하여 체류의 위험을 느낀 다윗은 잠시 유다 땅으로 돌아와서 아둘람 굴에 거점을 확보한다. 거기에 신변의 위협을 받는 가족들과 추종자들 400명이 모이게 된다(22:1-2). 그리고 부모님은 당분간 안전한 곳에 모시기 위해 모압땅 미스베로 갔다(22:3-4). 그 후 선지자 갓의 독려로 유다 땅 헤렛 수풀로 돌아 왔다(22:5).

그즈음에 도엑이 사울에게 다윗과 아히멜렉 사이에 있었던 일(21:7)을 보고함으로써 제사장을 반역자로 몰게 되었다(22:13). 그 결과 놉의 제사장 85명과 놉 땅의 남녀의 아이들과 유아들과 소, 나귀, 양까지 죽임을 당했다(22:9-19). 이 소식을 들은 다윗은 자기의 죄를 깨닫고 인정하여 "나의 탓이로다"라고 한다. 지난날을 돌아보며 죄를 지으면 대가를 지급한다는 것을 깨닫고 철저하게 회개한다. 그리고 아히멜렉 제사장의 아들 아비아달에게 자기와 함께 있도록 생명을 위협에서 지키도록 배려한다(22:20-23).

23장에서는 사울의 추격을 받는 중임에도 불구하고 그일라가 블레셋에게 고통당하고 있으니 도와 달라는 전갈이 왔다. 다윗은 먼저 하나님께 기도했다. 그리고 응답을 받았다. 그러나 부하들이 반대했다. 그럼에도 불구하고 과감히 실행하여 승리했다(23:4-5). 이렇게 전적으로 하나님께 물어서 모든 일을 실천했다. 그래서 그일라는 구원받았음에도 불구하고 그일라 거민들의 밀고로(23:7-12) 다윗과 그의 일행들은 사울의 추격을 받았다. 결국 다윗이 망명길에 오른다. 그때 아버지 사울 왕의 추적과 계속되는 도피 생활로 인해 심신이 피로한 시간에 다윗에게는 요나단의 격려가 큰 용기와 힘이 되었다(23:15-18). 십 사람들의 밀고로 마온 황무지까지 도망갔던 다윗은 사울의 군사들에게 포위됐다. 하지만 갑자기 블레셋이 침략해온다는 전갈을 받은 사울은 다윗 추격을 포기하고 돌아간다. 다윗은 이런 위기일발의 위경에서 여러 번 구출되었다(23:19-29).

24장에서는 사울에게 쫓기던 다윗은 엔게디 황무지의 한 동굴에서 다윗과 사울의 한 만남을 기록하고 있다. 다윗은 사실 사울에게 쫓기면서 피해 다녔다. 그런데 이번에는 역전이다. 엔게디 황무지의 한 동굴에서 오히려 사울을 죽일 기회를 맞게 된다.

사울이 군사 3,000명을 거느리고 엔게디에서 색출 작업을 하다가 용변을 보고 싶어서 혼자 잠시 동굴에 들어온 것이다. 이 기회에 다윗의 심복들은 여호와께서 주신 바로 그 기회라고 판단했다. 그러나 다윗은 단지 사울이 여호와의 기름 부음 받은 종이라는 이유로 절호의 기회가 왔음에도 불구하고, 원수를 갚을 좋은 기회를 버리고 그의 옷자락만 베고 만다(24:4). 이처럼 기름 부음 받은 자에 대한 존경은 바로 주님에 대한 그의 자세인 것이다. 게다가 양심의 가책을 느낀 다윗은 왕의 옷자락을 들고서 호소했다. "나의 아버지여, 나의 손에 있는 왕의 옷자락을 보소서. 내가 왕을 죽이지 아니하고, 겉옷자락에 베었은즉, 나의 손에 악이나 죄과가 없는 줄을 아실지니이다. 왕은 내 생명을 찾아 해하려 하였으나 내 손으로는 왕을 해하지 않겠나이다."라고 외쳤다. 그 음성을 들은 사울이 소리 높여 울면서 응답했다. "다윗아, 이것이 네 목소리냐? 나는 너를 학대하되 너는 나를 선대하니 너는 나보다 의롭도다. 네가 나 선대한 것을 오늘 나타내었으니 여호와께서 나를 네 손에 붙이셨으나 네가 나를 죽이지 아니하였도다. 여호와께서 네게 선으로 갚으시기를 원하노라." 다윗의 최대의 너그러움을 이야기해주는 사건이다.

오늘 묵상의 말씀

광야 같은 나그네 생활 중 다윗이 얻은 것은 무엇일까?

거듭되는 다윗의 실수와 하나님의 은혜

25장에서는 사무엘이 죽음과 다윗이 마온으로 내려간 이야기를 기록하고 있다. 국왕 사울이 다윗 추적에만 골몰하여 국가 통치력이 점점 쇠약해진 심각한 상황에서 사무엘의 사망은 영적 지도력까지 공백 상태에 이르게 된다. 사무엘은 실지로 사울을 싫어하고 다윗의 왕위 계승을 직접 시인한(24:20) 예언자이다. 그러기에 그의 죽음은 다윗에게 더욱더 커다란 충격이 될 수 있다. 이에 신변의 위협을 강하게 느낀 다윗은 바란 광야로 내려간다. 거기는 출애굽 하던 이스라엘 백성이 방황하던 곳이다. 한편 나발은 마온에 거주하였으며, 양 3,000마리와 염소 1, 000마리를 가진 부자였는데, 다윗이 그들의 목축을 해치지 아니하였고, 잘 보살펴 보호함으로 은혜를 입게 했다. 그는 중에 나발이 양털 깎는 날(축제의 분위기)에 "은혜를 얻게 하라"하고 음식을 요청했다. 하지만 나발은 일언지하에 거절했다. 물론 다윗은 화가 났다. 이를 깨달은 사람은 나발의 부인 아비가일이다. 그는 다윗과 400명의 부하들 앞에 먹을 음식물을 준비하여 나가서 사죄한다. 그래서 그녀를 용서했는데, 나발이 나중에 죽게 되고 아비가일은 다윗의 아내가 된다. 좋은 만남의 사건이다.

26장은 다윗이 다시 사울을 살려주는 내용이다. 다시는 다윗을 추적하지 않기로 맹세한 사울(24장)이 또 마음이 변했다. 십사람 기브아가 다윗이 십 황무지에 진을 치고 있다는 정보를 주었기 때문이다. 그런데 사울이 3,000명의 부하를 거느리고 십 광야에 가서 찾다가 그만 지쳐서 잠을 자게 된다. 너무 지쳐서 깊이 잠이 들었다. 다윗의 신하가 "단번에 땅에 꽂으리이다. 두 번 찌를 것이 없으리이다(26:8)"라고 말하며 명령을 기다렸다. 그래서 다윗이 신하와 함께 가서 창과 물병만 가져 왔다. 이때, 다시 관용을 베풀어 사울의 생명을 살려주었다. 사실 다윗은 충분히 분노할만한 이유와 백성의 공감을 얻을 만한 명분을 가지고 있었다. 그럼에도 불구하고 그를 살려주는 것은 모든 문제를 하나님 중심을 해결하려는 다윗 생각의 표현이다(26:1-25).

27장에서는 그럼에도 불구하고 다윗은 자신이 사울의 손에 죽을 것 같다는 위기감을 느껴서 블레셋 땅 가드로 도망가서 생긴 내용을 기록하고 있다. 물론 그 후 사울은 다윗이 블레셋으로 도망갔다는 말을 듣고 다시는 다윗을 찾기 위해 수색하는 일은 없었다(27:1-4).

다윗은 일단 가족들과 함께 지낼 땅이 있어야 하므로, 함께 살 수 있는 땅을 달라고 왕에게 요청했고, 왕은 그에게 시글락 땅을 주었다. 시글락은 본래 유다 지파에 속한 성읍이었고(수15:31), 나중에 시므온 지파(수19:5)에 분배된 땅이지만 그들이 지키지 못하고 남의 땅이 되었다가 이제 주인을 찾은 셈이다. 다윗은 이곳에 정착하기 위하여 이곳을 지나가는 그술 사람, 기르스 사람, 아말렉 사람을 공격하고 탈취물을 취했다. 그리고 아기스 왕에게 전쟁의 결과를 보고하러 갔을 때 다윗은 "유다 남방과 여라므엘 사람의 네겝과 겐 사람의 네겝이니이다(10)"라고 거짓 고백을 했다. 그러자 아기스 왕은 다윗의 고백을 믿고 "다윗이 자기 백성 이스라엘에게서 심히 미움을 받게 되었으니, 그는 영영히 내 사역자가 되리라"라고 말했다. 다윗인 워낙 위기상황의 길을 걷다 보니 이렇게 거짓말을 할 때가 많았다. 중요한 것은 그럼에도 불구하고 하나님은 그를 위기상황에서 오히려 전화위복으로 바꾸신다는 사실이다(27:11-12).

오늘 묵상의 말씀

하나님은 왜 거듭되는 그의 실수에도 불구하고 오히려 전화위복으로 이끌어 가실까?

다윗의 시글락 전투의 승리

28장에서 블레셋 왕 아기스는 다윗이 자기에게 충성을(27:12) 하기에 이스라엘과의 전투에서 승리의 확신이 있었다. 이것은 다윗이 27장 8-12절의 전쟁 결과를 허위보고한 것에 기인한 것이다. 아기스 왕은 다윗에게 "너는 밝히 알라, 너와 네 사람들이 나와 한가지로 나가서 군대에 참가할 것이라(28:1)"라고 말했고, 다윗은 "당신이 종의 행할 바를 아시리이다"라고 애매하게 대답했다. 그러자 아기스 왕은 "내가 너로 영영히 내 머리 지키는 자로 삼으리라"라고 말하면서 전쟁에서의 사명을 말해 주었다. 이것은 신자로서의 큰 실수다. 처음에는 다윗이 사울을 두려워하여 블레셋 땅에 갔고, 거기서 거짓말을 한 것이 오늘의 이 지경에 온 것이다. 이 위기를 하나님은 어떻게 해결하실까 궁금하다(28:1-2). 한편 블레셋이 공격해 온다는 소식을 듣고 사울은 덜컥 겁이 났다. 그래서 여호와께 물었으나 꿈으로도, 우림으로도, 선지자로도 대답하지 않으셔서 신접한 여인을 캄캄한 밤에 찾아서 대답을 요청했다. 그랬더니 사무엘을 불렀다. 사실은 귀신이다. "그가 나타나서 나라를 네 손에서 떼어 네 이웃 다윗에게 주셨느니라(28:17)."라고 이야기했다. 참으로 사울은 답답할 뿐이다(28:3-25).

29장에서 다윗은 궁지에 몰렸다. 왜냐하면, 블레셋 사람들은 장관의 영솔에 의해 수백씩, 수천씩 전쟁터에 참여하고 다윗 역시 그의 사람들과 함께 그 뒤에 따라가고 있었다(28:2). 아마 이때 다윗은 태연한척하지만, 마음속으로는 동족을 침략하는 전쟁에 참여하는 것에 불명예와 심리적 갈등으로 크게 번민하며 기도했을 것이다(다만 악에서 구하옵소서). 그런데 갑자기 블레셋 장관들이 다윗을 가리켜 "이 히브리 사람이 무엇을 하려느냐(29:3)"라고 문제를 제기한다. 이때 라기스 왕은 "그는 이스라엘 왕 사울의 신하였지만 망명하여 우리 땅에 온 지 1년 4개월인데 그의 허물을 보지 못했다"라고 말했다. 이에 신하들이 적극적으로 "그 사람을 돌려보내소서. 그가 전장에서 우리의 적이 될까 하나이다"라고 말했다. 왕은 신하들의 건의를 받아들여서 다윗을 돌려보낸다(29:4-11). 정말 손에 땀을 쥐게 하는 장면이다.

30장에서는 다윗이 블레셋 군대를 떠나 제3일에 시글락에 도착해보니 엉망이었다. 다윗이 없는 사이에 아말렉 족속이 복수로 시글락을 습격한 것이다. 시글락에 남아 있다가 습격을 당한 백성들은 전적으로 그 책임을 다윗에게 돌렸다. 부하들이 이 사실을 알게 되자 다윗을 돌로 치고자 했다. 그런데도 다윗은 하나님을 의지함으로 힘을 얻었다. 여러 문제가 많은 정황에서 적절하게 대처하게 하시는 하나님이 블레셋 전투에서 돌아오게 하신 뜻이 있음을 깨달았다. 여호와께 물었을 때 "네가 반드시 따라잡고 도로 찾으리라"라는 응답도 받았다(30:8). 그래서 부하를 거느리고 아말렉을 공격하러 가는데 병든 애굽 소년을 만나 그 소년의 도움으로 아말렉의 위치를 알게 되고 그들을 섬멸해 모든 가족, 사람, 그리고 물건을 되찾아 오게 되었다. 그리고 탈취물은 브솔 시내에서 모두에게 골고루 나누어 주었다. 얼마나 감사한 지 다윗의 모든 실수와 허물이 백성에게서 씻기는 순간이다.

31장에서는 블레셋 군의 공격을 받은 사울은 세 아들과 함께 모두 죽고, 사울 왕국은 몰락했다. 그래서 주변국과 비슷한 인본주의 국가의 왕의 시대는 끝이 나고 하나님이 다스리시는 나라 즉 하나님의 왕국이 세워져야 한다는 확실한 명제에 이른 것이다.

오늘 묵상의 말씀

하나님의 최종적인 관심은 무엇인가?

하나님의 시간표와 다윗의 기다림

1장에서는 사무엘 상편에 이어 새로운 왕의 등극으로 이야기를 전개하고 있다. 이제까지 하나님은 당신의 뜻을 이행할 한 사람을 찾으셨다(행13:22). 그게 바로 다윗이다. 이제부터는 그를 통하여 하나님 나라를 세울 것이다(출19:5-6). 이를 위하여 40년간 광야에서 하나님 나라의 훈련을 받고 가나안 땅에 입점했다. 그러나 세월이 가면서 그 체결된 계약을 잊어버리고 "우리도 이웃 나라와 꼭 같은 왕의 나라를 세우겠다"는 국민들의 원성에(삼상 8:5) 하나님은 허락하셨다. 그도 그럴 것이 블레셋이 백성들을 괴롭히기에 그들을 이기려면 왕이 있어야 한다는 것을 뼈저리게 느꼈다. 하나님께서는 이스라엘 백성을 구하기 위해(삼상 9:16) 그들이 원하는 왕을 세웠다. 그러나 그 왕은 계약 백성으로의 하나님의 나라는 관심이 없는 왕이었다. 그래서 블레셋에게 망했다. 우리 하나님은 하나님의 뜻을 이행할 왕(삼상15:26, 행13:22,)을 선포하셨고, 그를 양 우리에게서 찾으셨고(시78:72). 훈련하셨고, 이제 때가 되매 등극하기 위해 등장시킨 것이다. 먼저 다윗은 정통성을 인정했다. 사울 왕이 아무리 그를 박해하는 왕이라 해도 그는 하나님이 세우신 왕이다. 그러기에 그가 죽었다고 해서 통쾌한 것이 아니라 국가의 아버지요, 하나님의 언약을 이행할 왕이 죽었기에 슬픈 일이다. 그 정통성을 인정하는 의미에서 사울 왕과 아들 요나단이이 죽었다는 이야기를 전갈받고, 그는 매우 슬퍼하였으면 애가를 지어 모든 국민과 함께 슬퍼하도록 명령했다.

2장에서 다윗은 하나님의 시간표에 순응한다. 정한 기간이 지나서 다윗은 하나님께 물었다. "내가 유다 한 성으로 올라가야 하리까?", "올라가라", "어디로 올라가야 하리까?", "헤브론으로 올라가라" 이런 대화를 통하여 하나님께 항상 의도를 물어보았고, 하나님의 말씀에 순종하며 하나님의 시간표에 그의 계획을 맡겼다. 물론 약 15년 전에(삼상16:13) 약속하신 말씀이 이제 시작되는 것이며 아직 이스라엘 나라에 완벽한 통치권이 미치는 것은 아니지만 일단은 하나님은 유다 지파에서 출발하라고 하신다(2:1-4). 다윗은 그렇게 순응하면서 사울 왕의 장사를 위하여 뒷마무리를 잘 끝낸 길르앗 야베스에게 선행을 치하했다. 그리고 그는 국가행사를 통하여 국민의 아픔을 어루만지면서 국민 속에서 하나님 나라를 이루기 위하여 치유와 회복의 초점으로 정치를 시작했다. 그런 중에 사울 쪽에서는 군대장관 아브넬이 이스보셋을 허수아비로 세워 정치적 야심을 보이며 군사 행동을 개시했다. 이어서 다윗 군대와 두 진영 12명이 첫 번째 접전을 벌였으나, 양쪽 다 죽어 무승부로 끝났고(2:14-16), 계속 이어지는 백성들의 전투에서 승리는 다윗 쪽의 군대로 돌아갔다(2:17). 이 과정에서 요압의 형제 용장 아사헬이 아브넬을 추격하다 전사하고 아브넬은 다윗 군대 장관 요압에게 휴전을 요청함으로 전투는 일단락된다(2:12-32).

3장에서는 사울의 집과 다윗의 집 사이의 전쟁이 오래되는 가운데 다윗의 집은 점점 강해지고 사울의 집은 점점 약해지는데(3:1) 다윗의 가족은 번성하는 것을 기록하고 있다(3:2-5).

그런가 하면 사울 쪽에서는 아브넬은 이스보셋의 왕위를 노려 사울의 첩 리스바를 아내로 취하려고 한다는 강력한 책망을 받으며(3:7), 이를 계기로 다윗 왕가로 전향할 생각을 강하게 표출한다(3:9). 그래서 1) 다윗과 언약을 맺고(3:12-13), 다윗을 온 이스라엘 왕을 추대하기 위해 이스라엘과 베냐민을 설득한다(3:17-21). 우여곡절이 있었으나, 계약이 잘되었다.

오늘 묵상의 말씀

하나님의 시간표와 다윗의 시간표 사이에 어떤 상호작용이 있는가?

법궤가 예루살렘에 안치

4장은 실질적으로 사울 왕가의 몰락을 기록하고 있다. 사울 왕가의 실질적인 권력자였던 군대장관 아브넬이 헤브론에서 요압에게 죽었고, 또 다윗 왕이 애가를 지어 울면서 장례를 지냈다는 이야기를 듣고, 이스보셋은 손맥이 풀리는 충격을 받았다. 그런가 하면 남아 있는 군대 장관 바아나와 레갑이 공모하여 이스보셋을 살해함으로 사울 왕가는 몰락한다. 이어서 사울의 집에 남아 있는 후손은 요나단의 다리 저는 아들 므비보셋뿐이다. 이는 왕가의 몰락을 말한다. 이를 이용하여 다윗의 군대에 편승하려고 이스보셋의 목을 자른 바아나와 레갑을 죽이고 헤브론에서 아브넬의 무덤에 장사하므로 한 시대의 몰락을 정리했다(4:1-12).

5장에서는 다윗 왕의 전체 이스라엘 왕으로 등극하는 내용을 기록하고 있다. 다윗은 왕으로 기름 부음 받은 지 20년 만에(삼16:13), 이스라엘 모든 지파가 다윗에게 충성을 맹세하였고(5:1, 2), 이스라엘 모든 지파와 언약하여 기름 부음을 받았다. 이로써 하나님은 신정적 왕정체제를 건설하고자 하였던 계획을 가시적으로 실현하신 것이다(5:1-5). 이어서 다윗은 예루살렘을 장악하고 있는 여부스 족속을 축출하고, 시온 산성을 탈취하여 그곳을 다윗 성이라 이름했다(5:6-9). 예루살렘은 가나안 땅의 중심부로서 고지대에 위치하고 있고, 주위에 깊은 골짜기로 보호하고 있어서 천연 요새 역할을 하고 있다. 또한, 이곳은 후일 하나님의 명령에 따라 솔로몬의 지도로 단일 중앙 성소인 성전이 건축되어 종교적, 정치적 중심지의 역할을 하게 되었다. 이는 신명기에서 "여호와께서 자기 이름을 두시려고 택하신 그곳(신12:5)"에 가장 알맞은 곳이 되었다(5:6-10). 천도를 마친 다윗은 왕궁을 건축하여 자신의 안정된 위치를 공개적으로 표현하였다. 가정의 번창을 통하여 다윗 왕권이 대내외적으로 인정을 받으며 더욱 확고해졌다. 이어서 본래의 사명인 블레셋 축출(삼상 9:16)을 하나님께 기도 응답받아 성취함으로써 사사 시대(삿13:1)에서부터 지금까지 당하던 모든 고통에서 자유롭게 되며 이스라엘 지역의 대권을 확실히 장악했다.

6장에서는 예루살렘으로 법궤 가져오기에 관한 기록을 하고 있다. 한 곳을 정하여 예배할 수 있다면(신12:5) 이제 언약궤가 안치되어야 할 것을 깨달은 다윗은 기럇 여아림에 방치된 법궤를 예루살렘으로 옮기는 사역을 거행했다. 그런데 첫 번째 시도는 실패하고 책임자인 웃사가 즉사한다. 다윗은 두려워하여 법궤를 오벳 에돔의 집에 석 달을 그냥 두고 연구했다(6:1-11). 왜 책임자 웃사가 즉사했을까? 그래서 그곳을 베레스웃사라 불렀다. 그리고 모세오경을 연구했다. 1) 법궤의 운반은 오직 레위 지파의 고핫 자손만이 운반할 수 있고, 운반 시에는 반드시 그들의 어깨에 메고 옮기며, 절대로 법궤를 손으로 만지지 못하도록 규정되어있다. 만약 만지면 죽게 되어 있다(민14:5). 그래서 2차 법궤 운반은 그 규정에 따라 운반했는데, 즐겁게 잘 운반하게 되었다.

그리고 이번에는 마음을 정결케 하고 모세가 여호와의 말씀에 따라 명령한 대로 궤를 매었다(대상15:15). 일전에 수레에 실었던 언약궤를 이제 고핫 자손이 채에 꿰어 어깨에 멘다.

그래서 법궤가 다윗 성에 들어오게 되자, 지난번의 실패로 두려워했던 다윗은 너무 좋아서 춤을 추면서 찬양했다. 이 사건은 다윗에게 자신감을 불어 넣는 중요한 사건이 된다. 모세가 계약 백성으로서 십계명을 받은 것은 다윗이 하나님 나라 건설하기 위해 예루살렘에 한곳을 정하여 안치했다는 사실은 하나님이 이곳에 항상 있다는 것을 말해 준다.

오늘 묵상의 말씀

법궤가 예루살렘에 들어올 때 왜 웃사가 죽었으며, 그게 의미하는 바는 무엇일까?

다윗의 성전계약 체결과 그 외의 사역

7장은 그 유명한 다윗의 계약(삼하7:16)이 있는 장이다. 다윗은 여호와께서 사방의 모든 대적을 파하사 왕으로 궁에 평안히 거하게 하신 때에 오히려 자신에게 주어인 하나님의 은혜가 과분함을 깨달았다. 그리고 '나는 백향목 궁에 거하거늘 하나님의 궤는 휘장 가운데 있도다(7:2)'라는 안타까운 심정을 갖는다. 그래서 그는 나단 선지자를 불러서 자기의 마음을 표현한다. 그랬더니 나단 선저지는 그 이야기를 다 듣고 나서 "여호와께서 왕과 함께 계시니 무릇 마음에 있는 바를 행하소서(7:3)"라고 말한다. 이것은 그가 얼마나 믿음이 돈독한가를 보여주고 있다. 모든 것의 결론은 하나님께 영광을 돌리는 것이다.

그래서 성전을 짓겠다고 한다. 다시 말하면 한곳을 정하여 예배드릴 수 있는 중심지, 우리 하나님의 귀와 눈이 있고, 하나님의 마음이 있어서 항상 하나님을 만날 수 있는 장소 그곳이 절실하게 신앙인들에게는 필요하며 이것은 신명기 12장에 꼭 지시하신 내용이다. 성전을 지어야 한다는 고백을 했더니 하나님께서 이렇게 약속을 해주셨다. 1) 다윗이 죽은 후에도 그의 몸에서 난 자식을 하나님께 왕으로 세워 그 나라를 견고케 해주실 일(7:12). 2) 다윗 대신 그 아들이 성전을 건축하게 될 일(7:31). 3) 하나님이 친히 그의 아버지가 되고 그는 하나님의 아들이 될 일(7:16). 4) 그리하여 다윗의 집과 나라(왕위)가 영원히 보전되게 해 주시겠다는 하나님의 언약이다. 이 약속은 대대로 영원히 이루어지다가 예수 그리스도의 탄생으로 완성되고 있다. 다윗은 이러한 약속체결에 대해 하나님께 감사하는 기도를 한다(7:18-29). "내가 너를 위하여 집을 세우리라" 하시므로 주의 종이 이 기도로 구할 마음이 생겼다(7:27), 특별한 하나님의 은혜에 대해 감사드린다고 기도했으면 성전을 짓도록 모든 노력을 다해야지, 왜 그렇지 못하고 아들 대에 넘겼는가? 이것은 아쉬움으로 남는다.

8장에서는 영토 확장 정치를 하고 있다. 지금까지 방어만 해 왔던(5:17) 다윗은 이제 영토 확장을 위한 정복 전쟁을 실시한다. 이는 내 앞에서 모든 대적을 네 앞에서 멸하겠다는(7:9, 11) 하나님의 보호 언약의 성취이며 나가서는 아브라함에게 주신 말씀의 성취(창15:18)로 처음 차지하는 땅이다. 그리고 행정체제를 정비함으로 다가올 의를 통치하고 있다. 물론 참으로 아쉬운 것은 "너는 피를 심히 많이 흘렸고 크게 전쟁하였느니라. 네가 내 앞에서 땅에 피를 많이 흘렸은즉 내 이름을 위하여 전을 건축하지 못하리라(대상22:8)."라고 말씀하심이다.

9장에서는 구제 정치 이야기를 하고 있다. 다윗은 먼저 사울의 집에 남아있는 후손이 있는가를 알아본다. 요나단의 아들 므비보셋이 살아 있음을 듣고, 자기 집으로 데려오게 하고 자기의 상에서 같이 식사를 할 수 있는 특권을 주었다. 그리고 사울의 땅을 므비보셋에게 주고, 자기의 상에서 같이 먹을 수 있는 특권을 주었다. 이는 요나단은 다윗을 '자기 생명같이' 사랑하였고 다윗과 언약을 맺은 후 그 증표로서 자기가 입었던 겉옷과 군복과 칼과 활과 띠를 주었다. 이러한 우정을 지키면서 그는 남에게 베푸는 구제 정치를 해 좋은 칭찬을 다 들었다. 이렇게 여기에 몰두하면 하나님의 약속을 못 지킬 가능성이 있다.

오늘 묵상의 말씀

당신의 일생에서 제일 중요한 하나님과의 약속은 무엇인가?

성전계약을 잊어버렸다 회개하는 사건

10장에 와서는 다윗의 장례 부조 정치를 기록하고 있다. 암몬의 왕 나하스가 죽고 그의 아들 하눈이 왕이 되었다(10:1). 이때 다윗은 은총을 베풀어 조문사절을 보내어 조의를 표했다. 그런데 하눈이 조문사절에게 치욕적인 처사를 하여(10:4) 이스라엘과의 전쟁이 불가피하게 되었다. 원래 암몬은 여호와의 총회에 영원히 못 들어오게 되어있다(신23:3). 그리고 나하스가 이스라엘 백성 중 길르앗 야벳의 사람의 눈을 빼서 괴롭힌 적이 있다(삼상11:1-2). 그런 적대 관계에 있었으나 이제는 호의를 베풀려고 한 것이다. 그러나 상대방이 순수하게 조문을 받지 않고 오히려 정탐꾼이라고 혐의를 뒤집어씌우는데 별수 없었다. 그래서 양국은 전쟁이 벌어졌다. 1차(10:9-14), 2차(10:15-19), 3차(10:11:1)에 걸쳐 전쟁하게 되는데, 이로 인하여 결국은 유브라데까지 지경이 넓혀지며 창세기 15장 18절이 이루어졌다.

11장에서는 10장에 이어 기록하고 있다. 다음 해 봄, 전쟁에 돌입할 때 요압과 신하들은 전쟁터에 보냈으나 다윗은 예루살렘에 남아 있었다. 해 질 무렵에 그 침상에서 일어나 왕궁 지붕을 거닐 때 한 여인이 목욕하는 것을 보았다. 그때 음욕이 생긴 것이다. 그 여인은 우리아의 부인 밧세바였고 그를 데려오게 했다. 그리고 동침을 했는데 그게 임신이 되어 버린 것이다. 다윗은 자신의 죄를 감추기 위해 첫 번째 조치로 밧세바의 남편 우리아를 불러내어 집에 가서 아내와 동침하도록 유도한다. 그러나 거절당한다. 다음날은 술 취하게 해서 집에 보낸다. 그래서 하룻밤을 집에 머물게 한다. 그것도 실패한다. 두 번째 조치는 전투가 일어나는 최전방에 보내어 싸우다가 칼에 맞아 죽게 한다. 교묘하게 행했기에 사람들은 잘 모를 수 있으나, 하나님은 아신다. 그래서 우리아는 죽었다. 그러나 다윗은 정직하지 못한 이 일로 인하여 인생의 내리막길을 걷게 될 줄은 몰랐다. 어디에서 문제인가? 가만히 생각해 보면 하나님은 다윗을 통하여 하나님 나라를 세우기 위해 중요한 사역을 해왔다. 그리고 가장 중요한 성전 계약을 맺었다. 다윗이 성전을 짓겠다고 하니 하나님께서 후손 대대로 왕이 끊어지지 아니할 것이라고 축복하셨다. 이것은 쌍방 간의 계약이다. 하나님만 계약을 지키고 나는 계약을 안 지켜도 된다는 것은 있을 수 없다. 하나님께서 이 가문에 왕이 계속 나올 수 있도록 우리는 약속을 지켜서 성전을 지어야 한다. 그런데 다윗은 인간적인 욕구를 충족시키다가 성전건축의 사명을 잃어버릴 위기까지 온 것이다.

12장에서 우리 하나님은 범죄한 아담에게 친히 찾아가서(창3:9) 회복의 기회를 주신 모습 그대로 나단 선지자를 보내셨다. 약 1년 동안 기다리고 인내하셨으나, 인간의 수단과 방법을 가리지 않고 죄를 숨기려고 하는 그의 모습이 안타까우신 것이다. 나단 선지자는 놀라지 않도록 부자와 가난한 사람의 비유를 들어서 설명하였다. 부자가 한 마리 작은 암양뿐인 가난한 사람의 그 양을 빼앗아 갔다는 것이다(사실, 다윗은 부인이 많다. 그러나 우리아는 아내가 하나뿐이다). 왕은 그 사람을 호통쳤는데 나단은 "당신이 바로 그 사람이라(12:7)"라고 말해준다. 이때 다윗은 회개한다. 하나님은 다윗의 마음을 돌이켜서 사무엘하 7장 16절의 말씀을 성취하기를 원하셨다. 이 성취를 위하여 솔로몬이라는 아들을 주셨다(12:24-24).

오늘 묵상의 말씀

내가 하나님과 약속을 했는데, 깜박 잊어버리고 있다가 고통을 당한 적이 있는가?

가정불화와 압살롬의 흉계

13장에서는 다윗의 장남격인 큰아들이 누이 다말의 강간 사건을 기록하고 있다. 다윗은 헤브론에서 여섯 아내에게서 여섯 아들을 얻고(3:2-5), 예루살렘 첩에게서 열한 아들을 얻었는데(5:13-16), 밧세바 사건 이후에 암논이 이복동생을 강간한 것이다(13:1-9). 그런데 이에 대한 복수로 압살롬이 2년 후에 암논을 죽인다. 이는 맏아들 암논의 죄를 책벌하기보다는 유야무야로 덮어버린 것에 대한 항의이다. 더 나가서는, 장남 암논을 제거함으로 차기 왕이 되고자 하는 욕망이 그에게 숨어 있다. 그러나 이것은 "칼이 네 집에서 영영히 떠나지 아니하리라(12:10)"라고 경고하신 하나님 말씀 성취의 시작일 뿐이다. 압살롬은 이 사건을 저지른 후에 그술로 도망가서 3년을 지냈다(13:34-39).

14장에서는 압살롬이 암논을 살해한 지 3년이 지나서(13:38) 요압은 다윗과 압살롬을 화해시키기 위하여 다윗에게 동정심을 호소하며(13:4-8), 더 이상 복수로 사람을 죽이는 일은 없어야 한다고 주장한다(14:9-11). 그리고 드고아 여인을 통하여 다윗을 설득하고 압살롬의 귀환을 받아낸다. 이처럼 위험을 무릅쓰고 애써 압살롬의 귀환을 도모한 것이었으나, 궁극적으로는 압살롬이 차기 대권을 물려받게 함으로써 자신의 정치적 기반을 확고히 다지려는 의도가 있었다. 죄로 말미암아 판단력이 흐려 버린 다윗은 이를 허용함으로 더 큰 문제를 일으켰다(14:12-20). 압살롬은 예루살렘으로 귀환하게 되었다, 그럼에도 불구하고 아버지 다윗과 2년 동안 정식 대면이 없었다. 이에 분노를 느낀 압살롬은 3년 동안 도피생활을 했다. 2년 동안 왕의 얼굴을 보지 못한 압살롬은 죄인 취급받는다는 생각에 요압을 통해 만나자는 중재요청을 하지만 들어주지 않자 요압의 곡식밭에 불을 지른다. 이로 인해 마침내 왕을 만나게 된다. 그러나 여기에서 보면 그는 죄에 대한 뉘우침보다 섭섭함이 깔려 있고, 그 이면에는 교활한 면이 숨어있음을 느끼게 한다. 무엇이 문제인가? 여기서 우리는 잠깐 확인하고 넘어가야 할 것이 있다. 그것은 하나님의 계획과 우리의 방향이 일치하지 않으면 나중에는 가정 파괴로 그 결과가 임하는 것이다. 다윗은 축복의 통로 역할을 이행하려는 하나님의 계획에 따라 성실하게 성령인도를 잘 받았다. 그리고 성전 계약을 통하여 하나님의 계획이 선명하게 드러났다. 그런데 그다음이 문제였다. 하나님과 체결한 성전계약을 잊어버렸다. "네 수한이 차서 네 조상들과 함께 잘 때 내가 네 몸에서 날 자식을 네 뒤에 세워 그 나라를 견고케 하리라. 저는 내 이름을 위하여 집을 건축할 것이요, 나는 그 나라 위를 영원히 견고케 하리라. 내 집과 네 나라가 네 앞에서 영원히 보전되고 네 위가 영원히 견고하게 하리라(삼하7:12-16)." 이 계약 체결내용을 잊지 않기 위하여 왕은 두 가지를 해야 한다. 1) 신명기 17:18-19 "그가 왕위에 오르거든 레위사람 제사장 앞에서 책을 기록하여 평생에 자기 옆에 두고 읽어 그의 하나님 여호와 경외하기를 배우며 이 율법의 모든 말과 이 규례를 지켜 행할 것이라." 2) 신명기 6:4-6 "이스라엘아 들으라, 우리 하나님 여호와는 오직 하나인 여호와시니 너는 마음을 다하고 성품을 다하고 주 너의 하나님을 사랑하라." 그렇게만 했더라면 자녀들이 성경을 읽다가 하나님의 계획을 알았을 것이며 집을 나가지도 않을 것이고 이렇게 가정이 망가지지는 않았을 것이다.

오늘 묵상의 말씀

우리 집에서 가장 중요한 것이 무엇이며 가르치는 핵심내용은 무엇인가?

압살롬의 반역

15장에서는 압살롬의 반역에 관해 기록하고 있다. 압살롬은 자기의 지위가 회복되자 당장에 왕이 되기 위한 술책을 꾸민다. 먼저 자신을 위하여 말과 병거를 준비하고 50명의 호위병들을 세우고 화려한 행렬을 하면서 송사가 있거나, 재판을 청하러 다윗 왕에게 오는 사람들을 붙잡고 입맞춤을 통하여 친근하게 마음을 도적질했다. 그렇게 하기를 4년째 되었을 때 다윗 왕을 방문하여 "내가 그술에 있을 때 '만일 내가 예루살렘에 돌아가게 되면, 헤브론에 가서 여호와를 섬기리이다'라고 서원했는데, 그 서원을 이루도록 헤브론에 가게 하소서"라고 요청하여 허락을 받는다. 그리고 압살롬은 200명의 국가 위정자들을 포섭하여 그 잔치 자리에 초청하고 "압살롬이 헤브론에서 왕이 되었다"라고 선포하므로 반역을 저지른 것이다(15:7-12). 이어 "이스라엘의 인심이 다 압살롬에게 돌아갔나이다"라고 측근들이 보고하며 즉시 피난하기를 재촉하자 다윗은 피난길에 오른다(15:13). 다윗은 자기 심복들과 권속들을 따르게 하고 후궁 10명은 남겨둔 채 피난길에 올랐다. 충정어린 가드사람 잇대는 동행하기를 요청하나, 자기 때문에 다른 사람이 희생하기 원치 않아서 되돌려 보낸다(18:2). 그리고 기드론 시내를 건너가는데, 온 땅 사람이 큰 소리로 울며 모든 백성이 건넜다. 이일을 통해서 다윗은 사명을 잊어버린 자의 충격(삼하7:14-16)을 깊이 느꼈을 것이다. 자신을 돌아보는 큰 기회가 되었을 것이다. "아이를 훈계하지 아니하려 하지 말라. 채찍으로 그를 때릴지라도 그가 죽지 아니하리라. 네가 그를 채찍으로 때리면 그의 영혼을 스올에서 구원하리라(잠23:13-14)." 왜 이 말씀대로 순종하지 못했던가? 암논이 다말을 성폭행했을 때도 훈계로 채찍으로 다스렸으면 이런 일을 막았을 것인데. 압살롬이 그의 형 암논을 죽였을 때도 이 말씀에 순종했으면 이런 일을 없었을 것을. 이렇게 반성하고 울면서 기드론 시냇가를 맨발로 건너가게 되었다. 물론 계곡을 건너기 전에 사독 제사장과 후새를 예루살렘으로 돌려보내면서 수시로 정보 줄 것을 부탁했다.

16장에서는 다윗의 망명길에 당하는 수모를 기록하고 있다. 므비보셋의 사환인 시바가 떡 200개와 건포도 100송이, 그리고 여름실과 100개와 포도주 한 가죽부대를 다윗에게 주면서 "왕의 권속들과 피곤한 자에게 주소서(16:2)"라고 말하면서 므비보셋의 가산을 가로채려고 속인다. 그런가 하면 시므이가 "피를 흘린 자여, 비루한자여, 가거라. 가거라(16:7)"라고 다윗을 저주한다. 반대로 그에게 편을 드는 사람도 있다. 후새는 다윗이 피난 가는 길에 다윗의 첩자가 되어 예루살렘에 남아서 죽음을 각오하고 압살롬의 진영에 가담하여 그의 정권을 몰락하게 한다(16:15-29). 그 후 아히도벨은 압살롬에게 다윗의 후궁을 대낮에 동침하게 하여 압살롬이 공개적으로 예루살렘의 왕이라는 것을 드러낸다. 그러나 그 이면에는 아히도벨은 밧세바의 할아버지로서 그의 가문에 욕보인 것에 대한 개인적인 복수가 있었다. 그 족보를 보면 다윗이 취했던 우리아의 아내는 아히도벨의 손녀딸이다. 즉 밧세바는 엘리암의 딸(11:3)이요, 엘리암의 아버지는 바로 아히도벨인 것이다.

이것으로 보면 아히도벨은 묵은 감정이 있어서 결국은 다윗에게서 돌아섰고, 다윗이 당하는 것을 보면서 복수하고 싶은 마음을 표출했다. 그는 모든 게 자기 뜻대로 안 되어 고향에 가서 목을 매어 죽었다(17:23).

오늘 묵상의 말씀

꿈이 없는 가정은 방자하게 행한다. 결국은 부모에게 고통을 준다. 어떻게 생각하는가?

압살롬의 실패와 죽음

17장은 반란의 성공을 거의 눈앞에 둔 압살롬이 이제 마지막으로 다윗을 살해하여 실질적인 왕위 찬탈을 이루려는 이야기로 시작하고 있다. 먼저 압살롬은 군사회의를 소집하고 아히도벨로부터 기습공격의 병력파병계획을 듣는다. 그리고 이어서 후새의 병력파병에 관한 신중론이 계획이 상정되었다. 이때 아히도벨의 의견은 부결되고, 후새의 모략이 채택된다. 이를 통하여 다윗은 일촉즉발의 위기를 넘긴다. 이렇게 주도면밀하게 계획된 아히도벨의 계획이 거부되고 다윗에게 유리한 후새의 계획이 승낙된 것은 전적으로 하나님께서 간섭하셔서 의인으로 하여금 승리하게 하신다는 사실을 드러내고 있다(17:1-14). 한편 후새는 압살롬에게 신중론을 제시하여(17:11-13) 시간적 여유를 확보해 놓은 후에, 사독과 아비아달을 다윗에게 보내어 이 사실을 속히 전달하여 후속 조치하게 한다. 이때, 사독과 아비아달은 전령 요나단과 아히마아스를 통하여 이 사실을 빨리 다윗의 진영에 전달하게 하는데, 중간에 이 사실을 전달하는 과정에서 한 소년에게 발각되고 압살롬에게 알려져서 추적당하는 아찔한 순간이 있었다. 그런데 한 여인의 도움으로 바후림의 집 우물에 들어가서 우물 아귀를 덮고 찧은 곡식으로 그 위에 널매 도무지 알지 못했다. 그리고 압살롬의 종들이 와서 여인에게 아히마아스와 요나단이 어디 있는지 물을 때 그들이 요단시내를 건너갔다고 말했다. 그들은 급히 따라갔으나 찾지 못하고 예루살렘으로 돌아갔다(17:17-22). 이런 위기를 통하여 하나님의 위대하심을 더욱 크게 느끼었다. 이어서 피난길에 오르게 되는데 압살롬은 요압을 대신하여 아마사를 군대 장관 삼아서 진영을 갖추고 요단을 건너 다윗의 군대를 찾았다. 한편 다윗이 마하나임에 이르렀을 때 마하나임 사람들과 암몬 족속의 나하스의 아들 소비, 로데발, 바르실래 등이 나와서 침상과 대야와 음식을 다윗에게 가져와 다윗과 함께한 백성이 시장함과 곤함과 목마름을 면했다(17:24-29). 또 새길을 가게 되었다.

18장에서는 도피 생활만 계속하던 다윗의 진영이 이제는 압살롬의 전략을 다 알고 있기에(17:15-23), 다윗의 군대가 미리 진용을 이루어 압살롬의 부대와 싸우는 것으로 전략을 바꿨다(18:1-8). 이렇게 도피하던 다윗의 군대가 반격하면서 승기를 잡게 되었다.

사실 다윗의 군대가 이기게 된 것은 하나님의 군대가 속히 본래의 위치로 회복되기를 바라는 믿음과 지속해서 공급하는 하나님의 은혜를 힘입어 싸웠기 때문이다. 이어서 다윗의 군대는 더욱 사기가 충천하여 계속 공격하는데, 다윗 부대의 공격이 계속되자 압살롬의 부대는 패하여 2만 명이나 죽었고, 도망가는 숫자가 점점 많아졌다. 사면에서 싸움이 계속되었는데, 숲속이다 보니 수풀에 걸려 죽은 자가 칼에 찔려 죽은 자보다 더 많았다. 그러다 보니 압살롬의 부대도 도망을 가는데 그때 압살롬을 만났다. 압살롬의 장점인 그 좋은 머리털이 상수리나무가지에 걸려 있었고, 그 사이로 그가 탔던 노새가 빠져나갔기 때문에 나무에 대롱대롱 걸려 있을 수밖에 없었다. 왕의 명령 때문에 겁이 난 목격자가 이를 요압에게 보고 하여 요압이 그를 처단했다(18:9-18). 이 소식을 왕에게 보고해야 하나, 왕이 특별히 압살롬을 죽이지 말라고 명령하기에 왕에게 이 소식을 전하는 것이 어려웠다. 그래도 보고해야 하기에 구스 사람을 전령으로 이 소식을 전하러 보냈다. 그런데 아히마아스가 전령으로 나선다. 왕은 구스사람에게서 죽은 아들 소식을 듣고 매우 매우 슬퍼했다.

오늘 묵상의 말씀

다윗이 위기에 몰렸을 때 그는 어떻게 처신했나?

환궁을 위한 뒷마무리와 세바의 반란

19장은 다윗의 애통을 중심으로 기록하고 있다. 압살롬의 군대를 멸하고 승리를 차지하고서라도 다윗 군대는 승리에 축하할 수가 없었다. 왜냐하면, 그 전쟁에서 다윗이 사랑하는 아들 압살롬을 잃었기 때문이다. 사실, 싸울 수도 없고 안 싸울 수도 없는 전쟁이었다. 아무리 아들이 전쟁을 걸어온다고 해도 어떻게 아들과 싸우겠는가? 다윗은 아들과 싸우지 않기 위해서 예루살렘 궁을 포기하고 피난길에 올랐다. 그러나 그 기간이 오래되면서 더 이상 피난 생활하기가 어려워서 결국은 싸웠던 것이다. 전쟁은 이겼지만, 아들이 죽은 것으로 끝이 났다. 이미 이런 결과가 도래할 줄 알고 신하들에게 압살롬을 죽이지 말라고 당부했는데, 전쟁의 생리가 '너 안 죽으면, 나 죽는' 정황에서 국가를 위해 작은 내가 희생당하는 것이 기본원리이기에 압살롬을 죽일 수밖에 없었다. 그럼에도 불구하고 그는 다윗의 아들이다. 그래서 전쟁에서 승리했다는 보고를 받고도 '압살롬, 내 아들아, 내 아들아(19:33)' 하고 엉엉 울었다. 이 상황에 입장 난처한 것이 바로 요압 장군이다. 요압은 왕을 대신하여 부하들과 함께 생명을 다해서 싸웠다. 싸움에서 압살롬은 왕의 아들이 아니라 반란자요, 적군이다. 그래서 죽인 것이요, 전쟁에서 승리한 것이다. 그렇다면 전쟁에서 승리한 부하들이 예루살렘 진영에 들어오면 국가가 축하의 승리 개가를 불러 주어야 한다. 그러나 이번은 달랐다. 왕이 비통해 있으니 군인들이 송구스럽게 입성해야 한다. 그래서 요압은 왕에게 찾아가서 진정하시고 격려해달라고 간청했고, 왕은 모든 부하를 격려하고 위로했다(19:1-9). 그리고 당연히 예루살렘으로 환궁할 수 있었지만, 백성들의 여론을 보면서 겸손하게 자신을 낮추어 기다린다. 그러는 중에 압살롬을 추종했던 10지파가 다윗의 공적을 찬양하며 죽은 압살롬에 연연하지 말고 다윗을 왕으로 다시 예루살렘 궁전으로 모셔오자는 여론을 조성한다. 그런데 정작 다윗의 출신 지파인 유다지파 장로들이 소극적인 태도를 보여서 제사장 사독과 아비아달이 그들을 설득한다. 아울러 다윗은 압살롬의 총지휘관이었던 아마사(17:25)에 대하여 특별사면을 내리고 요압을 대신하여 총사령관으로 삼겠다는 약속까지 하면서 반대세력을 완전히 회유시켰다. 그러나 그것은 요압의 공적을 무시하는 것이고 또한 압살롬을 죽인 것에 대한 징계의 뜻이 포함된 것이어서 요압의 반발에 부딪혔고 요압이 아마샤를 죽이면서 사건이 일어나고 만다(20:8-10).

그와 함께 다윗은 관용정책으로 자신을 속이고 저주하였던 시바(16:1-4)와 시므이(16:5-8)에게 화해를 도모해야 할 때라는 이유로 관용을 베풀었다(16:16-23). 그리고 시바의 모함으로 곤경에 처했던 사울의 손자 므비보셋에게도 관용을 베풀어 주고(16:24-30), 자신이 곤경에 처할 때 음식을 제공해준 바실래에게(17:27-29) 예루살렘으로 불러 예우하겠다는 배려의 마음을 표하기도 한다.

20장에서는 그에 대한 약점이 원인이 되었는지 세바가 반란을 일으켰다. "이새의 아들과 함께할 업이 없다. 이스라엘아 돌아가라"라는 구호를 외치며 반란을 일으켰다. 이에 다윗은 10명의 후궁 문제를 해결한 후(20:3), 아마샤(20:5)를 보내어 군대를 소집하여 진압하게 한다. 그런데 그 명령을 제대로 수행하지 못하자 요압이 그를 제거한다. 그리고 세바의 반란은 아벨 성의 한 지혜로운 여인의 활약으로 쉽게 진압되었다. 이렇게 하여 다윗이 성전계약을 충실하게 이행하지 못한 대가를 톡톡히 지급하고서야 다윗 왕궁의 정통성을 회복했다.

오늘 묵상의 말씀

다윗이 성전 계약을 위반하고 받은 대가는 너무 많다. 어떤 느낌이 드는가?

국가의 미결 과제 해결과 하나님께 찬양

21장은 왕국 건설의 결론을 내리기 전의 미결 과제의 해결 이야기를 기록하고 있다.

다윗은 3년 동안 기근이 연속 일어나자, 하나님께 간구하게 되었다. 그랬더니 하나님께서 사울과 피를 흘린 그의 집으로 말미암아 온 것이라고 말씀하신다. 기브온과 언약을 맺은 것은 여호수아 때이다(수9:15-25). 문제가 된 것은 사울 때이다. 그럼에도 불구하고 이스라엘 국가의 정통성을 잇는 2대 왕이기에 이 문제를 해결해야 한다. 그러면 문제가 무엇인가? 그것은 사울이 이스라엘과 유다를 살리려는 열심 때문에 기브온 족속을 이유 없이 죽였다는 것이다. 그래서 원인을 찾아보니 아마 암몬 사람 나하스가 이스라엘 사람 눈을 빼겠다고 하니, 왕으로 기름 받은 사울로서는 참을 수 없어서 "소 두 마리를 열 두 조각을 내어 만약 전쟁에 참여하지 않으면 이렇게 조각낼 것이다"라고 12지파에서 선포했었다. 이것이 무서워서 이스라엘 지파 삼십만, 유다 지파가 삼만이 동참했다. 그때 야베스와 싸워 이겨서 사울은 드디어 이스라엘 왕으로 인정받았다. 그런데 함께 사는 그들 중에서 동참하지 아니한 기브온 사람들이 처형을 당한 것이 아닐까 생각한다. 어쨌든 기브온 사람들은 사울왕 때 그들의 잘못된 열심 때문에 기브온의 족속을 죽여서 그게 한이 되고 한을 풀지 못하고 있기 때문에 땅에 기근이 3년 동안 계속되었다. 그러니 사울의 모든 식구를을 처단하도록 하여 과거의 한 맺힌 미결 과제를 해결하겠다는 것이다. 큰일이 있으면 누군가가 희생을 당하기 쉽다. 다른 사람에게 희생을 당하게 하지 않으면서 나에게도 행복하면 좋은데 그렇지 못할 때가 있다. 그래서 그것을 그냥 놔두면 평생 한이 되고 원이 되는 것이다. 이것이 정리되어야 이스라엘 나라가 행복하게 된다. 그래서 다윗의 시대를 마감하면서 이 문제를 다윗이 해결해 준다. 물론 기브온 사람들은 사울의 아들 모두를 내어놓으라고 하나,

다윗은 당신이 약속한 므비보셋을 제외하고 아들 일곱을 모두 내어주었다. 그랬더니 그들을 산 위에 목매달아 죽게 했고, 그 시체는 그 아비 기스의 땅에 묻었다. 그랬더니 하나님께서 그 땅을 위하여 기도한 것을 들으셨다(21:1-14).

22장에서 다윗의 왕권이 안정을 이루게 되자 파란만장한 자신의 생애를 돌이켜 보면서 노래로 하나님께 영광 돌리고 있다.

다윗의 주특기는 무엇보다도 전투이다. 그래서 모든 대적의 손과 사울의 손에서 구원하신 그날에 이 노래의 말씀으로 여호와께 찬양 드린다고 고백한다(22:1) 이것은 그의 진실에서 우러나오는 고백일 것이다. 누구나 다 자기가 하는 사역에서 삶의 보람과 의미를 찾는다. 거기에서 진정한 성과를 통하여 기쁨을 누리게 될 것이다. 그런데 전쟁을 하면 할수록 느껴지는 것은 여호와 존재의 위대함이다. 그래서 1-3절까지는 구원의 하나님을 찬양하고 있다. 하나님의 존재에 대하여 무엇이라고 찬양하며 존귀하게 높일까? 이것은 삶을 통해서 최대 희열을 느낄 때 마음속에서 느끼는 고민이다. 그 하나님은 나의 반석이요 나의 요새요, 나를 건지시는 자요, 아무리 미사여구를 다 가져와도 하나님의 사랑을 말로 다 표현할 수 없이 크고 무한하신 분이다. 4-20절은 구원의 역사를 펼치시는 하나님에 대하여 구체적으로 그때그때의 사건을 생각하면서 표현하고 있다. 21-31절은 의인들의 구원 역사를, 32-51절은 찬양받으실 하나님에 대하여 고백하고 있다.

오늘 묵상의 말씀

다윗이 문제 해결 후에 드리는 찬양은 어떤 감격이 있었을까?

성전 언약 회복의 깨달음

23장은 다윗의 최후 고백으로 다윗의 왕정 말기, 인생의 쓴맛 단맛을 다 본 다윗이 개인적 경험을 신앙적 토대 위에서 완숙하게 노래한 것이다. 이 고백은 다윗 언약(성전언약)이 자신 속에서 어떻게 성취되었는가? 미래에 완성될 메시아 대망 신앙을 찬양을 통하여 보여주고 있다(23:1-7),

그리고 8-12절에서는 전쟁에서 항상 다윗과 함께 있으면서 호위하던 3명의 용사로서, 병사들의 사기를 높여준다(23:9). 적군들을 추풍낙엽처럼 쓰러뜨리는 눈부신 활약의 용사들, 그들이 있었기에 오늘의 다윗이 있었다는 것이다.

13-23절에 나오는 30인 용사 중 3인, 이 사람들은 30명을 진두지휘하며 가장 다윗을 감동하게 한 충성심이 강한 사람들이다. 이들은 군사들은 다윗 중심으로 뭉치도록 큰 역할을 한 사람이다.

세 번째로는 24-39절의 30인의 용사들이다. 이들은 병사들의 진두에서 지휘하며 거룩한 전쟁의 수행자들이다. 이들은 자기 책임을 성실하게 하면서 전체의 화합을 잘 이루는 자들이다.

24장에 와서는 사무엘하 전체의 다윗 이야기를 끝내면서 다윗을 다윗으로 만들었던 성전 계약에 대한 깨달음의 내용으로 마지막을 정리하고 있다. 물론 다윗의 주특기는 전쟁이다. 이로 인하여 모든 관심이 그의 존재가 공식적 드러난 것은 골리앗 장군과 싸움에서 승리한 이후다. 전쟁에 나가기만 하면 항상 이겼다. 설령 질 것 같으면 우리 하나님은 피할 길을 주셨다. 그러기에 그는 항상 모든 것을 전쟁과 연관 지어서 생각할 수 있다. 그러나 그가 하나님의 선택을 받은 후에 하나님이 결정적으로 그에게 원하는 것은 성전 계약 체결 후에 이 약속을 지키는 것이다. 이 약속을 잊어버리고 다른데 관심이 많으면 우리 하나님은 싫어하신다. 다윗이 하나님과 성전계약을 맺은 후(삼하7:12-16), 다윗의 결정적인 실수는 전쟁터에 바로 나갔다는 사실이다(8장). 그 후에 구제정치(9장), 조문정치(10장), 이렇게 성전 계약과 관계없는 일을 하다가 결국은 개인의 근본 욕구인 성적인 욕구를 관리하지 못하여 타락하게 되고 그 결과 11-20장까지 아들로 인하여 가정이 망가지고 국가가 큰 곤욕을 치루기도 했다. 이제 모든 정통성을 회복하고 새로운 시작을 위하여 모든 것을 안정세로 온 마당이다. 그런데 1절에 보면 "여호와께서 다시 이스라엘을 향하여 진노하사 저희를 치시려고 다윗을 감동시하게 하사, 인구를 조사하라 하신지라"라는 말씀으로 24장을 시작하고 있다. 여기 인구조사는 전쟁을 위한 군 병력을 확인하고자 숫자를 세는 것이다.

다윗은 인구조사를 하고 나서 마침내 죄책감을 느끼게 되었다(24:10). 사실 죄책감은 좋은 것이다. 하나님을 만날 수 있도록 마음 문을 여는 계기가 될 수 있기 때문이다. 그때 하나님은 그의 마음을 보시고 갓 선지자를 통하여 선택권을 주셨다. 세 가지 중 하나를 선택하라. 1) 칠 년 기근, 2) 석 달 동안 전쟁으로 인한 도망, 3) 삼일동안 온역, 이3가지는 죄를 지었을 때 당하는 징계내용이다. 하나 더 하면 흩어짐이 있다. 이것 중 어느 것을 택할 것인가? 물었더니 다윗은 삼일 동안 온역을 택했다. 그래서 삼일 동안 온역이 내렸는데, 칠만 명이 죽었다. 그 후에 하나님이 갓을 통하여 아라우나의 타작마당을 사라고 하신다. 그래서 그 땅을 은 오십 세겔을 주고 샀다. 그래서 거기서 예배를 드렸더니 기도를 들으시고 이스라엘에 내리는 재앙이 그쳤더라. 무슨 말인가? 성전 계약을 확인하라는 것이다. 전쟁하려고 하지 말고 성전을 지어서 하나님 나라 일꾼을 키우라는 것이다.

오늘 묵상의 말씀

다윗에게 제일 중요한 것은 무엇이며, 하나님은 그것을 깨닫도록 얼마나 기다렸을까?

축복의 통로로서의 첫 단추 끼우기

1장에서는 왕의 되려고 하는 아도니야 이야기와 정통의 왕으로 인정받은 솔로몬의 이야기로 시작되고 있다. 사실 지금까지 하나님이 하시고자 하는 계획을 다 드러냈다. 이제부터는 축복의 통로로 그대로 그 통로 역할만 잘 하면 된다. 아브라함의 믿음을 시작으로 복의 근원의 역사가 시작되었다(창12:1-3). 이 약속을 시내 산에서 이스라엘 백성이 모세를 통하여 하나님과 계약을 체결하여(출19:5-6), 광야 40년을 훈련 받은 후 하나님의 뜻에 합한 다윗을 찾아 한곳을 정하여(신12, 삼하5:7) 하나님께 예배드리는 신정국가의 모습을 갖추었다. 이제 할 일은 하나님 나라의 확장을 위해 성전을 지어서 거기에 합당한 일꾼을 만들며 메시아가 오실 때까지 계속 축복의 통로 역할을 지속 가능하게 하는 것이 역사의 맥을 이어가는 가장 중요한 과제이다. 여기까지는 다윗이 참 잘 했으나, 아쉬운 것은 다윗은 축복의 통로로 다음 세대를 이어 받을 사람을 훈련하지 못한 것이다. 그게 1장에서 드러나고 혼란을 느끼고 있다. 원래 다윗의 아들들은 암논, 다니엘, 압살롬, 아도니야, 스바다, 이드르암, 시므아, 소밥, 나단, 솔로몬, 입할, 엘리사마(Elishua), 엘리벨렛(Elpelet), 노가, 네벡, 야비아, 엘리사마(Elishama), 엘랴다, 엘리벨렛(Eliphelet)과 그 외의 첩의 아들들이 있다(대상3:1-9). 다시 말하면 19명의 아들과 그 외의 첩의 아들들이 있다. 과연 이들 중에 누가 축복의 통로로서 리더(Leader)인 왕의 대를 이를 것이고, 또한 누가 협력자(follower)가 될 것인가에 대하여 교통정리와 더불어 견고한 사명의식을 세워야 이 땅에 하나님 나라를 세울 수 있다. 특히 다윗이 신앙의 모델이라면 그다음 왕은 축복의 통로 1번이다. 이런 중대한 역사의 첫 바통을 누구에게 넘길 준비를 하는 것은 역사적으로 매우 중요한 사역이다. 어쨌든 이제 다윗의 대를 끝내고 축복의 통로가 이어지는 것에 대한 이야기를 하려고 한다. 당연히 암논, 다니엘, 압살롬이 죽었으니 그다음인 네 번째 아들 아도니야가 장남으로서 왕의 대를 이어서 다음 왕이 되는 것이다. 이렇게 생각하기 쉽다. 이것이 보통 사람들이 가지고 있는 상식이다. 물론 아버지가 그것에 대해 언급이 없기에 신하들과 백성들은 그렇게 생각할 수밖에 없다(1:1-4). 그러니 아도니야는 이런 상식에 근거하여 자기를 위하여(1:5) 마련된 군인과 추종자들을 동원하여 공식적으로 왕의 역할을 알린 것이다. 그런데 문제는 그는 왕의 훈련을 받지 않은 자이다(1:6). 또한, 하나님이 선택한 사람이 아니다(신17:15). 그러니 아무리 외모가 뛰어나고 상식이 있어도 그것은 불가능하다. 그것을 알게 된 나단 선지자는 부랴부랴 솔로몬의 모친 밧세바를 찾아가서 왕을 만나서 왕이 선택한 자(대상22-9-10)를 왕으로 선포하도록 재촉한다. 그래서 솔로몬이 공식적으로 왕에 취임한다.

2장에서는 다윗이 마지막 유언으로 자세하게 축복의 첫 통로인 솔로몬에게 인계한다. "힘써 대장부가 되라(2:2).", "너는 여호와의 명을 지켜 그 길로 행하여 모세의 율법에 기록한 대로 지키라. 그리하면 무릇 무엇을 하든지, 어디로 가든지 형통하리라(3)." 지금까지 자신의 인생의 모든 것을 정리하면서 핵심적 가치를 확실하게 전달해 주고 있다(2:1-4).

그리고 왕의 바통을 이어받은 솔로몬은 왕권을 진행하는데, 여러 방해자는 다윗의 유언에 따라 속전속결로 숙청하여 정리한다.

오늘 묵상의 말씀

나는 우리 집안의 축복 통로로서 어떤 사명을 부여받았나?

1,000번제의 응답과 솔로몬의 번영

3장에서는 솔로몬의 왕권 확립을 위한 초기 대응의 내용을 기록하고 있다. 먼저 솔로몬은 군사력과 외교력, 경제력의 기반을 든든히 하기 위하여 그 당시 강대국인 바로의 딸과 정략결혼을 한다(3:1). 이것은 고대 근동국가에서 보통 행해지는 일이나 신정국가의 축복 통로 첫 모델로서는 큰 실수를 한 것이다(신7:3). 그래서 훗날 노년에 큰 혼란을 가져온다. 처음 시작이 정말 중요함을 깨닫게 하는 항목이다. 그럼에도 불구하고 그는 하나님을 향한 열정이 대단하다. 기브온 산당에 가서 1,000번제를 드렸다. 신정국가를 건설하기 위한 하나님의 소원을 이루기 위해 축복의 통로 사명을 감당하며 거기에 집중하기 위해 당연히 먼저 해야 할 사항이다. 솔로몬은 1,000번제를 드린 후 하나님께서 밤에 꿈에 그에게 나타나 물으셨다. "내가 네게 무엇을 줄꼬, 구하라(3:5)." 한마디로 1,000번제를 드리면서 기도한 내용을 한마디로 요약하면 무엇이냐는 질문이다. 솔로몬은 멈칫거리지 않고 즉시 기도했다. "지혜로운 마음을 종에게 주사 분별하는 지혜를 주옵소서(3:9)." 그러자 하나님은 "그 말씀이 마음에 맞은 지라.(3:10)", "네 평생에 열방 중에서 너와 같을 자가 없으리라. 네가 만일 아비 다윗의 행함같이 내 길로 행하면 네 날을 길게 하리라(3:13-14)."라고 말씀하신다. 하나님의 기도 응답을 통하여 정통성(삼하7:12-16)을 확증하셨고 미래의 비전을 보여 주셨다. 그에 대한 응답의 증거로 어떤 아기 엄마 둘이 아기를 가져왔는데, 아주 지혜롭게 잘 재판하여 모든 사람이 놀랍게 감동을 받았다(3:16-28).

4장에서는 인재 등용과 더불어 행정구역을 12구역으로 나누고 있다. 먼저 인재등용은 1) 아버지 다윗의 시대에 중요 직책을 가진 자이거나 후손들을 임명했다. 예를 들면 대제사장 아사리아는 다윗을 섬겼던 사독의 손자이며, 서기관 엘리호렙 과 아히야는 다윗 시대의 서기관이었고, 다윗시대의 시위대 장관이던 브나야는 솔로몬 시대의 전 군대 통솔 군대 장관으로, 아사리아, 사붓 대신은 나단 선지자의 아들이다. 이렇게 아버지와 친밀한 관계를 갖고자 하는 것은 사역의 연계성이다. 이들은 대게 가문에서 익힌 습관과 문화적 영향력도 크다. 어렸을 때 제대로 훈련받고 영글어진 자들은 준비된 일꾼으로 보일 것이다. 2) 전문성을 고려했다. 아히살이 맡은 궁내 대신 직은 새로운 직제이다. 새로운 일에 대해 새 전문성을 가진 사람을 활용하는 것이다.

그런가 하면 12행정구역으로 나누고 12행정관장을 세웠다. 12행정관장 12지파를 근거로 하여 세웠다. 가능하면 기존의 행정질서를 이용하여 혼동이 없고 주민이 사용하기 편리하도록 만든 것이다. 이12관장에게는 1년에 한 달씩 윤번제로 왕궁에서 사용될 물자들을 제공하게 한다. 이는 한 지역에서만 왕궁의 물자를 조달할 경우, 지나친 불만이 나오기 쉽고 또 편중되어 의존적이기 쉽다. 이를 통하여 불만과 특권의식을 동시에 잠재우는 절묘한 방식으로 조직관리를 하는 것이다(4:7). 이로 인하여 큰 번영을 누렸다. 솔로몬은 축복의 통로 첫 단추로서 아브라함 언약(창12:1-3, 창13:6, 15:2, 22, 17)의 성취로서 인구가 모래 같이 많게 되고, 먹고 마시고 즐겁게 지내게 되었다. 유브라데에서부터 블레셋 사람의 땅과 애굽 지경에 이르기까지 모든 나라를 다스렸고, 그들은 조공을 바쳐 솔로몬이 사는 날 동안 이스라엘을 섬겼다(4:20-21). 그런가 하면 단에서부터 브엘세바까지 국가의 경계선이 확실하고 그 안에 사는 사람들은 모두 포도나무 아래와 무화과나무 아래에서 안연히 행복하게 살게 되었다(4:22-25).

오늘 묵상의 말씀

나는 축복의 통로로 결국 어떤 축복을 누릴 수 있을까? 거룩한 상상력을 발휘해 보자.

성전과 왕궁 건축 완공

5장에서는 솔로몬은 일생일대에 가장 중요한 성전건축의 역사를 계획한다.

그는 아버지와의 각별한 관계를 기억하면서 지난날의 배려하심도 특별히 인정했다(5:3). 그리고 솔로몬은 윈윈(win-win)전략을 구사했다. 히람에게는 정당한 대가를 치를 것을 약속했다. "또 내가 당신의 모든 말씀대로 당신 종의 삯을 당신에게 붙이리다." 상대방에게 손해를 보게 하지 않고 당연히 이익을 줄 수 있게 하는 것이다. 그리고 더 중요한 것은 히람의 전문성을 인정해 주었다. "당신도 알거니와 우리 중에는 시돈 사람처럼 벌목을 잘하는 자가 없나이다(5:6)." 솔로몬에게서 이런 사신의 전갈을 받은 히람은 솔로몬의 아버지 다윗과의 친분에서 그 젊은 아들 솔로몬의 소문을 알고 있었지만 그런 그의 요청에 기쁘게 응답할 수 있었다. 그래서 히람은 그 첫마디가 "오늘날 여호와를 찬양할지로다"라고 말을 하면서 기쁘게 그의 소원에 응하고 있다(5:7-8). 그리고는 레바논에서 목재 운반에 대한 기술까지 다 상세하게 가르쳐 준다. 이런 지혜는 그가 1,000번제를 통하여 얻은 지혜이다(5:9-12). 그리고 건축 역군들을 모으는데, 18만 3천 3백 명이 지원하되 그중 3만은 이스라엘 역군으로 한 달에 만 명씩 번갈아 가며 일하게 하여 과로로 지치지 않게 하고 나머지는 모두 노예들을 사용했으며 총감독은 아도니람이 되었다(5:13-18).

6장에서 솔로몬이 성전을 건축하게 된 것은 일생일대에 가장 중요한 축복이었다. 건축 시작년도가 BC 966년으로 솔로몬 즉위 4년, 출애굽 후 480년이 되는 해였다.

이것은 성전건축이 구속역사의 전환점을 이룬다는 것을 말해 주고 있다(6:1). 이어서 이 성전의 설계도는 다윗이 솔로몬에게 넘겨 준 것으로서(대상28:11-19) 솔로몬은 그대로 건축하기만 하면 된다(6:11-13). 성전은 크게 세 부분으로 나뉘었다. 곧 지성소, 성소, 낭실이다. 성전 옆면과 뒷면은 방들이 많은 3층으로 지었는데, 이 방들은 성전 기물을 보관하는 장소로 사용했고, 성전이 세워진 곳은 아라우나의 타작마당(모리아산)이었다.

성전 내부공사를 할 때 특별히 법궤를 안치할 지성소를 성소와 칸막이로 구별하여 하나님의 거룩함을 나타낸다(6:15-22). 한편 지성소 내벽을 모두 정금으로 입혀 하나님의 순전하심(계21:18)과 불변하심(벧전1:7)을 상징했다. 그리고 내,외소사면 벽에 아로새긴 그룹들은 하나님의 임재와(6:23-28) 하늘의 보좌를 상징했다.

천장과 벽은 백향목으로 덮고 금으로 입혔으며(6:15, 30), 지성소 안쪽 벽에는 날개를 편 두 천사 모양을 조각해 놓았으며 지성소와 성소의 양쪽 벽에는 종려나무와 활짝 핀 꽃 모양을 새겨놓았다. 그리고 성소와 지성소 사이에 감람목에 금을 입혀 쌍 문을 달아 놓았다. 지성소에는 법궤가 있고, 법궤의 뚜껑 부분을 속죄소라 칭하였고, 낭실 바깥은 성전 안뜰이었다. 이렇게 하여 성전건축이 시작된 지만 7년 6개월 만에 완공되었다.

7장에서는 7년의 성전 건축을 끝내고 곧이어 솔로몬은 왕궁건축을 13년 만에 마치는 내용이다. 업무가 많기 때문에 왕궁을 제대로 만들어 국가의 업무를 보고 싶었을 것이다(7:1). 성전기구로는 두 놋 기둥을 세웠는데, 이름은 '야긴'(저가 세우리리라)과 '보아스'(그에게 능력이 있다)로 만들어서 하나님에 의해, 하나님의 능력으로 지었음을 나타내었다(7:13-22). 또 놋 바다를 만들어 제사장의 성결과 물두멍과 받침을 만들어 제사용품을 세탁하게 했다. 그리고 이를 위하여 당대 최고 기술자가 이 일을 맡는다(7:13-14)

오늘 묵상의 말씀

나에게 가장 중요한 성전은 어떻게 지었는가? 그곳은 어디인가? (영적, 정신적, 육신적)

성전 봉헌식과 기도 응답

8장은 성전 건축의 절정을 이루는 성전 봉헌식에 관한 기록이다. 가장 중요한 것은 먼저 언약궤를 가져오는 일이다. 언약궤는 일찍이 모세시대 시내 산에서 만들었다. 그 후 실로 장막에 있다가 블레셋, 아비나답의 집, 오벧 에돔의 집, 다윗 성을 거쳐 드디어 솔로몬 성전에 자리 잡게 된 것이다(8:1-9). 이때 제사장이 성전에서 나올 때 구름이 여호와의 성전에 가득하였으니, 이는 여호와의 영광이 가득함이 되었더라(8:10-11). 이 광경은 구름이 회막 위에 덮이고, 하나님의 영광이 그 위에 너무 강렬하여 모세가 들어갈 수 없었던 때가 재현된 것이다(출40:34-35). 이때 여호와의 임재하심을 목격한 솔로몬은 감격에 북받쳐 그 성전이 여호와의 영원한 처소가 됨을 선포했다(8:12-21). 이어서 솔로몬은 이스라엘 백성과 마주 서서 하늘을 향해 손을 펴고(8:22) 1) 다윗에게 약속하신 언약을 신실하게 지켜 주실 것(8:23-26), 2) 자신과 백성들이 성전을 향하여 기도할 때 응답하여 주실 것(8:27-30), 3) 백성이 죄를 깨닫고 회개할 때 용서하실 것(8:31-40), 4) 이방인이 그 소원한 바를 하나님께 간구할 때 응답하시어 주의 이름을 만민으로 경외케 할 것(8:41-43), 전장에 나가는 백성이 기도할 때 그 기도에 응답할 것(8:44-45), 4) 봉헌기도에 이어 축도함으로 기도를 마친다. 그리고 백성들에게도 하나님의 법도에 순종할 것을 권면한다(8:54-61). 62-66절에는 봉헌기도가 끝난 후 낙성식을 거행하는데, 거기 드려진 화목제물은 소가 22,000마리, 양이 120,000마리로 그 규모에 있어서 이스라엘 역사상 최대였다(8:63). 이어서 7일 동안 거행된 장막절은 출애굽 이후 광야에서의 장막 생활을 기억하고 가나안 땅 정착을 기념하는 것으로 언약궤의 성전 안치와 연관성을 갖는다. 이를 통하여 그리스도를 통한 속죄와 하나님의 화목이 선행될 때 영생을 얻어 천국에 들어갈 수 있다는 말씀이 성취되는 순간이다(엡2:16, 골1:20).

9장에서는 솔로몬의 봉헌기도에 대한 하나님의 응답을 기록하고 있다. 역대하 7장 1-3절에 보면 솔로몬이 봉헌기도를 마치는 순간 불이 하늘에서 내려와 그 번제물과 제물들을 사르고 여호와의 영광이 그 성전에 가득함으로 하나님께서 응답하기 위해 찾아오신 것이다. 그리고 기도응답을 알려주시면서 1) 성전을 거룩하게 구별하며 2) 하나님의 이름을 영영히 거기 두시며 3) 하나님의 눈과 하나님의 마음이 항상 거기 있겠다고 약속하셨다. 4) 만일 솔로몬이 '다윗이 행함같이' 하나님의 율례와 법도를 지키면 다윗에게 언약하신 것처럼 이스라엘의 왕위를 견고케 하시겠다고 약속하였다. 5) 만일, 솔로몬이 하나님의 법도와 계명을 어기고 다른 신을 섬기면 하나님은 그 반대로 저주로 바꾸겠다고 말씀하셨다(9:1-9). 이렇게 봉헌식을 마치고 나서 20년 동안 성전 건축과 왕궁 건축에 대한 대가로 두로 왕 히람에게 갈릴리 땅의 20개 성읍을 주었는데, 이것은 히람에게 보너스로 준 것이다. 왜냐하면, 솔로몬은 이미 계약대로 매년 밀 이만 석과 맑은 기름 이십 석을 히람의 궁정의 식물로 제공했기 때문이다(5:7-12). 물론 히람 왕은 공식적으로 받는 임금 외의 보너스는 거절했다. 그리고 솔로몬은 '에시온게벨'이란 에돔의 항구에서 배를 건조했다. 그리하여 솔로몬의 종들은 히람의 선원들과 함께 오빌을 오가며 무역 활동을 벌였는데 금 420달란트를 솔로몬에게 가져왔다. 이는 솔로몬의 기도에 하나님이 응답하신 것이다(5:26-28).

오늘 묵상의 말씀

성전 건축과 함께 나에게 주어진 축복은 무엇인가? 그리고 주께서 주신 기도 응답은?

솔로몬의 전성기와 타락

10장에서는 솔로몬의 명성을 듣고 이스라엘을 방문한 스바 여왕이 솔로몬의 탁월한 지혜를 격찬하고 하나님을 찬양한 사실을 기록하고 있다. 스바 여왕이 솔로몬을 방문한 표면적 동기는 솔로몬 제국과의 교역의 길을 트기 위한 목적이지만 하나님 나라의 관점에서 보면 이방의 왕으로서 솔로몬의 지혜 말씀을 듣기 위해서다(10:1-13).

실제로 스바 여왕의 모든 질문에 일일이 대답을 주었고, 솔로몬이 몰라서 대답하지 못한 것이 하나도 없었다(10:3). 이것을 보고 스바 여왕은 놀랐다. 스바 여왕은 많은 지혜를 배우고 금 120달란트와 심히 많은 향품과 보석을 왕에게 드렸는데, 그렇게 많이 드린 것은 이후에도 없었다. 그런가 하면 솔로몬은 부귀를 누렸다. 해마다 들어오는 금이 666달란트(23톤)요, 또 은을 돌같이 흔하게 하고 백향목을 뽕나무 같이 많게 하신 축복을 누렸다. 이런 모든 축복은 1,000번제의 축복이었다. 그런데 아쉬운 것은 애굽에서 말들을 사왔다(10:28-29). 이 말은 신명기 17장 16절을 정면으로 위배되는 행위였다. 성전을 짓고 봉헌하기 위하여 그렇게 정성을 기울이던 그가 이제는 군사력과 재물 쌓기에 혈안이 되다 보니 하나님 나라 세우는 것과 관계없는 사람이 되었다.

11장에서 솔로몬은 바로의 딸 이외에 모압, 암몬, 에돔, 헷 여인을 비롯하여 후빈 700명과 첩을 300명을 사랑했다. 이로 말미암아 그들이 솔로몬의 마음을 돌이켜 다른 신들을 섬기게 하였다. 1,000명의 부인이 그의 마음을 돌이키려고 애를 썼다. 그래서 솔로몬이 다른 신들을 섬기게 되었고, 다른 신들을 위하여 산당을 예루살렘 앞산에 지어 주어서 분향하게 했고, 나아가 솔로몬도 마음을 돌이켜서 하나님을 떠났다. 매일매일 하나님과 방향을 맞추고 궤도 수정하면서 주님의 약속을 붙잡지 않으면 이런 실수를 하는 것이다. 분명히 왕이 되면 “아내를 많이 두어 미혹하게 하지 말고, 은금을 자기를 위하여 많이 쌓지 말고, 이 율법서를 평생 자기 옆에 두어서 읽어서 여호와 경외하기를 배우고 이 율법의 모든 말과 이 유례를 지켜 행할 것이라(신17:17-19)" 하신 말씀과 전혀 상관없는 사람이 된 것이다. 이로 인하여 하나님의 진노를 샀다. 하나님의 징계를 샀다. 사실 솔로몬의 범죄는 하나님의 경고(3:14, 9:4-9)에 대한 불순종이다. 이제는 하나님이 결단을 내리신다.

왕국의 분열을 예고하셨다. 그의 아들 때에 한 지파를 제외한 나머지 지파를 네 신복에게 줄 것이다(11:11-13). 죄의 결과는 밖으로는 외군의 침입에서 나타났다. 에돔 왕자 하닷이 쳐들어왔다. 하닷은 에돔의 왕자로서 다윗 때 애굽에 망명을 갔다. 거기서 애굽 왕의 처제를 얻어서 애굽 왕의 신망을 얻어 출세의 길을 걷고 있다가, 이제 고국 에돔으로 돌아와서 이스라엘을 괴롭히게 된 것이다(11:14-22). 그런가 하면 주변국인 수리아가 침략해 왔다. 다윗 때 치명적인 공격을 받아 숨을 죽이던 수리아 왕 르손은 솔로몬의 통치 말기에 스스로 왕이 되어 이스라엘을 공격하기 시작했다. 이렇게 죄를 지으면 그동안 눌려 있고 들풀처럼 가만히 있던 적들이 삽시간에 들고 일어서서 공격해오는 것이었다(11:23-25).

내면적으로는 왕국이 분열의 징조를 보였다. 솔로몬의 신복인 여로보암은 소년 때부터 부지런하여 왕의 인정을 받아 에브라임 지파의 일에 감독이 됐다. 그런데 그가 반역을 일으켜 애굽으로 도망했는데, 그가 솔로몬이 죽자마자 귀국하여 다시 반역을 일으킨 것이다.

안팎으로 나라는 어려워졌고, 그의 아들 때 결국은 나라가 나누어졌다.

오늘 묵상의 말씀

나는 전성기 시절에 어떻게 지내었는가?

북이스라엘의 탄생과 여로보암의 불순종

12장에서는 솔로몬이 죽은 후, 르호보암의 즉위식을 예루살렘이 아닌 세겜에서 시행한다는 기록으로 분열 왕국을 시작하고 있다(12:1). 애굽에 망명 중인 여로보암이 돌아와 10지파의 주동이 되었다. 그리고 르호보암에게 한 가지 조건을 제안한다. 그것은 부친 솔로몬의 지나친 부역과 세금으로 백성들을 혹사했으니 이제는 가볍게 해달라는 것이다(12:4). 이것은 어느 정도 사실에 근거했지만 그 이면에는 별도의 왕국을 세우려는 저의가 다분히 있었다. 그래서 예루살렘으로 가지 않고 르호보암을 세겜으로 부른 것이다(12:1-5).

여로보암의 제안을 받은 르호보암은 먼저 그 부친 솔로몬의 참모였던 노인들과 의논하고, 다시 자기와 함께 자란 젊은이들과 의논한다. 그런데 아쉬운 것은 노인들의 유화정책을 무시하고 젊은이들의 조언을 듣고 강압 정치를 선언함으로써(12:14) 사태를 크게 악화시켰다(12:6-15). 사실 르호보암은 신정국가 정립을 위한 아브라함의 정통성(창12-13), 모세의 언약(출19:5-6), 다윗의 언약(삼하7:12-16) 등으로 무장되어 축복의 통로 역할을 흔들림 없이 이끌어야 했으나. 이것이 그 속에 없으니 끌려갈 수밖에 없었다. 10지파(유다와 베냐민 지파를 제외한 지파)는 그의 포악한 말을 듣고 "이새의 아들에게서 업이 없도다. 다윗이여, 너희 집이나 돌아보라(12:16)"라고 외치면서 갈라서게 된 것이다. 이때 역군의 감독인 아도람을 보내어 사태수습에 나섰으나 온 이스라엘이 그를 돌로 쳐 죽이는 바람에 예루살렘으로 급히 왔다. 그 후에 여로보암은 이스라엘 10지파에게서 청함을 받고 북쪽의 초대 왕이 되었다. 세겜에서 왕이 된 여로보암은 부느엘을 요새화하고 1)예루살렘 성전 대신에 벧엘과 단에 금송아지 두 개를 만들어 세우고 2) 7월 15일의 초막절을 대신하여 8월 15일을 절기로 정했다. 3) 산당을 짓고 레위자손이 아닌 평민 중에서 자기가 원하는 자를 뽑아서 레위인처럼 제사를 드리게 했다. 결국, 세상의 모든 왕과 똑같이 정치하게 되었다.

13장에는 이 사실을 알게 된 하나님의 사람이 벧엘에 있는 단에서 여로보암이 분향하는 것을 보고 "다윗의 집에 요시야라 이름하는 아들을 낳으리니 그가 네 위에 분향하는 산당 제사장을 네 위에서 제물로 바칠 것이요. 또 사람의 뼈를 네 위에서 사르리라(13:2-3)"라고 외치자 단이 갈라졌다. 이때 여로보암이 단을 향하여 손을 펴며, "그를 잡으라"라고 말하다가 그만 손이 편 채로 말라 그냥 있었다. 다시 하나님의 사람이 기도했더니 원래대로 회복되었다. 이렇게 회개할 기회를 주었으나 여로보암은 회개하기보다는 자기 집에 가서 밥 먹자 말하며 선지자의 환심을 사려 했다. 그러나 여호와께서 완전히 금하셨다. 완전히 단절하여 철저히 배격하겠다는 뜻을 보이셨다(13:8-10). 이를 벧엘에 살고 있는 한 늙은 거짓 선지자가 아들로부터 이 이야기를 들었다.

그래서 그 선지자가 급히 가서 하나님의 사람을 집으로 데리고 가서 식사를 준비했다. "나도 그대와 같은 선지자라. 천사가 하나님의 사람을 네 집으로 데리고 와서 식사하라 했다." 늙은 선지자의 속임에 넘어간 하나님의 사람이 밥을 먹었고. 돌아가는 길에 사자를 만나 죽었다. 그러자 늙은 선지자가 그 시체를 싣고 와서 장사했다. 그리고 '내가 죽거든 같이 내 뼈를 그의 뼈 곁에 두라'라고 유언했다(13:20-33). 그러나 여로보암은 이 모든 이야기를 들었음에도 악한 우상의 길에서 돌아서지 아니하고 보통사람을 제사장으로 삼아 그 죄가 지면에서 그를 끊어져 멸망하게 했다(13:27-33).

오늘 묵상의 말씀

확고한 신앙이 없으면 속고 속이는 현장에서 못 벗어난다. 왜 그럴까?

여로보암의 아들의 죽음, 유다 왕 아비얌

14장에서 여로보암은 많은 선지자의 깨우침에도 불구하고 돌아서지 않고 계속 우상에게 절을 하자 아들이 병들게 되었다. 그래서 아내를 실로에 있는 아히야 선지자 즉 여로보암이 북 왕국 이스라엘의 왕이 되겠다고 예언한 선지자에게 보냈다. 그는 하나님의 능력을 얕잡아 보고 아내를 변장시켰다. 그러나 아히야 선지자는 모든 것을 다 알고 있다. 그래서 병든 아들이 곧 죽을 것과 여로보암의 가문에 속한 자들이 다 죽을 것을 선포했다(14:1-16). 그 예언대로 여로보암의 처가 일어나 디르사에 돌아가 문지방에 이를 때에 아기가 죽었다. 그리고 여로보암도 왕이 된지 22년 만에 죽었다(14:17-20).

한편 르호보암은 41세에 왕이 되었는데, 어머니가 암몬 사람 나아마이었다. 2개의 지파로서 10개의 지파를 가진 북이스라엘과 싸워 이기려면 국방 강화에 국력을 집중시켰을 것이다. 다행인 것은 북쪽에서는 벧엘과 단에 우상을 만들어 섬기고 예루살렘을 출입금지 하니 북쪽 레위인과 제사장들이 월남하게 되었다. 그래서 부흥의 시작을 이루었으나 그 역시 말씀을 저버렸기에 아내 18명과 첩 60명을 두어서 타락의 길에서 벗어나지 못했다. 무엇보다도 출애굽기 19장 5-6절, 사무엘하 7장 12-16절의 계약에 대한 불순종으로 인하여 타락의 극치를 이뤘다(14:21-25). 그 결과 르호보암 통치 5년째 되는 해, 애굽의 왕 시삭이 예루살렘을 치고 솔로몬이 왕궁의 보물과 만든 금방패를 가져가 버렸다. 그래서 그는 금 방패 대신 놋 방패를 사용했다(14:25-31). 이를 선지자 스마야가 예언했고, 백성들이 회개하였기에 예루살렘 성을 파괴하지는 않았다.

15장에서는 유다 왕 아비얌의 통치로 시작하고 있다. 아비얌 역시 르호보암과 같은 죄를 범하였으나, 하나님께서 다윗과의 언약을 기억하시고 여로보암의 군대를 무찌르게 하셔서 예루살렘을 지키게 하여 주셨다(15:1-8) 그런데 역대하 13

장 2-20절에 의하면 그는 40만의 군대로 80만의 여로보암 군대와 싸워 모두 50만의 여로보암 군대를 죽이고 승리했다. 그 승리한 비밀은 앞뒤의 복병에게 포위된 상태에서 여호와께 부르짖은 결과로 말하고 있다. 그러나 아쉬운 것은 3년 단명으로 아들 아사에게 바통을 넘겨주게 된 것이다(15:1-8) 이어서 아사가 유다의 3대 왕이 되는데 그는 여로보암 20년에 등극하여 41년 동안 치리한다. 아사는 왕이 되자마자, 우상들을 없애고 13절에 보면 그의 모친 마아가가 만든 우상도 파괴하고 할머니도 태후의 위를 폐하였다, 아사의 통치가 10년 될 무렵에 구스 왕이 유다를 치기 위해 100만 명의 군사를 거느리고 왔다. 이때 하나님께 부르짖어 기도하여 58만 명의 군대로 그들을 이겼다. 그 후 35년을 치리하던 때에 이스라엘 왕 바아사가 유다를 위협하기 시작했다. 많은 사람이 예루살렘에 예배하기 위해 올라오기에 예루살렘과 두 시간 거리 되는 라마에 성읍을 건축하고 예루살렘으로 올라오는 것을 통제했기 때문이다. 아사가 그들을 대항하고자 아람 왕 벤하닷에게 뇌물을 주고 도움을 요청하여 이스라엘을 철수하게 한다. 하나님이 크게 노하여 선지자 하나님의 아들 예후를 보내어 아람왕 을 의지한 사실에 대하여 분노한다. 이를 수용하지 못한 그는 발병으로 고생하다가 재위 41년에 죽는다(15:16-22). 이어서 북이스라엘 나답과 바아사의 정권에 대해 기록하고 있다. 아사 2년에 나답이 왕이 되어 깁브돈을 공격할 때 잇사갈 족속 바아사에게 모반 당해 죽는다. 그 역시 우상 숭배하며 24년 재위한 후 죽는다(15:25-34). 이렇게 북쪽은 정통성이 약하므로 역성혁명이 자주 일어났다.

오늘 묵상의 말씀

축복의 통로가 언약을 잊어버리고 살아가는 모습은 어떻게 이야기하고 있나?

갈멜산 전투와 엘리야의 승리

16장은 북이스라엘 3대 왕 바아사에 대한 기록이다. 쿠데타로 정권을 차지한 바아사는 24년간을 통치하면서 여로보암의 왕가를 징벌하였으나, 우상숭배를 그대로 답습하여 예후에게 꾸지람을 듣는다(16:1-7). 이어서 북이스라엘 4대 왕 엘라는 나답의 2대 왕이이다. 그는 깁브돈을 탈환하기 위해 주력부대를 출정시켰다. 그래놓고 막상 자기는 디르사에 남아서 연락을 즐겼다. 이때 신복 군대 장관 시므리가 쿠데타를 일으켜 엘라를 죽인다(16:8-17). 엘라는 2년 동안 통치했다. 그 후 5대 왕으로 시므리가 통치했다. 이때 시므리 왕은 디르사에서 7일 동안 통치한다. 이 소식을 들은 군인들은 깁브돈에서 올라와 디르사 성을 함락했다. 이를 알게 된 시므리는 왕궁에 불을 놓고 불 가운데서 죽었다(16:18-20). 그때에 백성이 디브니와 오므리를 둘로 나누었는데 오므리를 다스린 백성이 디브니의 군대를 이겨 오므리가 6대 왕이 되었다. 오므리는 왕이 된 후 디르사에서 6년을 다스리다가 세멜에게 은 두 달란트를 주고 산을 사서 이름을 사마리아라고 정했다(16:21-27). 그리고 도읍을 사마리아로 옮겼다(16:18-28). 이어서 북이스라엘은 8대 왕 아합이 되는데, 그는 여로보암의 죄를 따라 사는 것을 가볍게 여겨서 시돈의 엣바알 왕의 딸 이세벨을 아내로 삼는다. 이때 그 나라 신인 바알을 가지고 와서 바알산당과 아세라 신상을 만들어 여호와의 노를 격발하게 했다(16:28-34). 한편 여리고성 건축을 고의적으로 하다가 하나님께 대적하여 건축가 히엘이 큰아들 아비람과 말째 아들 스굽을 잃었다(수6:26).

17장에서는 바알 종교를 북이스라엘의 국교로 인정한 즈음에 충격을 느낀 엘리야 선지자가 등장하여 3년을 가뭄으로 선포한다(레26:18-21). 죄악의 극치를 즐기는 아합에게 자신의 죄를 깨우치는 기회를 준 것이다. 그런데도 아합이 회개하기는커녕 엘리야를 죽이려고 살기가 등등했다(17:1-7). 그와 더불어 엘리야는 영적 싸움을 선포한 후 그릿 시냇가에 숨었다. 1) 그리고 까마귀가 떡과 고기를 갖다 주면 먹고 그렇지 않으면 굶었다. 그게 바로 1차 마귀와 양식을 통한 시험이었다. 2) 2차 시험은 사르밧 과부에게 음식을 가져오게 한 사건이다. 그릿 시냇가에서 노출을 피하여 사르밧까지 갔다. 거기는 이세벨의 고향과 가까운 곳이다. 거기 숨어서 가난한 과부 사렙다에게 "떡 한 조각을 내게로 가져오라"라고 명령한다. 그렇게 명령하는 것은 믿음과 기적의 역사를 위한 하나님의 부르심이다. 그 명령에 순종했더니, 그 집안에 떡가루와 기름이 가뭄이 끝날 때까지 떨어지지 않았다. 하나님의 승리이다. 3) 사렙다 과부의 아들이 죽었다. 이 아이를 안고 세 번 간절히 부르짖었더니 아이에게 혼이 돌아오므로 소생하게 되었다. 이 세 가지 시험을 통과한 후 엘리야는 승리의 확신을 하게 되었다(17:17-24).

18장에서는 이런 확신을 준비한 엘리야는 아합의 갈멜산 전투가 벌어진다. 엘리야는 단독으로 850명의 바알 및 아세라의 선지자와 맞대결한다. 먼저 엘리야는 북쪽 이스라엘 백성을 향하여 결단을 촉구한다(18:21). 기도할 때 불로 응답하는 신이 참 신임을 제안함으로써, 만장일치로서 동의를 받아 대결을 벌였다(18:22-24). 결국, 엘리야가 기도할 때 불이 나와 제단의 불을 태워서 여호와 하나님이 참 신임을 증명했다. 대결의 결과 모든 백성이 "여호와 그는 하나님이시로다"라고 고백했다. 그런가 하면 450명의 바알 신을 섬기는 자를 모두 기손 시내로 데리고 가서 죽였다.

오늘 묵상의 말씀

갈멜산 전투에서 엘리야가 꼭 싸워야 할 이유는 무엇인가?

하나님의 나라를 이루는 방법

19장에는 갈멜산에서 통쾌한 승리를 거두었음에도 엘리야가 이세벨의 협박에 호렙산으로 피하는 나약한 모습이 기록되어 있다. 그러나 하나님께서 새 힘을 주셔서 영적 무장을 한다. 1) 하나님의 종도 연약한 인간의 성정을 가졌다. 2) 하나님의 일에 열심을 내려 할 때 사단의 공격이 있다. 3) 우리 자신보다 하나님은 우리를 잘 아시는 주님이시기에 항상 우리를 위해 새 힘을 공급할 수 있다는 사실을 확인한다(19:1-8). 그러기에 호렙산에서 기도하여 하나님을 만난다. 하나님은 바람과 지진과 불, 3가지 역사를 통하여 당신이 함께하심을 계시하셨다. 그러나 그것보다 더 중요한 것이 있다. 지나간 후, 세미한 음성으로 두 번이나 "네가 어찌하여 여기 있느냐(19:9, 13)" 질문하신다. 그때 "만군의 여호와를 위한 열심이 특심이었으나 원수들 때문에 두려워 피해있나이다"라고 연약한 고백을 한다(19:10, 13). 그러나 하나님은 7,000명의 숨겨진 의인이 남겨진 것을 알리셨으며, 다시 바알 종교를 척결하고 신앙의 정통성 회복을 위해 박차를 가하도록 지시하신다. 방법은 사람이다. "하사엘을 찾아 아람 왕이 되게 하고(외부의 힘), 2) 예후에게 기름 부어 이스라엘의 왕(내부의 힘)이 되게 하라. 이를 위하여 엘리사를 찾으라. 그로 너를 대신하여 선지자가 되게 하라(19:15-20)." 거룩한 사명을 받았다. 이 사명을 받은 후 엘리야는 즉시 그곳을 떠나 엘리사를 만났다. 엘리사는 소 12겨리로 밭을 갈고 있었는데, 그의 겉옷을 엘리사에게 던졌다. 이는 후계자로 세운다는 상징적 행동이다. 이때 엘리사는 빨리 집에 돌아가서 자기 소 두 마리를 잡아서 삶아 백성들에게 주어서 먹게 하고 소의 기구를 불살라 버리고 엘리야를 좇았다(19:19-21). 참 멋있다.

20장에서는 방향을 바꿔서 아람 나라에 가서 주변을 장악하고 있을 때, 북이스라엘의 아합 왕은 풀이 죽은 모습으로 이야기를 시작하고 있다. 아합 왕 벤하닷이 사마리아를 포위했다. 이때 아합은 어쩔 수 없이 항복하고 조공을 바치기로 동의했다. 그도 그럴 수밖에 없는 것이 바아사 왕 때 아사 왕의 뇌물을 받은 아람 왕 벤하닷이 라마를 침공하여 고난을 겪은 역사가 있었는데, 이번에는 32개 왕이 연합하여 사마리아를 공격한 것이다. 그런데 두 번째 요구는 내일 이맘때 내 집의 몫을 다 수탈하여 가겠다는 것이었다. 그래서 장로들과 의논한 후 안 된다고 거절했더니, 쳐들어오겠다는 것이다. 그래서 이스라엘 군을 동원하여 선제공격했더니 그들은 그것도 모르고 술에 취한 상태로 있다가 결국 아람 왕은 패배하였다(20:13-21). 전쟁에 패배한 아람 왕은 "이스라엘의 신은 산의 신이요, 우리의 신은 평지의 신이기에 평지에서 싸우면 이길 것"이라는 신하들의 허망한 말에 2차 전쟁을 시도한다. 이번에는 칠일동안 전쟁이 붙었다. 아람 보병 십만 명이 죽고 나머지는 아벡으로 도망갔는데, 그곳의 성읍이 무너져 27,000명이 죽고 벤하닷은 겨우 피해 골방에 숨었다. 그는 죽을 수밖에 없게 되자, 이스라엘 왕에게 "왕의 종 벤하닷이오니 나의 생명을 살려주옵소서. 내 부친이 당신의 부친에게 빼앗은 모든 성읍을 내가 돌려보내리이다"라고 말해 살아났다(20:22-34). 이것을 안 선지자가 국민의 생명도 무시하고 하나님의 언약도 무시한 채 적군을 살려 준 것에 대해 꾸중을 하고 있다. 그리고 "하나님이 멸하기로 작정한 사람을 네 손으로 놓았은즉 네 목숨은 저의 목숨을 대신하리라(20:35-42)"라고 형벌을 선포했다.

오늘 묵상의 말씀

하나님은 엘리야에게 "혼자가 아니니다. 너를 위하여 숨겨둔 7000명이 있다"라고 말씀하신다. 당신의 생각은?

아합의 죽음과 여호사밧의 위대한 시도

21장은 아합과 나봇의 포도원 장면을 기록하고 있다. 아합은 아름다운 상아 궁을 건설했으며, 궁 가까운 곳에 산책하다 보니 크고 아름다운 포도원이 있어서 그것을 자신의 나물 밭으로 만들었으면 좋겠다고 한다. 그러나 그 땅은 나봇이 조상 대대로 물려받은 땅이기에 팔고 살 수 없었다(레24:23-28, 민17:1-11). 그래서 율법에 어긋나기에 팔 수 없다고 하자 하나님의 언약을 모르는 아합은 거절당한 것에 대한 근심과 답답함으로 아파 눕게 된다.

이 사실을 알게 된 이세벨은 "왕이 이제 이스라엘을 다스리시니 내가 나봇의 포도원을 왕께 드리리이다"라고 말하면서 왕을 안심시키고 그 성에 사는 장로와 귀인들에게 편지를 써서 그가 마치 왕을 반역한 것처럼 꾸며서 깡패 두 사람에게 거짓증거를 하게하고 돌로 쳐 죽인다(21:1-15) 그리고 포도원을 빼앗으러 내려갔다(21:16). 이에 선지자 엘리야는 그를 만나러 갔다. 그리고 "개들이 나봇의 피를 핥은 곳에서 네 피 곧 네 몸의 피도 핥으리라. 내가 재앙을 내려 너를 쓸어버리되 네게 속한 남자는 다 멸할 것이요, 개들이 이세벨을 먹을 것이라"라고 말했다(21:19-25). 아합이 이 말을 듣고 일시적으로 회개하여 하나님은 그의 생애 동안은 그 벌을 연기하였으나, 후손의 대에서 망하게 된다(21:27-29).

22장에서는 결론적으로 아합은 외부로부터 국민의 생명과 재산을 보호하는 사명이 없으며(20장), 내부로는 백성의 재산을 탈취하여 자기도취를 좋아하기에 자격이 없으며 목자의 자격도 없기에 존재할 이유가 없다는 것을 암시하고 있다.

이스라엘과 아람이 전쟁이 없이 3년을 지내고 있었는데 1, 2차 전쟁의 조약내용인 길르앗 라못을 아직도 돌려주지 않으니 명백한 위반이었다(20:34). 그래서 여호사밧과 의논하여 3차 전쟁을 의논한다. 여호사밧은 남북화해와 관심이 많은 왕이기 때문에 그가 왕이 되기 전까지는 남과 북이 적대 관계였는데, 그가 등극하고 나서는 남북의 화해를 위해 가족까지 총동원하고 있다. 그런 가운데 길르앗 라못을 회복하고자 하는 북이스라엘 이야기를 듣고, 동조한다(22:1-4). 그래서 하나님의 뜻이 중요하기에 선지자에게 묻게 되는데, 먼저 친아합파인 이스라엘 선지자 400인에게 물었더니 찬성이었다. 또 없습니까? 찾아낸 미가야에게 물어보았더니, "온 이스라엘이 목자 없는 양같이 끊어질 것입니다"라고 말하는 것이다. 그래서 미가야를 감옥에 가두고 아람과의 전쟁에 참여했으나, 결국은 우연히 날아온 활이 아합의 갑옷 솔기에 맞아 부상당하여 그날 저녁에 죽었는데, 병거에 묻은 피를 씻으니 그 피를 개들이 핥아 먹었으므로 성경말씀대로 이루어졌다.

그리고 유다 왕 여호사밧은 선조 왕들의 통치시대에 하나님과의 불화의 관계를 회복의 관계로 전환하였다. 역대상 17장 6절에 "저가 전심으로 여호와의 도를 행하여"라고 말한다. 또한 이스라엘과의 적대 관계를 종식하려고 애를 썼다. 그래서 아합과 동맹 관계를 맺었다. 물론 그것은 아합의 죄가 얼마나 심각한지를 간과한 것이기도 하다. 그렇다 해도 연합을 위해 애쓴 노력은 대단한 것이다. 그런가 하면 율법을 온 지역에 다니면서 가르치는 제도를 두어 복음의 현장화를 시켰다. 그러나 아합의 아들 아하시야와는 거리를 멀리했다.

이렇게 하여 여호사밧은 위험을 무릅쓰고 남북연합의 시도를 한 것은 높이 평가한다.

오늘 묵상의 말씀

하나님이 아합을 보호하지 않은 이유 두 가지는 무엇일까?

아하시야의 죽음과 예언자 직무 인수인계

1장에서는 열왕기상에서 이어지는 왕들이 얼마나 축복의 통로 역할을 잘하고 있는가를 열거하고 있다. 아브라함을 통한 하나님의 계획(창12:1-3)은 모세를 통하여(출19:5-6) 제사장 나라의 백성으로 언약을 체결하고 다윗 시대에 와서(삼하7:13-16) 절정을 이루었다. 이 축복 절정의 역사를 솔로몬에게 보여주시고 나서 남과 북으로 나누어 유다 지파와 요셉 지파를 통하여 그리스도가 오실 때까지 축복의 통로 역할을 잘하도록 바라보는 것이 선지자적 관점이다. 그런데 북쪽은 아합 때에 와서 여지없이 우상 국가로 전락하여 엘리야 선지자를 보내셔서 큰 경고를 내렸다. 그런데도 깨닫지 못하고 자기 탐욕에 빠지게 될 때 여지없이 아합은 죽게 되었다. 그러면 그의 아들 아하시야가 왕이 되어 그것을 깨닫고 돌아서서 하나님 나라의 계승자로 바턴을 잘 이어받아야 하지만, 왕이 죽은 후 완전히 우상 국가로 전락하게 되었다. 그도 그럴 것이 그의 아버지가 죽은 후에 모압이 이스라엘을 반역하여 조공을 바치지 않았다(1:1). 모압 국가는 다윗이 주변 국가를 정복할 때 예속되어 조공을 바쳐왔다. 그러나 아합이 길르앗 라못전투에서 아람과 싸우다가 전사한 이후에 반기를 든 것이다. 그런데다가 아하시야는 다락 난간에서 떨어져 병들매 고통을 당하게 된 것이다. 이때 그는 바알세붑에게 병이 나을 수 있는지 물어보라고 사신을 보냈다. 이때 천사가 나타나서 "네가 올라간 침상에서 내려오지 못할지라. 네가 반드시 죽으리라(1:4)"라고 경고했다. 이유는 이스라엘에 하나님이 없느냐는 것이다. 이것을 충격적인 예고였다. 이스라엘 나라는 신정국가로서 하나님이 통치하는 나라이다. 이 역할에 충성해야 할 왕이 원수 블레셋의 파리 떼의 신 바알세붑에게 물으러 가다니 용납할 수 없는 정황이다. 엘리야의 경고에도 불구하고 깨닫지 못하고 오히려 엘리야를 체포하기 위해 50명의 군사를 두 번 보내다가 두 번 다 하늘에서 불이 내려와 죽었다. 또 세 번째 50명의 군사가 엘리야를 체포하는 사명을 받고 엘리야에게 왔는데, 그는 엘리야에게 무릎을 꿇고 간절히 간구하기에 엘리야는 아하시야 왕에게 가서 "이스라엘에 왕이 없어서 바알세붑에게 물으러 보냈느냐? 반드시 네가 죽으리라" 예언했고, 아하시야는 왕이 된 후 2년 만에 죽고 그에게 아들이 없어서 동생 요람(여호람)이 왕이 되었다. 물론 남쪽도 여호사밧의 아들 요람왕 때이다.

2장은 엘리야가 열왕기상 19장 15-18절의 언약을 성취하기 위해 길갈, 여리고, 벧엘의 선지학교를 세워서 말씀교육과 훈련을 통하여 후계자를 양성하고 이제 승천하는 장면이다.

이제 엘리사에게 그 바통을 넘기는데, 그가 얼마나 열정적인가? 바알 종교 척결에 대한 의지가 얼마나 있는가?(2:2, 4, 6)를 확인하고 갑절의 영감으로 그에게 직무를 위임하고 승천한다(2:1-11). 하나님은 이런 사실을 통하여 후계자로 엘리사를 선포하기 위하여 초자연적인 이적으로 요단강이 갈라지는 이적을 보여 주었다. 그러나 일반 생도들이 그 사실을 깨닫지 못해서 요단강에서 엘리야의 찢어진 옷을 찾아다녔지만 찾지 못했다(2:12-18). 사역으로 보여줄 수밖에 없다. 최초 엘리사의 사역을 여리고 성읍을 위하여 물 근원을 고치는 사랑의 이적이고(2:19-22), 하나님의 권위의 대행자인 선지자를 조롱하는 벧엘의 젊은이들에 대한 무서운 심판을 가한 공의의 기적이다.

오늘 묵상의 말씀

우상 국가에서 신정국가로 회복하기 위해 엘리야는 어떤 일을 지속했을까?

엘리사의 기적과 신정 정치의 우월성 확증

3장에서는 북 이스라엘이 우상이 아닌 하나님이 통치하시는 나라라는 것을 알리기 위해 엘리야가 등장해서 아합이 죽을 때까지 사역을 하다가 승천한다. 그런데도 계속 우상을 섬길 소지가 있어서 후계자 엘리사를 두어서 아합의 부인과 아합의 자녀, 친척들을 정리하는 임무를 수행하기 위하여 일꾼을 발굴하고 그 임무를 완수할 것이다. 이런 과정에서 3장은 그의 아들 요람이 전쟁터에 나서는 장면을 묘사하고 있다. 사무엘하 8장 2절에서 다윗에게 정복당한 모압은 새끼 양 10만 마리의 털과 숫양 10만 마리의 털을 아합 때까지 바쳤다. 그러다가 그가 길르앗 라못에서 죽은 후 배반한 것이다. 아하시야 때는 왕이 중병에 결려서 아무런 조치를 취하지 않고 있다가, 그를 계승한 요람 때, 그를 징계하는 계획을 세웠다. 그래서 요람은 군사를 모집한 다음 여호사밧에게 지원을 요청한다. 여호사밧은 그의 도움을 요청받고 길르앗 라못의 상대국이었던 아람을 건드리지 않기 위하여 에돔 길로 가자고 요청한다. 가는 길에 에돔의 도움을 받아 연합군을 이루어 가게 광야 길로 7일을 가게 된다. 그런데 가다가 그만 가축 먹일 물이 떨어졌다(3:1-8). 북 이스라엘 왕은 하나님을 원망하지만(3:10), 여호사밧은 선지자를 찾는다(3:11). 그때 선지자 엘리사가 호출이 되는데 그는 유다 왕 때문에 왔다고 하면서 해결책으로 거문고 탈 사람을 불러오라고 한다. 그는 하나님께 찬송을 은혜롭고 깊게 불렀다. 그러자 하나님의 사자가 감동되어 "이 골짜기에 우물을 깊게 파라"고 명령하셨다(3:12-16). 백성들은 이에 순종하여 우물을 팠는데, 물이 에돔 편까지 흐르고 그 땅에 가득하게 되었다(3:17-20). 아침에 모압 경계병들이 일어나 보니 아침 동녘에 물이 붉어 피와 같음을 보고 "저 왕들이 싸워 서로 죽인 것이로다. 우리가 이제 노략질하러 가자" 하고 아무 무장을 하지 아니한 채 이스라엘을 약탈하기 위하여 급히 달려 왔다가 물맷돌부대에게 대패하게 되었다. 이때 충격을 느낀 모압 군대는 그래도 연합군의 약한 부대인 에돔 쪽으로 도망가려 했으나, 여의치 않았다. 그러자 최종수단으로 왕이 맏아들을 번제로 드리고 죽기 살기로 공격하니 이스라엘은 적당한 선에서 물러간 것이다. 최후의 1인까지 싸우지 못한 것이 아쉽지만, 하나님의 위대함을 체험했다.

4장에서는 엘리사는 하나님의 나라 건설에 대한 사명완수는 결국 제자양육을 통한 말씀 사역자 양육이다. 그래서 엘리사는 지속해서 양육을 하는데, 그 가운데 일어나는 일로 하나님이 살아계심을 나타내는 기적을 보여주는 제자 내용을 기록하고 있다.

첫째 기적은 어떤 생도의 아내가 있었는데, 그의 남편이 죽자마자 채주들이 빚을 갚지 아니하니 자녀들을 데려다가 종으로 삼으려고 한다. 그때 엘리사는 이웃에 다니면서 빈 그릇을 가득 빌리라고 한다. 그리고 그 빈 그릇에 한 병밖에 없는 그 기름을 계속 부으라고 했다. 그랬더니 기름이 그릇마다 가득하여 기름을 팔아 위기를 넘기도록 해주었다(4:1-8). 둘째 기적은 수넴에 이를 때마다 들려서 음식을 먹던 집 여인이 아기가 없었는데, 엘리사의 기도로 아기를 낳게 되었다(4:8-9), 셋째 기적은 그 아이가 돌이 되어 죽게 되었는데, 엘리야가 기도하여 나았다(4:17-37). 넷째 기적은 길갈의 생도들이 채소를 넣어 끓인 국에 독이 있어서 먹지 못했을 때 엘리사가 가루를 솥에 넣어 독이 없어졌다(4:38-41). 다섯째는 보리떡 20개로 100명을 먹이게 되었다. 이렇게 하면서 하나님의 위대성, 공정으로 신정정치의 우월성을 보여 주었다.

오늘 묵상의 말씀

엘리사의 기적 이야기 속에서 무엇을 느끼게 되는가?

나아만 장군의 치료와 엘리사의 기적의 다양성

5장에 나오는 나아만은 아람 나라의 장군이었다. 그런 그가 문둥병, 요새 언어로 하면 한센병에 걸린 것이다. 이런 정황에 이스라엘 땅에서 사로잡혀온 계집아이가 있었다. 그녀는 겁도 없이 "우리 주인이 사마리아에 계신 선지자 앞에 계셨으면 좋겠나이다. 저가 그 문둥병을 고치리이다(5:3)"라고 말을 했다. 그는 감히 일국의 총사령관에게 말 붙일 수 있는 사람이 아니다. 그럼에도 불구하고 그는 확신이 있다. 계속 그의 아내에게 말했다. 나아만의 아내는 한 두 번 들을 때는 그냥 건성으로 들었는데 자꾸 듣다 보니 남편을 보내고 싶었다. 결국, 남편이 행동을 개시한 것이다. 아람 왕에게 고하여 친서를 들고 은 십 달란트와 금 육천 개와 의복 열 벌을 들고 사마리아로 갔다. 엘리사는 사환을 보내어 요단강에 가서 7번 씻으라 명령했다. 그래서 씻었더니, 정말 깨끗이 나았다(5:1-14). 나아만은 "이제부터는 종이 다른 신에게는 드리지 아니하고 다만 여호와께 드리리이다(5:18)"라고 고백했다. 이 고백은 우리에게 하나님이 특별히 바라던 바이다. 나아만이 예물을 드리고 집으로 가는데 게하시가 이것을 알고 두 사환을 데리고 뒤를 쫓아가서 "청컨대 은 한 달란트와 옷 두 벌을 주라 하시더이다"라고 거짓으로 감사의 예물을 챙겼다가 그만 문둥병이 되었다. 문둥병은 우상숭배이기에 이는 하나님의 통치방법에 정면으로 위배되는 사항이기 때문이다(5:19-27)

6장에서는 다시 생도 이야기를 하고 있다. 이스라엘을 우상 국가에서 하나님 섬기는 국가로 회복하려면 제일 좋은 방법은 교육이다. 그래서 교육을 계속하는데, 학생들이 많이 와서 거할 곳이 좁아 요단으로 가서 나무를 베어다가 거할 처소를 확장해야 했다. 그래서 나무를 베러 요단에 갔는데, 한사람이 나무를 베다가 도끼가 자루에서 빠져 물에 떨어졌다. 이 사람은 당황했다. 그 도끼는 빌려온 것이기 때문이다. 상황을 엘리사에게 말하자 엘리사는 나뭇가지를 던졌고 도끼가 물에 떠올라서 다시 찾게 되었다. 학생들에게 하나님의 통치영역을 현장에서 느끼게 한 사건이었다(6:1-7).

두 번째 이야기는 아람 왕이 이스라엘과 싸우며 의논하기를 "우리가 아무데에 진을 치리라" 하면 엘리사가 사람을 보내어 이러한 정보를 알려 주었다. 그런 일이 자주 발생하다 보니 아람 왕이 번뇌하여 누가 고자질했는가를 추적했는데 결론은 엘리사가 이스라엘 왕에게 알려 준 것이었다. 그래서 아람 왕은 밤에 사람을 보내어 엘리사를 체포하기 위하여 그 집을 병력으로 둘러쌌다. 엘리사의 종이 보니 "집 둘레에 말과 병거로 에워 쌓여 있으니 어찌하리이까?"라고 말한다. 그러자 엘리사는 "두려워 말라, 우리와 함께 한 자가 저와 함께한 자보다 많으니라"라고 말했다. 정말로 여호와께서 사환의 눈을 열게 하셔서 보니 불말과 불병거가 산에 가득하여 엘리사를 둘러싸고 있었다. 아람 사람이 오니 엘리사가 그의 눈을 어둡게 하여, 사마리아로 인도하여 들였고, 또 왕이 그를 위하여 식물을 베풀고 놓아 주니, 다시는 이스라엘 땅에 들어오지 못했다(6:14-23)

세 번째 이야기는 시간이 지나 아람 왕 벤하닷이 사마리아를 둘러쌌다. 그 시간이 오래되다 보니 가난이 극심하여 아들을 삶아 먹기 내기를 하여 '내 아들을 삶아 먹고, 다음날 네 아들 삶아 먹자 하니 자기 아들을 숨겨 버린' 사건의 이야기를 듣고 요람왕이 통탄했다. 그는 이 책임이 하나님으로부터 온 것이라 뒤집어씌웠다. 그래서 엘리사를 죽이려고 했다. 이것은 한 국가의 위정자로서 이해할 수 없는 상황이다. 그러나 하나님은 기적을 준비했다.

오늘 묵상의 말씀

엘리사의 기적을 보면서 지금도 그 기적이 일어날까?

하나님의 초월적 주권과 사용방법

7장에서는 6장에서 말한 벤하닷의 공격으로 엄청난 기근과 재난에 휩싸인 사마리아에 엄청난 기적이 일어날 것을 예언했다(7:1). 요람은 하나님의 능력을 알고 있었고, 체험도 했었다. 그러나 갑자기 납득하기 어려운 재난을 만나 비참한 곤경에 처하게 되면 하나님을 원망한다. 그러니 장군들도 그런 사람을 기용하게 된다. 그래서 엘리사 선지자는 "내일 이맘때 사마리아 성읍에서 고운가루 한 스아(7리터)에 한 세겔, 보리 두 스아에(14리터) 한 세겔로 시장가격이 형성될 것"이라고 했다. 인간적인 상황으로는 있을 수 없었다. "어제 합분태('비둘기 똥'이라고 하는 여물지 않은 콩 풀) 한 홉에 5세겔하던 것이 하루아침에 고운 가루 한 스아에 한 세겔이 될 수 있다는 말인가? 이런 일은 하늘에서 창이 내신들 어찌 이런 일이 있을 수 있으리요"라고 장군은 반대한다. 그러자 엘리사는 "네가 네 눈으로 보리라 그러나 그것을 먹지 못하리라(7:2)"라고 말한다.

한편 성문어귀에 4명의 문둥이가 살고 있었는데, 이들이 서로 말을 주고받는다. "우리가 성에 들어가도 거기서 죽을 것이요, 여기 앉아 있어도 죽으리라. 그런즉 가서 아람 군대에 항복하자. 저희가 우리를 살려두면 살려니와 우리를 죽이면 죽을 따름이라." 그래서 저녁 황혼 때 큰 결심으로 아람 진으로 들어갔는데, 사람이 아무도 없었다. 알고 보니 병거소리(환청)가 너무 크게 들려서 헷 족속과 애굽의 왕들을 용병으로 사용하여 진격하여 오는 소리라고 보고 아람 진영은 급한 김에 모든 것을 그대로 두고 목숨은 구하고자 도망한 것이다. 그 문둥이들은 이 사실을 알고 장막에 들어가서 실컷 먹고 은과 금을 감추고 그렇게 실컷 욕구를 채웠는데 마음에 켕겼다. 그래서 '우리만 이렇게 실컷 먹고 마시며, 아침까지 기다렸다가 만약 들키게 되면 큰 벌이 내릴지니 이제 왕궁에 가서 빨리 고하자'라고 생각했다. 그래서 성 문지기에게 사실을 말했고 왕궁에도 알려졌다. 마침 신하 중 하나의 의견에 따라 왕궁의 말 다섯 필과 사람을 정탐하게 했다. 가보니 아람 군대가 버린 의복과 군수물자가 가득하였다. 그렇게 왕에게 있는 그대로 보고했다. 백성들이 그 사실을 알고 노략했다. 너도나도 노략하다보니 물건값이 싸져서 고운 가루 한 스아에 한 세겔의 가격이 형성되어 하나님의 예언 말씀이 이루어졌다. 왕이 그때 그 장관에게 그 성문을 지키게 했는데 백성들이 아람 진영을 노략질하기 위해 밀려들어 보초를 서고 있는 장관을 발로 밟고 넘어가서 결국은 밟혀 죽게 되었다.

8장에서는 엘리사를 통한 하나님의 통치권을 왕이 인정하고, 나아가서는 엘리야의 예언이 이루어지는 것을 기록하고 있다. 첫 번째 이야기에서 수넴 여인은 기근을 피하여 7년 동안 블레셋 지경에 있다가 고향에 돌아와 자기 땅을 돌려달라 호소함에 따라 왕이 엘리사의 사환의 말을 듣고 그녀에게 속한 모든 땅과 그 밭의 소출을 돌려주었다. 이것은 하나님의 통치를 인정한다는 뜻이다. 두 번째 이야기에서는 엘리사가 아람의 수도 다메섹에 갔을 때 일이다. 벤하닷 왕이 병들자 하사엘을 엘리사에게 보내어 병이 낫겠는지 물어보게 했다. 이때 엘리사는 낫겠다고 말을 해놓고 그러나 정녕 죽으리라 말했다. 그리고 계속 쏘아 보다가 울었다. 이는 그의 스승 엘리야에게서 위임받은 말씀 하사엘을 만나 기름 부어 아람 왕이 되게 하라는 예언을 성취하는 말씀이나 이로 인하여 이스라엘 민족이 고통받을 것을 생각하니 눈물이 난 것이다. 그 예언은 그대로 성취되었다. 세 번째 이야기는 유다 왕 아하시야의 통치 시절이다. 하사엘과 요람이 길르앗 라못에서 격전하다 요람이 큰 상처를 입어 이스르엘로 치료받으러 갔을 때 아하시야가 병문안을 왔다.

오늘 묵상의 말씀

하나님 능력이 상상을 초월하도록 나타날 때는 언제 어떻게 일어났나?

다윗의 등불이 다시 켜졌다

북 이스라엘을 우상국가에서 벗어나 하나님 왕국으로 회복하기 위하여 급하게 엘리야를 보내셨고, 그를 통하여 열왕기상 19장 15-17절 사역에 집중하게 되었다. 9장에서는 이제 그 예언의 말씀 성취를 위한 마지막 단계로서 예후를 세워 아람 왕이 되게 하는 장면이다. 엘리사는 훈련받은 제자 중 한 사람을 급히 길르앗 라못으로 보내어 예후에게 기름을 부어 왕이 되어 아합의 온 집을 멸망시키라는 사명을 주라고 했다. 엘리사의 제자는 예후에게 "이스르엘 지방에서 개들이 이세벨을 먹으리니 저들이 저를 장사할 자가 없으리라"라고 말하고는 빨리 도망갔다(9:1-10). 예후가 나와서 심복들에게 말할 때 그들은 "그 미친 자가 무슨 까닭으로 그대에게 왔더냐"고 물었다. 자꾸 보채자 예후는 "여호와의 말씀이 나에게 기름을 부어 이스라엘 왕으로 삼겠다 하셨다"라고 사실대로 말했다. 그랬더니, 그 동료들이 각각 자기의 옷을 급히 취하여 예후의 밑에 깔고 나팔을 불어 "예후는 왕"이라고 불렀다(9:11-13). 이에 예후가 이스르엘로 달려가 요람 왕을 찾아갔다. 마침 나봇의 포도원에서 마주쳤는데, 요람왕이 남 유다 아하시야에게 "반역이로다"라고 말하다가 예후가 쏘는 화살에 염통이 뚫려 그 자리에서 즉사했다(9:14-26). 이를 본 유다 왕 아하시야도 도망했으나 예후가 므깃도까지 쫓아가서 거기서 죽였다(9:27-29). 그 후 예후가 이스르엘에 이르러 이세벨을 죽이고 이스르엘 토지에서 거름 밭이 되게 하였다(9:30-37).

10장에서는 아합 왕가를 숙청하기 위하여 요람과 아하시야와 이세벨을 처형한 후 예후는 북 이스라엘의 수도 사마리아를 공략한다. 그리고 사마리아 성의 지도자들은 아합의 왕자 70인의 목을 예후에게 내어주고 항복하게 한다. 한편 예후는 아하시야의 형제들 42인을 처형함으로 엘리야가 예언한 아합 왕가가 완전히 멸족하여 엘리야의 예언을 성취한 것이다(10:1-15). 이어서 레갑의 아들 여호나답과 손을 잡고 바알 종교의 진멸을 시도한다. 즉 당대에 여호와 신앙에 가장 열정인 레갑 족속은 예후가 남북 이스라엘에 우상 숭배를 조장한 아합 왕가를 진멸한다는 소식을 듣고 예후의 혁명에 가담하게 된다. 이때까지만 해도 정치적 야욕에만 불타던 예후가 본격적으로 종교개혁을 시도하는 촉매제가 되었다(10:15-17). 이어서 여호나답과 손잡은 예후는 본격적으로 종교개혁을 단행하여 바알을 숭배하던 선지자와 제사장들을 진멸했다. 그 바알 신당을 헐고 변소로 만들어서 종교개혁의 끝을 보았다(10:18-29). 이로 인해 하나님은 아합 왕가 진멸에 대한 보상으로 4대에 걸쳐 왕위를 보장한다(10:30). 그런데도 전심으로 여호와를 섬기지 아니하여 하사엘에게 요단 동편 길르앗에서부터 바산까지 점령을 당한다(10:30-36).

11장은 아달랴의 등극과 폐위, 그리고 요아스의 등극에 대한 기록이다. 유다 왕 아하시야의 모친 아달랴는 친정 아합 왕가를 예후가 다 멸족한 소식을 듣고 자기 자신도 위태함을 느꼈다. 특히 자기 아들 아하시야가 예후에게 살해되었기 때문이다(11:1-3). 그래서 다윗의 모든 씨족을 다 멸했다. 그런데 하나님의 위대한 역사로 1살짜리 요아스는 여호야다의 제사장의 지혜로 죽지 않고 살아났다. 제사장 여호야다는 성전에서 6년 동안 교육하며 양육했다. 7년째 되던 해 제사장 여호야다는 일부 군사 지도자들을 성전에 불러 비밀유지를 한 후 안식일을 거사일로 하여 등극시킴으로 다윗의 등불(8:19)이 다시 켜졌다.

오늘 묵상의 말씀

다윗의 등불이 다시 켜졌다. 어떤 등불이며, 어떤 언약이 회복되었는가?

요아스의 용두사미와 예후 가족의 4대 축복

12장에서 요아스는 좋은 스승 여호야다를 통하여 면류관을 쓰고 율법책을 수여 받고 기름 부음을 받아 유대인의 왕으로 등극했다. 왕이 된 그의 가장 중요한 업적은 예루살렘 성전의 기능을 회복하고 백성들의 신앙의 열심을 불러일으킬 목적으로 시행한 요아스의 성전 중건공사일 것이다. 이는 '다윗의 언약(삼하 7:12-16)'의 회복이라고 말할 수 있다. 이를 위해 제사장들에게 헌금을 모금하여 성전을 수리하라고 명했다. 그러나 레위인들이 임무를 게을리하면서 성전 수리 기금이 모여지지 않았다(대하24:5). 그래서 요아스는 봉헌자가 직접 성전에 나와 헌금을 바치는 방법을 채택했다. 그 결과 성과가 좋아서 쉽게 성전 수리가 끝나게 되었다. 성전 수리를 통하여 영적 부흥이 일어났다.

그리고 후반전은 여호야댜의 죽음으로 타락하기 시작했다. 유다의 방백들은 요아스 왕에게 우상을 섬기게 해달라고 간청했다. 왕은 그 일을 허락했고, 그 일에 대하여 경고하는 스가랴를 처형했다. 이러한 죄를 징벌하기 위해 하나님은 하사엘로 유다를 침공하게 하셨다(대하24:15-27). 결국 요아스 왕은 신복의 반역으로 요사갈과 여호사바드에 의해 살해되었다.

13장에서는 북 이스라엘 여호아하스와 요아스의 행적에 대하여 기록하고 있다. 예후를 통하여 엘리야의 예언 사역을 마무리하였기에 4대까지 축복의 역사를 허락하였다. 그러나 하나님의 축복을 귀히 여기지 아니하고 우상과 결탁하여 살기에 아람 왕 하사엘을 통하여 징벌하였다. 이때 즉각 회개함으로 하나님께서 그들을 건져 주셨다(13:1-5). 하지만 또다시 우상숭배에 빠지니 하사엘의 아들 벤하닷을 통하여 침공을 받아 거의 멸절의 위기에 놓인다(13:6-7). 그 아들 요아스 역시 이런 영적 비밀을 모르기에 금송아지를 섬기는 국가 분위기 속에 동화되어 국민에게 방향을 제시하지 못한다. 그렇지만 선지라 엘리야를 극진히 대접하였기에 하나님의 은혜를 받아서 유다 왕 아마샤를 생포하기도 했다. 그리고 아람을 물리치고 차츰 국력을 회복하였다(13:10-13). 특히 아람에 대하여는 상징적인 행동을 통하여 완전 승리를 보여주었다. 요아스는 엘리사가 시키는 대로 "화살을 아람을 향하여 쏘라" 하면 쏘았고. "땅을 치라"하면 땅을 세 번 쳤다. "세 번이 아니라 5-6번 쳐서 완전히 칠 것이다. 그러면 완전히 멸할 것이다." 결국, 부분적 승리를 예언한 엘리사는 생을 마감했다. 그러나 마지막까지 이스라엘 국가를 사랑하고 스승인 엘리야의 예언을 잘 마무리하도록 결말을 맺은 것은 영원토록 후손들에게 귀감이 된다(13:14-25).

14장에서는 유다 왕 아마샤의 통치와 예후 왕조의 마지막 왕 여로보암까지를 기록하고 있다. 아버지 요아스가 신하인 요사갈과 여호사바드의 반란으로 죽게 되자 그 뒤를 이은 아마샤는 여호와 보시기에 정직히 행하려 애를 썼으나 산당을 제하지 아니하고 백성은 오히려 산당에서 제사를 드리며 분향하게 내버려 두었다. 그 이유는 아버지의 스승 여호야다가 죽은 후에 신하들이 우상 정치에 강화되었기에 함께 동화되었고, 그 분위기가 아들 아마샤에게 그대로 이어졌기 때문이다. 에돔과의 전쟁에서 이겨 잃어버린 것을 회복했다. 그 여세를 몰아 북 이스라엘을 공격했다가 예루살렘의 보화들을 약탈당하고 자신은 포로가 되었다. 그 후 북 이스라엘은 여로보암 2세가 왕이 되어 범죄 함에도 경제적으로는 가장 번영하게 지냈다. 이로써 예후의 4대 후손에게 주어진 축복의 시대가 끝이 난다.

오늘 묵상의 말씀

요아스의 축복은 용두사미였다. 왜 그럴까? 예후의 가족은 4대째 축복을 누렸다. 왜 그럴까?

축복의 통로들의 마지막 고통의 몸부림

15장에서는 남쪽은 웃시야와 요담이, 북쪽은 스가랴와 므나헴이 통치하는 내용을 기록하고 있다. 웃시야는 그의 아버지 아마샤가 이스라엘의 포로가 되었을 때(BC 790) 대신하여 유다를 다스렸다. 그런 그에게 중요한 두 사람이 있는데, 어머니 여골리야와 제사장 스가랴이다. 특별히 스가랴가 사는 날 동안에는 하나님을 구하였고, 하나님이 형통하게 하셨다(대하:26:5). 그리하여 국방을 튼튼히 하여 암몬을 비롯한 주변 국가들로 조공을 받기도 했다. 그래서 경제도 든든했다. 그런데도 그는 우상을 산당에서 제거하지 못했고, 나중에는 교만해져서 문둥병으로 죽었다(15:1-7).

북쪽 이스라엘은 스가랴가 통치했는데, 그는 아버지 여로보암으로부터 왕권을 이어받은 지 6개월 만에 부하 살룸에게 피격당했다. 그는 예후의 마지막 5대째 왕조로서 끝을 장식했으며 그때 북 이스라엘은 급격히 나빠졌다. 이어서 살룸이 통치를 하는데, 그 역시 한 달을 치리하고 므나헴에게 죽임을 당한다(15:13-16). 이어서 므나헴이 10년을 통치했다. 므나헴은 앗수르의 공격에 대한 회유책으로 은 1,000달란트를 제공했다. 그리고 이를 위하여 부자들에게서 토색하고 평민에게는 은 50세겔씩 갹출하여 경제적으로 어려움을 당했다. 이때부터 북 이스라엘은 앗수르의 조종을 받게 되었다. 그러다가 아들 브가히야가 통치했는데, 국가적으로 세금을 많이 공출하기 때문에 힘든 정황이었다. 그러나 신앙적으로는 우상이 극에 달했다. 그래서 신앙의 정통성을 잇기보다는 항상 반역이 일어날 요소를 가지고 있었다. 베가라는 신하가 브가히야의 충신 아르곱과 아리에를 죽였다. 이것은 혼자 한 것이 아니라 심복 길르앗 사람 50명의 행동대원을 데리고 한 것이다. 그래서 므나헴 왕조가 망했다. 그리고 베가 역시 앗수르에게 갈릴리, 납달리, 길르앗을 빼앗겼고 잔혹하게 앗수르에게 당했다. 그러다가 호세아에게 반역 당하여 정권을 빼앗겼다(15:17-31).

다시 남쪽 유다의 이야기로 바뀌는데 웃시야의 아들 요담이 왕이 되었다. 감사한 것은 어머니 여루사가 그에게 좋은 멘토였다. 그래서 '네 몸에서 대가 끊어지지 아니하리라(삼하7:12-16)'라는 다윗의 전승 교육시스템을 잘 이어받을 수가 있었다. 그래서 여호와의 윗 전문을 만들게 되었다. 그러나 하나 아쉬운 것은 백성들에게 다윗의 전승 교육시스템이 없었다. 교육 부재로 인하여 백성들이 점점 더 우상을 섬기며 산당에서 분향한 것이 흠이었다. 그리고 자녀에게 다윗의 계약과 확고한 신앙의 정통성에 대한 교육을 강화하지 못할 것이 아쉽다(15:32-38).

16장에서는 유다 왕 아하스의 이야기를 기록하고 있다. 그는 산당을 제거하지 않을 뿐 아니라. 국고를 들여 산당을 짓기도 했다(대하28:2). 심지어는 자기 아들까지도 몰렉 우상에게 재물로 드렸다(16:3). 또한 북 이스라엘과 아람이 반앗수르파 동맹구축을 제안했으나(대하28:5, 16-21) 거기에 반대하였다가 전쟁이 일어났다. 이때 앗수르의 도움을 얻어 아람과 이스라엘의 연합군을 물리쳤으나, 장차 이스라엘을 괴롭히는 큰 적이 된다는 사실을 몰랐다.

그는 또한 앗수르 왕 불에게 감사의 표를 하기 위하여 다메섹에 갔다가 거기 우상을 본떠 성전 마당에 세우기도 했다. 하나님을 믿는 믿음이 없는데, 격동기에 왕이 된다는 것은 참으로 어려운 일이다. 왕의 마음이나 백성의 마음이 바람에 삼림이 흔들림같이 흔들리는 것이다. 이때 이사야 선지자를 통하여 임마누엘의 징조를 예고했으나 믿지 못하고 오히려 성전 문을 폐쇄해 버렸다. 그래서 유다 왕 중에서 므낫세와 더불어 가장 악한 왕이 되었다.

오늘 묵상의 말씀

축복의 통로들이 시내 산 언약과 다윗의 언약(삼하7:12-16)을 잊으면 어떻게 될까?

히스기야의 결단과 통치의 비밀

17장에서는 북 이스라엘의 멸망의 상태를 기록하고 있다. 사실 북 이스라엘은 요셉 지파가 중심이 된 10지파의 이야기이다. 이스라엘 백성들이 제사장 나라의 계약 백성으로 거듭나서 다윗의 언약인 사무엘하7장 12-16절의 계약을 성실히 지키면 하나님도 계약을 성실히 지켜서 결국은 제사장 나라로서의 축복을 누리며, 솔로몬 때처럼 영광과 부귀를 누릴 수 있다는 것이다. 이를 위하여 하나님은 요셉, 에브라임 지파 여호수아의 후손인 에브라임 지파를 중심으로 하나님 나라에 대한 축복을 지원하기로 하셨다. 그래서 왕국을 허락했는데, 그들이 예배처소를 예루살렘에서 단과 벧엘로, 레위인 대신에 자기가 원하는 자로, 7월 15일 대신에 8월 15일로 정하고 우상국가가 된 것을 무척 안타까워하셨다. 이에 선지자들을 통해서 격려하시고, 혹은 질병, 가난, 전쟁을 통하여 깨우치셨으나 알아듣지 못하고 우상 섬기기에 혈안이 되었다. 그렇게 되는 과정에서 마지막 호세아 왕 때까지 왔다.

그는 앗수르 왕의 후광으로 왕위에 올랐다. 그래서 반앗수르 정책을 펼쳤던 베가를 시해하고 왕위에 올랐다. 처음 9년 동안 착실히 조공을 바치면서 자신의 권세도 유지하고 나라도 지켰다. 그러나 앗수르의 영광을 일궈낸 디글랏 빌레셀이 죽자 호세아는 생각을 바꾸었다. 앗수르에게 당한 설움에서 해방하기 위해 조공을 바치지 아니했다. 그리고 애굽의 소(SO) 왕에게 도움을 요청했다. 그러나 도움은 오지 않았다. 이를 눈치챈 앗수르 새 왕 살만에셀은 이스라엘의 수도 사마리아를 3년간 포위했다. 그리고 이에 기력이 다하여 사마리아가 함락된 것이다(17:1-23).

앗수르는 북 이스라엘 땅에 이방 민족들을 강제 이주시켰다. 이것은 이스라엘 백성들과 이방인들의 혼혈로 새로운 잡족이 되게 하여 앗수르에 대항하는 독립운동을 근절시키기 위한 정책이었다. 이방인들은 각 나라마다 그 나라를 지켜주는 신이 있다고 믿었기에 이스라엘을 지켜주는 신이 있다고도 믿었다. 따라서 이스라엘 사람들도 곧 유일신 하나님 여호와를 믿는 동시에 지역신(local god)을 섬겨야 한다는 것이다. 따라서 '사마리아 잡족들' 이라는 혼합신앙을 갖게 되었다. 이로 인하여 북 이스라엘은 완전히 망한 상태가 되어 버렸다는 이야기다.

18장부터는 히스기야 왕의 이야기를 하고 있다. 종교적으로는 아버지 아하스가 성전 문을 닫고 우상을 섬기는 때요, 정치적으로는 앗수르가 북 이스라엘을 점령하고 이제 남 유다를 점령하려고 호시탐탐 노리던 때이다. 히스기야 왕은 3가지의 위대한 일을 했다. 1)다윗의 모든 행위와 같이 정직했다(18:3). 2) 산당과 우상을 모두 제거했다. 3) 앗수르를 배척하고 유다의 독자적인 외교 관계를 수립했다(18:7-8). 그 후 앗수르 왕 산헤립이 올라와서 유다를 공격했다. 이때 히스기야는 은 300달란트와 금 30달란트는 앗수르에게 주었고, 성전과 왕궁의 금을 주었다(18:13-17). 그런데도 앗수르 왕은 다르단과 랍사리스와 랍사게를 보내어 1) 애굽을 의지해도 소용없다, 2) 산당을 헐어 버린 일을 내세워 분열선동을 했다, 3) 앗수르의 침공은 하나님의 뜻이라며 위협했다(18:17-25).

그리고 한 번 더 위협했다. 유다 백성들에게 히스기야를 의지하지 말고, 앗수르에게 항복하면 안락한 생활을 약속하겠다고. 그러나 이스라엘 백성들은 요동하지 않았다.

오늘 묵상의 말씀

계속되는 마귀의 공격에 우리는 어떻게 대처할 것인가? 히스기야의 통치를 바라보자.

히스기야의 기도 응답과 하나님의 계획

19장에서는 랍사게의 모욕적 언사를 전해 들은 히스기야는 그 옷을 찢고 성전에 들어갔다. 신하들에게는 이사야 선지자에게 보내어 기도를 부탁했다. 이는 병거와 군대에 의존하지 않고 오직 여호와의 능력을 의존하겠다는 신앙의 표시이다. "오늘은 곤란과 책별과 능욕의 날이라 아이가 임신하였으나, 해산할 힘이 없도다(19:3)." 히스기야는 왕이 되자마자 닫힌 성전 문을 열고 모든 우상을 제거했다. 유월절을 챙겼다. 이렇게 하나님 나라의 정통성 회복을 위해 온갖 힘을 다 쏟아서 이 일만도 힘에 버거웠다. 이럴 때 앗수르가 협박을 하니 안타까울 뿐이었다. 그는 선지자 이사야에게 긴급기도요청을 했다(19:1-4). 이때 이사야 선지자는 "앗수르 군대를 곧 철수할 것이며, 산헤립 왕은 피살될 것이니 두려워하지 말라"라고 신앙을 북돋아 주었다(19:6-7). 그 후 랍사게는 돌아갔는데, 앗수르 왕은 구스 왕 디르하가가 남 유다를 도우러 진군한다는 정보를 접수하고 구스 왕과 싸워 이기려면 반드시 남 유다에게 항복을 받아야 하기에 협박편지를 썼다. 이 편지를 받은 히스기야는 성전에 올라가서 여호와 앞에서 편지를 펴놓고 기도했다. 그 내용은 단순한 구원으로, 살려 달라는 것이 아니라 '하나님의 이름이 영광 받으시기 위해서, 하나님 훼방하는 앗수르의 손에서 건져 달라'는 것이었다. "그리하시면 천하만국의 주 여호와는 홀로 하나님이신 줄 알리이다(19:19)." 너무 명쾌한 기도이다. 하나님은 그 기도를 들으시고, "네가 앗수르 왕 산헤립 까닭에 내게 기도하는 것을 내가 들었노라(19:20)"라고 말씀하셨다. 하나님이 앗수르 나라는 진노의 막대기로 사용하실 뿐이다. 그 징조로는 "올해에는 스스로 자란 것을 먹고 명년에는 그것에서 난 것을 먹되 제3년에는 심고 거두고 포도원을 심고 그 열매를 먹으리라(29)"라고 말씀하셨다. 유다 자손이 번성할 것, 영광과 자유를 누리게 될 것도 약속하셨다(19:30-31). 그리고 "우리 하나님의 열심이 이 일을 이루리라

(19:31)"라고 하셨다. 결국, 응답으로 그 날 밤에 앗수르 군사 185,000명이 모두 송장이 되었다. 산헤립은 아드렘멜렉과 사레셀에 의해서 암살되었고, 이어서 에살핫돈이 왕이 되었다(19:35-37).

20장에서 재위 14년째 되던 해, 히스기야는 병이 났다. "너는 이 집을 처치하라, 네가 죽고 살지 못하리라"라는 명령이 히스기야에게 전해졌다. 히스기야는 충격이었다. 국내적으로는 우상을 척결하고, 예배 회복에 많은 에너지를 쏟았다. 그리고 외부로는 앗수르와 대적하여 싸우다 보니 가정 형편을 챙기지 못했다. 이제 해야 할 일은 국가를 안정시키고 국방을 견고하게 하고 후계자를 세워야 할 시점에 이른 것이다. 그런데 지금 아들도 없으니 긴장할 수밖에 없다. 그래서 하나님을 향하여 눈물을 흘리며 간절히 기도했다. 그때 우리 하나님이 "내가 네 눈물을 보았노라. 내가 너를 낫게 하리니, 네 날을 십오 년을 더할 것이요 이 성을 앗수르 왕의 손에서 구원하고 내 종 다윗을 위하므로 이 성을 보호하리라(20:6)"라고 응답하셨다. 얼마나 감사한 일인지 모른다. 그런데 바벨론은 유다 왕 히스기야가 병이 나았다는 소식을 듣고 병문안 사절단을 보냈다. 이때 히스기야는 모든 군기고와 보물을 공개하고 자랑했다. 이는 하나님을 신뢰하기보다, 사람을 의지하는 것이기에 바벨론에 멸망할 것을 예언하셨다(20:12-21). 기도로 치유 받은 후 낳은 아들, 므낫세가 히스기야의 후계자로 왕이 되었다.

오늘 묵상의 말씀

국내외적으로 이루신 일들을 말하며 기도 응답의 비밀을 말해보자.

요시야의 성전 보수와 율법 발견

21장에서는 므낫세와 아몬의 통치 이야기를 기록하고 있다. 므낫세는 부친 히스기야가 사형 선고받은 후에 기도하여 15년 연장 응답받은 후 낳은 아들이다. 그는 12살에 등극하여 55세까지 장기간을 통치한 왕이다(BC 697-642). 그런데 다윗 이후에 가장 위대한 왕이라 평가받은 아버지 밑에서 다윗 이래 가장 사악한 왕이 되었다는 것이다. 아버지 히스기야는 선한 정치로 나라를 안정시키고, 므낫세는 긴 세월을 악한 왕으로 정치하여 멸망의 내리막길로 들어서게 됐을까? 그 이유는 무엇일까? 이방 사람의 가증한 일을 본받았기 때문이다(대하33:2). 그러니까 하나님의 말씀을 등한히 하면 솔로몬 때부터 마구 수입하여 들어온 이방 종교들의 우상들이 진드기처럼 붙어있어서 평생을 괴롭혀서 우상의 중심지로 만들었다는 것이다. 결국, 자기 아들을 힌놈의 아들 골짜기에서 불에 태워 제사를 드렸다. 일월성신을 음란한 여신인 아세라 목상을 성전에 배치한 것이다. 그리고 국정 자문위원까지 무당들에게 맡기었다. 무죄한 자를 많이 피 흘리게 하여 온 이스라엘의 원성을 샀다. 마침내 하나님은 죄의 결과로 무서운 심판을 내렸다. 북 이스라엘을 망하게 했던 다림추(plumb line, 왕하 21:13)로 남 유다를 측정하겠다는 것이다. 또한, 므낫세 한 사람으로 끝나지 않고 예루살렘 전체를 씻어버릴 것(왕하 21:13)이라고 하셨다. 이것은 예루살렘을 포기하겠다는 것이 하니라. 설거지할 때 그릇 속의 찌꺼기들을 다 버리고 그릇을 깨끗이 씻어 새롭게 하듯이 정화 하여 다시 쓰시겠다는 소망의 의미가 들어 있다. 이어서 아몬이 왕이 되어 2년을 치리하는데 므낫세의 행악을 그대로 이어받았다. 오히려 아버지보다 더 범죄 했다고도 말한다(대상 33:23). 그래서 부하들에게 존경을 받지 못하고 반역하여 궁중에서 죽었다. 그 뒤를 어린 요시야가 대신하여 왕의 규를 잡게 되었다.

22장에서는 요시야의 치리에 대하여 기록하고 있다. 요시야는 아버지 아몬이 빨리 죽어서 어린 나이 8세에 왕이 되었다. 그러나 어머니 여디다의 정직한 믿음의 교육으로 어린 때부터 신앙 위에 서서 '여호와 보시기에 정직히 행하고 다윗의 모든 길로 행하고 좌우로 치우치지 아니했다'고 성경은 기록하고 있다(22:2). 그가 왕이 된 지 십팔 년 즉 26세 때 성전을 보수하게 되었다. 성전을 보수하기 위해 모인 돈은 백성들과 왕이 헌신적으로 연보함에 자유롭게 헌금한 것이었다. 왜냐하면, 그 돈을 관리하는 사람들이 그 일을 진실하게 행하였기 때문이다(22:3-7). 그때 서기관 사반을 대제사장 힐기야에게 보내어 수납된 돈을 계수하였다. 그때 여호와의 전에 연보할 돈을 꺼낼 때 제사장 힐기야가 모세가 전한 율법 책을 발견하였다. 사반은 율법 책을 왕에게 가져와서 그 앞에서 읽었다. 왕이 그 책의 말들을 듣자 즉시 여선지자 훌다에게도 읽게 하였다. 그녀는 1) 우상 숭배 하는 자들에게 내릴 재앙을 선포했고(22:16-17), 2) 하나님 앞으로 돌아온 요시야 왕은 이 재앙에서 제외될 것이라고 선포했다(22:18-20). 유다 왕국에 임할 여호와의 심판이 임할 것을 깨달았기에 결코 노를 피할 수 없다는 것을 알았다. 그 때문에 요시야 왕은 여호와 앞에서 겸비하여 자기 옷을 찢고 통곡하였다. 이때 여호와께서 그의 기도를 들으시고 그가 살아있는 날까지는 유다 왕국에 내릴 심판을 보류하였다.

오늘 묵상의 말씀

요시야아는 언제 율법 책을 발견했으며 그 내용은 무엇이었는가?

유다 왕국의 종말

23장에서는 종교개혁을 기록하고 있다. 요시야는 유다 왕국에 임할 하나님의 심판이 확실한 것을 성경을 읽으면서 알았지만, 종교개혁 단행을 결심했다. 우선 그는 장로와 제사장 그리고 선지자들을 불러 모았다. 가능한 한 제사장으로부터 천민까지 무론 노소하고 여호와의 전 마당에 다 함께 모이게 했다. 그리고 백성들의 동의를 얻어서 조직적으로 실시했다. 그는 우상과 일월성신을 섬기던 흔적을 모두 찾아 성결케 했다. 제단을 헐고 힌놈의 아들 골짜기에 자기 자녀를 희생시킨 곳까지 다 헐어 버리고 씻어냈다. 그런데 아쉬운 것은 백성의 마음은 여호와께로 돌아오지 아니했다. 또한, 요시야 왕은 유다 왕국의 경계를 넘어 이스라엘의 벧엘에 세운 단과 산당을 헐어 버리고, 아세라 목상을 불살랐다. 벧엘뿐만 아니라 사마리아 지역에 모두 훼파했다(23:19-20). 그에 더하여 유월절 행사를 단행했다. 이 행사는 사사 시대부터 열왕기까지 이렇게 성대하게 지킨 적이 없었다.

이 행사 후 애굽의 바로 느고가 유브라데 강가의 갈그미스를 치러 올라왔다. 이유는 바벨론이 앗수르를 치러 올라오는데, 애굽과 앗수르가 손을 잡은 것이다. 이때 애굽이 유다를 지나가는 것을 막다가 그만 므깃도 전투에서 패배하고 말았다. 이로 인하여 충격에 빠진 국민들은 여호아하스를 왕으로 삼았다. 그러다 바로 느고가 벌금, 은 100달란트와 금 1달란트를 지급하게 하고 그의 형제 여호야김을 왕으로 세우고 여호아하스는 애굽으로 데려갔다. 국민들은 힘을 다하여 부과된 벌금을 최대한 만들어 늑봉했다.

24장에서는 앞장에 이어서 여호야김 이야기를 계속 이어나가고 있다. 여호야김은 애굽에 배상금을 지급해야 하는데, 거기다 자신이 거처할 초호화판 왕궁까지 지어 백성들의 짐을 무겁게 했다(22:13-14). 이때 예루살렘의 멸망을 예언한 우리야까지 죽임으로 하나님의 진노를 샀다(렘26:20-23). 애굽은 갈그미스 전투에서 바벨론에게 패함으로 더 이상 유다에서 힘을 발휘할 수 없었다. 그런 것도 모르고 상황 파악을 못 한 채 애굽의 비위만 맞추다가 결국은 제1차 바벨론에 끌려가게 되었다. 그때 다니엘과 세 친구가 같이 끌려간다. 그 뒤를 이은 여호야긴은 100일을 다스리고 바벨론의 제2차 유다 침입으로 예루살렘에 함락되고 바벨론에 끌려간다. 물론 부왕 엘리야김은 풀려나온 지 몇 년의 세월이 흘렀으나 처형되었고, 여호야긴은 끌려간다. 나중에 보면 이것은 다윗의 정통성을 잇는 고리가 된다. 여호야긴을 잡아가면서 느부갓네살 왕은 자기 맘대로 이용할 수 있는 시드기야를 세운다.

25장에서는 시드기야 역시 친 애굽 정책을 쓰다가 바벨론에게 예루살렘을 포위당한다. 1년 6개월을 포위당하자, 성읍에 기근이 심했다. 그런데도 왕은 왕궁을 지켜야 하나, 워낙 배가 고프니 밤중에 동산 곁문을 통해 아라바 길로 도망하다가 여리고 평지에서 잡혀 바벨론으로 끌려갔다. 그리고 그의 심복 느부사라단은 예루살렘을 불사르고 성벽을 헐고 빈천한 국민을 제외하고는 귀인은 다 데려갔다. 성전의 기물 역시 다 가져갔다. 이게 바벨론 제3차 침공이다. 그러나 유다에 남아 있는 자 중 바벨론파, 친애굽파들이 바벨론에 의해 옹립한 그달랴 총독을 살해 한다(25:22-26). 그런데 하나님은 바벨론에 2차로 끌려간 여호야긴 왕은 에윌 므로닥 왕을 통해 신분을 회복시켜 스알디엘, 스룹바벨을 통하여 정통성을 이을 끈을 회복하신다. 그게 하나님의 비밀이다.

오늘 묵상의 말씀

하나님의 언약인 제사장 나라는 이제 없어지는 것인가? 아니면 새로워지는 것인가?

신앙의 정통성 세우기와 역사 바로 세우기

역대상 1장에서는 포로 생활에서 족보를 기록함으로 정통성을 회복하고자 하는 축복의 통로들의 진정성을 보여주고 있다. 바벨론에 잡혀 온 이스라엘 백성들은 여러 가지 복잡한 생각을 해보았을 것이다. 나는 누구인가? 우리는 누구인가? 왜 우리는 바벨론 포로로 잡혀 와야 하는가? 여러 질문을 하는 가운데 결론에 다다랐을 것이다. 나는 언약의 백성이다. 언약의 하나님은 생육하고 번성하는 약속을 우리에게 주셨다. 이 약속은 처음 사람을 만드시고 이름하여 아담이라 지으신 후 그에게 주셨다(창3). 이어서 축복의 통로의 언약(창12:1-3), 제사장 백성의 언약(출19:5-6), 성전 언약(삼하7:12-16)으로 점점 승화시켜 주셨다. 그러나 조상들의 언약을 무시하고 이방 풍속을 좇다가 그만 포로가 되어서 대가를 지급하는 중이다. 하지만 언약 백성이기에 반드시 우리 하나님은 언약을 이루실 것이다. 그러므로 그날을 바라보면서 말씀을 회복하고 신앙의 정통성을 회복하는 시간이 반드시 필요하다. 그게 지금 바벨론 포로기이다. 그래서 신앙의 정통성을 회복하기 위하여 아브라함부터 조상들이 걸어온 길을 확인하고 있다.

먼저 1장에서는 처음에 아담으로 시작하여 노아 홍수까지의 10대 족장과 함께 노아의 세 아들을 언급하고 있다(1:1-4). 이어서 노아의 세 아들의 계보를 확인하고 그때의 무지개 언약이 셈에 이어지면서 아브라함의 언약으로 어떻게 흘러가고 있는지를 세밀하게 보고 싶은 것이다(1:5-23). 그다음에는 그 언약이 믿음의 조상 아브라함에서 확실한 이정표를 만들어 이삭, 야곱과 더불어 믿음의 조상이라는 깃발을 꽂아서 역사의 정통성의 랜드마크(land mark)를 확실하게 하고 있다(1:28-34).

2장에서는 이스라엘의 12 아들의 계보를 통해서 축복의 통로로서의 언약 백성임을 확인하고 있다(2:1-2). 물론 대부분 북 이스라엘 족속으로 망했다고 말할 수도 있지만, 하나님은 12지파를 통하여 이스라엘을 신앙공동체로 만드셨고, 변화된 새 이스라엘을 바라보면서 구속사적인 차원에서 기록하고 있는 것이다(창 32:25-32). 이어서 유다의 족보를 기록하고 있다. 핵심은 신앙의 정통성은 아브라함에서 이삭으로, 이삭에서 야곱으로, 야곱에서 유다로 확실하게 설명하고 있다(2:3-17). 이것은 인간의 노력이나 공로 자격이 있어서가 아니라 특별한 하나님의 주권적인 선택으로 주어진 것이다. 그리고 이러한 초월적인 선택으로 이어지는 족보는 결국은 예수 그리스도 탄생으로 이어지는데 이것은 하나님의 조건 없는 선택의 은혜에 기인한 것이다(엡13:8-9). 이어서 유다 지파에서부터 다윗에 이르기까지 족보 중에서 다윗 왕가에 들어가지 않은 사람들을 기록하고 있는데, 이들은 메시아 직계는 아니지만, 신정 왕국을 이루는 유대 지파로서 그 중요성을 인정하여 길게 소개하고 있다(2:18-55).

3장에서는 다윗이 헤브론에서 낳은 아들들(3:1-4)과 예루살렘에서 낳은 아들들을 기록하고 있다. 이 배후에는 사무엘하 7장 12-16절의 언약이 들어 있기 때문이다. 이 두 성읍은 다윗 왕의 통치 중심지이다. 이어서 솔로몬에서 시드기야까지의 족보를 통하여 열왕들의 축복의 통로를 소개하고 있으며(3:10-16), 여호야긴의 후손은 특히 바벨론 포로에 잡혀 온 것은 역사의 연속성이 있기에 특별히 기록하고 있다.

오늘 묵상의 말씀

나는 신앙의 정통성을 세우기 위해 언약의 줄기를 어떻게 하고 있는가?

유다 지파의 남은 자, 요단 동편의 지파들, 레위 지파

4장에서는 2장에서 소개하지 않았지만 이름이 뛰어나지 않은 이들과 유다의 뿌리를 모두 기억한다는 뜻에서 유다 지파 가까이 있는 시므온 지파를 기록한다.

먼저 2장에 없는 다윗의 족보 중에 그래도 두각을 나타내는 사람들을 기억해 본다. 예를 들어 2장 3절에 유다의 아들 셀라를 언급했으면, 4장 21-23절은 다시 셀라의 후예를 기록하고 2장 4-8절에 베레스를 이야기했으면, 4장 1-2절에는 다시 그의 후손들을 열거하고 있다. 이렇게 하여 직계에서 소외된 사람들을 수평적으로 포함하고 있다. 야베스와 같은 사람은(4:9-10)은 다른 족보에는 없으나, 여기에서는 "나의 지경을 넓히시고 주의 손으로 나를 도우사 나로 환난을 벗어나 근심이 없게 하옵소서 하였더니 하나님이 그 구하는 것을 허락하였다"라고 기록하면서 기도의 사람을 기록하여 유다의 정통성을 나타내려는 저자의 의도를 볼 수 있다. 또, 옹기장이와 같은 기술을 가지고 있어서 왕의 직무를 돕는 사람들을 기록해 영원한 왕 메시아가 오실 때까지의 유다 자손이 왕손임을 나타내려고 하고 있다(2:23). 이어서 4장 23-43절에는 시므온 지파의 가계와 거주지를 기록하고 있다. 그들은 유다의 지경에 있던 지파이기에 유다와 함께 생활하는 날들이 많아서 먼저 기록하고 있다.

5장에서는 요단강 동편에 정착한 르우벤, 갓, 므낫세 지파를 기록하고 있다. 특히 르우벤 지파는 혈통상 장자이다. 그러나 여기서 명확하게 정통성의 선을 긋고 있다. 르우벤은 혈통적 장자이며, 장자의 명분은 요셉의 것이고, 메시아 왕국의 정통성을 잇는 진정한 후사로서의 '장자'는 유다 지파라는 것이다(5:1-2). 그러나 육신의 장자의 혈통도 중요하다. 이들은 동으로 가서 거하여 유브라데 강에서부터 광야 지경까지 살면서 길르앗 땅에서 그 생축이 번식하였고 사울 왕 때는 공적을 남기기도 했다(5:3-10)

갓의 지파는 풍요로운 바산 길르앗과 주변 땅을 차지하여 물질적으로 축복을 누렸다는 것을 암시하고 있다(5:11-17). 그리고 요단 동편의 르우벤, 갓, 므낫세 반 지파는 싸움에 익숙한 자가 40,760명이요(5:18), 이들이 싸울 때 하나님께 부르짖어 하나님의 응답을 받은 기록을 하면서 하나님의 전적 주권의 신앙심을 기억하는 자손이라는 것을 강조하고 있다.

므낫세 반 지파 역시 바산에서 헤르몬산까지 영토를 차지하며 번성했다. 그러나 범죄함으로 앗수르의 디글랏 빌레셀 왕 때부터 망한 것을 기억하게 하며 앗수르에게 멸망한 북 이스라엘의 시간을 회개하며 또한 남 유다가 바벨론에서의 생활을 돌아보는 계기로 삼고 싶은 후손들의 심정을 표현하고 있다.

6장에서는 레위 지파에 대하여 기록하고 있다. 바벨론에서 무엇보다도 제일 중요한 것은 정통성 회복으로 신정국가(theocracy)를 재건하는 일이다. 그러므로 요단 서편의 지파들을 소개하기 전에 먼저 레위 지파를 기록한다. 첫째 부분(6:1-15)은 대제사장 아론의 반차를 따라, 둘째 부분(6:16-30)은 기타 레위 족속에 대하여, 셋째 부분(6:31-47)은 레위의 세 아들 게르손, 고핫, 므라리가 성가대의 봉사로, 넷째 부분(6:48-53)은 아론에서 아히마아스까지의 계보를, 다섯째 부분(6:54-81)까지는 제사장, 레위인의 임무와 소유에 관한 기록으로 마치고 있다.

오늘 묵상의 말씀

오늘의 나는 조상들의 기도와 믿음의 삶을 전수받은 결정체이다. 간직하고 싶은 것은?

족보를 통한 교훈 얻기

7장에서는 나머지 6지파 족보를 기록하고 있다. 먼저 본 장에 기록되지 않은 두 지파에 주목할 필요가 있다. 단 지파와 스불론 지파이다. 그 명확한 이유는 알 수 없으나, 우상숭배에 빠져 이스라엘 백성 중에서 제외한 것을 본다(삿18:1-31, 계7:5-8).

한편 6지파 중에 잇사갈 지파가 맨 먼저 소개된 것은 야곱의 예언대로(창49:14) 힘 있고 용맹스러운 지파라는 점을 말하여 야곱의 축복을 강조하기 위해서다. 둘째, 베냐민 지파(7:6-12)를 소개한다. 베냐민 지파는 '물어뜯는 이리'라는 축복을 받은 지파로 호전적이다. 사사 에훗(삿3:15-30), 그리고 사울 왕이 있다. 셋째, 납달리 지파(7:13)는 네 아들의 이름만(창46:24) 기록하고 있는데, 이는 가나안에서 우상 숭배로 인하여 지명도가 낮았다(삿1:33). 넷째, 서쪽의 므낫세 반 지파(7:14-19)는 남 유다의 종교개혁 시 북쪽의 종교정책에 반대하여 남 유다로 내려오는 신앙의 지조를 보였다(대하15:9). 다섯째, 에브라임 지파는 야곱에 의해 그의 형 므낫세 보다 큰 자가 될 것이라는 축복이 주어진(창48:19-20) 예언대로 여호수아 같은 걸출한 지도자가 나타났다. 여섯째, 아셀 지파(7:30-40)는 야곱의 예언대로(창49:20) 갈릴리 서쪽 비옥한 땅을 차지했으며(수19:24-31). 사사 기드온과 함께 미디안 족속을 물리치기도 했다.

8장에서는 베냐민 지파에 대하여 소개하고 있다. 물론 7장에서도 소개하고 있으나, 여기에서 강조하고 싶은 것은 이스라엘의 왕국에 대한 정통성과 함께 미래 다가올 하나님 나라 왕국의 건설을 사모하는 마음을 한 번 더 강조하고 싶은 것이다. 또한, 본문은 암몬을 크게 물리친 용맹한 사사 에훗(삿3:12-10)을 중심으로 서술하고 있다(8:6). 이는 포로 생활 중이었지만 민족의 뿌리에 대한 자존감이 살아 있다는 것을 심어 주려는 의도가 숨겨 있다. 그리고 29-40절에 연장하여 말하고 싶은 내용은, 비록 다윗 왕가가 세워져서 사울 왕가가 1대로 그치고 말았지만 사울의 자손들 역시 절대 끊어지지 않고 활기차게 움직여서 신앙공동체에 크게 이바지하였으므로 포로 생활을 겪으면서 소망 중에 용기를 갖도록 촉구하는 마음에서 기록했다.

9장에서는 왜 바벨론 포로 생활을 할 수밖에 없었는가를 진단하고 있다. 그래야 다시 반복되는 시행착오를 줄일 수 있기 때문이다. 근본적인 문제는 바로 범죄 때문이다. 그 범죄 내용은 무엇인가? 하나님 나라 세우는 계약 백성으로 신실한 약속을 지키지 못했다. 예를 들면 이스라엘 백성은 애굽에서 살아도 애굽의 제도를 본받지 말고, 가나안 땅에 살아도 가나안 땅의 풍습을 본받지 말고, 오직 광야 생활을 통하여 받은 훈련, 모세오경을 통하여 그 약속대로 살아야 한다는 것이다. 그런데 그 약속을 경홀히 여기고 가나안의 우상, 애굽의 우상을 그대로 섬기기에 우리 하나님은 그들을 청소하기 위해 바벨론 포로 생활을 하게 하신다. 이것을 깨닫고 다시 하나님과의 관계가 회복되면 곧 고향으로 돌아가게 될 것이라는 희망을 품게 한다(9:1). 먼저는 평민들의 귀환(9:2-9)과 둘째는 제사장들의 귀환(9:10-13), 셋째는 레위인의 귀환, 넷째는 레위인의 귀환을 기록하면서 돌아가며 예배의식 회복을 위해 오직 찬송에만 주력을 다 하겠다고 말한다(9:33). 이어서 사울의 족보를 이야기하면서 신앙의 모델 다윗 이야기를 준비한다(9:35-44).

오늘 묵상의 말씀

족보를 통하여 은연중에 말하고 싶은 내용은 무엇인가?

사울 왕의 죽음

10장에서는 이제 본론적인 이야기를 하려고 하는 마당에 서론을 제시하고 있다.

역대기의 주 관심은 하나님 나라이며 하나님 나라의 정통성은 다윗의 언약이다. 이를 위해 다윗이 나올 수밖에 없는 배경을 말한다. 다윗의 등장을 위해 사울 왕의 이야기도 나와야 하는데, 사울 왕의 모든 실적은 의도적으로 침묵하고 사울과 세 아들의 비극은 말하고 있다. 사울에게 가장 큰 숙제는 블레셋이다(삼상 9:16). 그러나 이를 정복하지 못하고 평생 시달리다가 결국은 길보아 산에서 죽고 아들 셋 역시 길보아 산에서 죽음으로 일생을 마쳤다. 왜 그렇게 되었을까? 저자가 말하고자 하는 내용은 13-14절에 기록하고 있다. “사울이 죽은 것은 여호와께 범죄하였기 때문이라. 저가 여호와의 말씀을 지키지 아니하고 또 신접한 자에게 가르치기를 청하고 여호와께 묻지 아니하였으므로 여호와께서 저를 죽이시고 그 나라를 이새의 아들 다윗에게 돌리셨더라.” 하나님이 제일 싫어하는 것은 신접한 자를 찾거나 우상 숭배하는 자들이고, 하나님이 제일 좋아하는 것은 하나님의 절대 주권을 인정하여 매사를 하나님께 물어서 응답받아 처리하는 것이다. 사울은 이런 측면에서 실패했고, 다윗은 이런 측면에서 하나님의 합당한 도구로 택하셨다는 것을 설명하고 있다.

11장에서는 다윗이 즉위하는 사실을 먼저 기록한다. 이는 세상 왕국의 통치자와 다르다. 하나님이 말씀하신 대로 헤브론에서 신정국가의 건설을 위하여 그를 세우신 것이다(11:1-3). 이어서 예루살렘을 정복하여 신정국가의 틀을 세우고 성전 중심으로 신정국가가 건립되었듯이 하루빨리 예루살렘으로 돌아가서 성전을 세워 하나님 나라를 재건하자는 뜻이 들어 있다(11:4-9). 3인의 용사를 말하면서 첫째, 세 용사(11:10-14), 둘째, 세 용사(11:15), 30인의 용사로 구성된 명단(26-37)에서, 그들이 서로 다름에도 불구하고 다윗에게 한결같이 충성했다. 우리도 바벨론 포로에서 귀환하여 서로 다른 지파요, 환경이 달라도, 예루살렘에 들어가 하나님 나라 건설을 위하여 다 같이 전심전력해야 하겠다는 뜻을 넣었다.

12장에서는 시글락 전투는 다윗의 사울 왕의 핍박을 피해 블레셋 왕 아기스에게로 망명하여 시글락에 머무를 때. 모여든 용사들에 대하여 기록하고 있다. 다윗이 미치광이 행사를 해야 하고, 목숨을 겨우 부지하는 위기에서도 용맹스럽게 끝까지 함께 참여한 동지들이다.

이들은 사울의 심복이며 동족인 베냐민 지파로서 다윗에게 먼저 충성한 것이다. 이는 사울이 죽기 전부터 다윗 왕정의 정통성이 인정되고 있음을 드러내려는 의도가 들어 있다는 것을 나타내고 있다(12:1-7), 또 강 건너 동쪽에 거주하던 갓 사람들도 다윗에게 온 때는 시기적으로 요단강이 범람할 때(12:15) 인데도 충성스럽게 같이 참여했다는 것이다. 이렇게 기록하는 것은 포로 생활이 끝나고 예루살렘으로 갈 때 용기와 소망을 가지고 같이 가는 꿈이 담겨 있다(12:1-22). 또한, 헤브론에서의 용사들을 기록하는데, 이들은 그동안 쫓겨 다니면서 그 어려운 광야 훈련이 끝나고 이제 헤브론에서 왕으로 등극할 때, 12지파에서 골고루 모여 그에게 후원했다. 이는 전폭적이고도 일치된 지지를 받는 다윗 왕가의 시작을 이야기함으로써 귀환자들의 신정 왕국 재현으로 하나님을 찬양하며 모일 것이라고 보기 때문이다(12:23-40).

오늘 묵상의 말씀

다윗은 신앙의 정통성이다. 바벨론에서 그 족보를 통하여 얻고자 하는 것은 무엇인가?

언약궤의 예루살렘 입성

13장에서는 언약궤를 예루살렘으로 이전하는 것을 기록하고 있는데, 언약궤는 하나님의 임재와 통치를 상징한다. 이제 하나님이 예루살렘을 중심으로 다스리시는 하나님의 왕국 기본 골격이 갖추어지고 있음을 말한다(13:1-8). 이는 사울왕 때는 언약궤에 대한 관심이 없었는데, 대조적으로 다윗 때는 언약궤를 예루살렘에 모셔와 본격적인 하나님 나라의 왕국이 시작됨을 보여 준다(13:3). 그런데 언약궤를 운반하다가 웃사가 죽게 되고 운반이 중지되었다. 왜 다윗과 온 백성이 순수한 열정과 기쁨으로 법궤를 모셔 들여오는데 사람이 죽는 불상사가 발생했는가? 다윗은 법궤를 오벳에돔의 집에 멈추었다.

어디에 문제가 있는지 원인을 진단해보아야 할 것이다. 실수가 있을 때나 원인을 모를 때는 무조건 행동으로 옮길 것이 아니라 성경을 읽어보아야 한다(신 17:19-20).

14장에서는 다윗 왕가의 번성을 말하면서 실수의 분위기를 떨쳐버린다. 첫째는 왕궁의 건립(14:1-2)이요, 둘째는 가계의 번창이다(14:3-7) 또한 블레셋 전쟁에서 승리한 것이다(14:8-16). 다윗왕국은 온 열방에 복을 전할 제사장 나라로 하나님께서 세우셨다. 이것을 진행하려 할 때 어려움이 있을 수는 있지만, 하나님의 계획을 막을 수는 없다(14:17).

15장에서는 제2차 언약궤 운반을 시도하는 내용을 기록하고 있다. 지난번 언약궤 운반에 실패했었다. 그래서 중지를 하고 성경을 읽어 보았을 것이다. 지난번의 실수는 민수기 4장 15절에 있는 대로 '행진할 때는 고핫 자손이 와서 멜 것입니다. 그러나 성문은 만지지 말지니 죽을까 하노라'라는 말씀에 순종하지 아니했다. 성경 말씀을 몰랐기에 그냥 인간이 편한 대로 수레로 법궤를 운반한 것이요, 법궤가 흔들리기에 웃사는 법궤가 흔들리지 않도록 만진 것인데, 그게 큰 실수였다. 이렇게 말씀을 모르면 불순종하게 된다. 마음이 악한 것이 아니라 성경을 모르기에 그런 실수를 했다. 이것은 중대한 일임에도 불구하고 실수를 한 것은 평상시 성경을 읽지 아니했다는 뜻이다. 성경을 항상 읽지 아니한 그 자체가 하나님의 말씀을 위반한 일이요, 불순종한 일이다(신17:19-20). 그러나 빨리 읽고 교정하고 말씀대로 순종하면 우리 하나님은 의롭고 미쁘사 다 용서하신다. 이것을 깨달은 다윗은 철저하게 성경을 읽고 준비했다. 1) 하나님의 궤를 안치할 장막을 마련했다(15:1). 2) 다윗 왕이 제사장들과 레위사람들과 율법에 따라 상의하여 결정한 일의 과정을 기록하였다(15:2-13). 3) 언약궤 이전과 함께 찬양대를 구성하였다(15:16-22). 4) 궤를 지키는 문지기를 임명하였다(15:23-24). 이렇게 철저하게 준비하고는 정결 의식을 거행했다(15:12). 물론 먼저 몸을 씻고, 옷을 세탁하고, 여인을 가까이하지 않으면, 시체 등 부정한 것을 만지지 않는다(출29:1-37, 레8:5-35). 드디어 언약궤가 예루살렘으로 입성하게 되었다. 온 이스라엘 백성들과 다윗은 입성하는 언약궤를 보면서 정말로 기뻐했다. 미갈은 다윗이 춤추는 것을 보고 왕이 경박스럽다고 업신여겼다. 이것은 하나님 나라에 대한 견해 차이이다. 미갈은 다윗 왕의 부인이다. 그래서 왕의 체통을 잘 알고 있을 수 있다. 그러나 사울 왕의 시대는 끝났다. 그때는 인본주의 국가였으며 지금은 신정국가를 이루기 위한 첫 초석을 놓는 중이다. 언약궤를 예루살렘에 모신다는 것은 하나님이 여기에 계신다는 것이요, 하나님이 이곳에 계시다는 것은 하나님이 이 성의 모든 백성과 국가를 통치하며 보호한다는 뜻이다. 바로 그 다윗 정신을 본받아 포로 생활을 잘 극복해 나가야 하겠다.

오늘 묵상의 말씀

언약궤가 예루살렘에 들어오기 위해 다윗은 어떤 노력을 했을까?

성전 언약

16장에서는 예루살렘에 언약궤가 안치될 때, 하나님께 번제와 화목제를 드릴 때 드리는 송축시를 기록하고 있다. 정말 감격하여 하나님의 이름으로 백성들을 축복하고 그들에게 떡과 고기를 나누어 화목제물을 통한 기쁨을 함께했다. 먼저 이를 위하여 찬양대를 조직했다. 언약궤 앞에서 늘 하나님께 찬양하고 감사하는 레위인들로 구성하여 찬양대를 통한 영광을 하나님께 드렸다(16:1-7). 그것에 대한 찬송내용은 8-36절에서 다루고 있다.

신정국가를 건설하고, 찬양을 부르는 일에 익숙한 사람으로 찬양대를 구성하게 했다. "하나님은 아브라함, 이삭, 야곱에게 베푸실 영원한 언약으로 가나안 땅을 이스라엘 백성에게 주시겠다고 약속하셨다. 그런데 숫자가 적어서 이 족속에서 저 족속으로 유리하면서 하나님은 모든 신보다 크신 신이요, 존귀와 영광을 홀로 받으실 분으로 확실히 알게 되었다. 이제 그분이 만국 가운데서 우리를 건져내어 모으고 주의 영예를 찬양하게 하소서(16:7-36)." 이에 백성들은 '아멘'으로 함께 하나님을 찬양하였다. 그리고 다윗은 언약궤를 안치한 것으로 만족하지 않고 하나님께 대한 제사 제도를 온전히 시행하기 위해 율법에 따라 제사장과 레위인들에게 직무를 맡기고 있다(16:37-43).

17장은 다윗에게 있어서 가장 중요한 성전 언약을 체결하는 장이다. 신명기 12장 11, 21절 말씀대로 '너희 하나님 여호와께서 자기 이름을 두시려고 택하실 그 곳'을 위하여 성전을 짓겠다는 계획을 드렸을 때 하나님은 나단 선지자를 통하여 "너는 나의 거할 집을 건축하지 말라"라고 말씀하셨다. 그러나 우리 주님은 "네 수한이 차서 네가 열조로 돌아가면 내가 네 뒤에 네 씨 곧 네 아들 중 하나를 세우고 그가 나라를 견고케 하리니 저는 나를 위하여 집을 건축할 것이요. 나는 그 위를 영원히 견고하게 하리라"라고 말씀하셨다. 이것이 성전 언약이다. 그런데 여기에서 잠깐 생각하고 넘어갈 것은 하나님이 다윗의 성전 짓는 것을 막은 것이 아니다. 단지 하나님의 말씀은 다윗을 통하여 하나님의 나라의 대가 끊어지지 않는 영원한 나라의 기초를 놓고 싶은 것이다. 그리고 성전은 다음 대인, 자녀에게 가서 짓게 하여 연속성을 갖게 하겠다는 뜻이다. 그러므로 다윗의 역할은 성전 짓는 일을 중단하는 것이 아니라 언약의 연속성을 지키도록 자녀에게 부지런히 가르쳐 하나님 나라의 사명을 이어받게 하는 일이요, 그 결과로 자녀가 성전을 짓도록 하는 일이요. 자신은 이 일을 위하여 부지런히 준비해야 한다. 이것을 잘 명확하게 하지 않으면 마귀에게 조롱당하기 쉽다.

18장에서는 다윗이 영토 확장을 위한 정치를 기록하고 있다. 다윗의 주특기는 전쟁이요 영토 확장이다. 이를 통하여 사울이 할 수 없었던 블레셋에게 항복을 받아 내고, 이어서 모압과 에돔을 쳐서 조공을 받고, 나가서는 유브라데 강의 하맛 어귀까지 확장했다. 이것은 창세기 15장 18절의 성취이다. 가나안 땅을 정탐했던 곳인 르홉의 하맛어귀(민13:21) 역시 정복하지 못하고 있었으나 다윗 때에 차지하게 되었다. 그러나 여기에서 분명하게 생각해야 할 것은 영토 확장이 그로 인하여 성전건축 재료 확보와 자원을 모으기 위해서 전쟁에 참여했으며 목적이 분명하기에 큰 축복의 통로로서의 사역이 의미 있다. 하지만 그렇지 않고는 성전 건축을 하지 말라고 하셨으니, '영토나 확장하자'고 생각한다면 큰 오산이다. 목적이 인생의 축복을 결정한다. 계속해서 다윗의 사역을 살펴보면 좋겠다.

오늘 묵상의 말씀

다윗이 하나님과 맺은 성전 계약은 무엇인가? 어떻게 순종해야 하는가?

성전계약을 깨닫게 된 사건들

19장에서는 다윗의 조문 정치를 다룬다. 암몬 자손의 나하스가 죽고 하눈이 왕이 되었는데, 다윗은 위로하기 위하여 조문사를 보내었으나, 나하스는 이를 오해하여 자기 땅을 탐지하러 온 사람인 줄 생각하여 조문사들의 수염을 깎고, 의복의 중동 볼기를 자르고 돌려보냈다.

이렇게 선을 악으로 해석하여 괴롭혔다. 그러하여 다윗은 조문사들이 수염이 자라기까지 여리고에 머물게 하고 다 자란 후에 돌아오게 하였다. 그렇게 하고도 암몬자손은 은 1,000달란트는 주어 아람의 병거와 마병의 용병으로 사용하였다. 그들은 다윗의 군대에 싸우려고 도전했다. 하지만 이스라엘의 요압 장군이 아우 아비새를 보내어 그들을 박살 냈다.

여기에서 짚고 넘어가야 할 것은 암몬 자손은 10대뿐 아니라 영원히 이스라엘의 총대에 들어오지 못하도록 저주받은 족속이다(신23:3). "그들 평생에 평안과 형통을 구하지 말라(신23:6)." 그런가 하면 암몬 족속은 길르앗의 기브아 족속을 괴롭혀서 눈을 뺀 사람들이다. 그런데 왜 조문을 갔을까? 그런데 그 일로 인하여 그들에게 주변 연합세력이 적극적으로 분쇄함으로써 다윗왕국이 하나님의 나라임을 증거하려는 의도가 반영된 것이라면 다행이라고 본다.

20장에서는 그다음 해가 되자 다윗의 장관 요압은 암몬의 수도 랍바를 에워싸고 확실하게 함락시켰다. 그리고 그곳의 모든 물건을 탈취 물로 가지고 왔다(20:1-3). 이후에 블레셋을 게셀에서 완전히 쳐 죽이고 저희를 항복하게 했다(20:4-8), 이렇게 하여 다윗은 주변의 모든 나라를 평정하였으며 조공을 거두는 정치를 하게 되었다.

21장은 마귀가 다윗을 격동시켜 시험하는 장면이다. 그것은 다름 아닌 인구조사이다. 인구조사의 목적은 인구를 정확하게 파악해서, 세금을 거두고, 병력의 숫자를 알아서 유사시 전쟁에 대비한다는 뜻이다. 여기에서 명쾌하게 정리하여야 할 것을 다윗은 깨닫지 못하고 있다. 그래서 마귀의 시험에 걸렸다. 인간의 왕국은 세금을 많이 거두고 전쟁에 이기는 것이 중요하다. 그래서 전쟁은 세금을 중요시 한다. 다윗은 평생 전쟁을 통하여 살아왔기 때문에 전쟁에는 능숙하여 전문가라 잘 안다. 그러나 하나님 나라의 전쟁에는 칼이나 사람의 숫자에 있는 것 아니다. 하나님 나라는 하나님의 주권에 달려 있다. 그러니 다음 후계자를 위하여 성전 지을 준비를 해 놓으라는 것이다. 그런데 다윗은 그것을 깨닫지 못했다. 다윗은 그 언약을 잊어버리고 영토 확장 정치, 조문 정치를 했다. 그렇게 하여 자기 욕심을 따라 정치하다가 그만 마귀의 시험에 걸려서 인구조사를 하게 된 것이다. 그래도 다윗은 믿음의 사람인지라 금방 잘못을 깨닫고 죄 용서를 구한다. 이때 하나님은 죄의 대가로 3가지 중의 하나를 선택하게 한다. 1) 3년 동안 기근이나 2) 3개월 동안 대적에 고통당하든지 3) 3일 동안 유행병에 고생하는 일을 택하게 한다. 다윗은 세 번째, 3일 동안 유행병으로 고생한다. 그래서 이스라엘 백성 7만 명이 죽었다. 이때 다윗이 회개하는 것을 보고 여호와의 사자가 해답을 준다. "오르난에 있는 타작 하는 곳에 가서 타작마당을 사라. 그리고 거기 한 단을 쌓아라. 그러하면 온역이 그치리라(21:15-22)." 다윗이 가서 오르난의 타작마당을 금 육백 세겔을 주고 거기에서 번제와 화목제를 드렸다. 그랬더니 불로 응답하여 재앙이 끝났다. 거기가 바로 아브라함이 이삭을 바쳤던 곳이다. 바로 거기에서 하나님은 성전 계약을 완성하기를 원하신 것이다.

오늘 묵상의 말씀

내가 예수 믿고 제일 중요하게 생각하는 약속은 무엇인가?

제사장과 레위인의 24반열

22장에서는 다윗이 성전계약에 대한 응답을 확신했다는 측면을 기록하고 있다(22:1).

이는 바벨론에 있는 이스라엘 백성의 사명을 깨닫게 하려고 기록하는 측면도 있다. 빨리 해방되어 고국에 돌아가 솔로몬 성전을 회복하고 하나님 나라를 회복해야 한다는 사명이다. 이를 위하여 기자는 간절한 마음으로 다윗이 성전계약 회복 후의 준비사항을 기록하고 있다. 이를 깨달은 다윗은 성전 건축을 준비한다. 하나님이 주신 약속을 지키기 위해 만반의 준비를 다 하려는 것이다. 성전건축에 필요한 자재들을 다 준비하도록 지시했다. 심지어는 이방인들까지 최대한으로 참여시키도록 지시했다(22:1-5). 제일 중요한 것은 후계자이다. 10명이 넘는 자녀들을 위하여 기도하다가 후계자는 솔로몬으로 확증한다. 그리고 성전계약을(삼하 7:12-16) 지키도록 명령한다(22:6-16). 그리고 방백들을 불러서 솔로몬을 잘 도와서 성전을 짓도록 부탁했다(22:17-19). 다윗은 참으로 주도면밀한 사람이다. 자기가 아무리 많은 준비를 하였고 솔로몬이 다윗의 뜻을 받들어 성전 건축을 잘 하려고 해도 방백들의 협조 없이는 어려움에 직면할 수밖에 없으리라는 사실을 잘 간파했다. 그리하여 지금까지 자신에게 충성을 다해 오던 방백들을 불러 모아 그들로 하여금 성전건축을 잘하도록 부탁하고 있다. 이에 방백들은 이제껏 다윗 왕국을 건설하기 위해 온갖 풍파를 함께 겪으면서 끈끈한 정으로 연결되었던 주 다윗에게 충성하는 차원에서 다윗의 부탁을 이행하기로 다짐했을 터였다.

23장에서는 다윗이 나이 많아 솔로몬을 왕으로 삼는다. 그리고 방백들과 제사장들과 레위인을 모아서 레위인으로 제사 제도와 직무수행에 대한 것을 확인한다. 중요한 것은 단지 성전건축이 아니라 성전건축은 신정국가로 가는 기본 계획이 이로 인하여 하나님의 통치와 순종에 대해 알맞도록 시스템이 갖추어지는 것이다. 그래서 다윗이 살아 있을 때 후계자인 솔로몬을 왕으로 세워서 모든 것이 하나님 중심, 제사의 중심, 언약 중심으로 운행되도록 확인한다. 물론 이것을 기록하는 이유는 바벨론에 있는 이스라엘 백성이 빨리 바벨론에서 해방되어 솔로몬 성전을 짓고 예배회복과 언약 회복된 신정국가를 예루살렘에 짓기를 바라는 기자의 간절한 소원이 들어 있기도 하다. 하나님의 사역을 맡은 레위인을 모든 방백들 앞에서 불러서 숫자를 세고 사역을 맡기며 절기에 수행할 임무를 확인했다. 먼저 레위인 전체를 계수하여 38,000명을 업무 분담하고 그중에서 성전봉사를 담당할 38,000명 중 1,400명의 계수된 레위인을 24반열로 재조직했다. 율법에 따르면 30-50세의 사람으로 직무를 맡게 되어 있었다. 그런데 성전이 건축되면 훨씬 더 봉사자가 필요하므로 다윗은 연령제한을 20세로 낮추어 계수하였다(23:24-32). 아울러 24반열로 조직하여 성전 봉사하도록 레위인의 직무를 소개하고 있다.

24장에서는 제사장과 레위인의 직무를 구체화하고 있다. 아론의 아들들은 나답과 아비후와 엘르아살과 이다말이 있다. 이들 중에서 나납과 아비후는 먼저 죽고 엘르아살과 이다말이 제사장의 직분을 거행하였다(24:1-2). 이렇게 기록하는 것은 철저하게 예배의 규칙대로 살지 않으면 죽을 수도 있다는 것을 기억하게 하려는 것이다. 이어서 제사장의 24반열과 성전에서 봉사할 레위인의 24반열을 조직했다.

오늘 묵상의 말씀

24시간 연속으로 당번을 짜서 기도하거나 예배드릴 때 어떤 의미가 있을까?

찬양대, 성전 문지기, 국가 관리자의 조직

25장에는 다윗의 찬양대의 직무와 조직을 기록하고 있다. 먼저 다윗이 군대 장관을 불러서 찬양 부를 사람을 세우는 것을 보면 신기롭다(25:1). 그와 함께 생사고락을 함께했던 사람들은 군인들이 많았다. 그리고 그들은 생사를 넘는 일까지도 충성한 이들이고 다윗의 마음을 누구보다도 잘 알았기에 국가의 일이 있을 때도(11:10, 12:32, 28:1) 그들을 불러 정사를 의논했다. 심지어는 종교에 관한 일도 상의했다(13:1, 15:25). 그래서 이들은 단순한 전쟁 수행자가 아니라 하나님의 군대를 대행하는 자들이었다(출12:17, 41).

먼저 제사장을 보좌하여 성전에서 봉사하는 레위인을 언급한 후에 찬양대를 조직하고 있다. 이는 그가 뛰어난 연주자이자 시인이어서 누구보다도 찬양의 가치와 능력을 잘 알고 있기 때문이다(15:6-24, 16:4-6). 따라서 그는 음악적 재능이 있는 사람들을 모아서 그들 역시 24반열대로 조직하고, 제비뽑기에 따라 차례대로 성전에서 봉사하도록 하였다. 물론 이들을 세울 때 그냥 재능이 있다고 다 뽑는 것은 아니다. '찬송 부르기를 배워 익숙한 사람'이라고 한다. 이는 배우고 연습하고 익숙하여 성령의 감동에 민감한 사람을 통하여 예배에 참여하게 한다는 뜻이다. 이들을 통하여 신정 왕국 체제에서 하나님께 감동으로 나아가게 하는 것이다. 이렇게 다윗이 주도면밀하게 예배의 내용을 하나하나 감독하면서 확인했다고 기록하는 것은 이스라엘국가의 신앙회복을 바벨론 포로에서 얼마나 열망했는지를 잘 알려 주고 있다.

26장에서는 성전 문지기의 직무에 대하여 기록하고 있다. 성전 문지기의 역할은 굉장히 중요하다. 문지기의 임무에 대한 구체적인 기록은 9장17-27절, 16장37-38절에 있다. 이들은 죄인들이 무단으로 성소 출입하는 것을 통제함으로써 성소를 거룩하게 보존하는 임무를 수행했다. 그러므로 단순한 문지기로 건물만 지키는 자들이 아니라 하나님의 보좌를 수비하고 경호하는 친위대 같은 고귀한 존재들이다. 그래서 시편 기자는 '주의 궁정에서 한 날이 다른 곳에서 천 날보다 나은즉 악인이 장막에 거함보다 내 하나님 문지기로 있는 것이 좋사오니 여호와 하나님은 해요 방패시라(시편84:10)'라고 기록하고 있다. 여기서 주목할 점은 언약궤를 석 달 동안 모신 적이 있는(13:13-14) 오벧 에돔의 가문이 전체 성전 문지기의 3분의 2를 차지하게 되었다는 점이다. 이것은 하나님께서 오벧에돔의 집에 복을 베풀어 주신 결과였으며(삼하6:1), 동시에 오벧에돔에 대한 다윗의 배려와 보상이기도 하다. 그리고 20-32절에는 이스라엘 백성들이 바치는 십일조와 헌물, 전리품들을 보관한 성전창고에 대한 관리 등의 일반 업무도 성전제사의 직무 못지 않게 중요 하다는 것을 보여주었다.

27장에서는 국가 관리에 대한 행정조직에 관해 기록하고 있다. 먼저 군대 조직에 대하여 기록한다(27:1). 성전과 관련된 봉사의 직무를 정비한 다윗은 11장 10절-12장 40절에 언급한 정예 상비군 외에 준 정규 민병대에 해당하는 군대 민병대 조직을 정비한다. 그는 병력을 12반차로 나뉘어서 그 병력을 나누어 매달 24,000명씩 교대 근무를 하게 하여 백성들이 생업에도 힘쓸 수 있도록 배려하고 있다. 그리고 행정관 역시 12지파로 분산되어 있던 행정력을 중앙정부 통제 아래 두어 보다 효율적으로 통제하도록 시스템을 준비하였다(27:16-24). 그리고 왕의 보좌관들을 기록하고 있다. 이들은 각 분야 전문가로 탁월한 능력이 있는 자로서 다윗을 다윗 되도록 잘 보필하던 자였다(27:32-34).

오늘 묵상의 말씀

교회를 섬기는 자는 어떤 자세로 섬겨야 할까?

다윗의 유언

28장은 다윗의 유언을 기록하고 있다. 다윗은 자신의 인생을 마감하기에 앞서서, 방백들을 비롯한 각계각층의 지도급 인사들을 불러 모아서 마지막 당부를 하고 있다. 사실 이 내용은 다윗이 당시 방백들에게 부탁하는 내용이기도 하지만, 바벨론에 사는 이스라엘 백성들이 고국에 돌아가서 다윗의 언약을 회복하여 성전을 짓고 신정국가를 만들도록 간절히 바라는 기록자의 마음을 같이 담고 있다. 그 내용은 22장 17-19절에 말했듯이 솔로몬을 도와서 성전건축을 잘 하라는 것이다. 물론 지금까지 잘 도왔지만, 솔로몬 대에 이르러 여호와의 신앙이 무너진다면 하나님과의 관계계약이 파기되므로 일반국가의 속국이 되는 고통을 당하게 된다는 것이다. 그래서 거듭 당부하고 있다(28:2-8). 방백들에게 유언을 마치고 다시 한 번 더 솔로몬에게 유언하고 있다. 물론 지금까지 신명기 17장 19-20절처럼 왕의 통치 철학을 잘 강조했지만 정말로 중요한 축복의 통로이기에 거듭거듭 강조하는 것이다. 그냥 일개 국가의 왕권을 인수인계하는 것이 아니라 하나님께서 아브라함을 통해 축복의 통로로 약속하셨고(창12:1-3), 모세를 통하여 제사장 나라로서 계약을 체결하셨고(출19:5-6), 다윗을 통해 성전계약으로(삼하7:12-16) 신정국가의 모델을 만들어 메시아 오실 때까지 계속 제사장 나라의 사명을 완성하는데 중요한 바통을 이어받은 왕이다. 그래서 간절하게 유언을 하고 있다(28:1-10). 이어서 다윗은 하나님께 기도하여 얻은 설계도를 그대로 인계하고 있다(28:12, 19). 물론 이것은 광야에서 모세에 의해 세워진 성막에 근거를 두고 있다(출26:1-37).

29장은 결론적으로 말하면 다윗은 성전 건축을 위해 인생의 모든 것을 준비했고, 성전 건축을 위해 모든 것을 다 드렸다. 왜냐하면, 성전은 하나님이 계신 곳이요, 하나님과의 영적인 만남의 장소이기에 모든 것을 다 드려 준비하는 것은 인생 최대의 축복이기 때문에 그렇다. 그래서 성도들에게도 즐거이 헌신할 것을 강조하고 있다. 그러자 백성들이 즐거이 드림으로 기뻐하였다(29:8-9). 이렇게 다 드리고 났더니, 하나님께서 기도의 문을 열어 주셨다(29:10-19). "여호와여 광대하심과 권능과 영광과 이김이 다 주께 속하였사오니 천지에 있는 것이 다 주의 것이로소이다. 여호와여 주권도 주께 속하였사오니 주는 높으사 만유의 머리이심이니다!" 입을 열면 그냥 기도가 되는 것이다. 하나님의 절대 주권을 인정하게 된 것이다. 그리고 "나와 나의 백성이 무엇이기에 이처럼 즐거운 마음으로 드릴 힘이 있었나이까? 우리가 주의 손에서 받은 것으로 주께 드렸을 뿐이니이다(29:14)"라고 고백한다. 그러면서 "지난날을 돌아보면 아브라함, 이삭과 야곱에게 약속하신 축복을 모세를 통하여 제사장 나라의 계약을 체결하게 하시고 이제 한곳을 정하여 예배드리는 공동체의 중앙 성소를 만들 수 있게 모든 것을 준비하게 하시고, 후계자인 솔로몬에게 이 모든 것을 예비하게 하셨으니, 준비된 것으로 성전을 건축하게 하옵소서(11-19)"라고 기도하게 된 것이다. 이런 기도를 드리게 된 것이 얼마나 감사한지 모른다. 그리고 마지막으로 솔로몬을 등극하고 성대한 잔치를 베풀어 자기 할 일을 다 마쳤다(29:20-25). 그리고 뒷마무리로 임종의 기록을 남기기도 했다. 이렇게 해서 다윗의 역사가 기록되었다. 다윗은 일국의 왕국사로 끝나는 것이 아니라 온 인류를 구원하실 메시아의 오실 구세주의 예표로서 모든 사역을 마쳤다는 것이다. 그래서 큰 의미가 있는 것이다.

오늘 묵상의 말씀

다윗의 마지막 감사의 기도 중 은혜 받은 부분이 있으면 이야기 해보자.

솔로몬의 사역시작과 성전건축

1장은 역대기 상의 연속선상에서 다윗의 후계자 솔로몬의 사역이야기로 시작한다. 솔로몬은 축복의 통로로써 어떤 축복을 받았으며 지속 가능하도록 후계자를 잘 세워 전승해야 할 것인가가 역대기 하에서 강조하는 중요한 내용이다. 역대기 상에서 그 축복의 모델(다윗)이 만들어지기까지의 사건을 기록했다면, 역대기 하에서는 그 축복의 통로인 왕들이 어떻게 살다가 바벨론 포로기에 잡혀 오게 되었는가? 그 과정을 배워서 이스라엘 백성들이 고국에 돌아가서 신앙의 모델을 회복하고 새로운 신정 국가를 세워서 메시아 오심을 기다리면서 살자는 것이다. 이를 위하여 축복의 첫 번째 통로가 신앙의 정통성을 확실하게 붙잡아야 할 것이고 그에 수반하는 육신의 축복을 누리는 것을 보여 주고 있다. 우선 신앙 정통성의 시작은 하나님의 은혜와 계획에 동참하는 것이다(1:1-3). 이것은 다윗에게서 배운 것이다. 다윗은 항상 일을 앞두고 여호와께 물었다(삼하2:1). 이것이 다윗의 주특기였다. 그래서 1,000번제를 하나님께 드리면서 기도했다. 하나님이 그에게 1,000번제를 받으시는 중에 물었다. "내가 무엇을 줄고 너는 구하라!" 기도는 인격적인 대화이다. 하나님이 먼저 그에게 질문하셨다. 그때 솔로몬은 구했다 "내게 지혜와 지식을 주사 이 백성 앞에서 출입하게 하옵소서. 이렇게 많은 주의 백성을 누가 능히 재판하리이까(1:10)"라고 기도했다. 그러자 하나님께서 "내가 지혜와 지식을 주고 부와 재물과 존영도 주리니 너의 전의 왕들이 이 같음이 없었거니와 너의 후에도 이 같음이 없으리라(1:12)"라고 응답하셨고, 이어서 군사력(1:14), 경제력(1:15), 그리고 활발한 무역 관계(1:16-17)를 허락해 주셨다.

2장에서 이제 솔로몬은 정통성 회복인 '하나님이 나라 건설'을, 중요한 사역인 성전건축을 결심했다(2;1). 이를 위하여 먼저 일꾼을 모집하고 목재는 두로 지역의 레바논 백양목이 최고이기에 두로 왕 후람에게 공적인 도움을 요청했다

(2:2-10). 그랬더니 두로 왕 후람에게서 답신이 왔다. 기꺼이 솔로몬을 도와 성전 건축에 필요한 기술자들과 자재들을 보내겠다는 약속했다. 여기서 하나 느낄 수 있는 것은 이방인이 성전건축에 참여한 것은 예수 그리스도의 교회에서 이방인의 역할이 크다는 것이다(엡2:18).

3장에서는 성전건축의 터를 신앙의 정통성 회복 차원에서 아브라함이 그의 아들 이삭을 하나님께 바친 모리아산이자 신앙의 모델 다윗이 금 600세겔(대하21:25)에 산 땅 오르난의 타작마당에 건축하기 시작했다. 성전 건축은 설계도에 따라 성전의 내부 공사(3:3-7), 지성소와 그룹(3:8-14), 성전의 정면에 두 기둥(3:15-17)을 세웠는데 오른쪽의 기둥은 '야긴'으로 '그가 세우시리라'라는 뜻이다. 왼쪽 기둥은 '보아스'로 '그에게 능력이 있다'라는 뜻이다. 특히 이 두 기둥은 이 성전이 하나님의 능력과 보호하심으로 영원히 서 있어서 제사장 나라의 언약(출19:5-6)이 회복되기를 갈망하는 마음이 바벨론에서 포로로 사는 이스라엘 백성들에게 전해지기를 열망한 것이다. 또한 사람들의 영혼과 육신이 이 세상사는 동안 안정되고 견고하게 보호하심이 이곳에 오는 예배자의 마음에 항상 임하기를 바랐던 것이다.

오늘 묵상의 말씀

나의 신앙의 정통성 세우기 위하여 내가 급선무로 해야 할 일은 무엇인가?

성전 봉헌식과 봉헌기도

4장에서는 성전에서 쓰이는 여러 가지 기구에 대하여 설명하고 있다. 먼저 단을 설치한다. 첫째, 단(4:1)은 높이가 10규빗 되게(4.5미터), 놋으로 만들고 그 위에 태워지는 제물과 피와 연기로서 이를 성전 뜰에 있는 백성들이 뚜렷이 볼 수 있게 설치한다. 이는 죄의 대가와 구속의 필요성을 말해준다(히10:1-4). 둘째, 바다는 놋대야인데 깊이가 5규빗(2. 3미터)로 만드는데 제사장들의 몸을 씻기 위한 것으로 영적 제사장인 성도들(벧전2:9)로 하여금 자신의 죄를 씻어 하나님 앞에서 흠없이 살 수 있게 한 것이다. 그리고 성전의 기구들을 '정식을 따라'라는 말은 하나님의 명령대로 모든 것을 만들었음을 말한다(4:1-10).

이런 일을 하려면 전문가가 필요하다. 그때의 전문가로 후람이 나왔다. 그는 두로 왕 후람과는 동명이인인데, 어머니는 단 지파의의 여인이요, 아버지는 두로 사람인데 이때를 위하여 귀한 기술을 사용하게 되었다(4:11-18). 그리고 19-22절에는 재를 긁어내는 부삽, 제물을 씻어내는 물두멍, 그것의 받침대, 금단, 등대와 등잔 불집게, 숟가락, 불 옮기는 그릇 등을 만들어서 비치했다.

5장에서는 7년 반 동안 성전을 지어 완성한 후 봉헌의식을 거행했다. 그 순서는 1) 법궤의 성전 이전(5:2) 2) 솔로몬의 봉헌기도(6:12-42) 3) 솔로몬의 제사(7:1-10) 4) 솔로몬의 기도에 대한 하나님의 응답(왕상8:54-61)으로 기록되어 있다. 먼저 첫 번째 행사로서 언약궤를 지성소로 이전하는 작업을 한다. 이 궤는 다윗 당시 오벧에돔에서 시온산의 성막으로 옮겨졌었다(삼하6:12). 이때 하늘에서는 구름으로 영광 가운데 하나님의 임재를 나타냈다(5:14). 그리고 이어서 레위 자손들의 찬양을 두드러지게 언급하고 있다(5:11-13).

6장에서는 솔로몬의 영광이 성전에 가득할 때 성전 봉헌식을 드리며 하나님께 영광을 돌리고 있다. 사실 하나님의 백성의 최대 소망은 하나님의 온전하고 영원한 임재이다. 진정한 행복도 하나님과의 온전한 교제 가운데서만 이루어질 수 있다. 다윗과 솔로몬이 성전 건축을 대망하였던 것도 사실은 하나님의 온전한 공존을 바랐기 때문이다. 이것은 다윗과 솔로몬에게 약속한 하나님의 언약 성취로서 그 왕국의 왕위를 영원히 다윗 왕가에 세우시겠다는 것이었다. 이 약속을 마침내 이루어주셨다(삼하7:12-16). 얼마나 감사 찬양하고 싶었는지 모른다(6:1-11). 특히 12-42절까지는 기도의 부분을 많이 차지하는데, 이는 성전의 존재 목적이기도 하다. 왜냐하면 이는 하나님과 사귐의 방편으로 제일 좋은 수단이기 때문이다. 그래서 봉헌 중에 7가지 기도를 드리고 있다. 1) 맹세한 자의 범죄 여부 및 처벌 여부를 판단해 주실 것(6:24-25). 2) 백성이 범죄로 말미암아 전쟁에서 패했을 때 이 성전에서 회개하거든(6:24-25) 3) 기근과 온역, 전쟁이 백성(6:25-27)에게 내릴 때 4) 성전에서 이방인이 회개하거든(6:28-31) 5) 비가 내리지 않을 때 기도하거든(6:32-33) 6) 포로로 잡혀갔을 때 이곳에서 기도하거든(6:36-39) 7) 전쟁, 기근, 포로, 온역의 고통에 시달릴 때 이곳에서 기도하거든 꼭 응답해달라고 기도한다. 그러면서 마무리 기도는 시편 132:8-10절을 인용하여 언약궤를 성전에 가져올 때의 찬양과 일치하는 기도를 한다(6:40-42).

"나의 하나님이여, 이제 이곳에서 하는 기도를 들으시고 귀를 기울이소서."

오늘 묵상의 말씀

솔로몬이 봉헌식 때 드린 기도에는 어떤 내용이 있는가?

성전의 낙성식과 업적

7장에서는 솔로몬의 간절한 기도를 들으신 하나님께서 불과 영광으로 응답하셨다는 내용을 기록하고 있다. 이는 곧 솔로몬이 간구한 대로 성전은 하나님과 인간 사이의 교제와 화목의 장소요, 모든 민족이 하나님을 만나는 새롭고 산(히 10:20) 길을 제시하는 곳이다(7:1-3). 그리고 솔로몬은 성전의 낙성식을 7일 동안 거행하고 이어 7일 동안 장막절을 지켰다. 이와 같이 성전 낙성식과 장막절을 연속적으로 맞이하게 된 것은 상당히 의도적이라고 해석된다. 즉, 솔로몬 성전은 그의 재위 11년 8개월에 준공되었는데(왕상 6:38), 7월 15일부터 한 주간 동안 지켜지게 되는 장막절과 나란히 거행하기 위해 성전 완공 1개월 전에 낙성식을 거행했다. 그리고 장막절은 이스라엘 백성들이 유랑하던 생활을 청산하고 가나안 땅에 정착하게 된 것을 기념하는 절기였고, 성전 낙성식은 이동식 성막 대신에, 고정된 건축물인 성전을 완공하게 된 것을 감사하는 행사다. 다시 빨리 고국에 돌아가서 예루살렘 성전을 회복하여 바벨론 포로 생활을 청산하고 싶은 생각이 간절한 것이다. 이어서 하나님께서 친히 자신을 계시하시면서 솔로몬에게 축복과 저주의 약속을 하셨다. 마치 신명기 28장에 있는 내용과 비슷하다.

8장에서 솔로몬은 성전 건축을 통하여 많은 축복을 받았다. 1) 후람이 성전 건축으로 인하여 받은 갈릴리 성읍 20개를 다시 돌려받게 되었다(8:2). 북방의 아람을 정복하고 소바 왕국을 공략하고 나아가서 하맛 어귀까지 경계선을 확실하게 고정하여 솔로몬의 왕국의 강성함을 보여 주었다(8:3-4). 또 두로 왕 후람과 연합하여 지중해에서 아라비아반도 남쪽으로 통하는 훌륭한 해상 무역로를 확보했으며 또한 이 경제권을 토대로 이스라엘의 경제적인 번영을 이루었다(8:17-18). 그리고 중요한 것은 13절에서 정한 절기 곧 일 년의 세 절기, 무교절과 칠칠절과 초막절을 모세의 명대로 잘 지켰다.

9장에서는 솔로몬 왕의 부귀영화에 대하여 설명하고 있다. 이전의 그 누구보다도 부귀영화를 누릴 수 있게 되었다. 솔로몬의 지혜와 영화 이야기를 들은 스바 여왕(지금의 예멘)이 예루살렘 방문하고 놀랐다. 원래는 시험하러 왔었으나 그 대답하는 것과 "건축한 궁과 보고 정신이 현황하여 당신의 행위와 당신의 지혜에 대하여 들을 소문이 진실하도다(왕하10:6)"라고 말하면 탄복했다. 솔로몬의 지혜는 왕국의 통치를 위한 전문가적인 은사였다. 그래서 솔로몬은 당대에 온 세계가 깜짝 놀랄 영향력을 나타내도록 부강한 국가를 만든 것이다. 천하 열 왕이 솔로몬에게 조공을 바치며 천하 각국에서 그의 지혜를 들으러 오는 것도 다 하나님께서 솔로몬에게 주신 은혜다. 또한, 하나님이 아브라함에게 이미 약속하셨던 바이다(창12:1-3). 이 약속은 창세기 15장 18절에 약속의 땅을 준비하시고, 그 약속의 땅을 이루기 위하여 이스라엘 백성의 안목을 넓히고자 애굽에 들어가게 하셨다. 그리고 때가 되매 광야로 불러내어 훈련하시고 제사장 나라로 하나님과 계약 체결을 하시고(출19:5-6), 가나안 땅에 들어가게 하셨다. 그리고 때가 되매, 다윗을 통하여 성전계약을 세우시고(삼하7:12-15), 솔로몬 때 전성기의 축복을 누렸다. 이것을 다시 재현할 때가 왔다. 지금 바벨론 포로로 잡혀 온 것은 세계적인 안목을 넓히고 절대적인 하나님 절대 신앙을 확립한 후 다시 예루살렘에 들어가게 하기 위함이다.

오늘 묵상의 말씀

내 일생의 가장 전성기는 언제인가? 언제 올 것인가?

유다 1대 왕 르호보암의 선택과 행적

10장에서는 솔로몬의 대를 이은 후계자가 준비되지 않은 채 르호보암이 피택되는 과정에서 경험하는 실책을 기록한다. 왜 우리가 바벨론 포로로 고통받고 있는가? 그 원인은 솔로몬의 정책을 이어나갈 후계자를 준비하지 못했기 때문에 국민들은 고통 속에서 방황하게 되었고, 정통성의 혼란이 온 것이다. 신명기 17장 18-20절처럼 왕은 "이 율법서를 평생에 자기 옆에 두고 읽어서 그 하나님 여호와 경외하기를 배우며 이 율법의 모든 말과 이 유례를 지켜 행할 것이라. 그리하면 그의 마음이 그 형제 위에 교만하지 아니하고 이 명령에서 떠나 좌로나 우로나 치우치지 아니하리니 이스라엘 중에서 그와 그의 자손이 왕위에 있는 날이 장구하리라"라는 말씀을 지켜야 했다. 또 후계자를 두어서 이 말씀을 항상 생활화하도록 가르쳐야 했다. 그런데, 그 약속을 하루 이틀 방심하다 보니 지키지 못하고 신정 국가로서의 약속을 체결한 것을 잊어버리고 못 지키게 되는 것이다.

언약에 확신이 없으면 담대하지 못하다. 르호보암이 왕으로서의 정통성에 대한 확신이 없기에 그는 왕으로 허락을 받기 위하여 세겜으로 간다. 그 자체가 잘못이다. 하나님은 예루살렘 성전에 계시고 거기서 하나님에게서 오는 통치의 심부름으로 왕이 되는 것인데, 신정 정치의 규칙을 모르니 세상 나라들처럼 인본주의로 흘러갈 수밖에 없다. 이때 어리석은 선택으로 또한 "짐을 가볍게 해달라"는 그들의 건의를 받아들이지 못했다. 그러자 나라가 갈라지게 되었고, 역군 하도람을 보내었는데, 이스라엘 자손이 그를 돌로 쳐서 죽이기에 르호보암은 도망쳐서 예루살렘으로 오게 되었다.

11장에서 르호보암은 유다와 베냐민 족속으로 십팔만의 병력을 집결하여 북쪽의 10개 지파를 공략하려 했다(11:1). 이때 스마야 선지자을 통하여 "너의 형제와 싸우지 말라. 각기 집으로 돌아가라(11:3)"라고 명령을 듣고 순종한다(11:2-4).

그리고 제일 먼저 빨리 국난을 수습하기 위하여 국방을 튼튼히 했다. 방비하는 성읍들을 건축하고 요새마다 무기를 비축했다. 2개 지파가 10개 지파를 이기려면 소수지만 정예화된 군인으로 강화해야 한다(11:5-13). 그런데 감사한 것은 뜻하지 않게 축복의 사건이 일어났다. 북쪽의 레위인들, 제사장들, 지성인들이 북쪽 고향을 버리고 신앙의 정통성을 유지하기 위하여 유대로 내려온 것이다(11:14-17). 반대로 아쉬운 점은 르호보암이 아버지 솔로몬과 마찬가지로 많은 처첩을 두었다. 아내가 18명, 첩이 60명, 모두 78명의 부인이 있었다. 이렇게 율법을 무시하면 고통이 올 수밖에 없다는 것을 명약관화한 일이다. 그가 제일 사랑하는 첩이 마아가인데, 그녀의 장자 아비야를 계승하기 위하여 많은 에너지를 썼다. 그러니 국력이 약해질 수밖에 없었다(11:18-23).

12장에서는 르호보암의 행적을 기록하고 있다. 그가 세력이 점점 강해지므로 왕은 여호와의 율법을 저버리고, 국민들도 그랬다(12:1). 이때 애굽 왕 시삭이 전차 1,200대, 기병 6만 명, 수많은 보병으로 무장된 정예병으로 예루살렘을 침공하여 왕궁까지 유린한다. 이때 르호보암이 스스로 겸비하여 "여호와는 의로우시도다"라고 핵심을 붙잡는 기도를 하여 하나님의 분노를 멈추게 한다. 그러나 성전의 보물과 솔로몬의 금 방패를 몰수해 빼앗아 갔다. 그러나 마음으로 전심전력하여 여호와를 구하지 아니했다(12:14). 중요한 것은 하나님의 왕국을 이어가는 축복의 통로 사명을 잘 감당하는 왕이 축복을 누리는 것이다.

오늘 묵상의 말씀

르호보암이 축복을 잃어버린 이유와 전쟁을 멈추게 한 중요한 고백은 무엇인가?

유다2대 왕 아비야와 3대 왕 아사의 행적

13장에서는 2대 아비야 왕이 3년간 통치하고 있을 때, 제1차 남북 전쟁이 발발했다.

북쪽의 군사는 80만이요, 남쪽은 40만이다. 물론 아비야의 남 유다가 이겼다. 그 이유는 전쟁에 참여하기 전에 주신 메시지이다. 그 내용은 1) 남 유다와 그 자손이 언약을 가진 정통성 있는 국가로서 여호와를 섬겨오고 있는 국가다. 반면 여로보암과 북이스라엘은 그 언약을 버렸다. 다윗 왕가를 배반했다. 예루살렘 성전을 무시하고 우상을 숭배하고 있다. 하나님은 어느 편을 들어주시겠느냐? 라는 메시지를 확고히 전달했다. 이것은 아비야의 확실한 신앙고백이고 남 유다의 신앙고백이기도 하다(13:4-13). 그러나 북 이스라엘은 숫자가 많기에 전방은 공격하고 후방에 복병을 처서 이중 포진하여 남 유다와 싸웠다. 유다 사람이 돌아보니 앞뒤에 적병이 있었다. 그래서 부르짖게 되었다. 그리고 제사장은 나팔을 불었다. 이때 하나님의 영이 함께 하시므로 적군은 혼란하여 급박한 위협을 느껴 도망가다가 50만이 죽었다. 이것은 완전히 하나님의 능력의 위대함을 경험하는 순간이다. '전쟁은 하나님께 속한 것이다(삼상17:47)'라는 다윗의 메시지가 생각난다.

14장에서는 3대 아사 왕의 행적을 기록하고 있다. 아사가 왕이 되자마자 종교개혁을 감행했다. 국정 최우수 과제는 1) 여호와의 율법과 명령을 행하는 일, 2) 우상을 타파하는 일, 3) 하나님께 도우심을 구하는 일이었다. 이뿐만 아니라 성전을 건축하고 성곽을 견고하게 하여 국방을 강화했다. 나아가 유다인 중에서 군인 30만, 베냐민 중에서 28만 명을 훈련했다. 그러던 어느 날 구스나라 군대 100만과 병거 300승이 쳐들어왔다. 이때 아사는 잘 훈련된 58만 명의 군사를 동원했다. 그리고 스바다 골짜기에서 부르짖었다. "여호와여, 주는 우리 하나님이시오니 원컨대 사람으로 주를 이기지 못하게 하옵소서!" 그리고 전쟁에 나갔다. 구스 군대가

다 패하여 도망했다. 유대 군대가 쫓아가서 한 사람도 남기지 않고 다 죽이고 물건은 노략질해왔다. 이를 통하여 하나님의 위대하심과 하나님의 절대주권을 믿는 자는 반드시 승리한다는 것을 확신했다.

15장에서는 구스와의 전쟁에서 큰 승리를 거두고 돌아온 왕에게 아사랴 선지자는 하나님께 대한 순종으로 오는 축복과 불순종으로 오는 저주에 대해 선포를 한다. 그러면서 "손을 강하게 하라. 약하지 않게 하라. 너희 행위에 상급이 있을지어다(15:7)"라는 말씀으로 격려한다. 이어서 아사는 제2차 종교개혁을 감행한다. 14장 2-5절 내용이 1차 종교개혁이라면 지금은 2차이다. 이런 종교개혁을 통하여 변화의 자극이 일어나고, 북 이스라엘에서 에브라임, 므낫세, 시므온 지파 중에 많은 사람이 월남했다(14:8-15). 이에 박차를 가해 왕실 개혁 운동을 했다. 무엇보다도 할머니인 마아카를 우상숭배하기 때문에 폐위시키는 아픔을 견뎌야 했다(15:16).

16장에서는 통치 36년경에 이스라엘 바아사 왕이 남쪽 유다와 거래를 끊기 위하여 라마에 성읍을 건축했다. 여기에 위협을 느낀 아사는 아람 왕 벤하닷에게 왕궁 곳간과 성전 곳간의 은금을 취하여 도움을 요청했다. 그러자 벤하닷이 아사왕의 말을 듣고 이스라엘의 성읍들을 치게 되었고, 북 이스라엘은 라마 건축을 중지하게 했다. 이로 인하여 하나니 선지자에게 책망을 들었는데, 아사 왕이 그 충고를 받지 못하고 오히려 학대하다가 그만 발이 병들어 의원에게 도움을 요청했다. 그리고 41년을 통치하고 죽었다.

오늘 묵상의 말씀

아비야 왕의 특기와 아사 왕의 장점은 무엇이었나?

4대 왕 여호사밧의 행적

17장에서는 4대 왕 여호사밧의 행적에 대해 기록하고 있다. 그는 1) 견고한 유대 성읍에 군대를 주둔시켰고, 2) 아버지 아사 왕이 제거하지 못한 산당과 아세라 우상도 제거하였다. 3) 여러 국고 성을 건축하여 그의 왕국의 수비를 견고히 했다. 4) 여호와의 율법이 신정정치에서는 근간이 된다. 그래서 제사장들과 레위인들 중에서 대표를 뽑아 아버지 아사왕에게 받은 하나님의 말씀을 순회하게 하여 그 모든 성읍에 율법을 가르쳤다(17:1-5).

18장에서는 여호사밧과 아합의 결혼 동맹을 통하여 일어난 행적을 기록하고 있다. 여호사밧이 통치하기 전까지 남 유다와 북이스라엘은 원수지간이었다. 그러던 것이 여호사밧에 와서는 결혼 동맹으로 원수지간이 아니라 형제 국가가 되기를 원한다. 여호사밧으로서는 자신감이 있었을 것이다. 첫째 이유는 12지파가 하나가 되어야 한다는 명제요. 둘째는 외부로부터 국방을 든든히 해야 하는 공동적 과제 담당이었다. 결국 여호사밧의 아들 요람과 아합 왕의 딸 아달랴와 결혼을 시킨다. 그러나 우상 숭배하는 자와 사귀면 망한다는 사실을 간과 했다. 하나님이 그렇게도 싫어하는 것이 우상 숭배 하는 일이요, 둘째는 우상 숭배하는 자와 함께 지내는 자들이다. 우상 숭배하는 자와 함께 살면 망한다는 것을 여호사밧은 몰랐으나, 훗날 그의 후손이 당하게 되었다. 어쨌든 연혼을 하게 되었다. 그리고 첫 번째 사건이 북 이스라엘이 아람과의 전쟁을 하는데 남 유다가 도와주는 것이다. 이유는 조상 때부터 길르앗 라못은 이스라엘 땅이기에 돌려받아야 하겠다는 것이다. 그래서 전쟁을 하려고 한다. 먼저 하나님에게 물어보기 위하여 400명의 친 아합 선지자들에게 이 계획을 물었더니 승리한다는 것이었다. 그래도 더 물어보자고 여호사밧이 요청하자, 이번은 반대파 미가야를 불러 왔다. 미가야는 전쟁에 참여하면 목자 없는 양 같을 것이라고 지적한다(18:1-27). 그럼에도 불구하고 미가야 선지자를 옥에 가두고 출전한다(18:23-27). 결국, 아합은 전쟁에서 죽고 여호사밧은 구사일생으로 살아남는다. 하나님이 도우신 것이다(18:31).

19장에서는 여호사밧이 예루살렘으로 돌아왔을 때 예후는 여호사밧을 꾸짖는다. 이유는 왕이 악한 자를 돕고 여호와를 미워하는 자를 사랑하는 것이 가하느냐는 것이다. 다시 말하면 도울 자를 돕지 못하고 사랑해서는 안 될 사람을 사랑했다는 것이다. 여호사밧이 정작 사랑해야 할 대상자는 하나님이다. 인간이 하나님을 사랑하는 자리에 있지 아니하면 자연히 하나님과 관계없는 대상을 사랑하고 의지하게 된다. 이것이 인간의 연약한 모습이다. 그래서 하나님을 사랑하는 것이 성경을 사랑하는 것이다. 그렇지 않으면 중립적인 자리에 놓이게 되고 결국은 하나님을 배반하는 자리에 앉게 된다. "여호사밧이 이스라엘을 도운 것이 하나님을 미워하는 세력에 가담한 것이다"라고 예후가 말할 때 여호사밧은 진심으로 회개했다. 그리고 종교개혁을 단행하여 브엘세바에서 에브라임 산지까지 직접 순회하면서 하나님의 말씀을 강연했다. 에브라임 산지는 비록 북 이스라엘 땅이지만 거기도 우상숭배에서 벗어나 하나님을 사랑해야 살기 때문이다. 이렇게 왕이 되어 직접 순회 강연할 수 있는 특권과 자신감을 주신 것은 왕이 전쟁에서 살아난 자로서 살려주신 하나님의 은혜에 보답하는 길이다. 그리고 레위인 제사장 족장 중에서 사명자를 세워 각 지방 성읍에 재판관을 임명하여 하나님의 말씀이 잘 지켜지도록 조처를 했다(19:8-11)

오늘 묵상의 말씀

"불신자나 세상을 사랑하는 것은 하나님을 미워하는 것이다"라는 말에 동의하는가?

5대 왕 요람과 6대 왕 아하시야의 행적

20장에서는 여호사밧이 확실한 믿음의 승리를 보여주고 있다. 여호사밧이 아람 전투에서 대패하고 간신히 살아나왔다는 소식을 들은 이웃 나라들이 이제 유다를 정복할 기회가 왔다고 생각한다. 그래서 모압 자손과 암몬 자손 몇 사람이 마온 자손과 여호사밧을 치려고 연합하여 유다를 침공하고자 한다(20:1). 인생의 해답을 깨달은 여호사밧은 하나님께 전폭적으로 기도하였다(20:3-12). 이 기도를 들으신 우리 하나님은 레위사람 야하시엘을 통하여 "전쟁은 너희에게 속한 것이 아니요, 하나님께 속한 것이니라(20:15)"라며 다윗이 붙잡은 언약으로 전쟁의 승리를 약속하였다. 전쟁의 결과는 약속대로 승리하였다. 그곳을 브라가 골짜기, '하나님께서 축복하셨다'라는 뜻으로 짓게 되었다. 이렇게 하여 여호와 보시기에 정직하고 충성스러운 축복의 통로 역할을 잘했다. 한 가지 흠은 아합과 결혼동맹을 맺은 후 그의 아들과 상업동맹을 맺은 것이다. 그러나 그의 계획이 성사되지 못하도록 하나님이 지켜주셨다.

21장에서는 유다의 제5대 왕 요람에 대한 기록이다. 요람이 왕이 되자마자 한 일이 왕의 동생 6명과 그의 협조자 몇 명을 죽인 일이다. 아버지가 자녀 교육을 잘 한다고 해도 자기 지혜로 교육하고, 하나님의 말씀으로 훈육하지 않았을 때 성경에 어긋나는 일을 하는 것이다. 그리고 북 왕국 아합의 집 딸 아달랴와 결혼함으로 완전 이방 나라와 같이 지내었다. 그런데도 다윗 언약을 기억하신 하나님은 자비를 베푸셨다(21:1-7). 그러나 국력이 쇠퇴한 틈을 타서 다윗 이후로 유다에 조공을 바치던 에돔이 배반했다. 그리고 유다 주민들은 계속 우상 숭배를 하게 되었다. 이때 엘리야를 통하여 "다윗의 길, 여호사밧 아버지의 길, 할아버지 아사의 길을 따르라, 그렇지 않으면 재앙이 네 백성, 네 자녀, 네 아내, 네 모든 재물을 치리라. 그리고 너는 창자에 중병이 들어서 죽으리라 (21:12-15)"는 편지를 보냈다. 그런데도 깨닫지 못하니 그 예언대로 그는 죽었다(21:19).

22장에서는 요람의 대를 이어 6대 왕이 된 말째 아들 아하시야와 그 후 그의 모친 아달랴의 통치내용을 기록하고 있다. 아하시야는 요람의 왕의 될 것을 생각하지 아니했으나 형들이 모두 아라비아 부대와 싸울 때 죽었기에 말째인 그가 왕이 되었다. 이렇게 왕의 되는 수업도 받지 못하고 졸지에 준비되지 않은 채 왕이 되었다. 더군다나 아버지가 없으니 어머니의 영향을 많이 받았고, 외가와 가깝게 되었다. 그러다 보니 외가인 북이스라엘의 정치 방식을 많이 따르게 되었고, 이것이 하나님의 마음을 상하게 했다. 그러던 어느 때 북 이스라엘 왕 요람이 아람 왕 하사엘과 길르앗 라못으로 싸우러 가는데 라마에서 부상당하여 이스르엘에서 치료받게 되었다. 이 소식을 들은 아하시야는 병문안을 갔다. 이때 사명자 예후를 통하여 북이스라엘을 징벌하고 요람이 이스르엘에서 죽었다. 아하시야는 그를 피하여 사마리아에서 숨었지만 발각되어 죽고 말았다(22:1-9). 이것을 알게 된 아하시야의 어머니 아달랴는 다윗 왕가의 모든 씨를 다 진멸하였다. 완전히 하나님의 언약인 다윗 언약(삼하7:12-16)이 파멸되려는 위기의 순간이었다. 이것을 알게 된 여호야다는 1살 된 요아스를 자기 침실에 숨겨서 6년 동안 살려 주었다.

오늘 묵상의 말씀

언약을 붙잡고 사는 중에 언약이 망가질 생의 위기를 당해 본적이 있는가?

8대 왕 요아스와 9대 왕 아마샤의 활동

23장에서는 22장에 이어 요아스의 등극과 아달랴의 몰락에 대하여 기록하고 있다.

아달랴가 6년 동안 폭정을 거듭하고 있을 때 다윗 언약인 사무엘하 7장 12-16절과 6장 16절은 영영 무산 되는 것만 같았다. 그러나 꼭 그렇지 않다. 하나님은 제사장 여호야다와 사명자들로 하여금 다윗 왕가를 회복하기 위한 혁명을 빈틈없이 준비하게 하셨다. 그리하여 마침내 정하신 때가 이르자 제사장들과 레위인들, 그리고 유다 백성들의 전폭적인 지지 속에 혁명은 성공리에 막을 내리고 다윗의 자손 요아스가 왕으로 등극했다(23:1-16). 아달랴를 축출하고 요아스를 등극시킨 여호야다의 혁명은 다윗 왕가의 회복뿐만 아니라, 성전제사제도를 바로잡고 하나님과 유다 백성들 사이의 언약 관계를 새롭게 하기 위한 목적을 지니고 있었다. 따라서 그는 혁명을 성공시킨 데 이어 종교개혁을 시행했고, 이로 인해 온 유다 백성이 평안과 기쁨을 누리게 되었다(23:16-21).

24장에서는 23장에 이어서 성전을 수축하는 내용을 기록하고 있다. 요아스가 어린나이에 이렇게 다윗의 정통성 회복의 연결 끈을 잇게 된 것은 무엇보다도 제사장 여호야다의 도움이 컸다. 그리고 어머니 시비아라 역시 큰 도움을 주었다. 이것은 어릴 때 사람을 사람 되게 하는 것은 어머니와 스승의 도움이 굉장하다는 것을 암시해 준다(24:1-2). 요아스의 정치 행위 중 가장 중요한 사역은 역시 성전수축이라고 볼 수 있다. 이는 아달랴의 만행과 잔학 행위인하여 너무 성전이 퇴락되었기 때문이다(24:2-7). 그래서 등극과 동시에 성전수축을 위한 모금을 진행했다. 그러나 23년이 흘러도 성전 수리 작업은 진행되지 아니했다.

그러자 요아스는 여호야다의 자문을 얻어 제2의 성전수축 계획안을 발표한다. 성전수리 헌금은 제사장들이 받지 못하게 하고 담당자가 직접 받고 책임도 전문가가 직접 진다(왕하12:7-15). 그래서 온 백성이 자발적인 참여로 우상에서 빠져나와 하나님께로 돌아오는 모습을 성전 수축을 통하여 보여 주었다(24:8-14). 그러나 여호야다가 죽은 후에 요아스의 통치방법은 바뀌었다. 그의 반대 진영의 입김이 세지면서 요아스는 우상 숭배로 빠져들게 되었다. 이때 여호야다의 아들 스가랴를 통하여 경고했으나 오히려 스가랴를 성전 뜰 안에서 죽였다. 이것은 하나님의 통치에 대한 전면적 도전이다(24:17-22). 이로 인하여 하나님의 진노는 아람 왕 하사엘을 통하여 징벌로 내려졌다. 유다 방백 모두가 살해되었고 요아스는 그의 신복 요사갈과 여호사바드에 의해 살해 되었다(24:23-37).

25장에서는 9대 왕 아마샤의 통치에 관해 기록하고 있다. 아마샤가 등극할 때는 백성들이 우상을 섬기고 있는 상태였지만, 그는 정직히 율법을 잘 지키려고 애를 썼다. 그 예로 아버지 아마샤를 죽인 신하만 죽이고 그의 자녀들은 죽이지 아니했다. 중요한 것은 왕 자신에게서 리더십이 나오기에 자신을 잘 관리하는 게 먼저이기 때문이다(25:1-4). 그때 에돔 왕이 공격해왔다. 아마샤는 북이스라엘 요아스 왕에게 은 일백 달란트을 주고 큰 용사 10만의 용병을 협조 요청했다. 그런데 하나님의 사람이 그들을 돌려보내라고 권고한다. 그리고 그들을 돌려보내서 큰 분노를 하게 했다. 그런데도 유다 자손 1만을 거느리고 나가서 에돔을 모두 도륙했다. 여기에서 자신감을 얻었다. 그리고 돌아오는 길에 에돔 신의 우상을 가지고 왔다. 이것은 하나님을 크게 노하게 만들었다. 아마샤는 여호와를 버린 고로, 그 역시 백성들에게 버려져서 모반을 당하여 라기스에서 죽었다.

오늘 묵상의 말씀

시종일관의 비밀을 요아스도 아마샤도 잊어버렸다. 둘 다 용두사미였다. 왜 그랬을까?

10대 왕 웃시야, 11대 왕 요담, 12대 왕 아하스의 행적

26장에서는 10대 왕 웃시야의 행적에 대하여 기록하고 있다. 웃시야가 16살 때 갑자기 아버지 아마샤 왕이 신하들에게 모반을 당하여 라기스에서 죽었다. 그래서 뒤를 이어서 왕이 되었다. 물론 할아버지 요아스도 신하인 요사갈과 여호사바드에게 모반을 당하여 죽는다. 이유는 우상숭배이다. 우상숭배로 인하여 신하들이 갈등원인이 되어 이때 중심을 잡지 못하여 봉변을 당할 수밖에 없는 것이 북 이스라엘이나 일반 국가들의 정치사이다. 다행히도 유다는 다윗의 왕위를 지켜야 하기에 그의 아들 웃시야가 왕이 되었다. 이를 잘 알게 한 이는 두 사람의 멘토(한 사람은 어머니 여골리야, 한 사람은 제사장 스가랴)이다. 이들 덕분에 어린 시절을 흔들리지 않고 왕권을 잘 지켜 나갔다(26:1-5). 먼저 그는 국방을 든든하게 세웠다. 블레셋, 아라비아, 마온을 정복하고 암몬에게 조공을 받으며 애굽 변방까지 경계선을 넓혔다. 그런가 하면 예루살렘을 견고하게 방어하고 농사를 잘 지을 수 있는 모든 시설을 만들었다. 이 모든 것은 하나님의 도움이었다(26:15). 그러나 인생 후반기에 스가랴 선지자가 죽은 후 교만하여서 자신이 제사장처럼 성전에 들어가다가 문둥병이 걸려 아들 요담에게 국정을 맡기고 격리되어 고독하게 여생을 살다가 죽게 된다.

27장에서는 11대 요담의 통치에 대하여 기록하고 있다. 요담은 16살 나이에 아버지가 문둥병에 걸려 격리되면서 왕위에 등극했다. 그에게도 어머니 사독 제사장의 딸 여루사의 교육과 아버지의 좋은 모습을 보면서 자라서 여호와 보시기에 정직하게 행했다. 할아버지 아마샤 때 헐린 성전 북쪽 문을 수축했고 오벨 성을 중축하여 예루살렘 성을 견고하게 했다. 그리고 웃시야 통치 기간에 조공을 바치다가 중지한 암몬도 요담이 군사력으로 속국을 만들어 조공을 바치도록 했다(27:2-6). 이렇게 과오 없이 순탄하게 잘 정치를 했으나 아쉬운 것은 '백성들은 오히려 더 사악을 행하였더라(27:2)'라고 기록하고 있다는 사실이다.

28장에서는 12대 아하스의 통치에 대하여 기록하고 있다. 지금까지 남 왕국 역사가 생긴 후에 가장 극심하게 우상을 섬긴 왕이 바로 아하스 왕이다. 아들을 몰렉 신에게 바치는 비참한 행위를 자행했다. 긍정적인 측면은 하나도 없는 그런 사람이었다. 우상숭배의 결과로 아람 왕이 공격해 와서 크게 살육당했다. 북 이스라엘이 공격해 와서 하루 동안에 12만 명이 죽었다. 에브라임 용사가 20만 명의 국민을 포로로 사로잡아 갔다. 감사한 것은 오뎃 선지자의 중재로 그들을 예루살렘으로 돌려보내시기에 위기를 넘겼다. 이렇게 되면 하나님께 간구해야 하나, 아하스 선지자의 "너는 네 하나님 여호와께 한 징조를 구하되 깊은 데에서든지, 높은 데에서든지 구하라"라는 권유를 "나는 구하지 아니하겠나이다(사7:12)"라고 말하면서 거절했다. 이렇게 점점 심령이 강퍅해져 가는 가운데, 에돔 사람이 다시 와 공격해 노략질하고, 블레셋 군대가 와서 노략질했다(28:18). 이때 하나님께 도움을 요청하지 않고 성전 문을 닫고 앗수르의 디글랏 빌레셀의 도움을 요청했다(28:16). 그러나 앗수르의 디글랏 빌레셀은 도와주기는커녕 오히려 군박하였다(28:20). 이를 이용하여 결국 앗수르는 북 이스라엘을 삼켰고, 남 유다도 큰 위기를 맞이하게 되었다. 그런데 놀라운 것은 이런 극한 위기 때 우리 하나님은 이사야 선지자를 통하여 이새의 줄기에서 한 싹이 나서 임마누엘의 역사가 일어날 것이라고 메시아의 탄생 소식을 전해주신다.

오늘 묵상의 말씀

하나님은 축복의 통로들을 어떻게 사용하고 있는가? 이야기해보자.

13대 왕 히스기야의 성전정화와 종교개혁

29장에서는 13대 왕 히스기야의 행적에 대해 기록하고 있다. 그는 왕에 등극하자마자 성전 성결 운동을 전개했다. 먼저 제사장들과 레위인들은 동편 광장에 모이게 하고는 "성전을 성결케 하고 더러운 것을 성소에서 없이 하라(29:1-3)"라고 선포했다. 그리고 선친이 16년 동안 폐쇄한 성전 문을 열고 깨끗이 정결케 했다. 그의 확고한 결심은 확고한 영적 자세를 실천에 동참하게 했다. "내 아들들아 이제는 게으르지 말라 여호와께서 이미 너희를 택하사 그 앞에 서서 수종 들어 섬기며 분향하게 하셨느니라(29:11)." 물론 나라가 이렇게 피폐한 것은 아버지 아하스의 책임도 크지만 더불어 영적 지도자의 책임도 크다. 죄의 심각성은 영적 게으름이다. 이것은 모든 지도자들의 책임이다. 그래서 함께 영적 게으름에서 깨어나자 "고 설득하는 것이다(29:5-11). 이에 레위인들이 일어나 형제들을 모아서 왕의 명령대로 순종했다(29:12-15) 제사장들도 성전에 들어가서 깨끗하게 하고 성전의 모든 더러운 것을 레위사람을 통하여 끌어내고 기드론 시내로 가져갔다(29:16-19). 이렇게 성전을 깨끗이 한 후에 속죄제를 드리고 화목제를 드렸다(29:20-35). 일이 갑자기 이렇게 되었음에도 하나님이 백성을 예비하여 잘 마치게 되어 백성들과 더불어 기뻐했다(29:36).

30장에서는 유월절 행사를 거행했다. 유월절은 하나님 나라 백성 정통성의 기초이다. 이스라엘 백성의 존재 근거는 애굽 노예의 신분에서 빠져나와 하나님과의 언약 백성이 된 것이다. 그러므로 유월절 예배를 통해 신분의 회복을 확인하는 것이다. 이를 위하여 히스기야는 북이스라엘의 중심지파인 에브라임과 므낫세에게 이 사실을 편지로 알렸다. 그리고 온 방백과 회중이 의논하고 준비했다. 그런데 그동안 이런 절기를 지켜보지 않았기 때문에 행사에 감당할 제사장의 수가 부족했다. 그래서 한 달을 준비하고 그다음 달인 2월로 예정했다. 그리고 한 달 동안 최대한으로 준비했다. 그리고 준비가 다 되었을 때 단에서 브엘세바까지 일제히 예루살렘에 오도록 반포하고 보발꾼을 보냈다. 감사한 것은 북쪽 호세아 왕이 이를 부인하지 아니했다. 보발꾼들이 남북 이스라엘 전체를 돌아다니면서 이 사실을 알렸을 때, 비웃고 조롱하는 사람도 많이 있었으나, 그중에서 아셀과 므낫세와 스불론 중에서 스스로 겸비하고 예루살렘에 온 사람도 많이 있었다. 그래서 모세의 율법의 규례대로 유월절을 진행했다. 그런데 에브라임과 므낫세와 잇사갈과 스불론의 많은 무리는 자기 몸을 깨끗게 하지 아니하고 유월절 양을 먹어서 성경에 기록한 규례를 어겼다. 이때 히스기야는 결심하고 용서와 회복의 기도를 아뢰었고 하나님이 치료하셨다. 이렇게 7일 동안 즐겁게 유월절과 무교절을 지켰고, 정말 감사해서 다시 7일 동안 절기를 즐거이 지켰다.

31장에서는 이 일을 마치고 제사를 드린 자들이 나가서 종교개혁을 감행했다(31:1). 1) 유다와 베냐민, 그리고 북이스라엘인 에브라임과 므낫세 온 땅에 우상을 멸했다(31:1). 2) 제사장들이 24시간 당번을 정하여 그 직임을 다하게 했다(31:2). 3) 제사장과 레위 사람들에게는 음식을 주어 여호와의 율법만 힘쓰게 했다(31:4). 4) 십일조를 드려서 제사장과 레위인들은 교회 일을 잘 주관하게 했다(31:6). 5) 특히 십일조에 대한 왕의 명령은 추수가 끝나는 3월-7월까지 4개월 동안 모든 백성이 자원하여 넘치도록 가져왔다. 이러한 내용은 바벨론 포로 후 예루살렘에 들어갔을 때를 바라보며 신정국가의 꿈을 꾸는 이스라엘 백성에게는 무척 좋은 소망의 사건이 되었다.

오늘 묵상의 말씀

유월절과 같은 나의 신앙은 정통성을 회복하여 긍지를 되찾은 적이 있는가? 언제?

히스기야의 종교개혁과 16대 왕 요아스의 종교개혁

32장에서는 히스기야의 후반전의 행태를 기록하고 있다. '이 모든 충성된 일 후에 앗수르 왕 산헤립이 유다에 들어와서'라고 기록하는 것은 앗수르가 남유다를 공격하는 것은 단순하게 국가 전투 차원이 아니라 신정국가를 세우려는 하나님의 계획에 도전한다는 것으로 보고 있다(32:1). 산헤립이 하나님을 모독하고, 히스기야의 종교개혁을 비방함으로 하나님의 백성들을 쓰러뜨리려는 것은 마귀의 술책인데 결코 승리하지 못할 것이라는 관점에서 이 사건을 바라보게 한다. 이는 앞으로 새 예루살렘에 들어가서 다윗 왕국을 건설할 때 반대자가 많으나, 결국은 반대자들은 다 망할 것이라는 것이다(32:1-19).

이때 히스기야 왕은 이사야 선지자와 함께 하늘을 향하여 부르짖어 기도하였다. 그랬더니 한 영을 보내어 고국으로 돌아가게 하고 그들이 신당에 들어가서 다 죽었다. 그래서 열국이 눈에 히스기야가 존귀하게 되었다는 것이다(32:16-23). 그때 히스기야가 병들어 죽게 되었는데, 기도하여 15년을 연장받았다. 이때 바벨론 사신이 축하하러 왔는데, 히스기야가 교만하여 하나님을 찬양하지 아니하고 자기의 행위와 국가의 자산을 자랑하여 하나님의 분노를 자아냈다. 그런데도 온 백성의 존경을 받았다(32:24-33).

33장에서는 그의 아들 므낫세가 12세에 등극했다. 그는 히스기야가 기도하여 15년 연장하여 낳은 아들이다. 그런 그가 우상을 넘기어 아버지가 헐어버린 신당을 세우고, 바알과 아세라를 섬겼다. 물론 나이가 어리고 히스기야의 반대파들이 억눌려 있다가 어린 므낫세를 조종했겠지만 너무 심하게 우상을 섬겼다. 여호와의 이름을 두는 단에 우상의 단을 만들고, 일월성신을 만들고, 힌놈의 골짜기는 그 아들들을 불로 태워 제사지냈다. 하나님이 너무 격분하여 앗수르 왕의 군대 장관들로 쇠사슬에 결박하게 하여 바벨론으로 끌려가기도 했다. 그때 기도하여 응답 받아 예루살렘으로 돌아오기도 했다. 그러나 무죄한 자의 피를 너무 많이 흘려서 용서받을 수 없는 지경이 되었다.

이어서 유다의 15대에 아몬이 왕이 되었다. 아몬은 아버지의 이런 분위기를 그대로 이어받을 수밖에 없는 정황이었다. 그는 다윗의 언약을 이어가는 언약의 백성이라는 자신의 정체감을 세울 여건이 안 된 정황에서 왕자의 시간을 보내었고 왕이 되었다. 그러다 보니 아버지의 분위기가 그대로 이어져서 우상의 악랄함이 그에게 더욱 심해졌다. 그는 잠시 2년 동안 왕으로 있었지만 왕의 계승자로서 좋은 영향력을 못 미쳤고, 국민을 자극하는 우상이 심해서 그의 부하에게 반역 당하여 죽었다(33:21-25).

34장에서는 16대의 왕으로 요시야의 행적을 기록하고 있다. 그는 아버지가 반역자들 손에 죽게 되어서 어린 나이인 8세 때 왕이 되었다. 그리고 8년 후에 비로소 하나님을 구하고 등극한 지 12년째 되는 해 대대적인 개혁정치를 시작했다. 모든 우상을 척결하기 시작했다. 이제 스스로 판단할 나이가 된 그는 좌우로 치우치지 아니하고 다윗의 전승을 확고하게 잡았다(삼하7:12-16). 그리고 재임 18년 되는 해 그는 과감하게 성전 수리를 시작한다. 그런데 성전 수리하면서 놀라운 일이 벌어졌다. 그것은 제사장 힐기야가 율법 책을 발견한 것이다. 그 책을 왕에게 주었고, 왕은 훌다 여선지자를 통해서 읽게 되었는데, 그 내용은 유대 왕 앞에서 그 저주가 쏟아진다는 것이다. 그래서 온 백성이 함께 들어서 그 말씀대로 다 시행했다.

오늘 묵상의 말씀

요시야가 깨달은 복음은 무엇인가?

유월절 기념과 역대 왕의 마무리

35장에서는 요시야가 유월절을 준수하는 모습을 기록하고 있다. 하나님과 유다 백성 사이에 언약을 갱신한 요시야는 히스기야가 그랬던 것처럼 유월절을 준수했다. 이는 히스기야 사후에 또다시 흐지부지된 것처럼 하지 않고 확실하게 하나님의 관계를 회복하려는 것이다. 이것은 하나님이 이스라엘 백성에게 선물한 약속의 땅을 향한 출발점이다. 요시야가 시행한 유월절은 어떤 왕에 의해서도 이룰 수 없었던 특별한 배경을 형성한다. 다시 말하면 출애굽 때 제정된 유월절 규례가 이스라엘 왕국사가 진행되는 동안 한 번도 제대로 지켜지지 않았다. 간신히 히스기야 왕 때에 이르러 약간의 편법을 사용하여 차선책으로 날짜를 변경하여 사용했을 뿐이다. 이러한 사실은 구원받은 백성임에도 유월절마다 지킬 수 없을 만큼 내우외환이 점철된 역사다. 이번 요시야의 유월절 준수는 제2의 출애굽, 또는 진정한 구원을 향한 디딤돌로써 예비하신 하나님의 은혜이다. 이로서 지금 바벨론 포로에서 사는 이스라엘 백성들에게는 제2의 출애굽으로 가나안에 들어가 새 예루살렘에서 신정 왕국을 이룰 것을 기대하면서 유월절 행사를 하는 것이다(35:10-19).

역대기에서 요시아 왕의 마지막 행적은 유월절 행사 이후다. 애굽 왕 바로느고가 유브라데 강가의 갈그미스를 치러 올라오다가 요시야 왕을 만나게 되는데, 이때 요시야 왕은 애굽 왕이 전쟁터에 가는 것을 싫어했다. 왜냐하면 유대인의 처지에서 보면 앗수르는 이스라엘을 현재 괴롭히기에 좋지 않고, 애굽이 지난날 괴롭힌 것 때문이다. 그래서 그를 막다가 그만 므깃도 전투에서 충격을 받았다. 이런 관점에서 보면 다시 유월절 어린 양의 피로 죽은 것이다. 이제 부활의 영으로 다시 소생하는 제2 출애굽을 통하여 새 예루살렘의 그림을 그려야 할 때가 온 것이다. 그래서 우리는 메시아 오실 땅으로 다시 가야 한다(35:20-27).

거기서 주님을 모실 성전을 다시 짓고, 제자(축복의 통로)를 만들어서 메시아가 오실 때까지 계속 주님을 바라보아야 할 것이다. 그래서 유월절 행사는 우리에게 중요한 것이다.

36장에서는 요시야 왕이 죽고 나서 최후의 종말을 기록하고 있다. 17대 여호아하스는 23세에 즉위하여 석 달 만에 애굽 왕 느고의 침략으로 폐위되었다(BC 609). 뿐만 아니라 배상금 은 100달란트와 금 1달란트를 지급하고 애굽으로 끌려갔다(36:1-4). 여선지자 훌다의 예언이 성취되었다(왕하 22:19). 이어서 18대 여호야김이 25세에 즉위하여 11년간 통치한다. 그러나 예레미야를 비롯한 많은 선지자의 경고와 책망에도 불구하고 악행과 심술이 심했다(36:8). 심지어는 선지자들을 죽이고(렘25-26, 36), 성경(두루마리)을 칼로 베어 불태웠다(렘36:22-23). 한편(1차포로), 19대 여호야긴은 그의 아들로서 8세에 등극하여 그 부친의 행위를 본받아 말씀에 불순종하다가 바벨론으로 끌려갔다(2차포로). 20대 왕 시드기야는 예레미야의 말씀으로 일러도 겸비치 않았으므로(36:12), 바벨론 포로에 또한 끌려간다. 이렇게 차례로 끌려갔는데, 이유는 부패가 극에 달했기 때문이다. 사자들을 그 백성에게 보내었으나 백성이 하나님의 사자를 비웃고 말씀을 멸시하고 선지자를 욕하여 여호와의 진노가 컸다(36:14-16). 그러나 우리 주님은 여호야긴을 통하여 끈을 이어가고 70년 동안 안식했다가(36:21) 고레스를 통하여 새로운 성전을 건축하고 고난의 시간을 희망의 시간으로 준비하자는 것이 역대기의 핵심이다.

오늘 묵상의 말씀

지금까지 유다가 망하는 과정과 메시아는 어떤 관계가 있을까?

수산성의 모르드개와 하나님의 구원계획

1장에서는 1차 귀환과 2차 귀환 사이 아하수에로 왕의 시대가 기록되었다.

그 당시 이스라엘 백성들은 70년의 예언시대가 끝나서 고레스의 칙령에 따라 예루살렘으로 스룹바벨 지도자의 통솔 하에 입국했다. 그 후에 바사 왕국은 시대가 바뀌어 아하수에로(Xerxes486-465) 왕이 집권하면서 근동 전 지역과 아프리카를 포함한 대제국을 다스리고 있었다. 그런 줄도 모르고 그냥 수산 성에 남아 있어서 생업에 종사하는 사람이 있었다. 겉으로는 드러나지 않지만, 내면에는 자기 정체성이 확고하다. 아브라함의 언약(창12:1-3)을 붙잡고 모세의 계약에(출19:4-5) 충성하면서 다윗의 언약(삼하7:12-16)인 정통성 회복을 위한 재현을 꿈꾸며 그 어떠한 제국보다도, 그 어떤 신보다도 하나님의 우월성을 고백하는 축복의 통로임을 확실히 하는 어떤 이름도 없는 사람(모르드개)이 어떻게 하나님의 우월성을 가지고 신앙의 정통성을 지키고 있는지 보여주고 있다. 아하스에로 왕이 집권한 지 3년째 되는 해에 6개월 동안 계속 잔치를 벌였다. 그때 왕후 와스디가 불순종하여 폐위되고 왕후를 대신 간택하게 된 때이다.

2장에서 왕은 신하들의 권고로 새로운 왕후를 간택하게 하는 공문을 전국에 보내 공포했다(2:4). 그때 모르드개라는 사람이 있었는데, 바벨론 포로기에 잡혀와서 오늘까지 사는데, 다행히도 왕궁의 문지기로 근무하고 있었다. 그리고 특별히 삼촌의 딸 하닷사(일명:에스더)를 자기 딸처럼 양육했다(2:5-7). 그는 왕궁의 분위기를 에스더에게 말하고 왕후에 지원하도록 의사를 타진했고 에스더도 추천이 되었다. 그곳에서 왕의 조명에 따라 왕궁에 들어가서 왕궁 교육을 받으며 간택 훈련을 받았다. 물론 주의 사항은 절대 출신 성분을 말하지 않아야 했다. 왜냐하면 그는 포로 출신인지라 자신이 노출될 경우 장애가 많기 때문이다. 그 많은 처녀 중에 에스더가 왕후로 선택되었다. 이것은 내면적으로 우리 하나님이 구원하려는 계획이 끊임없이 이어지고 있음을 보여주고 있다(2:8-18). 모르드개가 문지기로 있을 때, 내시 빅단과 데레스가 아하스에로 왕을 모살하려는 계획을 하고 있기에 모르드개가 그 흉계를 알고 에스더에게 보고했다. 이에 에스더가 왕에게 말했고 결국은 그 내시를 죽여서 왕이 위기를 모면했다. 두 사람은 목에 달고 이일을 궁중 일기에 기록했다.

3장에는 아각사람 하만이 등장한다. 총리인 그에게 대궐 문 앞에서 모든 이들이 절할 때, 모르드개는 절하지도 무릎을 꿇지도 아니했다(3:1-2). 하만이 이 소식을 듣고 몹시 불쾌했다. 그래서 날마다 권했으나 모르드개는 듣지 아니했다. 모르드개는 겉으로는 표현하지 않지만 그는 하만을 알고 있었다. 그는 아말렉 족속의 후손이다. 아말렉은 하나님이 싫어하는 족속으로 출애굽기 17장 14절에 "내가 아말렉을 도망하여 천하에서 기억됨이 없게 하리라"라고 말씀하고 있다. 그런가 하면 신명기 25장 19절에는 "너는 아말렉의 이름을 천하에서 도말할지니라. 너는 잊지 말지니라"라고 말씀하셨다. 이는 성경말씀이기에 지켜야 한다. 그런데도 지키지 않았다가 그의 조상 사울은 왕권을 다윗에게 물려주었다(삼상15:18-23).

대수롭지 않게 넘어갈 수도 있으나, 인사하지 않을 것에 독기를 품어 모르드개의 민족을 다 멸하고자 하였다(3:6). 결국, 유대인을 처형하는 조서를 왕의 허락을 받고 전국에 전달했다. 그 내용이 전달되자 수산 성은 어지러웠다.

오늘 묵상의 말씀

하나님은 묵묵히 믿음 생활하는 자들을 위해 무엇을 계획하고 있을까?

일사 각오의 행동

4장에서는 모르드개가 이 사실을 알고 재를 무릅쓰고 성안에 들어가 대성통곡하는 이야기를 기록하고 있다. 왜냐하면, 이 일은 개인 일이 아니고 민족 전체를 말살한다는 내용이었기 때문이다(4:1-3) 모르드개가 왜 재를 무릅쓰고 울고 있는지 그 이유를 모르는 에스더는 하인에게 그 이유를 물었다. 그래서 모르드개는 하만이 유대인을 죽이라는 조서 초본을 보여주고 "민족을 위하여 간절히 구하라"라고 부탁했다. 그리고 "너는 왕궁에 있으니 나는 홀로 면하리라 생각하지 말라. 하나님은 다른 데로 말미암아 놓임과 구원을 얻으려니와 너와 네 아비 집은 멸망을 얻으리라. 네가 왕후의 위를 얻은 것이 이때를 위함인 아닌지 누가 아느냐?(4:13-14)"라고 말했다. 이때 에스더는 "당신은 유다 사람을 다 모으고 나를 위하여 금식하되, 밤낮 삼일을 먹지 말고 마시지도 마소서. 나는 나의 시녀로 더불어 이렇게 금식한 후에 규례를 어기고 왕에게 나아가리니 죽으면 죽으리이다"라고 말하여 결단의 자세를 보여주었다. 그런데 하만은 왕과 술을 마시고 즐거워했다(4:16).

5장에서는 삼일 금식이 끝난 후 왕후 에스더는 예복을 입고 죽으면 죽으리라는 각오로 어전 맞은편에 나가 있었다(5:1). 이 광경을 본 왕은 그 순간 왕후가 무척 사랑스러웠다. 그래서 금홀을 내밀었다. 그리고 "왕후, 소원이 무엇이며 요구가 무엇이냐? 나라의 절반이라도 그대에게 주겠노라"라고 말했다. 왕후는 침착하게 "오늘 내가 왕을 위하여 잔치를 베풀었사오니 왕이 선히 여기시거든 하만과 함께 임하소서"라고 대답했다(5:2-4). 그래서 잔치에 하만과 왕이 참여했고, 왕은 또 왕후에게 물었다. "그대의 소청이 무엇이뇨? 곧 허락하겠노라. 나라의 절반이라 할지라도 시행하겠노라!" 그때 왕후 에스더는 "내가 만일 왕의 목전에서 은혜를 입었고, 왕이 내 소청을 허락하시며 내 요구를 시행하기를 선히 여기시거든 내가 왕과 하만을 위하여 베푸는 잔치에 또 나오소서. 내일은 왕의 말씀대로 하리이다" 라고 용기 있게 대답했다. 하만은 이 말을 듣고 기뻐하면서 집에 가서 아내 세레스와 친구들에게 자랑했다. 그리고 "내일 모르드개를 나무에 달게 하고, 이어서 잔치에 나가소서"라는 조언을 들었다. 하만이 이 말을 좋게 여겨 그 집에 모르드개를 죽일 23미터의 교수대 나무를 세웠다(5:5-14).

6장에서 그날 밤에 왕이 잠이 오지 아니했다. 그래서 역대일기를 읽다가 5년 전 문지기 두 내시 빅단과 데레스가 왕을 모살하려고 한 것을 모르드개가 고발하여 왕의 목숨을 살려 주었다는 사건을 보았다. 그런데 그 일에 대한 적절한 상을 주었는지 물어보니 보상한 기록이 없다고 신하들은 대답한다. 왕은 뜰에 누가 있는지 물었고, 하필 이때 하만이 다음날 모르드개 처형할 것을 왕에게 허락받으러 밖에 대기하고 있었다. 왕이 부르는 소리에 하만이 들어오니, 왕이 하만에게 물었다. "왕이 존귀케 하기를 기뻐하는 사람에게 내가 어떻게 했으면 좋겠냐?", "왕이 입으시는 왕복을 입히고 왕관을 씌우고 성 중 거리에 다니면서 왕이 존귀케 하기를 기뻐하는 사람에게 이같이 하게 하소서." 하만은 그 기뻐하는 사람이 자기일 것으로 착각해 한 말이다. 그 말이 왕의 마음에 흡족하였다. "네 말대로 속히 모르드개에게 그렇게 하라!" 왕의 명령에 하만은 번뇌하면서 급히 집으로 돌아와 자신이 당한 일을 부인과 친구들에게 말했다. 그다음 하만의 행동이 궁금해진다.

오늘 묵상의 말씀

하나님은 모르드개의 위기를 어떻게 사용하실까?

하나님의 우월성과 유다 공동체

7장에서 에스더가 베푼 두 번째 연회에 왕이 에스더에게 물었다. "왕후, 에스더여, 그대의 소청이 무엇이뇨? 곧 허락하겠노라 그대의 요구가 무엇이뇨, 곧 나라의 절반이라 행할지라도 시행하겠노라." 에스더의 첫 번째 소청은 "내 생명을 내게 주소서"였고, 두 번째는 "내 민족을 내게 주소서"였다. 왕은 생명을 보호해달라는 말에 깜짝 놀랐다. "누가 감히 이런 일을 심중에 품었고, 어디에 있느냐?" 그러자 에스더는 "대적과 원수는 이 악한 하만이니이다"라고 말했다. 하만은 두려워했고, 왕은 노해서 잠시 밖에 나갔다 들어왔다. 그 사이 하만은 왕후에게 가까이 와서 엎드렸다. 이 모습을 본 왕은 "저가 궁중 안 내 앞에서 왕후를 강간까지 하고자 하는가?"라는 말이 입에서 나왔다. 그러자 신하들이 하만의 얼굴을 싸서 데리고 나가서 모르드개를 달고자 준비한 교수형나무에 매달았다. 그러자 왕의 노가 그쳤다.

8장에서 그날에 왕이 유대인의 대적 하만의 집을 몰수하여 에스더에게 주었다. 그러자 에스더가 모르드개와 자기와의 관계를 왕께 보고하였고, 왕은 하만에게서 거둔 반지를 모르드개에게 주고 하만에게 빼앗은 집을 주관하게 했다(8:1-3). 그 후 에스더가 또 왕에게 나가 울면서 간구했다. 왕은 홀을 던져 주었고 에스더는 왕이 각 도에 유대인을 멸하라고 쓴 조서를 취소해달라, 내가 어찌 내 민족의 멸망함을 차마 보겠느냐고 호소했다. 이에 왕의 명의로 조서를 다시 써서 공포했다(8:4-14). 모르드개가 푸르고 흰 조복을 입고 큰 면류관을 쓰고 왕의 앞에 나와서 취임식을 하고 수산 성이 즐거워했고 유대인으로 국적을 바꾸는 사람이 많게 되었다.

9장에서는 왕의 어명 곧 유대인의 대적이 저희를 제어하기를 바라던 그 날, 유대인이 도리어 자기를 미워하는 자를 제어하게 된 그날, 즉 다시 말하면 유대인이 승리한 그 날에 법대로 유대인을 괴롭히는 모든 사람을 다 죽였고 각 사무를 보는 자들이 다 유대인을 도우니 모르드개가 왕궁에서 존귀케 되어 점점 창대하매 그 명성이 각도에 퍼지니라(9:1-4). 에스더는 이 모든 일을 왕에게 보고하자 왕은 "이제 그대의 소청이 무엇이뇨? 또한 시행하겠노라"라고 말했다. "하만의 열 아들의 시체를 나무에 달게 하소서." 이런 요청에도 왕은 그대로 시행하였고, 하만의 10아들 시체가 나무에 달렸다. 그날이 아달월 14-15일이다(9:1-19).

"왕은 이 일을 기록하고 이 두 날을 기념하여 이달 이날은 유대인이 대적에게서 벗어나서 평안함을 얻어 애통함이 변하여 길한 날이 되었으니 이 두 날을 지켜 잔치를 베풀고 서로 예물을 주며 가난한 자를 구제하라"라고 모르드개가 유다인에게 글을 보내 그대로 실행했다. '부림'은 제비를 뽑았다는 뜻으로 하만이 유대인을 죽이기 위하여 제비를 뽑았는데, 오히려 그날 유대인을 죽이려 했던 그 사람이 죽고 유대인은 살아난 의미다. 참으로 큰 아이러니이다. 그래서 그날을 부림절로 지키도록 조서에 글을 올리고 즐겁게 그날을 지키게 됐다.

10장에서는 왕의 공적과 모르드개의 공적이 바사 왕 일기에 기록되었고 모르드개는 아하수에로 왕 다음이 되었다고 기록하고 있다. '유다 민족을 죽이려고 하면 반드시 그들이 멸절하게 될 것이다' 그러므로 1차 귀환에서 멈춘 유다 백성들은 빨리 예루살렘에 돌아가서 하나님이 기뻐하는 유다(신앙) 공동체를 만들자는 것이다.

오늘 묵상의 말씀

하나님의 우월성을 믿는 공동체는 결국 어떻게 된다는 것을 보여 주었을까?

제1차 귀환과 성전 기공식

1장은 바사 왕 고레스 원년에 예레미야를 통한(렘29:10-14) 예언의 말씀을 성취하도록, "이스라엘 백성은 예루살렘에 돌아가서 성전을 건축하라. 그리고 여기에 드는 비용을 예물로 즐거이 드리라(1:1-3)"라고 선포했다는 내용으로 시작한다. 얼마나 기다렸던 메시지인가? 예레미야의 편지, 에스겔의 환상의 메시지, 다니엘의 하나님 나라에 대한 메시지를 듣고 보면서 70년이 차면 예루살렘으로 돌아와서 솔로몬 성전을 회복하고 거기서 예배드릴 수 있는 꿈을 꾸는 자들이 이제 하나님의 감동을 받고 일어섰다(1:5). 그동안 우리 하나님은 이스라엘 백성을 포로 상태로 영원히 버리지 않으시고 고레스 칙령을 통해 예언한 약속을(사44:21-28, 45:1. 렘29:10-14) 성취하신 것이다. 이들은 늘 다니엘이 성전을 사모하였고, 언젠가는 돌아갈 때를 기다리며 성전을 재건할 예물들을 준비하였다. 예루살렘 성전이 파괴되고 솔로몬 성전이 파괴되며 바벨론 포로로 끌려온 지 50년 만에 이런 해방의 기쁜 소식을 들었다. 이들은 이제 일제히 일어섰다. 그리고 느부갓네살 왕이 예루살렘 성전에서 가져갔던 기명들을 총독 세스바살(스룹바벨)이 돌려받음으로 귀환의 준비를 끝냈다. 그동안 이들은 포로 생활이라는 연단을 통해 포로 이전의 범죄와 불순종을 버리고 하나님을 향한 열정을 배웠다. 이제 하나님의 사랑을 느낀 그들은 진정한 하나님의 나라를 이룩하기 위해 모든 것을 하나님께서 이루어가심을 보게 될 것이다(1:6-11).

2장에서는 제1차 귀환한 사람들의 명단을 기록하고 있다. BC 537년, 스룹바벨의 영도 하에 이루어진 제1차 귀환자의 명단으로 이때 귀환자는 일반 회중 42,360명, 노비 7,337명, 노래하는 자 200명 합계 49,897명이었다. 이 중에는 노비들도 있는데(2:65) 포로 생활 가운데 하나님께서 유다 백성들을 애굽에서와 같이 강성하게 하였음을 보여주고 있다(2:1-67). 그리고 이들은 하나님이 성전 건축을 바라며 준비해두었던 예물을 즐겁게 헌납하였음을 보여주고 있다(2:68-70).

3장에서는 바벨론에서 예루살렘까지 약 4개월을 걸어와 모인 이야기다. 직선 거리로는 약 850km이고 유브라테스 강을 따라 약 1,440km인 이 먼 길을 피곤한 줄도 모르고 감격에 찬 마음으로 걸어왔다(3:1). 그리고 성전을 짓기 전에 율법에 기록한 대로 초막절을 1주일 동안 지켰다(3:2-4). 이를 통하여 그들은 하나님과 단절되었던 계약관계를 다시 회복시키고, 연단의 기회도 주며, 해방과 귀환의 기쁨도 주신 하나님께 감사의 기도를 드렸다(3:5-7). 그 후에 항상 드리는 번제를 드리고 초하루에 드리는 월삭에 번제를 드렸다. 그리고 모든 거룩한 절기를 지킨 것이다. 그리고 예루살렘에 도착한 지 2년 2개월째에 성전건축을 시작했다. 이때 레위인은 20세 이상 된 사람을 세웠다. 처음에는 30세(민4:3)였으나, 레위인의 숫자가 적기 때문에 그렇게 적용한 것이다(대상 23:23). 이렇게 하여 기공식이 진행되었는데, 통곡하는 소리와 기쁜 소리가 함께 크게 울려 퍼졌다. 다시는 예루살렘에 돌아오지 못할 것으로 생각했는데, 고국에 돌아와서 옛 성전의 터 위에 새로이 성전 기초를 세우게 되자 감격하여 울었다. 또 어떤 사람들은 지난날 그토록 크고 아름다운 성전이 지금은 너무 초라하게 적게 지어졌다고 통곡하기도 했다.

오늘 묵상의 말씀

첫 성전의 기공식을 할 때 그들의 함성은 얼마나 행복한 함성이었을까?

성전 건축의 완공과 유월절

4장에서는 성전 재건 작업에 대한 방해 공작에 대해 기록하고 있다.

감격과 기쁨으로 성전 재건 사역에 참여한 유대인들의 성전 재건 열의는 사마리아인들의 방해로 중단하지 않으면 안 되었다. 그들은 앗수르 민족 강제 이주 정책과 혼합정책에 의해 이주해 온 민족과 기존의 이스라엘 자손의 혼합으로 다신교적 혼합신앙을 갖고 있었다. 그런 이들이 성전 건축에 함께 하겠다고 한다. 그러나 유대인들은 거절했다. 왜냐하면 우상숭배 때문에 70년을 고통의 나날을 보내었는데, 또 혼합되면 반복될 수 있기 때문이다. 그렇지만 바사 왕의 공식 인준을 받아 귀환한 5만 명의 유대인들을 바라보는 사마리아인들은 두려움에 사로잡혔다. 사마리아인들의 성전 재건 동참 요구는 신앙적 열정 때문이 아니라 장차 이 땅에서 행해지는 정치 행태에서 주도권을 놓치지 않겠다는 의미이다. 이는 바사에 대한 반역의 시도라고 보고하면서 집요하게 방해하였다. 그러다 보니 처음 성전 재건에 대한 열의도 점점 식어지고 스룹바벨과 여호수아도 체념하기 일보 직전이었다.

5장에서는 바로 이때 불같은 용기를 가진 학개와 스가랴가 나타나서 귀환자들의 느슨해진 신앙과 무사안일주의를 강하게 책망했다. 이제부터라도 다시 하나님의 능력을 믿고 공사를 재개하면 하나님의 영광이 임할 것이라고 했다. 이 말을 듣고 새 힘을 얻어 다시 시작하였다(5:1-2). 그런데 한 번 더 성전 건축이 큰 벽에 부딪혔다. 서부지역 총괄 닷드네가 성전 건축에 이의를 제기한 것이다. 새로운 왕 다리오가 등극하자 닷드네는 먼저 기선을 제압할 속셈으로 새 왕에게 편지를 보냈다. 정말로 고레스 왕이 유대인들의 성전 재건공사를 지원하도록 했는지 그 진위를 밝혀달라는 것이다. 이렇게 해서 성전 공사를 방해하려고 했다.

6장에서는 마침 다리오 왕이 등극하면서 그의 친구인 스룹바벨의 요청으로 다시 한 번 허와 실을 파악하도록 했다. 그때 메데의 악메다 기록물 보관창고에서 고레스 칙령이 발견됐다(6:1-5). 이에 다리오 왕은 단지 성전건축을 명한 고레스 왕의 칙령을 확인하는데 그치지 않고 그 조서의 내용대로(6:8-10) 성전 건축의 원조를 약속대로 지키라는 조서를 내렸다(6:6-12). 사마리아인들의 방해로 16년간 공사가 중단되기는 했지만 스룹바벨은 다시 성전 건축을 시작하였다(BC 536). 시작한 지 20년 만에 결국 완공되었다(BC 516). 비록 이렇게 지은 성전이 외형으로는 솔로몬의 성전보다는 못했지만(왕상 8:63), 하나님께서는 당신의 영광으로 이 성전을 충만하게 하셨으며(학2:2-9), 충성을 다해 순종한 이스라엘을 축복하셨다(학3:19).

이제 유다 백성들은 스룹바벨 성전을 완공하고 봉헌한 후에 제일 먼저 유월절 절기를 준수한다(6:19-22). 이는 유월절은 첫 출발을 상징하는 의식이다. 출애굽 때의 유월절이나, 가나안 정복 이후나, 바벨론 포로에서 돌아와서 하나님 임재의 상징인 성전 건축을 완공한 유다의 공동체는 과거의 낡은 것, 죄 된 옛것을 다 버리고 다시 하나님의 공동체로 거듭 태어난 것이다. 계약백성으로서의 순종을 결단하면서 오늘 새 출발 의식에 참여했다.

오늘 묵상의 말씀

성전 건축의 모든 행사를 마치고 유월절을 지킨 그들의 마음은 어떠했을까?

에스라의 결심과 제2차 포로귀환

7장에서는 제2차 귀환의 역사를 기록하고 있다. 1절에서 먼저 스룹바벨이 이끄는 제1차 포로귀환이 있었다. 그리고 1차와 2차 포로귀환 사이에 에스더 사건이 기록되어 있다. 그리고 결정적 사건으로 제2차 포로귀환이 이루어진 것이다. 다시 말하면 제1차 포로귀환은 신앙의 정통성을 확립하기 위해 스룹바벨을 통한 성전 건축이 1, 2차 포로귀한 사이에는 하나님의 우월성을 강조하는 에스더를 통해 보이지 않은 하나님의 역사가 필요했고, 이제 본질로 와서는 하나님의 말씀을 배우고 알고 가르치면서 옛것, 죄의 안일에서 벗어나 그리스도의 모형을 바라보며 하나님 나라를 확장하는 자신을 소개하는 글로 시작하고 있다. 그는 학자 겸 제사장으로서(7:11), 아론의 16대 후손으로서 역사에 정통하고 율법연구에 익숙한 학자다. 그뿐만 아니라 그는 바사 왕과 두터운 친분이 있을 만큼 높은 사회적 지위에 올라있다. 그는 이스라엘을 향한 큰 꿈을 가지고 있었다. 예루살렘에 다윗의 언약을 다시 성취하는 것이다. 아브라함을 통하여 축복의 통로로(창12:1-3) 약속하신 우리 하나님은 모세 언약을(출19:4-5) 체결하여 우리에게 제사장 나라를 이루는 꿈을 허락하셨고, 다윗을 통하여 성전 계약(삼하7:12-16)을 주셔서 영원토록 왕의 대가 끊어지지 않는 하나님이 통치하는 나라를 만드신다. 이를 위하여 바벨론 포로70년 기간을 통하여 메시지가 정립되었다. 그리고 1차 귀환을 통하여 그 터전인 성전이 지어졌다. 이제 빨리 가서 이를 실천해야한다. 이를 위하여 그는 율법을 연구하고 준행하며 율례와 규례를 이스라엘에 가르치기로 결심했다(7:1-10). 이러한 계획이 바사 국가에 큰 도움이 되므로 아닥사스다 왕은 에스라에게 조서를 내려 그의 사역을 잘 진행할 수 있도록 측면에서 지원해 줄 필요한 때가 온 것이라는 의미가 들어있다. 여기에 주축이 바로 에스라이다(7:1). 제사장과 레위사람들을 지원하고, 예물을 지원하고, 성전에 쓰일 것은 무엇이든지 궁중 창고에서 지원하도록 명령했다(7:11-26). 이 모든 것은 하나님의 확실한 계획이며 이방의 왕 아닥사스다를 통해서 당신의 백성을 지키신다는 것을 세상에 알리는 수단이기도 하였다(7:27-28).

8장에서는 그와 함께 2차 귀환에 참여한 사람들의 명단을 기록하고 있다. 새로운 세상, 하나님 나라인 이스라엘 신앙공동체를 말씀으로 재건한다는 사역을 위해 함께 참여한 사람들은 너무 귀한 자들이다. 이들의 이름이 책에 기록됨이 당연하다. 그래서 지파별로 출신지별로 작성했다. 1차 때는 신앙의 정통성을 유지하려고 왕족의 족보를 중심으로 기록했다면, 2차 때는 진정한 하나님 나라의 건설은 하나님 말씀 중심으로 세워야 하기에 가문을 기본으로 하는 제사장 중심으로 기록하고 있다(8:1-14). 먼저 인원 점검(남자 1, 496명, 레위인 38명, 수종자 220명, 여자 어린이 3,246명 합계 약5,000명)을 마친 에스라는 귀환준비를 위해 1) 레위인 모집(8:15-20), 2) 금식 선포. 3) 헌물관리자 선정(8:24-30) 등을 했다. 특이한 것은 레위인 숫자가 너무 적었다. 레위인이 있어야 이 일을 쉽게 할 수 있기에 급하게 찾은 것이다.

그리고 이들은 준비가 끝나는 대로 정월 초하루에 바벨론을 출발하여(7:9), 아하와 강가에서 영적, 물질적, 재정비를 마친 후(8:21-30) 이스라엘의 보호자가 되시는 하나님의 선한 손의 도우심으로(8:31) 4개월 만에 예루살렘에 도착했다. 제일 먼저 번제를 드리고 이제는 하나님의 백성으로 신앙의 정통성을 지키며 살겠다는 결심을 하나님께 올린다(8:35-36).

오늘 묵상의 말씀

이제 본격적인 신앙의 정통성을 회복하기 시작할 것이다. 그때의 심정은 어떠했을까?

지도자의 회개와 백성의 회개

9장에서는 에스라의 회개기도를 기록하고 있다. 예루살렘 귀환 후 9개월 동안 에스라 일행이 예루살렘에 돌아와 성전을 정비하고 제사를 드리고 소송에 대한 재판을 하는(7:25) 등, 신앙의 정통성을 회복하기 위해 뜨거운 가슴으로 차 있었다. 그런데 늦게 알게 된 것은 통혼의 문제였다. 예루살렘 성전이 망한 후(BC 586년) 바벨론 포로로 끌려가지 않고 그대로 남아 있던 자들과, 80년 전 예루살렘에 돌아와(BC 537년) 성전을 재건하고(BC 516년) 하나님을 섬기던 백성들이 오랜 세월이 지나고나니(BC 458년), 여러 이방족속들과 통혼하고 이방신들을 받아들였다. 이것은 남왕국 유다가 멸망의 결정적 원인이 되어 바벨론 포로의 70년을 지내게 되었다는 사실인데 에스라는 늦게야 이것을 알고 큰 충격을 받았다(9:1-4). 그는 통회 자복하며 기도를 드렸다. 얼굴이 뜨거웠다. 하나님 앞에서는 내면적으로 부끄럽고, 백성 앞에는 수치스러웠다. 그래서 손과 무릎을 꿇고 속옷을 찢고 여호와를 향하여 손을 들어 말했다. “우리 죄악이 많아 정수리에 넘치고 허물이 커서 하늘에 미치나이다.” 우리는 죄의 노예가 되어 포로가 되었으나 열왕은 위에게 관대하여 성전을 짓게 하셨다. 고레스왕은 본토 귀환을 허락했고(1장), 그의 아들 캄비세스는 관대했고, 3대에 와서 다리오는 고레스 칙령을 갱신하여 지원했고, 4대에 와서 아하수에로 왕은 유다인에게 특권을 부여하여 보호해 주었고, 5대에 와서 아닥사스다 왕은 에스라에게 특권을 부여하여 성전을 짓고 신앙의 정통성을 찾고 하나님 나라를 회복할 수 있게 하셨다(9:9). 이렇게 이방인들이 우리에게 은혜를 베풀었음에도 불구하고 또 다시 주의 계명을 배반했으니 할 말이 없었다(9:10). 에스라는 “가나안 땅에 들어와 살면서 여러 선지자들의 외침과 교육 속에서도 이스라엘 백성들이 더럽고 가증한 우상을 섬겼다. 그리고 나라를 잃고 성전을 빼앗기고, 오랫동안 이방나라에 포로로 잡혀서 고통과 수모를 당함은 바로 자신의 큰 죄로 인함이다."라고 하면서 "그러나 주님은 의로우시니 자비를 베풀어 달라!"고 기도하면서 응답을 기다렸다.

10장에서는 지도자인 에스라가 죄를 회개하고 울며 대성통곡하자, 성전 뜰에 있던 백성들도 회개의 눈물을 흘렸고, 남녀노소가 몰려들어 성전 뜰은 큰 회개의 처소가 되어 기도하는 모습을 기록하고 있다(10:1). 지혜로운 교사처럼 에스라는 백성들 스스로 자신들이 해야 할 일이 무엇인지 찾기를 기다렸다. 백성들은 비록 이방족속들과 통혼이라는 큰 죄악을 범했지만 진정으로 회개하며 돌이킨 것이다. 특히 백성들 가운데 스가냐는 자신의 죄를 고백한 후에 이방인 아내와 그 소생을 내어 보내기로 다짐하면서 그와 같은 처가의 온 백성들에게 확산될 수 있도록 더욱 강력한 개혁 운동을 일으킬 것을 에스라에게 제의했으나(10:2-4), 이는 지도자의 진정어린 눈물과 기도가 얼마나 크게 백성들의 마음을 움직이는지를 보여주었다. 이렇게 하여 에스라와 백성들은 이방족속과의 통혼을 회개한 다음 곧바로 그 외압을 척결하는 작업에 들어갔다. 에스라는 3일 내에 모든 자들이 예루살렘에 모일 것을 유다 전역에 공포했다. 삼일 째 되는 날, 모든 자들이 그곳에 모였다. 그때는 겨울, 우기철이었지만 에스라는 조금도 계획을 변경하지 않았다. 모든 사람들이 내리는 비를 맞으며 에스라 앞에 섰으며, 112명의 통혼 자를 찾아내었다. 이들에게 이방 여인들을 돌려보내게 했다. 인간적으로는 가혹하지만 신앙의 순수성을 회복하기 위한 결단이었다.

오늘 묵상의 말씀

에스라 이후 어떤 신앙의 결단이 공동체를 새롭게 했는가?

느헤미야의 성벽 건축 시작

1장은 느헤미야가 예루살렘의 성벽이 훼파되었다는 슬픈 소식을 들으면서 이야기가 시작되고 있다. 그는 유대인들의 제1차 귀환과 제2차 귀환이 이루어진 후에 아닥사스다 왕의 총애를 받는 관원들은 2차 귀환에 참여하지 못했다. 어느 날 느헤미야는 예루살렘을 방문하고 돌아온 사람들로부터 2차로 귀환한 유대인들이 성벽복구를 시도했으나 주위에 있던 방해자들과 아닥사스다의 칙령으로 다시 성벽과 성문은 훼파되었다는 소식을 듣는다(스4:11-24). 예루살렘의 형편을 알게 된 느헤미야는 슬픔에 잠겨 하나님께 호소하는 기도를 드렸다. 기슬르월부터 니산월까지 약 100일 동안 간절히 기도했다. 하나님은 인격적인 분이시라 기도하면 응답하신다(1:1-2:1)

2장에서는 하나님이 기도 응답을 하셨다. 어느 날, 느헤미야가 술 관장의 임무를 수행하러 들어갔을 때, 왕은 그에게 슬픈 기색을 물었다. 그때까지 왕은 느헤미야가 슬퍼하는 모습을 보지 못하였기 때문이다. 느헤미야는 속으로 하나님의 도움을 부르짖으며 왕에게 자기를 예루살렘에 보내어 그 성벽을 건축하게 해달라고 대답했다. 무모한 요청인 것 같으나, 100일 동안 기도한 내용이다. 왕은 곰곰이 생각했다. 그동안 왕후는 바로 곁에서 있었다. 얼마나 긴장되는 순간이었을까? 마침내 왕은 그의 요청에 동의 했다(2:1-10). 느헤미야는 마병의 호의를 받으며 예루살렘에 도착하였다. 그는 성전 건축에 필요한 물자를 총독이 지원하라는 왕의 명령서를 받아갔다. 그리고 1) 성벽을 둘러보았다(11-16). 2) 예루살렘 거민들에게 성벽재건을 독려했다(2:17-22). 귀환한 느헤미야는 가장 먼저 허물어져 폐허가 된 예루살렘 성벽을 둘러보았다. 폐허 된 예루살렘 성벽은 느헤미야에게는 충격이었다. 그러나 이에 좌절하지 아니하고 예루살렘 성의 재건을 온 이스라엘에게 호소한다. 이 성벽의 재건은 하나님의 백성으로서 옛 다윗의 언약(삼하

7:12-16)을 성취하려는 신앙인의 한 신앙고백이다.

3장에서는 성벽재건을 시작하였다. 느헤미야는 자기가 온 이유를 성의 귀족이나 방백들에게 즉시 알리지 아니했다. 먼저 그는 예루살렘의 형편을 살펴보고자 했다. 며칠이 지난 어느 날, 달빛이 밝은 밤이었다. 그는 성벽이 무너진 것을 발견했다. 어떤 곳에서는 부스러진 돌들이 쌓여서 말을 타고 지나갈 수 없었다. 느헤미야는 돌아온 후, 성의 방백들과 귀족들을 불러 모아놓고, 처참할 정도로 성벽 상태를 지적했다. 그리고 자신이 이곳에 온 목적과 여호와께서 왕의 마음을 감동하게 해서 은혜를 베풀게 한 일을 전하였다. 이 말을 듣고 백성들은 감동이 되어 즉시 성벽 재건을 시작했다.

느헤미야의 지혜로운 행위가 변방에 알려지자 가나안과 그 부근에 살던 족속들의 우두머리들이 그 소문을 듣고 예루살렘으로 몰려왔다. 그들은 느헤미야가 하는 일은 왕을 배신하는 행위라고 비난하며 비웃었다. 그러나 느헤미야는 하늘의 하나님께서 이일을 형통하게 하실 것이라고 명백하게 대답하였다. 그리고 성벽 건축은 성벽 재건을 비웃는 사람들의 방해가 있어도 계속 진행해 나갔다. 느헤미야의 감독 작업은 진행되어 갔다. 빈부귀천을 막론하고 모든 자가 이일에 참여했다. 각 가족별로 성벽 일부를 맡아서 성벽을 재건하였다. 다시 예루살렘은 안전한 곳이 될 것이고 그곳의 삶도 회복될 것이라고 확신했다.

오늘 묵상의 말씀

느헤미야는 100일 기도의 응답과 성벽 건축의 지혜를 어떻게 발굴했을까?

외부 내부 방해에도 불구하고 성벽 건축 완성

4장에서는 성벽을 건축할 때 대적들이 방해하는 것을 기록하고 있다. 유다인들이 성을 건축한다는 소식을 듣고, 사마리아의 산발랏과 암몬의 도비야가 비웃고 위협했다. 이때 느헤미야는 여느 때처럼 하나님께 도움을 요청했다. "우리 하나님이여 들으시옵소서. 우리가 업신여김을 당하나이다(4:4)." 느헤미야는 기도를 마친 후에 다시 성벽 재건을 시작했다. 그러자 하나님은 기도응답으로 성령님께서 백성들의 마음을 하나로 묶어주셨다. 백성들은 이구동성으로 "우리가 전부 연락하자, 성벽을 건축하자"라고 말하면서 일제히 마음을 드려 일하게 되었다. 그래서 한 절반을 일을 하게 되었다(4:6). 너무 빨리 성벽재건이 진행되는 것을 알고, 적들이 큰 위협을 했다. 북쪽에서 온 사마리아인들, 도비야, 동쪽에서 온 암몬인들, 남쪽에서 온 아람인들, 서쪽에서 온 블레셋 사람 아스돗인들, 동서남북 사방에서 온 사람들이 동맹을 결성하여 사방에서 예루살렘을 공격하였다(4:7). 이때 유대인들은 1) 하나님께 간구하고 2) 파수꾼을 세우고 3) 절반은 일을 하고 나머지는 창과 방패, 활과 무기를 들고 파수했다. 후방에서는 한 손으로는 짐을 나르고 한 손에는 칼을 잡았다. 그리고 자신 옆에 나팔수를 대동하여 그 나팔수는 적들이 공격해오면 공격받는 장소로 집결하게 했다. 이렇게 하여 아침부터 저녁까지 열심히 일했다. 성 밖에 사는 사람들은 집에 돌아가지도 않고 일을 했다. 일이 끝났어도 옷을 벗지도 않았으며 열심히 일하고 성을 파수 했다(14:13-23).

5장에서는 내부에 문제가 생겼다. 성벽이 거의 지어질 무렵 이전에는 내부의 문제가 표출되었다. 1) 예루살렘 거민들의 식량난에 대한 어려움으로 가족들이 먹고 살 식량이 필요했다. 2) 수확을 하지 못한 사람들은 전답을 팔아야 했다. 3) 재산을 팔지 않으려면 사람은 넉넉한 유다인에게 돈을 빌려서 세금을 내어야 했고, 그러면 이자를 엄청나게 내야 했다. 이 문제를 해결하지 못하면, 부채를 갚기 위해 자녀들을 노예로 팔았다(5:1-7). 이때 느헤미야는 지도력을 발휘했다. 1) 하나님의 백성에게 돈을 빌려주고, 이자를 받지 말라고 책망했다. 2) 대 집회를 열고 외국인에게 팔린 노예에게는 값을 지불해주고, 이스라엘 동포들에게 서로 돌보아 주라고 명령했다. 그리고 자신은 모범을 보였다(5:5-9). 백성들은 이에 권고를 받아들여 흡족하게 생각하고 잘 순종해 나갔다(5:12-13).

예루살렘 성벽이 건축되는 동안 느헤미야는 유다의 총독으로 임명되었다. 이때 느헤미야는 총독으로 12년을 봉사하면서 특권을 거부했다. 자신의 지위를 이용하여 접대를 받지 아니했고, 과중한 세금을 받지 아니했다 또 결코 자신의 이익을 취하지 아니했다(5:14-19). 그리하여 위기 극복을 잘했다.

6장은 적들의 반대에도 불구하고 성벽 건축을 완성한 이야기이다. 그들은 음모를 세웠다. 1) 오노 평지에서 만나서 제거하는 일이다. 2) 인봉하지 않은 편지를 보내어 그 속에 느헤미야와 유다 왕이 되려고 하여 아닥사스다 왕에게 위협이 되고 있다는 소문이 있는데, 그 이유를 밝히라는 것이다. 3) 변절자 스마야를 통하여 "반대자들이 죽이려하니, 성전 외소에 들어가서 생명을 보존하소서"라고 유혹해도 속지 않고 승리하였다. 결국은 성벽 건축 사역은 기적적으로 급속하게 52일 만에 완성했다.

오늘 묵상의 말씀

외부 내부에서 오는 모든 시험을 이기고 52일 만에 성벽 건축을 완성한 비밀은 무엇인가?

성벽 건축 후의 초막절과 회개의 기도

7장에서는 성벽을 건축하고 나서 파수자를 임명하고 귀환자의 명단을 기록하고 있다. 성벽이 건축되었으므로 이곳을 지킬 사람이 필요하다. 일단은 아우 하나니와 하나냐를 임명하여 사명을 맡겼다(7:1-4). 그는 충성 되고 하나님을 경외하는 자로 사람 중에 뛰어난 자이며 예루살렘 성벽이 무너진 것을 느헤미야에게 알려준 사람이다(느1:2).

약 100년 전에 1차 귀환했던 자들에 대한 정확한 조사가 필요했다. 당시 고레스의 칙령(BC 537)으로 100명이 넘는 당시 계보를 정확하게 알 수 없었다. 2차, 3차 귀환들이 대부분 살고 있고, 1차 귀환자들의 후손들이 살기에 확실하게 조사할 수가 있었다(7:7-63). 그러면서 예루살렘에 사는 모든 사람의 수를 집계했다.

그 숫자는 49,942명으로 에스라가 기록한 숫자 49,897명(스2:64-65)과 거의 비슷하다. 그 외에 금과 은 의복을 바친 것을 기록하고 있다(7:70-72). 이제 사역을 다 마친 백성들은 자신의 성으로 돌아갔다(7:73).

8장에서는 유대인들은 하나님의 언약인(창12:1-2, 출19:5-6, 삼사7:12-16) 약속의 말씀을 가진 사명자로서 예루살렘으로 돌아왔고, 이제 성벽 건축을 하고 나니 말씀이 그리워졌다. 이때 제2차 때 귀환한 말씀의 지도자 에스라가 말씀을 가르치도록 선택되었다. 그리고 말씀을 알아들을 만한 사람은 다 수문 앞 광장에 모였다. 말씀을 읽을 때마다 백성들은 "아멘"하고 소리 높여 외쳤다. 그리고 온몸을 낮추어 예배를 드렸다(8:1-8). 참회가 일어나고 변화가 일어나고 기쁨과 환희에 넘친 사랑의 공동체로 변화의 삶의 시작되었다(8:9-12). 이어서 에스라가 낭독한 하나님의 말씀을 깨닫게 하고 모세의 율법에 따라 초막절을 지켰다. 이것은 이스라엘 선조들이 광야 장막에서 생활한 사건을 통하여 하나님이 축복을 주시는 것처럼 이스라엘 백성들이 바벨론의 포로 상태에서 구원하고 축복된 장막에서 하나님의 은혜와 구원 사역을 체험하면서 사는 하나님의 백성이라는 정통성을 확인하고 싶은 것이다.

9장에서는 초막절 행사가 끝나고 사흘간 그들은 하나님 앞에서 통회 자복한다(8:1-7). 온 이스라엘 백성들은 이방인과 절교하며 자신들의 죄는 물론 선조들의 죄까지도 자복하며 회개하여 놀라운 결과를 가져왔다. "1) 주는 오직 여호와시라 하늘과 땅과 그 위의 만물과 그 가운데 거하는 모든 것을 지으시고 다 보존하시오니 모든 천군이 주께 경배하나이다(9:6). 2) 옛적에 아브라함을 택하시고 갈대아 우르에서 인도하시어 그 충성됨을 보시고 더불어 언약을 세우신 하나님은 의롭습니다(9:7-8). 3) 주께서 또 우리 열조가 애굽에서 받은 고난을 감찰하시며 홍해에서 부르짖음을 들으시고 바다 가운데서 육지같이 통과하게 하시고(9:9-11), 4) 시내 산에 강림하셔서 진정한 율법과 선한 율례와 계명을 주시고 안식일을 알려 주시고(9:12-21), 5) 저희가 견고한 성과 기름진 땅을 취하여 배불리 먹어 살찌고 주의 큰 복을 즐겼사오나 설만히 행하였나이다(9:22-26). 그러므로 주께서 그 대적의 손에 붙이사 곤고를 당하게 하시매 저희가 환난을 겪어 주께 부르짖을 때 주께서 용서하시고(9:26-28), 7) 또 저희가 듣지 아니하므로 열방의 손에 붙이시고서도 주의 긍휼이 커서 이기게 하셨나이다." 굳게 결심의 기도를 드렸다.

오늘 묵상의 말씀

초막절 후의 느헤미야와 당시 백성의 기도를 읽고 어떤 느낌이 드는가?

도장 찍은 사람들과 예루살렘의 주자들

10장에서는 언약을 지키겠다고 도장을 찍은 사람들과 그 언약 내용을 기록하고 있다. 이미 9장에서 견고한 언약을 세운 것에 대한 인친 자의 명단을 기록하고 있다. 이들은 5장에서 느헤미야의 종교개혁에 참여한 자들이 대부분 포함되었다. 방백 느헤미야와 제사장들의 명단을 솔선수범하여 맨 먼저 기록하고 있으며(10:1-8) 이어서 레위사람들(10:9-13) 그리고 백성의 족장들이 먼저 도장을 찍어 다짐했다(10:14-27). 그러자 이어서 백성들과 제사장들과 레위 사람들과 문지기들과 노래하는 사람들, 느디님 사람들 중 남은 자들이 동참했다. 그리고 이방 사람과 절교하고 하나님의 율법을 준행하는 모든 자와 그 가족들이 동참했다. 이렇게 언약을 지키기로 한 사람을 가리켜 "무릇 지식과 총명한 자"라고 한 것을 보면(10:28), 많은 사람이 참여했으나, 모든 사람을 말하는 것은 아니었다는 것을 알 수 있다. 이들은 언약의 말씀을 지키기로 다짐하면서 만약 그 언약대로 지키지 아니하면 저주를 받아 마땅하다고 맹세했다(10:29). 그 맹세한 내용을 보면 1) 통혼의 금지(30), 2) 성수 주일과 안식년의 준수(31), 3) 매년 1/3 세겔의 헌금을 봉헌하여 교회 봉사에 지원하기로 했다(10:32-33). 4) 율법의 명령대로 성전의 단에 불사르기 위하여 맏물을 매년 드리기로 다짐했다(10:34). 5) 토지소산의 만물과 각종 과목의 첫 열매 및 사람의 맏아들과 생축과 우양의 첫 새끼를 규례대로 헌납하고 6) 제사장과 레위인의 생활을 위하여 규정된 헌물들과 십일조를 드리기로 다짐했다(10:35-39). 이스라엘 백성들이 모두 동의해서 기록한 협정서의 마지막에는 "우리가 우리 하나님의 전을 버리지 아니하리라"(10:39)인데, 이것은 위의 모든 규정을 잘 지켜서 출애굽기 19장 5-6절과, 사무엘하7장 12-16절의 언약 백성이 정통성을 회복하겠다는 결의가 들어있다. 이는 에스라와 느헤미야가 다스리는 동안에는 이스라엘 백성들은 영적인 측면에서 더욱 높은 경지에 오르게 되었고, 그들은 재건된 성전을 돌보고 언약의 백성으로 메시아를 바라보는 것이 단순하게 예루살렘 성벽을 재건하는 것보다 중요한 일이었다는 것을 확실하게 천명한다.

11장에서는 예루살렘에 거주하는 사람들의 명단을 기록하고 있다. 당시 예루살렘의 성벽은 완성된 상태였지만 인구가 적어서 외적을 방어하거나 성전을 중심으로 한 수도의 기능을 하는데 상당한 어려움이 있었다. 그 때문에 느헤미야는 자원하는 자들과 제비 뽑힌 자들을 예루살렘에 거주시킴으로써 이러한 난점을 해결하였다.

먼저 1) 백성들의 두목들을 예루살렘에 거주하게 하였는데, 이는 예루살렘은 거룩한 성이기는 하지만 대적들의 손쉬운 공격 목표가 되고(11:4:7-8), 판단의 보좌가 있는 거룩한 것이요(시122:1-5), 백성들이 최종적으로 판결을 호소하는 곳이기 때문이다(신17:8-13). 또 예루살렘 성 안에 그들을 살게 하는 이유는 1) 높은 지위와 존경을 받는 위치에 있는 분이 어렵고 힘든 일을 솔선수범하기 위함이다(마25:25-28). 2) 그 모본으로써 다른 사람들이 자진하여 따라 오도록 만드는 것이다(요13:15). 3) 하나님의 일을 하나님의 선한 목적을 가지고 추진이 되도록 살피기 위함이요, 4) 그리하여 하나님의 사람이라도 실족하지 않게 하기 위함이다. 이들의 숫자를 보면 유다 자손이 468명, 베냐민 지파가 928명, 제사장이 1,194명, 레위인이 284명, 성문지기 172명, 기타 노래하는 자와 므세사벨의 아들 브다히야 등이 포함되었다.

오늘 묵상의 말씀

성벽을 건축하고 확실하게 경계선을 확실하게 긋고 지키려는 모습에서 느낀 점은?

성벽의 봉헌과 재차의 종교개혁

12장에서 예루살렘에 이스라엘 백성을 거주시키는 일을 끝낸 느헤미야는 제사장의 명부를 조사하고 정리하는 작업을 착수했다(12:1-26). 1-7절은 1차 귀환과 함께 돌아온 제사장들의 명단이며, 8-9절은 느헤미야 시대의 제사장들의 명단이며, 10-11절은 특별히 예수아 족보가 기록되어 있다. 이는 예수아가 대제사장이기 때문이다(학2:2). 22-26절은 레위족장들의 계보를 기록한 자료와 족장들의 역할에 대해 언급하고 있다. 이렇게 상세하게 레위인과 제사장들의 명부를 밝히는 것은 성전제사를 중심으로 하는 유일신 여호와 하나님을 섬기는 철저한 종교개혁을 시행했다는 데서 그 의의가 있다. 이 일이 끝난 후, 곧바로 성벽의 봉헌식을 거행했다. 이는 7장 이후에 중단되었던 이야기를 매듭지어 성벽재건의 절정을 이루고자 한다. 1) 봉헌을 위한 준비로 악기들을 가지고(대상25:1) 감사의 노래를(12:8) 부르기 위해 예루살렘에서 남쪽과 동쪽, 그리고 북쪽에서 모여들었다. 성가대들의 무너진 성벽은 처음 야간 순시했던 그곳(2:13-15)이다. 첫 번째 행진은 남쪽과 동쪽 벽에서 분문을 향해서 시계 방향으로 나아가서 샘 문을 지나 수문까지 올랐다. 두 번째 성가대는 시계방향으로 나아가서 계곡 문에서 여러 문과 망대를 지나 감옥 문까지 나아갔다(12:31-42). 그들이 성벽 위로 올라간 것은(12:31, 38) 성벽이 튼튼하다는 것을 확실히 보여주어 여우 한 마리가 올라가도 무너지리라고 조롱한 도비야의 말이 한낱 거짓임을 명확히 보여 주었다(4:3). 이 성벽 봉헌식은 느헤미야가 집전하고 300년 전에 다윗이 기초하고(대상22-26) 솔로몬이 제정한 규례에 따라서 집행했다.

13장은 느헤미야의 재개혁에 관한 이야기이다. 그가 12년 동안 유다의 총독으로 시무하다가 다시 바사로 돌아와서 다시 아닥사스다 왕을 섬겼다. 그 후 약 2년 정도 있다가 유다에 왔는데, 놀랄만한 변화들이 일어났다. 모세의 율법까지 범하는 중대한 잘못을 하고 있었다. 이것은 성벽 재건보다 더 힘든 일이었다.

그래서 다시 개혁의 칼을 뽑아 들었다. 암몬과 모압인의 축출이다. 모세의 책을 들어 낭독하면서, 이제까지 세운 율법준수의 언약(9:28-29)을 하나씩 실행하기 시작했다. 1) 이방인들과의 단절이다. 이스라엘은 본래 순수한 혈통에 따른 공동체가 아닌 신앙공동체이지만 포로 귀환 후 신앙의 순수성을 지키기 위해 무엇보다 혈통의 순수성을 유지해야 한다는 것이 명확하기 때문이다(13:1-3). 2) 대제사장 엘리아십이 성전 안에 도비야를 위하여 큰 방을 만들어 놓았기 때문이다. 도비야는 성벽공사를 방해했던 적인데 유대인과 결혼하여 가족관계를 맺은 것이다. 느헤미야는 도비야의 가구들을 모두 밖으로 끄집어내어 소독하고 정화했다(13:4-9). 3) 도비야가 성전 곳간에 거주할 수 있었는지를 조사해 보았다. 이유는 십일조와 거제물을 내지 않았기 때문에 레위인들이 직접농사를 지어야 했고, 곳간이 비어 있어서 그를 있게 한 것이다(13:10-14). 느헤미야는 유대인 관리들을 불러 놓고 이러한 일이 절대 일어나지 않도록 약속했다. 4) 안식일을 범한 무리를 만났다. 그들에게 다시 그런 문제가 생기지 않도록 조치를 했다. 주일성수는 신앙의 경계선 지키기 1순위다(10-14). 5) 결혼의 서약을 깨뜨린 무리를 만났다(13:23-31). 책망하고 그 중 몇 명의 수염을 뽑았다. 6) 마지막 축복의 기도를 드린다. "내 하나님이여, 나를 기억하사 복을 주옵소서(13:31)."

"느헤미야를 끝내면서 역사서의 성경을 역사적인 관점에서 성경읽기가 끝난다.

여기에서 배울 점은 종교 개혁은 쉼 없이 일어나야 한다는 것이다. 만약 성경읽기를 멈추면 아무리 택한 백성이라 할지라도 현실에 뿌리 깊이 박힌 우상문화에 동화되어 새 하늘과 새 땅에 대한 소망을 잊어버리기 쉽다는 것을 보여 주고 있기 때문이다."

오늘 묵상의 말씀

나는 하나님나라의 백성으로서 신앙의 경계선이 어느 정도 선명한가?

1년 365일 매일 성경 읽기표

※ 성경을 읽기 전에 매일매일 그날에 해당되는 확인란에 체크하세요.

이름 :

	1월	확인	2월	확인	3월	확인	4월	확인	5월	확인	6월	확인
1일	창1-3		레4-6		신25-27		삼하1-3		왕하23-25		느4-6	
2일	창4-6		레7-9		신28-29		삼하4-6		대상1-3		느7-9	
3일	창7-9		레10-12		신30-31		삼하7-9		대상4-6		느10-11	
4일	창10-12		레13-15		신32-34		삼하10-12		대상7-9		느12-13	
5일	창13-15		레16-18		수1-3		삼하13-14		대상10-12		욥1-3	
6일	창16-18		레19-21		수4-6		삼하15-16		대상13-15		욥4-7	
7일	창19-21		레22-24		수7-9		삼하17-18		대상16-18		욥8-10	
8일	창22-24		레25-27		수10-12		삼하19-20		대상19-21		욥11-14	
9일	창25-27		민1-3		수13-15		삼하21-22		대상22-24		욥15-17	
10일	창28-30		민4-6		수16-18		삼하23-24		대상25-27		욥18-20	
11일	창31-33		민7-9		수19-21		왕상1-2		대상28-29		욥21-24	
12일	창34-36		민10-12		수22-24		왕상3-4		대하1-3		욥25-29	
13일	창37-39		민13-15		삿1-3		왕상5-7		대하4-6		욥30-33	
14일	창40-42		민16-18		삿4-6		왕상8-9		대하7-9		욥34-37	
15일	창43-45		민19-21		삿7-9		왕상10-11		대하10-12		욥38-42	
16일	창46-47		민22-24		삿10-12		왕상12-13		대하13-16		시1-8	
17일	창48-50		민25-27		삿13-15		왕상14-15		대하17-19		시9-16	
18일	출1-3		민28-30		삿16-18		왕상16-18		대하20-22		시17-21	
19일	출4-6		민31-33		삿19-21		왕상19-20		대하23-25		시22-26	
20일	출7-9		민34-36		룻1-2		왕상21-22		대하26-28		시27-31	
21일	출10-12		신1-3		룻3-4		왕하1-2		대하29-31		시32-36	
22일	출13-15		신4-6		삼상1-3		왕하3-4		대하32-34		시37-41	
23일	출16-18		신7-9		삼상4-6		왕하5-6		대하35-36		시42-49	
24일	출19-21		신10-12		삼상7-9		왕하7-8		에1-3		시50-56	
25일	출22-24		신13-15		삼상10-12		왕하9-11		에4-6		시57-64	
26일	출25-27		신16-18		삼상13-15		왕하12-14		에7-10		시65-69	
27일	출28-30		신19-21		삼상16-18		왕하15-16		스1-3		시70-74	
28일	출31-33		신22-24		삼상19-21		왕하17-18		스4-6		시75-78	
29일	출34-37				삼상22-24		왕하19-20		스7-8		시79-86	
30일	출38-40				삼상25-27		왕하21-22		스9-10		시87-91	
31일	레1-3				삼상28-31				느1-3			

* (Roadmap) 통독 성경 프로그램과 함께 진행됩니다.

	7월	확인	8월	확인	9월	확인	10월	확인	11월	확인	12월	확인
1일	시92-101		사8-12		렘46-48		학1-2		눅21-22		고후1-4	
2일	시102-105		사13-17		렘49-50		슥1-4		눅23-24		고후5-9	
3일	시106-108		사18-23		렘51-52		슥5-7		요1-3		고후10-13	
4일	109-118		사24-28		나1-3		슥8-10		요4-6		롬1-3	
5일	시119:1-98		사29-32		습1-3		슥11-14		요7-8		롬4-7	
6일	시119:99-196		사33-36		옵1,합1-3		말1-4		요9-11		롬8-11	
7일	시120-131		사37-39		겔1-3		마1-4		요12-13		롬12-14	
8일	시132-140		사40-42		겔4-7		마5-7		요14-15		롬15-16	
9일	시141-145		사43-45		겔8-11		마8-10		요16-17		엡1-3	
10일	시146-150		사46-50		겔12-14		마11-13		요18-19		엡4-6	
11일	잠1-5		사51-55		겔15-17		마14-16		요20-21		빌1-4	
12일	잠6-10		사56-59		겔18-20		마17-20		행1-3		골1-4	
13일	잠11-15		사60-63		겔21-22		마21-23		행4-6		몬1,딤전1-3	
14일	잠16-20		사64-66		겔23-24		마24-25		행7-9		딤전4-6	
15일	잠21-24		미1-4		겔25-28		마26-28		행10-12		딛1-3	
16일	잠25-28		미5-7		겔29-32		막1-3		행13-15		딤후1-4	
17일	잠29-31		렘1-3		겔33-35		막4-5		행16-18		벧전1-5	
18일	전1-6		렘4-6		겔36-37		막6-8		행19-21		벧후1-3	
19일	전7-12		렘7-9		겔38-39		막9-10		행22-25		히1-3	
20일	아1-4		렘10-13		겔40-41		막11-12		행26-28		히4-7	
21일	아5-8		렘14-16		겔42-43		막13-14		갈1-3		히8-10	
22일	욜1-3		렘17-20		겔44-46		막15-16		갈4-6		히11-13	
23일	암1-5		렘21-23		겔47-48		눅1-2		약1-5		요일1-5	
24일	암6-9		렘24-25		단1-2		눅3-4		살전1-5		요이,요삼,유	
25일	호1-4		렘26-28		단3-4		눅5-6		살후1-3		계1-3	
26일	호5-7		렘29-31		단5-6		눅7-8		고전1-4		계4-7	
27일	호8-10		렘32-33		단7-9		눅9-10		고전5-8		계8-11	
28일	호11-14		렘34-36		단10-12		눅11-13		고전9-11		계12-15	
29일	욘1-4		렘37-38		애1-3		눅14-16		고전12-14		계16-18	
30일	사1-3		렘39-41		애1-5		눅17-18		고전15-16		계19-20	
31일	사4-7		렘42-45				눅19-20				계21-22	

* 내 눈을 열어서 주의 율법에서 놀라운 것을 보게 하소서 (시 119:18)

365일 로드맵 바이블 성경통독

주님과 함께 성령과 함께(I)

창세기-느헤미야

| 저 자 | 이 희 만
| 인 쇄 | 2018년 3월 10일
| 발 행 | 2018년 3월 24일

| 발 행 인 | 한뿌리
| 발 행 처 | 有하
| 주 소 | 서울 강서구 방화대로 44길 49(방화동 183)
| 전 화 | 02-2663-5258
| 팩 스 | 02-2064-0777
| e - mail | iman153@hanmail.net

| 출판등록 | 2014년 4월 24일
| 등록번호 | 제 2016-000004호

| ISBN | 979-11-85927-15-2
| 정 가 | 13,000원